はじめて学ぶ
臨床心理学の質的研究

方法とプロセス

Iwakabe Shigeru
岩壁 茂 =著

岩崎学術出版社

はじめに

　近年，臨床心理学で，質的研究の技法と方法に関する関心が高まりつつある。臨床心理学において研究の方法論に関してこれほどまでに多くの人が関心をもちはじめているのは非常にうれしいことである。これまで研究というと質問紙・統計分析というおきまりのコースしかなかったために，今まで臨床活動に関して莫大なノートや資料を集めながらも，研究論文として発表することなんてできないとあきらめて，研究活動から離れてしまった人たちもいるだろう。そのような人たちも，語りのデータから意味の世界を探求する質的研究の可能性に期待をもちはじめたのではないかと思われる。

　本書の目的は，グラウンデッドセオリー法による質的研究の「プロセス」を解説することである。技法や方法論的手続きだけでなく，研究を計画し，実施する中で，発見し，理解し，様々な判断をする研究プロセスを描くことによって，質的研究に携わることがどんなことであるか理解がより深まると考えたからである。

　そこで，質的研究を実施するための必要な知識の解説に加えて，筆者が指導した学生に自身の「研究プロセス」を紹介してもらった。読者が自らの修士論文や卒業論文の研究を進めるうえで彼らの足跡と変化が，道しるべになってくれたらと願っている。彼らの研究プロセスに読者がふれることによって質的研究の好例だけでなく，直線的に進まない質的研究のプロセスとそこから起こる悩みや喜びなどもわかっていただけると考えた。また，ふつう研究方法の解説書としてまとめたときにどうしても系統的に論じたり，手順として整理することができないような研究の実際が感覚的に伝わるのではないかと考えた。まさに多くの人が質的研究に対して興味をもつのも，このような体験の語りの力を知っているからであろう。本書は多くのコラムを設けることによって，そのような要素をできるだけ取り入れた。そのほか以下の点が本書の特徴である。

- 研究に長年携わる研究者の視点ではなく，おそらくはじめて質的研究（そしてはじめて研究を行う）を行う大学生と大学院生が研究に取り組む体験のプロセスに焦点を当てた。そのなかで，単に手続きの側面だけでなく，研究の諸段階において起こりやすい不安や困難，そして研究から得られる洞察，理解，個人的成長感，などについてもふれた。
- 学生が，卒業論文や修士論文を実施したときの研究プロセスに関するエッセイを加えた。学術論文のように，研究自体について紹介してもらうのではなく，研究に携わるプロセスを一人称で語ってもらうことにした。また筆者のコメントを付け加えた。
- このような研究プロセスの語りは，研究をやっていくなかで起こる喜びや満足感，そして不安や葛藤なども表す。このどちらも研究の動機づけを維持していくために重要である。
- 学生本人の了解を得て学生のプロジェクトの一部をそのまま提示している。研究協力者の語りの引用文は，そのテーマが変わらない程度に手を加え，個人が特定されないように配慮してある。

　質的研究を学ぶプロセスの中でインタビューの逐語（トランスクリプト）を読みながら，いっしょ

にその意味について考えていく作業は，コード化・カテゴリー化の手法について学ぶだけでなく，自身の考えや見方をわかりやすくまとめたり，他者からのフィードバックを取り入れる，など質的研究を行う上で重要な作業が含まれている。そこには，すぐに「答え」が得られず，考えながら少しずつ暫定的な答えに接近していく質的研究のプロセスがよく見られる。そこで，本書では，ゼミでのやりとりを会話調で残した部分がいくつかある。このような対話から，質的研究は研究者である学生と協力者，指導者，そして他のゼミ生の共同作業であると伝わるだろう。

これまで，グラウンデッドセオリー法にはいくつかの異なるバージョンがあると言われてきた（第3章で解説）。日本では，木下康仁による修正版グラウンデッドセオリー法（MGTA-Modified Grounded Theory Approach）が質的データ分析の流れを作り出し，特に初期の煩雑であり，図柄の分からない巨大なパズルを組み立てるような困難さをうまく迂回し，概念の生成に集中できる点で好評である。筆者は，新たなバージョンを提示することよりも，臨床心理学の分野において特に「主観的な体験のプロセス」を理解することを目的とした研究に絞って解説した。グレイサーによる発見指向型のアプローチ，より具体的な手続きを描いたストラウス（Strauss）とコービン（Corbin）のアプローチ，社会構成主義の世界観に基づいたシャーマズ（Charmaz）のアプローチを中心に研究を実施する場合でも，本書の示唆は，役立つはずである。臨床心理学という分野に特化したために以下の2点が本書の際だった点である。

1つは，データ収集法であるインタビューについて詳しく解説したことである。グラウンデッドセオリー法の解説書の多くは，データ分析を中心に説明することが多い。しかし，グラウンデッドセオリー法の研究は，データ収集とデータ分析を循環的に繰り返し，研究の焦点をより狭めていくため，インタビューにおいてどのようなことに注目するべきなのか，また分析が進むにつれてどのようなサンプリング手法を使うことができるのか，またそのような判断基準を本書に示した。

次に，データ分析において「アンパッキング」という作業を提示している点である。アンパッキングとは，ぎゅうぎゅうに詰まったスーツケースを開けて，その中に入った荷物の1つひとつを手に取り，それらが旅のどんな「体験」を伝えてくれるのか，じっくりと味わおうとする作業である。協力者の語る言葉には，体験が凝縮されている。手がかりとなる言葉から，協力者が体験したかもしれない世界への入り口を探し，理解しようと試みる方法である。筆者は，ストラウスとコービンらの「分析」の解説だけでなく，現象学的分析（van Manen 1990），や解釈学・了解学（Gadamer, 1970）にも影響を受けている。また，一人のクライエントの世界を理解することを重視する臨床家としての見方も反映しているだろう。グラウンデッドセオリー法の方法論者によるとこれは，"method slurring"（方法の枠組みが不明瞭で複数の異なる方法を混同すること）であるが，特に「主観的な体験」のプロセスに焦点を当てるときにより実感をもって対象に関わる一助にもなる。

インタビューは，身近にありながら，それまで知ることがなかった世界に「旅」をすることを可能とするとても貴重な機会である。協力者との出会いはそれが出会いであるからこそ，新たな発見がある。しかも，この発見は，他者の世界だけではなく，自分自身に関しても起こる。筆者は，このような質的研究の偶発的で，非常に個人的なプロセスも重視しながら，同時に研究としての真実度（どれくらいその現象の本当の姿を反映しているか），応用性（研究対象とした協力者とそれを分析した研究者を離れ，研究結果はどのように応用することができるか），一貫性（研究が系統的に一貫したやり方で実施されているか），を高めることが質的研究のおもしろさでも難しさでもあると考えている。本書1冊で，それらの問題が解決できるわけではないが，読者が研究に取り組み中で，これらの点について検討し，様々な疑問をもつようになったら，「明確な1つの答え」が出なくとも，質的研究の

発展にとって大きな意義がある。

　本書の構成は，まず第1章から第4章にグラウンデッドセオリー法による研究を計画するための基礎について解説した。次に，第5章から第9章まで，質的研究特有のサンプリング法，そしてデータ収集の方法であるインタビュー法について詳しく解説した。第10章から第12章は，データ分析のプロセスを段階ごとに解説した。第13章では，質的研究の「質」を高めるための検討事項について説明した。特に学生が苦労するのは，コード化とカテゴリー化であり，このプロセスは様々な例を提示してできるだけ具体的な感覚がつかめるようにした。最後に筆者が指導した4人の学生の研究プロセスを紹介した。彼らは，本書の発展に大きな貢献をしてくれた学生であり，分析手法として修正版グラウンデッドセオリー法を参考にしている。いずれにしても，方法の解説では，なかなか扱いにくいことをうまくカバーしてくれている。これらの「研究プロセス」を読んでから本文へと入っていくのも良いだろう。

　本書は，私がお茶の水女子大学に着任してきてゼミの学生とともに作った共著である。彼らの努力と苦労，そして喜びから多く学んだ。岩壁研の修了生に心から感謝をしたい。また，岩壁研のゼミに参加して，刺激を与えてくれた他の研究室の学生にも感謝する。本書に例として挙げた鈴木さん，進藤さん，畔上さんは，本書の執筆を薦めてくれ，そして何度も頓挫しそうになったときに支えてくださった井原成男先生の研究室の学生である。井原先生には質的研究の可能性と夢についてとても多くのご示唆をいただいた。また他の研究室の学生も質的研究の貴重なデータをもってきて質的研究について考える機会を与えてくれた。常に支えてくれた両親家族にもお礼が言いたい。父や母がしてくれた話は自分の中に強く根付いている。甥の優と龍には，もう少し自分たちが読めるような本を書いてくれと頼まれているが，あと5年くらい経ったら（そして息子のノアはあと10年くらい経ったら）本書を使うようになるかもしれない。最後に，岩崎学術出版社の編集部，唐沢礼子さんにお礼を申したい。本書の執筆がずれこみ，多大なるご迷惑をおかけしたが，それでもじっと支えてくださった。唐沢さんから定期的に温かく，そして凛とした言葉をいただき，なんとか出版までこぎつけることができた。そのプロセスは，第4章で紹介した丸山さんが描いた船旅のようなもので，出発後すぐに難航してしまった。

　本書の完成を待ち望んでいた岩壁研の学生をずいぶん待たせることになってしまったが，私個人としてはかなり収穫があった。というのも，ここ数年に自分が質的研究に取り組むなかで到達したいくつかの考えが他の研究者によって論文として発表されたからである。また，本書より一歩早く，MinichielloとKottler（2010）が質的研究のプロセスを研究者の体験という視点から紹介している。研究を方法や手続きとしてでなく，個人がかかわるプロセスとして扱うことは特に質的研究を学ぶうえで大切である。そして，「解説」に加えて「語り」を読むことによって読者のより統合された学びが可能になるだろう。

2010年9月

岩壁　茂

目　次

はじめに　i

序　章　個人としての研究プロセス
1. 旅と旅行　*1*
2. 私の質的研究の旅　*2*
3. カウンセリングの勉強　*2*
4. プロセス研究との出会い　*3*
5. 課題分析　*3*
6. グラウンデッドセオリー法による研究　*6*
7. 社会構成主義と科学哲学　*7*
8. 合議制質的研究法とブリコルール　*7*
9. その後　*8*
10. 初回面接におけるクライエントの主観的体験　*8*
11. 質的研究の指導　*10*
12. 現在　*10*

第1章　臨床心理学における質的研究——質的研究の基礎
はじめに　*12*
1. 科学的方法とは　*12*
2. 科学的研究の特徴　*13*
3. 臨床心理学における研究の役割　*15*
4. 臨床心理学における研究の問題　*16*
5. 質的研究とは　*18*
6. 質的研究の目的　*18*
7. 量的研究と質的研究　*20*
8. 臨床心理学における質的研究の適用　*20*
まとめ　*21*

第2章　質的研究のパラダイムと質的研究の様々な方法
はじめに　*22*
1. 研究のパラダイム　*22*
2. パラダイムの比較　*27*
3. 研究パラダイムを超えた質的研究の共通要素　*29*

4. 主観性　29
5. データ　30
6. 信憑性と厳密さの基準　31
おわりに　31

第3章　グラウンデッドセオリー法と異なる質的研究法
はじめに　32
1. グラウンデッドセオリー　32
2. 歴史的背景　32
3. グラウンデッドセオリー法の基本概念　35
4. グラウンデッドセオリー法の発展　37
5. 異なる質的研究方法　38
6. ナラティブ研究　38
7. 事例研究　38
8. 現象学的アプローチ　39
9. 参与型アクションリサーチ　41
10. エスノグラフィー　42
11. ディスコース分析　42
12. 会話分析　43
13. 質的研究法の選択　43
おわりに　45

第4章　グラウンデッドセオリー法研究のプロセス
はじめに　46
ステップ1　研究計画を立てる　46
ステップ2　はじめてのインタビューの実施からデータ分析へつなぐ　51
ステップ3　データ分析にとりかかる　53
ステップ4　カテゴリー間の関係を理論化する　57
研究を振り返って　61
まとめ　62

第5章　サンプリングの仕方
はじめに　64
1. 量的研究のサンプリング　64
2. 質的研究のサンプリング　65
3. グラウンデッドセオリーのサンプリングで検討する要因　65
4. サンプリングの進め方　68

5. 合目的サンプリングと理論サンプリング　*69*
　6. データ収集が完了したことを示す指標　*73*
　おわりに　*74*

第6章　インタビューの基礎——インタビューの計画

　はじめに　*75*
　1. 体験を明らかにする手法としてのインタビューに対する過信　*75*
　2. 話したくても話せないこと　*76*
　3. インタビューで語られることは本人の主観的体験を表している？　*76*
　4. インタビューの手法　*80*
　5. 注意点——電話インタビューの便利さと落し穴　*83*
　6. インタビューの回数　*85*
　7. 複数回インタビューを実施するときの内容について　*86*
　8. 協力者の性質　*87*
　9. インタビューアーの性質　*88*
　まとめ　*88*

第7章　インタビューの準備

　はじめに　*89*
　1. インタビューから分析までの流れ　*89*
　2. インタビュー・ガイドの作成　*89*
　3. インタビュー全体のための準備　*93*
　4. オリエンテーション　*93*
　5. ウォームアップクエスチョン　*93*
　6. インタビューの訓練　*98*
　まとめ　*99*

第8章　インタビューアーの姿勢とスキル

　はじめに　*100*
　1. 道具としてのインタビューアーの要素　*100*
　2. インタビューアーの姿勢　*101*
　3. 身体的かかわり　*102*
　4. 質問技法　*103*
　まとめ　*110*

第9章　インタビューを成功させるための検討事項とよくある問題の対応

 はじめに *111*
1. インタビュー実施前の検討事項 *111*
2. インタビュー実施の際に起こりやすい問題 *113*
3. 逐語作成 *119*
4. 逐語化の作業 *120*

 まとめ *123*

第10章　コード化のプロセス

 はじめに *125*
1. データ分析の姿勢 *125*
2. 質的データをどうやって区切るか *127*
3. 切片化と意味の単位について *129*
4. 顔を見るときの距離 *131*
5. コードの付け方 *132*
6. 初期コードから焦点化コードへの発展の例 *132*
7. コードブックの作成 *134*
8. 絶え間ない比較 *134*
9. アンパッキング *135*
10. 分析のエクササイズの重要性 *137*
11. アンパッキングとコード化の作業プロセス *137*

 おわりに *143*

第11章　ケース・マトリックスを使った事例の比較

 はじめに *144*
1. 事例に焦点を当てることの落とし穴 *144*
2. 複数の事例からパターンを引き出す *145*
3. ケース・マトリックスを使う様々な目的 *146*
4. ケース・マトリックスを使った比較の例 *149*
5. ケース・マトリックスを使う *151*

 まとめ *153*

第12章　カテゴリーを統合する

 はじめに *154*
1. カテゴリーの階層化 *154*
2. カテゴリー名を修正する *155*

3．カテゴリーの再構成　*157*
　4．プロセスを段階として捉える　*159*
　5．変容段階について　*160*
　6．段階モデルの工夫　*160*
　おわりに　*163*

第13章　質的研究の質について
　はじめに　*164*
　1．量的研究と質的研究の「質」　*164*
　2．量的研究と質的研究に共通する「質」のガイドライン　*165*
　3．質的研究の基準　*168*
　4．グラウンデッドセオリー法の研究の質について　*173*
　まとめ　*176*

メイキング・オブ・質的研究　*177*
　里子であるという体験　*178*
　初心者臨床家の職業的成長について　*189*
　職場ストレスによるバーンアウトから回復までの心理的変化の過程　*200*
　アトピー性皮膚炎治療を巡る親子の意識　*212*

コラム
　コラム1　プロセス研究と「客観性」について　*4*
　コラム2　現象学的アプローチとグラウンデッドセオリー法　*40*
　コラム3　内容分析，K-J法とグラウンデッドセオリー法　*44*
　コラム4　脱文脈化と再文脈化　*60*
　コラム5　質的分析のためのエクササイズ　*62*
　コラム6　雪だるま式サンプリングの利点と欠点　*70*
　コラム7　インタビューの方法と協力者の特性　*77*
　コラム8　個人とグループインタビュー　*79*
　コラム9　構造化インタビュー　*81*
　コラム10　自由記述と日記　*84*
　コラム11　ウォームアップクエスチョンのときに起こる問題　*97*
　コラム12　インタビューのこつ　*101*
　コラム13　答えにくい質問　*106*
　コラム14　かかわり技法に関する注意　*108*
　コラム15　シャーマズが説明するグラウンデッドセオリーの理論化のプロセス　*128*
　コラム16　主観的体験を捉えるための着眼点　*130*

コラム17　様々なコード化の仕方　*133*
コラム18　カテゴリーが1つ見つかったあとに何をするか　*142*
コラム19　体験と経験　*159*

参考文献　*222*
人名索引　*231*
事項索引　*232*

序章　個人としての研究プロセス

　本書は，臨床心理学においてグラウンデッドセオリー法を用いた質的研究を実施するプロセスについて学ぶことを目的としています。本章では著者の自己紹介もかねて，「私」がどのようにして質的研究に関心をもちはじめたのか，そしてグラウンデッドセオリー法を用いた研究を行ってきたのかという個人的な質的研究の旅についてお話しいたします。

1. 旅と旅行

　質的研究に携わるプロセスを「旅」と表現したのは，研究者から見た質的研究のプロセスが「旅」と似ているからです。「旅行」というとパッケージツアーのように目的地もホテルも決まっていて，すでに予定されたコースを廻って戻ってくる観光を連想させます。おいしいものを食べたり，歴史的な建築物を見学して記念写真をとったりして，リラックスして楽しみ，思い出を作ると「旅行」気分が満喫できます。もう一方で，旅という場合，目的地も旅程も特に決まっているわけではありません。そして，どうしても見たい歴史的な文化財があるわけでも，楽しみを求めているわけでもありません。現地の人がどのように暮らしているのか，どんなふうに時間が流れるのか，生きられる時間・空間に肌でふれることを求めます。そして，観光者の目からでは見えない部分に接近することを強く願って，ちょっとしたふれあい，ほかの旅人との会話，一人で物思いにふけって過ごす時間を大切にします。旅に出る人は，出会い，発見，刺激を求めています。異なる文化に接して最終的に一番発見したいのは，「自分自身」であることが多いでしょう。同じ環境にいると自分が見えなくなってしまう時があります。住み慣れた環境を出て，すべてから離れることによってはじめて「自分」を見つめることができたと感じる人は少なくないでしょう。「旅」はただの「貧乏旅行」ではありません。もう一方で，パリやローマなどの観光地に行くからといってそれが必ずしも「観光旅行」になるわけではありません。逆に，観光地として知られていない発展途上国にバックパックを背負って行くからといってもそれが必ずしも「旅」にならないでしょう。最近流行りのバックパッカーという姿を追随しているだけかもしれません。大切なのは，自分が訪れた文化や土地にふれ，自分をそれとどう重ね合わせて見るのか，という旅をする人の姿勢と視線でしょう。

　質的研究の「旅」でもインタビューを通して様々な人と出会い，身近にありながら自分の世界とは異なる世界へと入ることができます。そして，思いがけない土地を訪れ，時には道に迷ってさまよい，その中に旅の本当の意味を見つけます。旅が終わったときに何よりも気づくのは，自分自身の変化でしょう。成長した自分，ひとまわり大きくなった自分，見方が変わった自分，

何か大きな目標が見えるようになった自分など自己の変容体験こそが旅の特徴です。そして，それまで見慣れていた今までの生活の新たな側面が見えてくるはずです。それまでは，全く気づかなかったことがとても際だって感じられたり，当たり前だと思っていたことの特別さにふれることができるかもしれません。

　質的研究は，研究者の自己変容を第一の目的にしていませんが，その側面は常に研究にかかわっています。なぜなら，研究者がデータ収集と分析の判断の中心にいるからです。研究者は，インタビューなどを通して他者の世界にふれる中で自分自身と向き合い，そして自分自身がなぜこのような旅を選んだのか，そしてどんな知を何のために求めているのかということを常に振り返ることが大切です。

2. 私の質的研究の旅

　本書は，グラウンデッドセオリー法にもとづく質的研究法の解説書ですが，質的研究の手続きだけでなく，研究を計画し，実施する上で研究者としてのものの見方と立場，研究プロセス，そこから起こる研究者としての成長と発展のプロセスについて考えていきます。というのも，研究者に求められているのは，ただ正確に，そして機械的に，ある手続きを遂行することではなく，自分自身の直観や感性も総動員して，問題を見定め，そして適切な情報を取捨選択し，そこから1つの見解をまとめ上げることだからです。筆者が，どのような背景からグラウンデッドセオリー法について勉強してきたのか，ということを示すことによって，研究者としての変遷プロセスに質的研究がどのように関わってくるのかということの一例を提示できると思いました。また，ここに示されたグラウンデッドセオリー法の背景についても読者が考える機会がもてるでしょう。

3. カウンセリングの勉強

　私が臨床心理学（正確にはカウンセリング心理学）を勉強しはじめたころ，最も関心をもって読んでいたのは，心理療法の代表的な臨床家の著作でした。鋭く磨かれた洞察力と臨床経験に支えられた心の動きの描写や対人的やりとりの解説を読むたびに発見があり，心を動かされました。そこには，経験豊富なセラピストの視点からみたクライエントと心理療法のプロセスが描かれていました。その記述は非常に詳細にわたり，個々のクライエントの独特の世界が生き生きと映し出されていました。彼らの著作を読むことによって，そのような臨床家の見方や考え方をいっしょに辿ることはとても良い勉強になり，時に，著名な臨床家の面接室に一緒について陪席の面接をさせてもらうような特別な緊張感と興奮を味わいました。

　なかでも最も勉強になったのは，このような臨床家の解説と実際の面接のやりとりが書かれた臨床書で，特にカール・ロジャーズ（C. Rogers）やフリッツ・パールズ（F. Perls）の著作でした。臨床家の視点から面接のプロセスがまとめられていると面接のなかで実際に何が起こっているのか，どのくらいの時間的枠のなかで起こった出来事なのか，クライエントとセラピストは正確には何て言ったのかということが分かりません。面接のトランスクリプトが提示され，セラピストとクライエントの1つずつの発言が分かると理論的な解説と実際の現象のつながりがもっと明確になりました。というのも，どのような「視線」で見るのかということが想像できたからです。セラピストがどんな観察をもとに，いろいろな解釈を引き出しているのかということが分かると実際に自分がセラピストとして面接をしているときにもそのような介入を実践できそうな気持ちがしました（実際には，面接のスキルやその場の複雑な判断を学ぶことも必要で，それは長い道のりだというこ

とも分かりました)。

4. プロセス研究との出会い

このように臨床家として力をつけたいという思いでいろいろな著作を読んでいるときに、心理療法のプロセス研究に出会いました。プロセス研究（岩壁, 2008）は、日本ではあまり知られていませんが、カウンセリング・心理療法の面接を録画・録音してその内容から面接においてどんなやりとり（介入やクライエントの作業）が効果的なのか調べる研究です。心理療法を勉強する者にとってどんな介入が効果的なのか、実際の面接を対象として勉強することはとても刺激的でしたし、様々な臨床家の面接テープを聞き返すこと自体が、臨床的な訓練になりました。プロセス研究をはじめてから、最初に取りかかったのは、セラピストとクライエントの発話を様々な尺度を使って評定する作業でした。クライエントの感情表出の強さだったり、セラピストの介入が、解釈なのか反射なのか、それとも情報提供なのか、などと1つずつの発話に対して研究メンバーの数人が評定します。数人が評定するのは、その評定がどれくらいの信頼度をもっているのか客観的に示すためです。50分の面接を評定するのに3時間くらいかかり、そのあと評定が一致しない発話をメンバーが集まって聞き直すために、すべての作業に10数時間以上かかります。ふつう、いくつかの尺度を組み合わせるので、複数のグループが並行してこのような作業を行います。これはかなり労力と時間を要する作業でした。

このような研究をやりはじめたとき、セラピスト、またはクライエントの発話をそれまでにはなかったようなミクロな視点で見直すことができて、それだけでたくさんのことを学びましたが、なんとも時間がかかりすぎることが難点でした。私にとって疑問だったことがもう1つありました。このように細かく面接のテープを聴くことによって理解できることがたくさんありますが、最終的にそのような理解はあまり評定には反映されませんし、評定ができたものは確かに信頼度という点ではしっかりしているのですが、そこに起こっているやりとりの「意味」や文脈などが無視されてしまうのです。このような評定を行い、クライエントの発話とセラピストの介入を結びつければ、どんな介入が特に効果があった、などということに関してより客観的に示すことができますが、もう一方で面接のプロセスにおけるやりとりの微妙なニュアンスなどをうまく拾い上げることはとても難しいように感じました。しかし、面接ではこのような微妙なニュアンスこそが大きな変化を起こすきっかけになっていたり、まさに経験豊富な臨床家の力が発揮されている部分ではないかと感じていました。

もう一方で、このようなプロセス研究に参加することでそれまで頼りにしていた著名な臨床家の意見も見直すようになりました。たしかに、彼らは鋭い視点をもっているし、歴史上とても重要な貢献をしました。だからといって彼らの意見には、彼ら自身の臨床経験、スキル、権威者としての影響力、などを超えてどれくらいの妥当性があるのだろうか、また、クライエントはそのような面接をどのように体験していたのだろうか、ということに思いを巡らせました。それは、授業でフェミニスト心理学の視点や多文化主義心理学を学び、様々な理論とそれらが生まれた時代背景を相対化したことも関係しています。

5. 課題分析

面接において何が効果的なのか、クライエントの体験プロセスを促進するのはどんな介入なのか、このようなことを考えながら文献を読んでいるうちに自分が考えていたような疑問がすでに様々な研究者によって扱われていることに気づきました。彼らは、質的研究の考え方を取り入れ、面接場面の分析法を開発していたので

コラム1

プロセス研究と「客観性」について

　欧米では，心理療法の効果とプロセスをより客観的で系統的な方法を使ってとらえる効果研究やプロセス研究が80年にわたり行われてきました（岩壁，2008）。すでに研究論文は数千に上りますが，精神力動療法と事例研究が中心になった日本ではあまり知られていません。日本では，ユングの心理学が強い影響力の1つとなってきました。そのため，無意識の役割や言葉にできない象徴やイメージの世界を重視し，数値化できないことや言葉にさえ表しにくい世界について検討することこそが臨床心理学の中心的な課題であると考える臨床家も多いようです。一方，北アメリカやヨーロッパでは，精神力動療法に見られた事例研究は，一人の臨床家の見方を超えて「客観性」や「妥当性」をもっているのか，ということに早くから疑問が投げかけられました。そして行動主義心理学が台頭するようになり，心理療法の効果とプロセスを客観的に明らかにする研究が増えました。心理学が社会的に浸透して，より大きな役割を担う要請が強かったのも客観的な効果の検討が促進された理由の1つです。

　1970年代の研究は，特にこの「客観性」を重視しすぎるあまりに，分類や評定がしやすい現象を選び，尺度や分類法を開発し，その妥当性と信頼性を確立することにかなり過剰な入れ込みがありました。たとえば，セラピストのうなずきの回数であるとか，解釈や質問といったセラピスト反応の数であるとか，セラピストが話した単語数などと効果の指標の相関を検討する研究が多く発表されました。もう一方で，臨床的に重要でありながら，あまり測定や分類に適していない現象は扱われないままになる傾向がありました。サリバン（Sullivan）の対人力動理論の視点からプロセス研究に取り組んでいたKieslerは，当時のプロセス研究における測定について以下のように表現しています。

"If you can't count it, it doesn't count；if you can count it, that ain't it"（1967, p.16）

　英語のcountというのは，「数える」という意味のほかに「意味がある」「価値がある」「大切だ」という意味があります。この文は，「もし数えることができなければ（つまり測定したり分類したりできない現象であれば），それは意味があると認められない。もし，数えることができれば，それは本当に求めていることではない」という意味です。プロセス研究の測定や尺度の開発は，「科学」としての基準を追求しすぎたためにそれが「臨床的に役に立つのか」という臨床的妥当性を軽視してしまった実情をうまく言い表しています。

　そのため，1980年代になると，対人的な接触をもとに「意味の世界」を理解しようとする質的研究の可能性について盛んに議論されるようになり，プロセス研究独自の質的方法が開発されていきました。1994年にはアメリカ心理学会から刊行されているJournal of Counseling Psychologyで，1999年にはThe Society for Psychotherapy Research（SPR：心理療法研究学会）の機関誌「Psychotherapy Research」では質的プロセス研究の特集が組まれました。Psychotherapy Researchでは，うつの心理療法を受けたクライエントの体験を異なる研究者がそれぞれ量的・質的に分析し，そこから得られた知見を比べるという企画も組まれました

(Arnkoff et al., 1996；Gershefski et al., 1996；Levy et al., 1996；Rennie, 1996)。2007年に開催されたThe Society of Psychotherapy Researchの年次大会では320の発表がありましたが，そのうち質的研究は，60以上もありました。そして最近刊行されたPsychotherapy Researchの最新の研究法に関する特集では23件の論文が掲載され，そのうち8件が質的研究に関する論文でした(Psychotherapy Research, 2009)。質的研究は，量的研究にとってかわるというわけではありませんが，心理療法の研究において確固たる地位を築きつつあります。そしてメタ分析をはじめとして量的な研究を推進する研究者と事例研究や質的研究を推進する研究者のあいだの対話も行われています。

ただし，質的研究が増えるにつれて，その問題点も指摘されるようになってきました。たとえば，臨床家が関心をもつ現象に対して一度だけ研究を行い，そのあとの積み上げや発展がない "one-shot study" が多いことです。近年では，インタビューの仕方(Knox & Burkard, 2009)，研究の質の判断(Elliott, et al., 1999；Rennie, 2006)，個々の質的研究から得られた知見を統合して全体的な傾向を明らかにするメタ総合(meta-synthesis；Timulak, 2009)などに関してもより細かな議論がされるようになりました。単に量的研究と質的研究を比較し，両者のおおまかな特徴を対比させるだけでなく，異なる質的研究法の特徴を比較する論文も多くなり，質的研究法が新たな発展を遂げようとしています。

す。その1つは，Greenberg (2007) の課題分析で，ゲシュタルト療法の2つの椅子の対話などといった作業を行っている場面を抽出し，その中でクライエントがどのような変化をしているのか，質的にそして量的に捉えようとするものです（課題分析に関しては別のところで詳しくまとめています：岩壁，2008）。課題分析はもともと専門家がどのようにしてある問題を解決するのか，そのステップを明らかにする方法として，人間工学をはじめ，看護学，ビジネスで広く使われていた研究方法です。心理学では，子どもがどのようにしてたとえば算数の計算問題の答えを出すのか，その内的な操作のステップを明らかにするために使われていました。

課題分析が自分にとって衝撃だったのは，面接プロセスを観察可能ないくつかの段階に分けてその特徴を拾い上げることによって，かなり具体的にクライエントの変容プロセスを明らかにしたことです（Greenberg & Rice, 1984）。課題分析は，純金サンプリングといって最も理想的に介入が進んだ，長さにして5分から20分ほどの2, 3の面接場面からクライエントの変容モデルを作っていきます。私はそれまで

「できるだけ多くのサンプルをとること」「無作為化」などがサンプリングの理想だと思っていましたので，純金サンプリングという考え方がとても新鮮でしたし，「本当にこれで良いのだろうか」と妥当性や信頼性の点から疑問も覚えました。ただ，プロセス研究では1回の面接の評定だけでもとても重労働であるし，たった1回しか起こらないような出来事でも，それが臨床的にとても意義があるならば，その細部までを正確に捉えるために方法的な革新が必要だと思い始めていました。また，臨床的にみて意味のある分析の単位は「一人のクライエント」「1回の面接」「1回の発話」などという時間的長さや物理的な区切りをそのまま使うのではなく，何か一定のテーマの作業にクライエントが取り組んでいる場面を1つの単位にできないだろうかと考えていました。そして，「意味の区切り」という分析単位を作ることがプロセス研究の第1のステップではないかと考えました。

Greenbergは，変容のモデルを作るためには，まず最もそれがはっきりと見えるような例（純金サンプル）をもってきてそれをじっくりと見直すことが大切だと考えました。また，は

じめに「評定者が合意」するために客観性を達成しやすいような基準を設けるのではなく、「経験を積んだ臨床家」が普段の臨床的経験と直感を活かした観察の目でモデルを作っていくことが重要であると述べていたのです(Greenberg, 1986)。このような考え方は、客観的な評定をするために、臨床家の目から一度離れてしまう研究と比較して、とても新しい考えでした。Greenbergは、より一般的なグループ比較などの量的研究が重要ではないと考えていたわけではありません。彼は、このような臨床的な視点を生かした探索的研究を行い、モデルを構成したあと、より客観的な方法を使って効果を検討するまでを1つの研究プログラムとして捉えることが重要であるという意見でした。つまり、理論構築のための研究と仮説検証のための研究の方法を明確に分けて考えていたのです。

6. グラウンデッドセオリー法による研究

臨床家の目をいかした研究法が課題分析ですが、クライエントの視点を生かした研究にも出会いました。それはグラウンデッドセオリー法を用いたDavid Rennieの研究でした (1994a, 1994b)。Rennieは面接が終ったばかりのクライエントに対人プロセス想起法(Interpersonal Process Recall: IPR)という手法を使って面接の印象についてテープを聴きながら(またはビデオテープを見ながら)一緒に面接を振り返りました。そして面接でセラピストに話さなかったけれど、頭の中で考えていたり、感じていた気持ちについて語ってもらったのです。この研究は、セラピストや専門家の視点に偏っていたカウンセリング心理学のバランスのずれを正してくれるような大きな貢献でした (McLeod, 1999)。また、セラピストとクライエントの関係は、「神聖」な領域であり、そこに研究者が入り込んではならない、入り込んだら必ずそれがクライエントにとって有害となるという不安

を払拭してくれました。それだけでなく、多くのクライエントがこのような研究協力を通して、面接プロセスについて、そして自分自身に関して理解が深まったと報告していました(Rennie, 1995)。研究が単に心理療法の妨げになる要素ではなく、クライエントやセラピストにとっても学習体験になったり、様々な形でのエンパワーメントが可能であるということも新たな発見でした。Rennieの研究の結果は、私がそれまでカウンセリングをする中でもつようになった疑問にも答えてくれました。それは、クライエントが面接中にどんなことを考え、どんなことをセラピストに伝えないのか、ということです。

この当時の研究で影響を受けたもう1つの研究法は、Robert Elliottによる包括的プロセス分析法 (Comprehensive Process Analysis: CPA: Elliott et al., 1994) です。彼は、面接終了後クライエントに対してRennieと同じIPRを使って、面接において役に立ったやりとりについて尋ね、役だった出来事 (helpful events) がどこからはじまりどこで終ったのか、切り出します。そして、クライエントに特にどの介入ややりとりが役だったのか、それによってどんなことが変わったのか、など質問してクライエントの視点からその出来事を描写します。次に、尺度を使って評定し、客観的な第三者の視点から分析し、セラピストに対してもそのときのことをIPRを使って語ってもらいます。このような3つの視点のずれや一致などから、重要な出来事の性質を明らかにするのが、CPAの特徴です。クライエントが涙を流して激しく泣いた場面の分析、などの研究例があります (Labott et al., 1992)。さきほど課題分析の研究で紹介したGreenbergは、このようなクライエントが泣きじゃくる場面がどのようにして起こりどのような変化がそれに続いて起こるのか研究するために実際の臨床からサンプルを集めはじめたそうです。そして十数年かかって、やっと7つの例が集まったときはとても

れしかったと回顧しています（1999）。CPAは，たった1つの出来事（時にたった数分の短い場面）に注意を向け，それを理解するために様々な研究法を導入して，包括的に検討します。これは，アメリカの軍で効果的な行動と非効果的な行動を見分ける研究に使われていたFlanaganのCritical Incident Technique法を元に着想しています（Flanagan, 1954）。一事例研究よりもさらに小さな一出来事研究を成り立たせるにはどんな基準が必要なのか，などプロセス研究の方法論についての関心がとても高まった時期でした。

7. 社会構成主義と科学哲学

このころ私が，関心をもちはじめたのは，科学の基盤となる哲学や世界観です。心理療法では，ナラティブセラピーという新たな流れが注目されていました。クライエントの心理的問題は，決して個人の人格的問題から起こるのではなく，社会的な問題を反映しており，個人が主体的に自己の語りを発展させていくことによって，心理的な適応を回復するという新しい見方を提示しました。このようなナラティブセラピーの考え方は当時少しずつ広がりつつあった社会構成主義の考え方を基礎としています。極端な社会構成主義は，この世界には，現実は存在せず，常にそれは言葉によって作り出されると主張します。なんとも行き過ぎのようですが，もう一方でとても斬新な考え方で魅力的な側面もありました。このような考え方にふれて，実証主義的な科学の問題やそれとは異なる哲学の流れなどに強い関心をもつようになりました。

すると，カウンセリングおよび心理療法の領域で，人との接触を基礎とするような研究法に対してよりオープンになるとともに，そのような研究を提唱する論文や専門書がかなり多く発表されていることに気づきました（Hoshmand, 1989;, 1994; Hoshmand, & Polkinghorne, 1992; Martin, 1992）。それらの文献を読んでいるうちに，客観性を求める実証主義科学が必ずしも優れた世界観ではないこと，カウンセリング心理学において質的研究が必要とされていることを学び，研究に関する考え方が広がりました。そしてこのような実証主義の研究パラダイムを見直す提案がカウンセリング心理学に広く起きていることに心理的に支えられるように感じました。様々な質的研究アプローチの比較に関する著作が刊行されたのに加えて，一人の研究者がどのように自身の研究プログラムを発展させていったのか，研究実践における研究者としての成長に関する本が出ました（Hoshmand & Martin, 1995; Toukmanian & Rennie, 1992）。文献を見つけただけですが，私自身にとてもうれしく大きな出来事となりました。私は，そのような本を読み，ほかの研究者と話すことから，研究が妥当性や信頼性の基準を満たすことに縛られた作業ではなく，対象となる現象をもっともうまく捉え，厳密なやり方で自身の仮説を検証していくための方法を作っていくことであり，どんな研究状況においても，研究者の創造性と判断が要求されることを学びました。

8. 合議制質的研究法とブリコルール

大学院博士課程在籍中に，グラウンデッドセオリー法に基づきながら，数名の質的研究者がチームを作って分析する合議制質的研究法（Consensual Qualitative Research: CQR; Hill et al., 1997）という研究方法が発表されました。この方法は，インタビューや自由記述の回答を元に研究者数人が分析に携わります。個人で分析をしたあと，次にチームで集まり，話し合いながら（合議），最終的な分析を行うという研究法です。たとえば，セラピストが，クライエントに対してどのようなときに逆転移の感情を抱き，それにどのように対応していくか（Hayes et al., 1997），クライエントとセラピストの「誤解」はどのようにして起こり，

どのような場合に解決，または決裂へと至るか（Rhodes et al., 1994）というように臨床家にとってみればとても知りたいトピックを扱う研究論文が次々と発表されていきました。CQRのとても興味深いところは，研究のやり方です。まず，研究メンバーがそれぞれ一人で分析したあとに，定期的に研究ミーティングを開いて，分析結果を照らし合います。何が最終案かというのは単に数値で表される「評定者一致率」や「評定者間信頼度係数」ではなく，話し合いによる「合意」で定めるのです。当然，どんな点で意見が異なったのか，どのようにしてそれを解決したのか，などという点も方法のセクションで報告されます。またメンバーがどのような理論アプローチを指向するのか，そしてどのくらいの質的研究の経験があるのかなどということも報告されます。このように何が最終的な結果かということを話し合って決めるというのは，数値で表す妥当性や信頼性とは異なる「質」についての検討の仕方であるように思いました。

合議ミーティングのプロセスでは，臨床家が知恵を出し合い，自分の考えにどの程度明確な「証拠」があるのか，そして他の人の見方とはどう違うのか，など話し合います。この作業は，ケースに関するグループ形態のスーパービジョンの作業にそっくりであり，臨床的にもかなり役に立つと感じました。このように，心理療法の知見や臨床的な学習プロセスの特徴を取り入れて，プロセス研究独自の研究法が開発されるにつれて自分自身も「研究に合った方法を開発していくこと」「問題を枠にはめることよりも，問題をとらえるのに適した枠を作り出すこと」が重要だと確信するようになりました。このような考えは Denzin と Lincoln (1994) によって，すでに説明されていたとあとから気づきました。彼らは，質的研究者は，利用できる方略や方法や経験的資料ならなんでも利用して，研究スキルに必要な観察と洞察力を高める道具とし，併用する必要があれば「喜んで」そうする「ブリコルール (bricoleur：よろず屋，職人もどきの日曜大工とも形容されています)」であると述べています。パッケージ化されたデータ収集と分析を間違いなく行うことが，研究として認められるために最重要ではなく，立てられた問いの答えにどうしたら最も近づくことができるのかという点からスタートする考えに納得しました。

9. その後

そのような中で，自分でも質的分析を試していきました。複数の臨床家にカウンセリングの一場面を見せて，そこで起こっていることについて語ってもらい，彼らが理解したことの共通の要素や違いなどを抜き出したり，他の研究者のインタビューデータの分析をさせてもらったりしていました。量的な方法に対して関心を失ったわけでも，方法として価値を見いだせなかったわけでもありませんでした。私は，それぞれの研究方法がどんな現象を理解するのに役立つのか，そしてそれらを組み合わせて使うことができるのかどうかということに特に興味をもっていました。博士論文では，課題分析，CQR，CPA などを参考にして，クライエントの感情表出場面の分析をしました。まずは，量的な基準を設けて，一定以上の強さの感情表出がある場面を抽出して，そのやりとりを分析しました。いくつかおもしろい結果も出ましたが，成果よりも方法的にはこういうことを修正したい，研究テーマとしてはこんなことをやらなければいけない，と課題というか反省点のほうが多く出ました。

10. 初回面接におけるクライエントの主観的体験

教員として大学に着任してからはじめたのが，初回面接の研究でした（岩壁, 2003, 2008）。初回面接はクライエントとセラピストがはじめて出会うとても緊張が高い場面です。カウンセリングという援助を求めることに少なからずた

めらいや羞恥心を抱くために，クライエントは，セラピストの言動にとても敏感になっている時でもあります。先行研究でも初回面接のあとにドロップアウトが最も起こりやすいと報告されていましたし，私自身のセラピストとしてそしてスーパーバイザーとしての経験でも，初回面接の重要性をとても強く感じていました。クライエントが初回面接のあとにドロップアウトして，それきり連絡が途絶えてしまうとなぜクライエントがドロップアウトしたのか，分からないままになってしまいます。そこで，クライエントに初回面接終了後にインタビューをして，面接の印象について尋ねれば，第2回目以降にカウンセリングを継続するクライエントと初回面接だけでカウンセリングを止めてしまうクライエントの面接の体験の違いが分かると考えたのです。

このような研究を実施するにあたって倫理的配慮も必要でした。クライエントは，初回面接という大きな仕事をやり遂げてすぐあとにインタビューを受けなければいけないとしたら心理的な負担が大きいのではないか，またカウンセリングという個人的なことについての質問に答えさせる，またはカウンセラーについて評価させるのはその後のカウンセリングに悪影響がある，という意見を同僚から聞きました。彼らの意見を取り入れ，最終的にインタビューのタイミングや依頼の仕方などを工夫して研究を実施するところまでこぎ着けました。このような研究を実現させるためには，同僚の教員に本研究の目的について理解してもらうだけでなく，その意義を共有してもらうことが重要でした。当然，このようなプロセス研究に対してはじめは抵抗感をもった教員もいらしたのですが，彼らの意見を取り入れ，最終的には多大な協力をしていただきました。また，当時の大学院生の協力も大きな力となりました。

クライエントから直接話を聞くことはとても実りの多い時間でした。私はそれまでもカウンセリングを続けていましたが，このようなインタビューを行うときは，また新たな刺激と興奮を感じました。毎日のように大学のカウンセリングセンターの面接室を使っていましたが，初回面接を終えたばかりのクライエントが待っている部屋へと入っていくときはそれまでにないような緊張と興奮がありました。

クライエントとのインタビューは比較的短いものでしたが，クライエントの一言一言がいろいろな示唆を与えてくれたり，その後の研究のアイディアへとつながりました。日本ではカウンセリングを受けることはあまり一般的ではないですし，インタビューを受けたことがあるクライエントは自分の協力者の中にはいませんでした。ところが一度インタビューがはじまると多くの人は，カウンセリングをただ受け身の姿勢で受けるのではなく，カウンセラーの言動を吟味して，そしてカウンセリングでのやりとりと，来談前の自分の状態を比較して，そこで起こったことの意味を（主体的に）考えていることがよく伝わってきました。また，クライエントにとってインタビューでカウンセリングについて語るということが必ずしも問題であったり，侵入的ではないと実感しました。それどころか，カウンセリングというほかの人になかなか話すことができないような体験に関して考える時間をもてることを喜んでくださる方もいました。分析から生成された中心的なカテゴリーは，「話すことの治癒力」で，クライエントがセラピーという場において話すことに付随する様々な効果を実感することを指します。クライエントの多くは，家族や友人，また過去に相談した精神科医に自分の言いたいことが伝わらなかったという経験があり，「理解してもらえるだろうか」「説明できるだろうか」「全部話せるだろうか」といった不安を抱いていました。初回面接において，セラピストにせかされず，話を遮られることなく，自分のペースで話すことで，「肩の荷が下りた」「すっきりした」という安堵感や，説明するという目的を果たしたことによる達成感や満足感が起こったのです。話すこと，

そしてそれを受け止めてもらうことの重要性を再認識しました。

この研究をやっているときに感じたのは、クライエントの話を聞くこと、話を聞くことを通して研究をすることに自分はとても大きな喜びを得るということです。また、インタビューは、状況によって長くなったり、短くなったりいろいろと調整が必要ですが、それでも研究者にとって有益な情報を集めることが可能だという点です。

その後、臨床家の成長の研究、臨床家の失敗に関する研究を行ってきました。また、産業領域において、早期離職を考えている人たちにインタビューを実施して、なぜ若い人がこれほどまで多く、しかも就職して間もないときから離職・転職を考えるようになるのか、という問題について扱ってきました。

11. 質的研究の指導

現在所属する大学に着任してからは、質的研究について授業で紹介する機会があり、私の研究室には、質的研究で卒論や修論研究を希望する学生が多く集まってきました。彼らの研究を指導し、いっしょにデータ収集の計画や分析をする中で、グラウンデッドセオリー法の解説書で学んだことと実際の研究プロセスがずれているという感想を聞きました。学生と話していると、研究は、質的研究であれ、量的研究であれ、ただ正しい手続きを集めたデータに当てはめるという「応用」「適用」という行為を想定していることが多いようでした。そこで、研究を計画・実施するにあたって1つひとつの活動に対して「これを自分のデータに対してやるとき、どのようなことに注意してどんな基準を設定するとよいだろうか」「ここでは何を達成できることが研究として最適であろうか」というように研究者が主体的に様々な「決断」「判断」をすることを中心に据えた教科書を作りたい。また、研究の方法にとどまらず個人としての関わりのプロセス全体について解説したいと思うようになりました。

私は、質問紙を使った研究もまだ続けていますし（岩壁・金沢, 2008 など）、量的に捉えることが重要である現象もあると思います。1つの現象をとっても、質的に捉えることができる部分、質的に捉えることが適切な部分などがあります。また、量的な結果として示すことによってより広く社会的な目的に役立つこと、または社会的目的のために必要とされることがあります。たとえば、心理療法の効果がその1つです。現在、北アメリカでは薬物実験と同じような統制の高い実験計画を用いて心理療法の効果を検証する研究が広く行われています。ある心理障害をもったクライエントを異なる治療群に無作為に割り当て、そしてかなり細かな点まで介入の仕方が記載された介入マニュアルにしたがって心理療法を実施します。実際の臨床現場では、クライエントとセラピストのマッチングの問題を無視するのは、良い実践とはいえません。クライエントに合った心理療法アプローチ、セラピストを注意深く選ぶことが必要です。また、介入の仕方もクライエントの特徴、そして面接の状況に合わせて、アレンジします。個々のクライエントの特徴を大切にする臨床実践と現在の効果研究のあり方はかなり大きなずれがあり、心理療法の効果をこのような形で捉えるのが最も望ましいとは言えません。しかし、不十分であれ、私たちが知る限り最善の形で社会に（そしてカウンセリングを希望するクライエントに）効果を示すことの重要性もあります。そして現在行われている研究法の問題点を洗い出し、より科学的にも臨床的にも妥当性が高い効果研究のあり方を追及することも重要です。

12. 現在

さてこのようにみていくと私は第1に質的研究者であるよりもプロセス研究者です。心理療法においてクライエントがどのように変わって

いくのか，そしてそれを促進するためにセラピストはどのようなやり方でクライエントに接するのかということを質的方法だけでなく，量的方法も駆使して理解することを何よりも大きな目標としています。その中で，クライエント自身の主観的体験，そして実際に観察されるセラピストとクライエントの言動，セラピストの内的プロセス（仮説作り，クライエントの言動の解釈など）だけでなく，それらのずれに注目することも重要です。一個人の見方をじっくり味わい，理解することによって必ず発見があると信じています。また，個人の体験を理解しようとする姿勢，それを見つめるまなざしは臨床家としての成長に不可欠だと思います。また，プロセス研究の延長として，臨床家やクライエントにインタビューしたり，学生とのゼミにおいて，カウンセリングの当事者でない人たちに対する質的研究に関わっています。学生が対象として選ぶ人たちは何らかの特別な体験をした人たちで，多くは心身の問題を経験した人たちです。私はそのような人たちが必ずしも心理療法やそれ以外の心理的援助を必要としているとは思いませんが，私たちの関わりは臨床心理学の研究者であり，だからこそ，彼らにインタビューをするという特権を得るように思います。そこで，彼らから得たデータを，現在の心理療法の理論や実践を見直すため，またよりよい実践活動を考えるためにできるかぎり役立てるようにしています。

私のパラダイムの立ち位置は，ポスト実証主義と構築主義（第2章で詳しく説明します）のあいだあたりです。生きた体験とその意味，そしてその意味が作り出されるプロセスに関心をもっています。そして，大きなサンプルを集めて，全体的傾向を示すよりも個々の体験を細かに描写していくことが個人を相手にする臨床場面にも合っていると感じます。ただし，心理療法の効果をはじめとして，様々な場面においてより厳密なやり方で仮説を検証することはとても重要だと考えます。また，社会構成主義やポスト構造主義にも関心をもちながら，それらを自身の研究に活かすことがなかなかできません（そのような「瞬間」はありますが）。筆者にとって個人の生きた体験を理解することがとても重要な研究テーマです。うまく1つにフィットする研究者は少ないでしょうが，私もこの2つのあいだを行ったり来たりしながら，心理療法プロセスの研究に取り組んでいます。

第1章　臨床心理学における質的研究
──質的研究の基礎

はじめに

　ここ10年のあいだに，臨床心理学人気が高まり，臨床心理学専攻の学科や学部が設けられる大学が増え，心理学よりも臨床心理学を専攻する学生のほうが多くなってきている。臨床心理学の道に進めば臨床心理士というその専門性を活かした専門職があることが大きな魅力の1つであろう。それ以上に人の心の悩みを解決したり，その一助となるための勉強ができることは，多くの人にとってとても有意義であり，大きな喜びを与えてくれる。

　大学院に進む学生の多くは心理療法・カウンセリングの理論と実践や心理障害などに強い関心を示す。しかし，研究に関心をもっている学生は一握りである。むしろ，研究に対していつの間にか苦手意識をもつようになっていたり，研究嫌いになっていることすらある。臨床心理学という学問の軸は，研究と実践の両方であると，臨床心理学入門の授業においてしっかり習っているはずなのにこれはどうしたことであろうか。

　本章では，科学的研究のあり方とその主要な目的を説明したあと，臨床心理学における研究を取り巻く事情について解説したい。そして，臨床心理学において主流であった量的研究と質的研究の特徴を対比させ，質的研究がなぜ臨床心理学において重要な役割をもっているのか，また，どのように臨床心理学の発展に貢献するのかということを解説したい。

　　　キーワード　科学的研究の特徴と目的　質的研究　量的研究

1. 科学的方法とは

　臨床心理学に進む学生の多くは，研究というと実験心理学に広くみられる2群の比較や0「まったくない」から5「よくある」で回答する質問紙研究を想像する。そして科学という言葉を聞くと「客観性」が重要であり，大きなサンプルをとり，統計的にデータを処理して，仮説を検証するという連想をもっていることが多い。また，自分は実施することは許されていないが，経験豊富な臨床家が行う事例研究を想像するかもしれない。一事例研究には，特に明確な枠組みや量的測定はないが，臨床家が鋭い観察力や直観を元にして面接のプロセスに起こったことから臨床概念を検討することであるが，一人の臨床家の主観性は統制されないため，科学的研究としての評価は心理学者によって分かれるということを知っている読者もいるだろう。

　このような想像は決して間違っていないが，科学的研究に関しての1つの見方であり，論理

実証主義と呼ばれる自然科学の定義に基づくものである（第2章で詳しく解説する）。論理実証主義の科学の理想は、主観を排除し、客観性を保つことによって対象となる現象を統制された条件のもとで調べることである。その主要な目的は予測と統制であり、観察された事実は理論から独立した普遍の事実として考えられ、データから得られた法則の普遍性、そして単純さが強調される。しかし、このような自然科学のモデルは、近年、科学研究の社会政治的な側面を指摘する社会構成主義やジェンダー心理学により疑問視されるようになっている（Hoshmand, 1989）。

近年では、臨床心理学およびカウンセリング心理学の研究法の教科書では、科学的方法に「データを収集し、分析・評価するための前提と規則」とより広い定義を与えている（Barker, Pistrang, & Elliott, 1994; Hayes, Barlow, Nelson-Gray, 1999; Heppner, Kivlighan, & Wampold, 1999）。この定義に従えば、主観性を可能な限り排除し、統制された条件下で現象を量的に把握し予測を行うのは、最も優れた科学的方法でなく、数多くある方法の1つとして捉えられる。また、現象を数値に置き換えずに言葉によって捉える様々な質的分析方法も科学的方法の1つとして考えることができる。科学は、決して「客観性」と「普遍性」に縛られた作業ではない。科学的方法は、一人の人間の判断による偏りを統制するため、データの採集・分析の方法を系統化し、明確化することによって、そこから得られる情報に関する評価や判断を円滑化するのに非常に有効な手段である。

臨床心理学において、このような科学的研究に対する包括的な見方は非常に重要である。臨床心理学では、統制を行うことが難しい臨床実践の場でデータを集めることが多い。また、クライエントの主観的体験とその意味を理解し、臨床活動に役立てるための研究方法と、厳密に心理療法の効果を捉え、客観的な指標を使って社会に示す方法は大きく異なるが、どちらも臨床心理学に必要である。すべてのクライエントに当てはまる法則や普遍性を示すことができなくても、ある特定の臨床場面や特定のクライエント群に有効であることが示せれば、臨床的に重要な研究といえる。

2. 科学的研究の特徴

それでは、臨床心理学の研究は、科学的研究としてどのような「条件」を満たす必要があるだろうか。英語圏のカウンセリング心理学専攻の大学院で広く採用されているヘップナーら（Heppner, Wampold, & Kivlighan, 1999）による科学的研究の特徴をここで紹介する。

1）系統性

系統性とは、観察、記述、評定をある一定の規則や基準に従って行うことを意味する。つまり、研究における様々な作業が「一貫した」やり方に基づいているかどうかということにかかわる。系統性を示すには、観察や記述の方法を明確に示し、その基準を満たしているのか調べ、報告することが必要である。一般的な量的研究では、信頼度の係数などによって示され、質的研究では、研究の手続きをできるだけ細かく報告することによって示される。

2）焦点

焦点とは、観察可能な全てのことを記述するのではなく、重要な変数を選び、それを記述する、またはその因果関係を調べることを意味する。研究を計画するとき、対象とする現象をできるかぎり細かく調べたり、数多くの変数を加えることによって、その現象の複雑さを捉え、臨床的な意味を見落とさないようにしたいと思うかもしれない。しかし、複雑さを捉える質的研究においても重要な部分とそうでない部分を見分け、現象の中核的な側面を抜き出すという単純化の作業が必要とされる。

3）統制・条件

科学的研究においては，外部の変数の影響を統制し，変数の関係を浮きだたせることが重要である。また，協力者を選ぶ場合，ある程度条件を絞ることによって均質的な群を作り出す。たとえば，うつに対するある心理療法アプローチの効果を調べる場合，協力者のうつの重篤度や慢性度を統一することによって，そのアプローチがある特定の水準のうつに対して効果をもつのかより正確に検証できる。臨床の現場からデータを集める場合，できるかぎりサンプルの特徴（セラピストとクライエントの属性），手続きなど研究の条件について具体的に報告することによって，読者が方法の適切さについて判断しやすいようにする。

4）批判的な探求である

科学的研究を行うことは，現在までに蓄積された知見では解決されない問題があり，それらを厳密な方法を用いてより細かく調べることが必要だという立場に必然的に身を置くことになる。科学的研究は，この意味において，「批判的」な企てである。自らの理論的立場や仮説もそれらが正しいということが示しやすいようなやり方で検証を行うのではなく，その真偽が最も厳密なやり方で検証される方法を選ぶことが，科学的研究者の姿勢である。

5）他者性

科学的研究は，決して自分自身の知識の獲得や成長のみに向けられているのではなく，当該分野にどのように貢献できるのかという点において評価される。研究は，個人の私的な営みではなく，社会に開かれている。したがって，研究が，個人的関心からはじまっても，それがどのように広い社会的な関心事とつながっているのかということを見つめ直さなければならない。社会に貢献すること——それは狭くは臨床心理学に携わる人たち，そしてより広く臨床心理士をはじめとした心理の専門家から心理的援助を求めるクライエントと，社会全体の発展——を目標とする。研究が広く公開されるように学術論文をはじめ様々なメディアを通して，様々な形で発表することは研究者の大切な仕事である。

6）妥当性：真実性

研究の結果について「なぜそれが正しいのか」「それがどれくらいの確率で正しいのか」「それがどのような状況に当てはまるのか，どのような人たちに一般化できるのか」ということを示さねばならない。量的研究では，「妥当性」，質的研究においては「信憑性」などといった基準によって示される。質的研究の質を判断するための基準は，第13章において解説する。

7）限界

人間の知には限界がある。また，1つの研究において知ることができる範囲も限られている。卒業論文や修士論文の研究を計画するときに，一研究によって検証できる仮説や問題の範囲の狭さに幻滅する学生もいる。しかし，このような限定や限界は，研究が積み上げられ，その分野に知見が蓄積する上で非常に重要である。1つの研究は，より大きな研究プログラムの一部であり，それは，複数の研究者がそれぞれ進める研究から作り出す知の一部となっている。1つの研究はそれ自体の一貫性と個別性に特徴づけられながら，常にそれまでの先行研究との関連性をもち，今後行われる研究の土台となる点において開かれた性質をもっている。もし，1つの研究があまりにも多くの問題を扱い，どこまで分かりどこから分からないのかということがはっきりしなかったら，その研究と先行研究の関連についても不明確なままであろう。

限界に関してもう1つ重要なのは，私たちの理解は，私たちの知覚と言葉によって限られているということである。どんなに科学技術が発展し，厳密な観察や記録が可能になったとしても，最終的にその結果を判断するのは人間であり，その結果は言葉にして伝えられる

(McNamee & Gergen, 1992)。ということは，私たちの理解の限界も，人間の知覚と認知，そしてそれを伝えるための手段によって限定されることになる。このような意味において完全な客観性は存在しない。

まとめ

上にあげた科学的研究の7つの特徴は，研究の目的や状況によって重みが異なる。たとえば，厳密にある介入の効果を調べようとする場合，統制が非常に重要になってくる。というのもできるだけ2つの群の条件を同じにそろえることによって，厳密な比較が可能となるからである。臨床実践の現場からデータを集めるときにはそのような統制は困難であり，系統的な記述を行い，研究の限界について明確に述べることが重要になる。いずれにせよ，研究計画を立てるとき，この7つの条件について検討することが必要である。この7つの条件の中に科学的研究は「数値」で結果を表すことが必要だとは記されていない。つまり，語りを中心とした研究も「科学」的研究である。

3. 臨床心理学における研究の役割

それでは，臨床心理学において研究はどんな役割をもっているだろうか。中心的なものを以下にあげたい（岩壁, 2008）。

1）アカウンタビリティ

心理療法やカウンセリングといった臨床心理学の実践活動は，社会的なリソースを使って行われており，クライエントまた社会がその対価を支払っている。したがって，その受け手であるクライエントの心理的適応に役立っており，そのサービスがその料金，またはコストに見合った効果をもつことが，客観的なエビデンスによって示されなければならない。アカウンタビリティは，「説明責任」とも訳されるが，医師，臨床家だけでなく，企業，政府が自らの活動の内容とその結果について直接関係する人たちだけでなく，間接的に関係する人たちに対しても説明する義務があることを指す。心理療法・カウンセリングの効果のエビデンスは，臨床心理学の専門家だけでなく，医療や教育などの関連領域の専門家にも共通する用語や指標を使って表されるべきである（Fireman, 2002）。また，心理療法やカウンセリングの利用者である一般の人にも分かる形でその結果が公表されるのが理想である（岩壁, 2007）。カウンセリングや心理療法のアカウンタビリティを，完全に数値化して示すことは難しいだろう。また無理にそのような量的研究の枠組みに心理療法を押し込むことは心理的援助の本質をゆがめることにもなりかねない（Bohart et al., 1998; Elliott, 1998）。しかし，その努力を続け，心理療法の効果をより的確に捉える方法を開発することへのコミットメントもアカウンタビリティの一部である。

2）現在行われている介入——心理療法の効果と有害性

臨床心理士は，個人のカウンセリングだけでなく，様々な地域援助を行う。これらのすべての活動がどのような効果をもっており，そしてどんなときにそれがうまくいかないのかということを明らかにすることは，効果的な心理援助の仕方を理解するだけでなく，クライエントを守るという意味でも重要である。

心理療法における効果研究の重要な役割は，「どんな心理療法がどんな心理障害や問題に対してどのような条件において効果的なのか（Paul, 1967）」という問いだけでなく，「どんな状況（クライエントの心理障害の種類や重篤度，人格特徴，セラピストのコンピテンスなど）において，心理療法を受けた結果として症状や問題が悪化するか」という問いも含めて調べることである（岩壁, 2007）。これまで，約5％〜15％のクライエントは，心理療法によって症状や問題が悪化し，問題の改善がみられないことが知られている（Lambert & Ogles, 2004）。

ある症状や問題に対して特に危険が高い方法，また問題が起こるきっかけなどを明らかにするのも研究の役割である。

3）新たな現象を理解する

臨床心理学が扱う心理的問題や現象はすべて理論によって網羅されているわけではない。長引く不況の中で，ストレスが急増し，過労，リストラなどを原因とする「職場のうつ」が広まりつつある。うつで休職した人が復職し，社会復帰するプロセスをどのように援助したらよいかということについての知見は，比較的少数の臨床家の経験にもとづくものがほとんどであり，より系統的な理論や介入法はまだみられない。社会や文化が変わるにつれて心理的な問題も変化する。そのような新しい現象を理解し，支援や介入の方法を明確に示すのも研究の重要な役割である。

4）心理療法の営みを密室から解放する

心理療法・カウンセリングは，守秘義務の原則によって守られたプライベートな場で行われる。それを録音・録画してセラピストとクライエントのやりとりを研究することによって経験豊富なセラピストがどのような介入をするか知ることができる。訓練中の臨床家は，より経験が豊富な臨床家の面接に陪席して，観察することによって多くを学ぶが，ふつうこのような陪席面接はインテーク面接・初回面接に限られており，陪席を許されるのも一人がせいぜいだろう。心理面接を録音・録画して，その効果的なやりとりを抜き出すことができれば，一人の陪席者だけでなく，数多くの訓練生が効果的な面接の進め方について学ぶことができる。また，クライエントへのインタビューを通して，クライエントが心理療法においてどのような体験をするのか，ということを明らかにしてそれをパンフレットなどにして心理療法を希望する人たちに配布することもできる。そうすれば，クライエントが心理療法に過剰な期待を抱いたりすることなく，より現実的な変容過程を頭に描けるだろう。当然，クライエントのプライバシーを尊重し，心理療法に支障が出ないように，データは慎重に集められるべきである。

5）研究者個人の職業的成長と学習

臨床心理士の訓練は，資格を取得することによって完了するわけではない。心理療法について，そして心理障害について学び発見することは対人援助の仕事につくものにとって一生涯続く課題である。心理的援助の仕事に従事するということはただ繰り返し同じ介入をするのではなく，クライエント一人ひとりに合ったやり方を考え，常により効果的な援助法を探求していくことでもある。臨床家にとって自身の考えをより厳密な方法を用いて調べることはとても重要な学習機会である。

職業的成長のために研究を行う消極的な例は，その研究トピックや研究自体への関心よりも，学位または資格取得のために研究を行う場合である。研究は，協力者の時間だけでなく，心理的関わりも要求する。インタビューにおける研究者の態度からそのような消極的姿勢が伝わる場合，研究者としての倫理が問われる。そこで研究はただ「学位取得のため」という気持ちが強ければ，もう一度自身の目的意識を見直す必要がある。

4. 臨床心理学における研究の問題

臨床心理学においてこれまで主流だった研究は，量的な研究であり，特に質問紙を使った研究が多く行われてきた。このような事情の中で，学生が行う研究は，質問紙を中心とした量的研究が定番となっているが，研究に関して以下のような疑問をもつことが多い。

「臨床心理学の授業では人と接することの重要性を強調するのに，なぜ研究では質問紙ばかりで対象の人たちと接しないのだろう」

「インタビューという対人的接触を元にデータを集めたい」

卒業論文，修士論文の多くは質問紙研究である。質問紙や尺度を用いた研究の特徴は，自分が関心をもつ領域の質問紙を選び，いくつかを組み合わせてデータをとり，その関係を調べることが中心になる。尺度を使う場合，実際に自分の研究に協力してくれる人と接触することは少ない。それだけではなく，できるだけ同じやり方で教示を与えて接触の仕方も統制しないと同じ条件でデータを集めたことにはならないので，協力者との接触は最低限に抑えられる。多くの場合は，教員に頼み込んで授業の終わりに大学生に回答をお願いすることも多い。このようなデータの取り方だと本当に自分の手で何かを知るという作業をやり遂げたと実感できない。というのも臨床心理学的な「知」は対人的接触をもとにしているからであり，自分の目で見て，自分の肌で感じており，話をじっくり聞くことが大きな役割をもっているからである。

実際に，このような質問紙や尺度を中心とした研究に関しても誤解がある。ふつう，このような研究を実施するに先立って，質問紙を開発するために，自由記述の質問紙を実施して，対象となる概念についての情報を集めたり，インタビューを行うこともある。しかし，限られた時間の中でそのようなグラウンドワークができなかったり，または質問紙の研究はただ質問紙を選択するだけでいいと考えて，その根底にある概念に関する検討が十分でないために起こる思い込みもある。いずれにしても，この自分の目で見る，接するという肌で感じる要素がない研究は学生にとってみれば物足りないものに感じられる。

大学院を卒業したばかりの初心者臨床家に大学院で最も勉強になったことについて尋ねると（佐合，山口，岩壁，金沢，2009）ほとんどの人の答えに含まれる中心的な要素は，対人的学びと感情的学びであった。それは，クライエントとの関わりやスーパーバイザーとの一対一の学びであり，また感情的に動かされる体験だった。臨床心理学を学ぶ者にとって，このような感情的な学習は非常に重要なものであり，対人的な関わりを元に研究を発展できるのはとても大きな学習体験になる。インタビューを通して協力者と接触すること自体が重要な体験となる。

臨床心理学を大学や大学院において学ぶ過程で，不安障害，自己愛の傷つき，摂食障害，をはじめとして様々な心理的問題についての理論的概念を学ぶ。おそらく，それらについて紙面から知っても，実際に自分の感覚でそれがどんなことなのかはっきりと実感をもてるようになることが何よりもよい学習だろう。インタビューを通して，これらの「生きられた体験」にふれること，そして一人ひとりの体験の仕方の固有性や共通性について考える機会をもてることは臨床心理学の勉強にとても重要である。そのような対人的接触を研究に組み入れたいという学生の希望はとても強い。

「統計的データ分析の仕組みがよくわからない」「語り・意味の世界について扱える」

質問紙研究を実施するとき，そのデータはSPSSなどの統計ソフトを用いて分析をする。SPSSなどのソフトを使って分析するやり方を覚えると何か専門的であり実際的なスキルを身につけたと感じるために，自己効力感が高まる人もいる。もう一方で，このような統計ソフトを使うことによってデータ分析という研究の大きな一段階でどのような操作を行ったのかという実感がつかめないために，研究に対して疎外感をもってしまうことがある。統計学の授業では，分散分析やT検定を実際に手計算でやってみてどんなふうに平均値，標準偏差，自由度などが使われるのか，はっきりとした感覚をもてるようにするのがふつうである。ところが，卒業論文研究ではより複雑な多変量解析などを使うのが一般的であり，そうなるとモデルの適

合性などを判断する指標についてある程度知ることはできても，分析がどのようになされているのかはっきりとつかめないように感じることが多い。

心理療法・カウンセリングにおいて強調されるのは個々のクライエントの主観的体験を理解することである。臨床心理学を学ぶ者にとって，人の話を聞いてそのまま研究に活かすというのは魅力的である。質的研究では，協力者の話した言葉を文字に起こし，それをそのまま分析の対象とする。文章を扱うとき，私たちは，より自然にそこで何が起こっているのか，ということを理解できる。したがって，自分の手で分析をしているという感覚をもちやすい。

ときに学生の量的研究への不満は研究に対する先入観に基づいており，質問紙研究でできることを十分に理解していないこともある。そして，実際に質問紙を使って調査をして，それがとても効果的に情報をくみ上げることができるのに驚く。

5. 質的研究とは

このように研究は，臨床心理学になくてはならない重要な柱である。それでは質的研究は，どんな研究であろうか。DenzinとLincoln (2000) は，質的研究は，異なる複数の領域において発展し，その変遷とともに，質的研究という言葉が指す対象も変化してきたと注意し，質的研究は，事例研究，個人的体験，内省，ライフストーリー，インタビュー，文化に関する文献，観察に基づくテキスト，歴史的文献など，個人の生き様や，その意味を描写するすべての題材を集めて使う研究，と定義している。また，Polkinghorne (2005) は，「質的研究の主要な目的は，体験がどのように生きられ，気づきのなかで構成されるのか，描写し，それを明らかにすること (p.138)」と定義している。まとめると，人々が生きる体験をできるだけ，その文脈の中で理解するのが質的研究の中心的な特徴である (Morrow, 2007; Ponterotto, 2005)。

これまでに様々な質的研究法が開発されており，それぞれの対象やデータの種類が異なっている（第3章）。たとえば，グラウンデッドセオリー法や現象学的アプローチは，人々がどのように世界を体験し，主観的現実を作り出しているのかということに注目し，主にインタビューを通してそれを明らかにする (Fassinger, 2005; Wertz, 2005)。エスノグラフィーは，儀式や社会的な慣習などに注目し，主にフィールドワークを通した観察から，人々がどのようにして社会や文化を営んでいるのか示す (Suzuki et al., 2005)。このように，質的研究は，社会学，人類学をはじめとして様々な学問的背景をもち，その方法も多様である。

6. 質的研究の目的

質的研究は，どのような目的に向けて，実施されるのだろうか。質的研究は，自由記述の回答を集めたり，インタビューを行うことによって，尺度の項目を選ぶための土台を作る，量的研究を行う前段階の予備調査として扱われている。また量的研究の結果の解釈のてがかりを得るための補足的な分析として使われる場合もある。たとえば，2つの群の差が見つからないとき，または予測していなかった結果が得られたとき，その理由を同定するために計画には加えられていなかった質的分析が追加される。しかし，質的研究は，量的研究を補足するだけでなく，量的研究とは異なる研究目的のために使われる (Morrow, 2007)。

まず質的研究は，「なぜ」ではなく，「どのように (how)」や「何を (what)」に関する問いに答えようとする。特に役立つのは，人が自分の体験からどのように意味を作り出すのかということを理解するためである (McLeod, 1999; Polkinghorne, 2005)。インタビューなどを通して，対象とする人たちの感じ方や考え方，物事に対する見方についての情報を集める

表1-1 質的研究と量的研究

	質的研究	量的研究
対象	プロセス　意味	量　強度　頻度
描写・記述	詳細にわたる記述，細かな差異を重視	細かな差異や分厚い記述よりも変数とその関係を抜き出すことを重視
現実	社会における様々な体験がどのように作られているのか（プロセス）明らかにする	変数の正確な測定とそれらのあいだの因果関係を確立する
研究者と対象者との関係	研究者と対象が親密な関係を作り，維持する（協力者・情報提供者）	研究者と対象の関わりはできるだけ減らすことにより客観性を確保する（被験者）
価値観	研究のすべての段階に研究者の価値観が染み渡る	研究者は自身の価値観が研究対象やリサーチクエスチョンにできるだけ影響を与えないように統制する
知見の役割	特定の個人，一定の時間・空間に限られた知見	一般化できる法則
視点	個人の視点を重視	全体的傾向，平均値
研究の質	信憑性　解釈の妥当性	妥当性・信頼性

ことによって，質問紙や観察では到達できない「意味」の世界に接近できる。

次に，質的研究は，それまでに先行研究が少ない領域の現象を扱うために役立つ（Hill et al., 1997）。ある現象とそれを表す概念が明確に定まらないままそれを測定する尺度が開発されていると，研究者によって概念定義がばらばらであったりするために，そこから得られた知見に矛盾が起こる。質的研究は，先行研究が少ないとき，それまで見落とされていた現象の特徴を浮き彫りにし，その概念を定義する「理論構築」に役立つ。本書で紹介するグラウンデッドセオリー法もこのような発見と理論構築に役立つ研究法である（Creswell, 1998; Glaser & Strauss, 1967）。

質的研究は，ある現象を深く掘り下げて詳細にわたる分析を行うのにも適している。質問紙を使った研究では，数多くの被験者からデータを集めて，平均値や標準偏差のように全体的傾向をおおまかに捉えるが，質的研究では，複雑なプロセスや幾層にも重なった体験の意味などに入っていくことが可能となる。たとえば，質問紙を使って恥について研究するとき，個人がどれくらい恥を感じやすいか，そして恥を体験する傾向がどの程度不適応な心理傾向と関わっているか，ということに注目するだろう。もう一方で，質的研究で恥の体験について扱う場合，個人が「どのように恥を体験するのか」，つまりどんな場面で，どのような他者がいるときにそれが起こり，どのような内的体験（思考や気持ち）を引き起こし，そしてその場ではどんな行動がとられるのか，そしてその場面が終ったあとに，どんなときにそのことについて思い出され，どんな気持ちが喚起されるのか，など「恥」体験のプロセスと，それが個人にとってもつ意味に焦点を当てる。「幾層」にも重なった体験というのも質的研究が明らかにする体験の重要な特質である。たとえば，授業の発表で極度に緊張して，準備してきた内容がうまく発表できず慌てふためいてしまったという恥の体験を例にとってみよう。クラスの視線を感じて「恥ずかしい」という気持ちだけでなく，準備してきたことがうまく発表できなかった悔しさ，頭が真っ白になってしまったときのことを思い出したときに感じる恐れ，その出来事のあとに自信を喪失したり，発表のあとに励ましてくれたクラスメートの思いやりに対する感謝の気持ち，体験を振り返る中で至った「しっかりしよう」という決心などもあるだろう。質的研究は，これらの幾層にも重なり時間的に広がりがある

体験を捉えることができる。

質的研究は，その知見を手にして，使う人たちが，個人の体験の質に注目し，それが文章で伝えられることによって最も有用になる場合にも適している（Creswell, 1998; Sandelowski, 2004）。たとえば，臨床家は，不特定多数の人たちの「平均的傾向」について知るよりも，ある特定の文脈においてどのような体験が起こるのか，そしてその体験をもった人たちの生の言葉にふれることによってより多くのことを学ぶだろう。心理療法における新しい理論や介入の開発において，少数の事例の細かな分析が重要な役割をもってきた。心理療法では個人を相手として，その個人の語りから主観的見方を理解することがその成功の鍵を握っているのを考えると質的研究の意義が非常に大きいのが分かるだろう（Fishman, 1999; Miller, 2004; Stiles, 2003）。

7. 量的研究と質的研究

ここで質的研究の性質を理解するために量的研究と比較してみよう（表1-1）。ただし，量的研究が比較的単一的な世界観を基盤としているのに対して，質的研究は様々な分野や時代背景に発展してきたため，それを1つにまとめると質的研究の多様性がつかみにくい。また，質的研究も時に量的研究と同じ考え方に基づいて行われることもある。そのため，この区別は，おおまかなものであることを注意していただきたい。質的研究の異なるアプローチや考え方については，次の第2章でより詳しく解説する。

質的研究の焦点は，人々の体験が作り出されていくプロセスと，その体験の意味に当てられる。それは人々の現実が客観的に皆同じように定められているのではなく，社会や文化の影響を受け，その中で個人が自分の世界を作っていくという人間観がある。そして，プロセスや意味は，詳細にわたって記述することによってはじめて明確になるだろう。もう一方で，量的研究は，現象をコンパクトにそしてはっきりとした数値で切り出し，重要な変数をできるだけ少数に絞って抜き出すことが重視される。そして，変数間に因果関係を確立し，現象を正確に予測することを目指す。質的研究は，限定された対象の理解を目指すのに対して量的研究では対象者を超えてより広く知見を一般化することを求める（Hoshmand, 1994）。

質的研究と量的研究では研究者の関わりも異なる。質的研究では，研究者と協力者がインタビューや観察を通して直接接触する（Morrow, 2005）。もう一方で，量的研究では，質問紙研究のように誰が回答したのか，ということが分からないようになっており，匿名性が強い。研究の客観性を保つために，研究者が協力者と直接的に接触することは避けられる。

8. 臨床心理学における質的研究の適用

カウンセリング・心理療法における質的研究について詳しいMcLeodは，この分野における質的研究の目的を3つに分けて説明している（McLeod, 1999）。まず，1つは，ある特定の人たちの体験を明らかにする質的研究である。たとえば，カウンセリングのクライエント，ある特定の心理的問題に悩むひとたち（摂食障害，うつ，身体の障碍），または医療や様々な援助職に就く人たちに援助体験について尋ねることもある。特定の体験をもった人たちに関する知識は，臨床家にとって非常に役立つ情報となる。臨床家はある問題をもつことの独特の難しさや心理的苦痛を理解することによって，クライエントの辛さを理解し，もう一方でどのような変容やサポートが可能なのかという変化の流れを描くことができる。たとえば，長期にわたって引きこもり状態にある子どもをもつ母親の体験や摂食障害の症状に悩む人たちの体験の仕方を知ることは臨床的にも役立つ。また，現場で活躍する臨床家に対して，インタビューをすることによって，彼が新たな心理的問題にどのよう

に対処しているのか，現場においてどのような困難に遭遇するのか，など，外からではなかなか見えない臨床の現状について知ることができる（岩壁，2008，第5章）。

　2つ目は，ある現象に関する研究である。たとえば，心理療法におけるクライエントの洞察であったり，逆転移などといった治療関係の問題など，インタビューをとおしてこれらの出来事や場面について明らかにする研究である。臨床家に対するインタビューを行うことによって，あまり理論では明確にされていないことが実践のなかでどのように扱われているのか検討できる。ここでは個人の体験を越えて，ある現象そのものを理解することを目的としている。

　3つ目は反省的な研究である。このような研究例は比較的少ないが，臨床心理学の研究者が自分たちの人間観や世界観，援助活動のあり方やその変化自体を振り返り，その歴史的・文化的意味について検討する。つまり，研究者の視線は，自分自身を含めた臨床心理学の実践家と理論家に向けられる。たとえばCushmanは，心理療法理論の人間観やセラピストの役割や姿勢がアメリカの社会文化的背景を反映していることを示した（1995）。また，臨床心理学という学問がどのようにして「心理障害」を定義しているのかということを明らかにする研究（Parker et al., 2005）や，心理療法訓練が「技法」や「専門知識」の習得よりも，その理論アプローチの価値観や見方を強制するような力として働くことを明らかにする試み（Raubolt, 2006）もある。また，フェミニスト療法から主流な心理療法アプローチにみられる性差別的考え方を指摘する研究も「反省的」であると言えよう。

まとめ

　本章では，臨床心理学における科学的研究の役割と質的研究の特徴について解説した。質的研究は，特に心理プロセスを扱うことに適している。次章では，質的研究がどのような考え方に基づいているのか，様々な研究パラダイムについて解説する。

第2章　質的研究のパラダイムと質的研究の様々な方法

はじめに

質的研究を行うことは，質的方法か量的方法を「道具」として選ぶ，または数値か文章を扱うか，というだけでなく，世界のとらえ方の選択でもある。本章では，質的研究を行ううえでの出発点となる研究パラダイムについて解説する。

キーワード　パラダイム　実証主義　社会構成主義　構築主義

1. 研究のパラダイム

読者の多くは，心理療法の理論を勉強しているとき，精神力動療法，クライエント中心療法，認知行動療法など心理療法のアプローチが，介入の仕方，またはクライエントとの接し方だけでなく，人間の心理的機能や動機づけなどについての見解においても大きな違いがあることに気づいただろう。たとえば，精神分析（特に自我心理学）や精神力動療法は，人間の根源的な動機づけは，攻撃と性の衝動にあり，人の機能は無意識の力に大きな影響を受けていると仮定する。もう一方で，クライエント中心療法では，人間の根源的な動機づけの力は，成長と自己実現を目指す傾向にあるとして，無意識の影響よりも，意識的な意志決定のプロセスを重視する。このような人間観は，精神分析では，無意識を理解するための夢分析や自由連想という技法につながり，クライエント中心療法では，クライエントの感情体験を共感的に理解するセラピストの姿勢と結びついている。さらに精神力動アプローチには，個人の内的な世界に重要な他者との対人関係がどのように表象されるのかということを重視する対象関係論や自己心理学などがあり，精神力動療法の中にもかなりの多様性がみられる（Messer, 1995）。心理療法理論学派による人間観や世界観の違いは，研究の方法を考えるうえでも重要である。

質的研究に関心をもちはじめる人の多くは，「言葉」を使って「意味」の世界について調べたいという方法的な側面に注目し，量的研究か質的研究かという区別をする。しかし，質的研究を選ぶということは，人間をどのようにみるのか，知識はどのようにして蓄積されるのか，研究はどのような役割をもっているのか，という哲学的な立場の選択でもある。「なぜ研究するのか」，「人が自身の体験について語るとき，本人が体験について最もよく知っているはずだからそれを絶対的に信用するべきか，それとも個人の見方によってゆがめられているため，情

報としての価値が薄いのか」という問いに対する研究者の立場は研究の様々な側面に反映される。というのもこれらに関する見方の違いは，研究を計画する段階から協力者との接触の仕方やデータの解釈の仕方までに大きな影響を与える基盤と枠組みを作るからである。ここでは異なる世界観を「研究パラダイム」として解説していきたい。当然紙面にも限りがあるので異なるパラダイムについて十分な説明を与えることはできないが，それでも質的研究の基盤となる考え方について必要な理解は得られるだろう。

パラダイム（paradigm）という言葉は，「範例」「模範」などと訳されたり，「パラダイム」とカタカナ語がそのまま使われることもある。一般的にはその時代の考え方を決める枠組みと考えられている。科学哲学者のトーマス・クーン（Kuhn）は，それを1つの時期において科学の一分野の実践を導く一連のビリーフ（信念）として定義した（Kuhn, 1970）。パラダイムは，何を研究の対象とするべきか，どのような研究課題を取り上げ，パラダイムに対してどのような方法を使って答えるべきか，そのような研究から得られた知見はどうやったら正しく解釈されるか，などといったことを定める。クーンは，科学は，価値観を超越した完全な客観性の上に成り立つ真実の追究ではなく，時代背景や科学者間の作り出す文化の中で何が科学として望ましいのかということが定められるという点において社会的活動である，と述べている（Kuhn, 1970）。

パラダイムには大きく分けて，存在論，認識論，価値論，方法論という4つの側面がある（Guba, 1990; Hoshmand, 1989）。どれも研究者がもっている世界に対する見方を示し，それらは，研究という活動の基盤となる前提（assumption）であり，信念（belief）である。存在論とは，人間とは何か，現実とは何かという物事の「本質」に関する立場を表す。上記の心理療法による人間に対する見方の違いはまさにこの存在論の違いである。次に認識論は知識論とも呼ばれ，「人はどうやったら物事を正しく知ることができるのか」「何を知ることができるのか」「客観性は（どうやって）達成できるのか」ということに関わる。価値論は，「人はどんな社会的価値に基づいて研究を行うのか」「研究自体が社会的にどのような価値観を反映し，どのような価値を社会に提示するのか」という点に関わっている。最後に方法論は，「どうやって知識を集めることができるのか」「どんな基準を設定すればよいのか」ということに関わる。

ここでは，GubaとLincoln（1994）にならってカウンセリングと心理療法の分野においての研究パラダイムを分類したPonterotto（2005）の枠組みをもとにしてそれぞれのパラダイムの例をあげながら解説したい。表2-1には，代表的な研究パラダイムを6つあげた。これらはそれぞれから完全に独立しているわけでも境界が常に明確に引けるわけでもない。多くの場合，1つの研究は大きな内的矛盾や不整合性をかかえずに2つのパラダイムにまたがっている。また，フェミニスト・パラダイムは，社会構成主義や脱構築主義的パラダイムにも大きく関係しており，それぞれのパラダイムにある程度多様性があることも注意してほしい。

1）実証主義

実証主義（positivism）は，人間の知覚の限界にかかわらず，世界には，普遍的で客観的な現実があり，それは一般的な法則に従っているという立場をとる。科学者の役割は，その一般的法則を明らかにするためにできるかぎり客観的な方法を追求して，「真実」を明らかにすることである。実証主義の科学的研究が理想とするのは，厳密な統制条件のもとで行われる実験である。たとえば，新薬の効果研究のように被験者を無作為に2つの群に分けて，治療群には，効果をもつとされる「新薬」を与え，統制群の被験者には，効果がある物質を含まない「プラシーボ（疑似薬）」を与え，血液検査などから

表2-1 研究パラダイムの特徴

	存在論 (人間観・世界観・現実の性質)	認識論 (何を知ることができるか・知の主体と対象の関係)	価値論 (どのような価値・美徳・道徳・倫理を表し、目指すか)	方法論 (どうやって知を獲得できるのか、どのように認識論を実行するのか)
実証主義 (positivism)	1つの客観的現実が存在し、それを正確に捉え、研究し、理解できる。	知の主体は、対象から完全に切り離され客観性が達成できる。客観的な条件のもとに一般的な法則を確立することが重要。	研究は統制された条件の下に行われ、研究者の価値観による影響は受けない中立的な営みである。	実験、準実験、サーベイ、相関研究から事実、法則を引き出し、予測を目指す。無作為化、厳密な測定が重要。
ポスト実証主義 (post-positivism)	客観的現実は存在する。それを完全に理解することはできないが、それに漸次的に接近していくことは可能である。	知の主体は、対象から完全に切り離されないが、研究者の主観はある程度統制できる。記述・探索的研究の価値を認める。	研究者の価値観が研究の結果に影響を与えないように統制することが重要である。	厳密な方法手続きに基づいた質的研究、頻度の分析、記述統計、相関研究。
構築主義 (constructivism)	個人はそれぞれの主観的現実の中に生きており、現実を自分なりのやり方で構築しているが、共有される社会的現実も存在する。個人が意味や価値観を作り出すプロセスが重要。	知は人間によって文化と社会を通して歴史的に「構築」されるものであり、研究は、研究者と協力者によって理解を構築するプロセスである。	個人と社会文化的要因がどのように絡み合い、現実とその意味を作り上げるのか、理解することが重要。研究者自身の価値観が研究へ与える影響を積極的に認める。	系統的事例研究、語りの研究など。個人の世界が様々な影響を受け、その中でも個人が主体的にどう関わっているのか、その複雑な絡みを理解する。
社会構成主義 (social constructionism)	何が事実かということは、社会的に構成され、政治的な力に影響を受ける。事実が伝えられるのは言葉である以上、表現されることがどのように社会的権力に影響を受けるかが重要。	知は言語によって制限されている。言葉で表現できるものしか知ることができない。また、表現は社会政治的権力によって制限されるため、知を制限する社会的要因の分析が重要。	より自由であり、オープンな理解を可能とする社会文化的な抑圧を指摘し、改革することが研究の役割である。	折衷的。社会的言説の分析。個人のインタビューから社会的影響について明らかにする。
フェミニスト (feminism)	人種、社会階層、ジェンダーなどに基づく社会的差別を問題視し、個人の人権の獲得を目指すことが重要。社会的に作られる現実の問題点を問う。	知は主観的であり、政治的影響を受ける。研究者の価値観が研究に強く影響する。	女性にかかわらず個人の人権の獲得と不平等な制度などの改革を目指す。研究自体が社会的変革の企てである。	折衷的。社会的役割の分析など現在の社会・権力の構造の問題点を指摘し、それに対する社会の気づきと問題意識を喚起する。
ポスト構造主義 (post-structurism)	1つの客観性・真実という概念は、秩序と統制と同様に近代化の理想である。語られることは、本人が意図するところと違う意味を持ちうる。	知は言語という本来的に不安定で多義的なものに依拠している。知が作り出されるプロセスとその中に含まれる内的矛盾、近代化の価値観の分析が重要。	「人間」「人間性」という概念は、近代に作られた概念である。したがって、社会的価値が作り出されるプロセスこそ、分析されるべき。知を蓄積することによって社会文化的に前進することに悲観的。	権威的な位置を占める古典的なテキストの分析によって、それまで明らかにされてこなかった矛盾や、価値観などを明らかにする。社会制度や社会現象とそれに関するディスコース(語られ、書かれたもの)の分析。

得られる客観的な測定値から薬の効果を調べる。ここで重要なのは、実験による操作、計画された客観的な測定である。妥当性や信頼性、一般化可能性が研究知見の確かさと意義を示す基準である。実証主義の立場は完全な客観性が可能であり、研究結果は、社会的な価値観の影響や研究者の個人的な意見や信望によって左右されないという立場をとる。

代表的な例は、ワトソン(Watson)やスキナー(Skinner)に代表される行動主義の心理

学である。行動主義の心理学は，自然科学の存在論，認識論，価値論，方法論をそのまま人の研究に導入した。彼らは，心理学が対象とする現象を観察可能な行動に限定し，人の主観的世界は，観察できないため，科学の対象から排除した。このように人間を対象とするという心理学という分野の特徴を軽視して，自然科学の方法を無批判に受け入れて踏襲することは「科学主義（scientism）」と批判されるようになった（Martin & Thompson, 1997）。実証主義は価値観からの超越が可能であると考えるため，この立場こそが最も優れた科学的立場だと主張する傾向がある（たとえば，Watson, 1929）。しかし，完全な客観性を目指す実証主義の立場は，数多くある「立場」の1つであり，必ずしも最も優れた立場ではない。質的研究は，多かれ少なかれ協力者一人ひとりの声に耳を傾け，全体的な傾向や一般法則を明らかにすることよりも，ある体験の特質や意味に注目する。また，研究者の価値観および見方の影響を常に認めるために，完全な実証主義の立場から質的研究を行うことには基本的な矛盾がある。

2）ポスト実証主義

ポスト実証主義（post-positivist）は，実証主義の研究者と同様に客観的現実が存在することを認めるが，人間の知的追求には限界があり，真実に少しずつ近づくことはできるがそれを完全に知り尽くすことはできない，という立場をとる点で実証主義とは異なっている。ポスト実証主義者は，「批判的」な実証主義者であり，実証主義と同様の方法を使うが，その限界にも十分に注意を向ける。そのため，方法を具体的に，そして明確に示すことに細心の注意を向ける。また，1つの研究法や手続きはどれも不完全であり，真実を十分に表すことはできないために，異なる複数の方法を使って何度も研究を繰返していくことが必要であり，複数の研究が同じ結果を示すときに，確固たる知識が得られたとする。本書において解説するグラウンデッドセオリー法はもともとこのパラダイムに属する（Charmaz, 2006; Fassinger, 2005）。

この立場からの研究例は，Hillらによる合議制質的研究法（Consensual Qualitative Research: Hill, et al., 1997; Hill et al., 2005）を使った研究である（Rhodes et al., 1994; Hayes et al., 1998; Ladany et al., 2001）。合議制質的研究では，研究の手続きもある程度明確に示されており，一人の研究者がはじめから最後までデータ分析をすることの「偏り」を減らすために，複数の研究者が，データ収集から分析までにかかわり，研究者間の合意を重視している。また，分析途中で，研究に加わらない専門家による監査（audit）を受けることにより客観性を保つ。

3）構築主義

実証主義的立場から大きく異なるのは，構築主義（constructivism）である。構築主義は，普遍的で絶対的な真実を知ることはできないと考える（Mahoney, 1991; Neimeyer & Mahoney, 1995）。そのような普遍的な真実を追究することよりも，一人ひとりの人間がどのようにして主観的現実を作り出し，様々な出来事に意味を見いだし，独自の主観的意味の世界を作っていくのか，そして社会的現実と照らし合わせながら，自分自身，そして自分の世界を作っていくのかというプロセスを重視する。

構築主義のパラダイムでは，普遍的で客観的現実よりも個人の主観的現実と対人的に共有される現実に注目するため，研究においては，実験的手法を使って一般的法則や因果関係を確立することよりも，個人が生きるそのままの姿を記述し，その人の見方を捉えることを目的とする（Ponterotto, 2005）。そして個人がどのようにして体験から個人的な意味を見いだすのかという「意味構築（creation of meaning）」のプロセスに注目する。そのため，系統的な事例研究や，少数の対象者や集団に焦点を当てた質的研究が中心となる。

また，研究者は協力者の意味の構築のプロセスの外側に立ち，客観的に記述する観察者ではなく，常にその人と関わり，いっしょにそれを作っていると捉えることから，研究者の価値観が，研究プロセスに影響を与えると積極的に認められる。そのため，研究者は，自身の価値観，ビリーフ，特徴がどのように意味を作り出すプロセスそのものであるインタビューに影響を与えるのか見直す。これは reflexivity（内省性）と呼ばれる。インタビューにかかわる2人の接触によって意味が作り出されていくので，研究者と協力者の関係性を重視し，ある一定期間接触を続け，関係が発展して深まるようにする。

4）フェミニスト・パラダイム

フェミニスト・パラダイムを1つの独立したパラダイムとして提示することには難しさもある。というのも，フェミニストの立場の研究者は，ここにあげた6つから，フェミニスト・パラダイムを第1のパラダイムとして選ばないかもしれないからだ。フェミニストというと女性の人権と尊厳を求めることに主眼をおいた社会政治的運動であるという印象が強いかもしれないが，女性に限らず社会・文化的な差別，偏見，暴力，などの仕組みを理解して，それらを変革することを目指している（Enns, 2004）。フェミニストの研究者は，現実とされることがどのような社会的構造によって作り出され，それによって個人がどのようにして社会的属性（人種，社会階級，ジェンダー，など）をもつことから不利な立場に立たされ，個人のもつ能力や可能性が制限されているのかということに注目する。

フェミニスト・パラダイムの特徴は，知は常に政治的であり，研究という活動自体が特定の社会的価値を反映していることを積極的に認めている点であり，それは臨床実践だけでなく，訓練においても強調される（Helms et al., 2004）。知が「政治的」であるというのは，私たちの発言がただ個人の主観・好き嫌いだけでなく，過去に社会文化に蓄積された権力の歴史を反映し，そしてそのような発言自体も相手との関係という小さな「社会」において行われるために，社会的力をもっている，ということである。社会的な権力をもつ人が発言することは，何らかの意味においてそれが「真実」であったり，正しいこと，目指すべきこととして伝えられる点において「権力」をもちやすい。もう一方で，社会的に不利な立場にある人々の声は，届きにくく，時に彼らが自分の苦しみを声にする機会が与えられていない。そこで，そのような人たちの声を社会に伝えること，そしてそれに基づき，社会的問題への意識を高めることが研究と深く関わると認め，それを積極的に推奨する。だからといってフェミニストの研究は，データを使った主義主張の道具では決してない。研究者の政治的な立場が常に知を作り出すプロセスの中に働いていることを常に内省的に見直すまなざしは，フェミニストの研究者自身にも向けられている（Brown & Ballou, 1992）。

フェミニスト・パラダイムの研究例として身体的障がいをもちながら，仕事でまれにみる成功を納めている女性の研究がある（Noonan et al., 2004）。身体的な障がいをもつ女性は，障がいに対する差別だけでなく，依存的，他者の助けがなくては何もできない，役に立たない，などというレッテルを貼られる。Noonanらは，盲目，半身不随，ポリオの後遺症などといった身体的な障がいをもちながら，教育，ビジネス，メディアなど様々な分野において活躍する女性17人にインタビューを実施し，彼らの仕事の体験をグラウンデッドセオリー法を用いて分析した。

5）社会構成主義

社会構成主義（social constructionism）は，客観的現実は決して知り得ないものだと考える（Gergen, 1988; McNamee & Gergen, 1992）。どんなにすばらしい科学的発見があったとしても，それを伝えるのは最終的に「言語」であり，言葉で伝えて理解できることには限界があると

考える。また，知識のやりとりがこのように言葉によって制限されているということは，「誰が話すのか」「誰の声が伝えられるのか」ということが，何が真実であるのかということに影響するため，社会的コミュニケーションに対して政治・経済・文化がもつ影響力を分析することが重要となる。このような例の1つに，摂食障害と関わるボディ・イメージがある（Derenne & Beresin, 2006）。ここ十数年のあいだに摂食障害が急激に増えている。雑誌やメディアには，ダイエット製品の広告があふれており，様々なファッションの広告で目にするのはかなりスリムなモデルばかりである。ダイエットしている女性，やせたいと思っている女性も多い。もう一方で，このような雑誌広告などをみて，自分の体型に関してなんらかの劣等感を喚起される女性は多いはずである。何が「美しい」のかはこのように社会的なイメージとして作り出されていて，それが個人の中に取り入れられている。近年では女性だけではなく男性にも同じような現象が見られる。社会構成主義の研究者は，まさにこのように社会的に流通する考え方が，個人が「太っている」「足が太い」などという「自己」を作るプロセスにどのように影響するのかということに注目するだろう。

6）ポスト構造主義

ポスト構造主義は，臨床心理学の分野よりも哲学や社会学においてよく知られている。その特徴は，「近代主義的な社会科学への批判と挑戦」である。近代主義とは，政治，経済だけでなく，文学，建築，芸術の世界でも広く見られる文化的傾向であり，テクノロジーと文明の進歩が個人の解放とより豊かな人間性をもたらすというビリーフと結びついている（Kvale, 1992）。経済的な力を蓄え，政府が安定した国力をつければそれが国民の幸福へとつながるというのも近代主義的な考え方である。ポスト構造主義の理論家の多くは，様々なテキスト，実践などにみられる近代の秩序とビリーフを明らかにする（Anderson, 1995）。ポスト構造主義の理論家の多くは反人間主義（anti-humanism）である。「人間」という概念は，人には普遍的な本質や文化や時代を超えた人間性があると仮定するが，ポスト構造主義の理論家研究者は，「人間」という概念自体が歴史的にも文化的にも限定されていると指摘する。

ポスト構造主義の理論家が特に注目するのは，近代社会においてどのようにして社会全体に影響を与え，人々の考え方を統制するような支配的な語り（grand narrative または master narrative）が作られるのかということである（Parker, 1999; Parker et al., 1995; Rycjlak, 2003）。たとえば，それは小説の登場人物によって展開されるドラマがいかに自己を表現することを要求されながらも，同時に感情を抑えることをはじめとして自己統制を強いられ，近代で理想とされる自立した人間像の特徴を身につけるプロセスを描いているのか，ということを明らかにする。たとえば，フーコー（Foucault）は，近代主義の特徴である国家による個人の統制と管理が，どのようにして医療を通してなされているのか，そしてそれを個人が自身の健康を維持するという自己管理として自分自身で行うようになるプロセスを分析している（Foucault, 1977）。ポスト構造主義の理論家・研究者は，文学作品から絵画，建築，など幅広いデータ・文献を対象とするため，一定の方法があるとはいいがたい。ポスト構造主義の考え方が質的研究において特に重要なのは，個人によって語られた内容は，それが一個人の体験のみを伝えているのではなく，様々な社会的実践が織り込まれている点に気づかせてくれることである。

2．パラダイムの比較

実証主義パラダイムの問題を批判する社会構成主義，構築主義，ポスト構造主義は，特に真実や現実がどのように作り出されるのかという

プロセスに注目する。社会構成主義やポスト構造主義は，その社会・文化的な側面を検討する。社会構成主義の立場は，構築主義とよく混同される。確かにどちらも実証主義パラダイムに特徴的な「普遍的な真実」を仮定しない立場をとる点で似ている。構築主義は，対象者の視点にできるだけ近づこうとするが，ポスト構造主義や社会構成主義は，対象者の視点へと近づくことよりも，それがどのようにして社会的・政治的・文化的な要因によって作り出されるのか，研究者の立場から分析しようと試みる。また，構築主義は，個人が内的現実や意味を作り出すプロセスに焦点を当てるのに対して，社会構成主義は，そのような主観的現実が社会的プロセスにどのように影響を受けているのか，ということに注目する。そこで，この2つの立場は，対立・矛盾するというよりも，相補的である。フェミニスト・パラダイムは，これらの立場と重なる部分が大きいが，その中でも社会的役割から起こる差別や暴力などに注目する。

　それでは，読者の皆さんはどのパラダイムに自分の考え方が最も近かっただろうか。また，どこか1つのグループにすっぽりと入っただろうか。それとも大きく異なるような2つのグループに自分の考え方の一部が分かれてしまっただろうか。1人の人間観や世界観が，このようなパラダイムのどれかと完全に共鳴してうまく収まることは少ない。おそらく，主要な部分では1つのグループと合致してもそれとは矛盾するかもしれないいくつかの要素も入っているだろう。読者の皆さんには，1つのパラダイムの中に自分を押し込むことよりも，まず自分自身が存在論，認識論，価値論，方法論という4つの領域においてどのように考えているのか見直し，自分自身がやろうとしている研究がどのような前提をもっているのか，ということを考えてほしい。

　多くの学生は，心理的現象を数値に変換する実証主義パラダイムの「方法論」に反対であるが，研究活動が，最終的には真実を明らかにするという「存在論」は少なからず賛成している。また，研究者の個人的な信念が研究に影響を与えるということに無関心であったり，自分自身の立ち位置を明確にしたがらないこともあり，実のところかなり実証主義パラダイムに近い考えをもっている。

　質的研究は，実証主義以外のパラダイムに属すると考えられる傾向にあるが，実際には，ポスト実証主義的な考え方の質的研究も多く見受けられる。また，質的方法をとるからといって実証主義を否定することにはならない。特にグラウンデッドセオリーでは，社会構成主義的グラウンデッドセオリー法と実証主義的グラウンデッドセオリー法が区別されている (Charmaz, 2006)。その場合，方法的手続きは似ているが，データをどのように解釈するのか，そしてそれがどのような真実を伝えているのかということに関する視点が異なっている。

　研究計画を立てる段階にある学生からよく受ける質問は，「協力者は10人しか集まらないのですがそれでも十分なサンプルと言えるでしょうか」「何人の人から1つのカテゴリーが得られたのか，また下位カテゴリーやコードの総数を数えたほうがよいのでしょうか」「一人の協力者に対して何度かインタビューを行わなければ信用性が高い研究とは言えないのでしょうか」などである。筆者は，このような質問に対して，研究のパラダイムを明確にして，そのパラダイムにおいて何が重要視されるのかということを判断すること，そしてその上でリサーチクエスチョンが何を目的にしているのかということと照らし合わせて考えることが重要だと答えている。たとえば，その研究がポスト実証主義の考え方に基づいていれば，協力者はできるだけ偏りが少ないように，広く集めるほうがよい。もし，構築主義的立場に依拠しているのであれば，協力者との関係作りを重視し，信頼関係がどのように作られていったのか，ということをより詳しく報告し，数度にわたってインタビューを続けていくことが必要になる。つまり，研究者

が自身に問いかけるべき質問は,「この方法論的選択は,自身の研究パラダイムの枠組みの中で適切と言えるだろうか。また,その選択を十分に弁護できるだろうか」と「このような選択は,リサーチクエスチョンを答えるのに適切であろうか」という 2 つである。

3. 研究パラダイムを超えた質的研究の共通要素

このように質的研究は,異なる研究パラダイムにおいて異なった目的のために異なった使い方をされるが,それでも共通する核となる前提や特徴をもっている(Morrow, 2007)。それは,個人が普段から生活する状況において研究すること,人が自身の体験に意味を与えるやり方について学ぶこと,人を他者と交流する文脈の中で理解しようとすること,協力者が使う日常用語から研究の結果を報告すること,などである(Morrow & Smith, 2000)。

質的研究は,少数の協力者に焦点を当てて彼らの内的な体験に迫ろうとするため,イーミックアプローチ(emic approach 内部観察者)をとり idiographic (個性記述的)研究としての性質が強い(Ponterotto, 2005)。もう一方で量的研究は,個人には焦点を当てず,全体的なグループの傾向を捉えることを目的とする。そのため,エティックアプローチ(etic approach 外部観察者)をとり,全体的な傾向を理解する法則定立的な(nomothetic)研究と呼ばれる。

量的研究は,研究者があらかじめ仮説を設定し,その仮説を検証することを目的とすることから演繹的研究と呼ばれる。もう一方で,質的研究では,データ収集のきっかけとなるような開かれた質問の形のリサーチクエスチョンから研究がはじまり,データから仮説を生成することを目指す場合が多く,これは帰納法的アプローチと呼ばれる。しかし,質的研究は帰納法的論理のみに導かれるわけではない。データが蓄積され,テーマやカテゴリーなどが明確になると今度はそれらを元にして新たなデータを分類するようになる。そして,このような帰納法と演繹法を繰り返していくことは,仮説形成法,仮説的推測(abduction)(Polkinghorne, 2005)と呼ばれる。

質的研究では,研究者の社会的な立ち位置を示すことによって研究の文脈をより十分に理解することができる。そうすることによって読者は,研究によって明らかにされた知見がどのような状況に転用可能なのかということが分かる。研究者は,自分の理論的なスタンス,研究をはじめる動機,その現象に対する持論や私見などを論文に提示することによって,研究の信憑性(trustworthiness)を高めることができる。

4. 主観性

量的研究において理想とされるのは,できるだけ主観性を排除し,客観性を高めることである。もう一方で,質的研究では主観性は,重要な役割をもっている。質的研究では,完全な客観性を確立することが不可能であることを認めるだけでなく,主観性を強調し,そのかかわりを積極的に認めようとする。たとえば,協力者の主観的な見方こそが,データの重要な部分であり,もし協力者が外向きのありきたりの回答しかしてくれなければ,個人と接触してインタビューをする意味がなくなってしまう。質的研究では,個人の主観に近づけば,それだけ,その体験についての理解が深まる。

質的研究では,研究者自身の主観的なかかわりの影響とその役割も大きい。質的研究では,研究者を研究のプロセスから切り離すことはできない(Yeh & Inman, 2007)。研究者の自己は,研究の道具であり,それはデータ収集,そしてその分析と解釈に常に影響を与える。研究者のアイデンティティのあり方によって,インタビューにおいて得られたデータのどの側面が強調されるかということが変わってくる。研究者の主観は,「自己の気づき」(Creswell, 1998, 2002),「主観性」(LeConpte & Presissle, 2003),

「内省性」(reflexivity: 再帰性・省察性・リフレキシビティ: Hall & Callery, 2001; Hoshmand, 2005; Morrow, 2005)」とも呼ばれる。

のちに紹介するが質的研究では，研究者の創造性や直観が重要な役割をもっている (Janesick, 2001)。というのも質的分析は，あらかじめ準備したカテゴリーにデータを正確に分類するのではなく，データを引き合わせてその意味を引き出し，カテゴリー自体を作り出すことが要求されるからである。特にグラウンデッドセオリー法では，データに基づいた理論を生成するために，分析者が理論的感受性を高めることが必須条件である (Glaser, 1978)。理論的感受性とはただその分野の先行研究および理論概念に精通していることでなく，様々な分野における理論について知っていることや様々な現象の関係性を見いだす能力を指す。

主観についてもう1つ重要なのは，質的研究では，研究者（インタビューアー）の主観と協力者の主観が関わっており，2人の主観から織りなされる間主観性がインタビューのデータに反映されていることである (Morrow, 2007)。インタビューを元にした質的研究の教科書で，最も広く使われている1つに，Kvale によるものがある。そのタイトルは，"Inter-Views" となっており，2つ以上の「見方」「視点」のあいだという意味を浮き出させている (Kvale & Brinkmann, 2008)。

間主観性が最も顕著に現れるのは，研究者と協力者の関係である。もし客観性を強調して，インタビューアーおよび研究者の影響をできるだけ排除しようとしても，その影響がなくなるのではなく，協力者と研究者のあいだに感情的な距離が生まれ，協力者が「語る」よりも情報を「提供し」「報告」する関係になるだろう。質的研究のインタビューにおいて協力者は，様々な感情を喚起されるような個人的な体験について語る。そのために，研究者と協力者の関係は，親密さが必要とされる。しかし，臨床心理士がインタビューアーを務める場合，協力者がインタビューアーに対してただ「話を聴く」だけでなく，なんらかの「治療的介入」を期待することもあるだろう (Haverkamp, 2005)。

研究が進むにつれて研究者と協力者の関係も変化する。心理学者が協力者と接触できるのは，専門家という地位をもっているからである。また，心理学を学ぶ学生も同じように研究という大義名分があるからこそ，協力者と接触し，とても個人的な体験にふれる機会が与えられる。このような専門家としての立場は協力者と接触し，インタビューがはじまると逆転する。専門家は，協力者しかもっていない特定の体験を学ぶ立場になり，協力者の世界を理解する立場に回る。Sciarra (1999) は，このような関係は，専門家が実践的な知識を得るという目的に仕え，さらに協力者の社会的立場の改善へと結びつけられると指摘する。

5. データ

質的研究のサンプルリングでは，無作為に協力者を抽出するのではなく，リサーチクエスチョンに答えるのに最も適した少数の人たちを意図的に選び出す。また，研究の進行とともに，その現象の異なる面を明らかにすることがより重要な課題となることもある。このようなとき，異なるサンプリング法を導入して，このような目的に向け，研究者が最も適したサンプリングの方法を組み合わせる。Patton (2002) は，数多くの合目的サンプリングの仕方とそれが適した状況を示している（第5章）。

質的研究では，ある一定の協力者数からデータを集めたら，それでデータ収集が終るわけではない。データ収集が十分であったことを示す基準としてデータの冗長性・余剰性 (redundancy of data) (Lincoln & Giba, 1985)，または理論的飽和 (theoretical saturation) を用いる。どちらも新たなデータを加えても，新しい知見が得られないときの状態を指す。新た

な協力者のデータを加えれば当然新しい側面が現れるはずである。ここでの「新たな知見」とは、具体的な情報による違いではなく、分析の結果として得られたテーマや概念というより抽象的なレベルでの分析結果での新しさである。質の高い情報に富んだデータが集められたかどうかという判断は、単に協力者の人数によって確保されるわけではなく、研究者と協力者の関係の質、研究者のインタビュー・スキル、リサーチクエスチョンが扱うトピック（語ることが困難な内容かどうか）などにも影響を受ける。また、インタビューを、一人の協力者と繰り返し行う場合もあれば、1回のインタビュー時間の長さも語られる内容に影響を与える。

6. 信憑性と厳密さの基準

量的研究では、妥当性、信頼性、一般化可能性という3つの基準が重要な役割を占める。しかし、研究者と協力者の関係、主観性と客観性の捉え方、サンプリングの仕方などで大きく異なる質的研究では、上にあげた基準ではその「質」を判断することが困難である（第13章）。また、質的研究自体が異なるパラダイムのうえに立脚しているため、それぞれのパラダイムによって、研究の質の判断基準が異なってくる（Morrow, 2005）。たとえば、ポスト実証主義のパラダイムに基づく研究であれば、研究者の解釈が一定水準の客観性を維持していると示すために、外部の監査者によるデータ分析のチェックをしたり、複数の分析者がデータ分析に関わり、見方の偏りを検討すること、複数のインタビューアーの質問の仕方やインタビューの姿勢などをある程度均質的にすることなどに注意を向けるだろう（Hill et al., 1997）。もう一方で、構築主義的な考え方に基づいた研究であれば、研究者の関わりを最小限に抑えたり、その影響を制御するよりも、協力者とのあいだにどのような関係が作られたのか、そしてそれがインタビュープロセスにどのように寄与したのかということを重視するだろう。

おわりに

研究パラダイムは、哲学や科学論についての複雑な議論とかかわるため敬遠されがちである。しかしながら、この部分がうやむやになっていると研究のプロセスにおいて様々な判断をするときに何を基準とすれば良いのか分からなくなってしまう。逆の言い方をすれば、この部分がはっきりしているとき、研究者はより自信をもって一貫したやり方で様々な判断をしていけるのである。次章では、様々な質的研究法について解説する。

第3章　グラウンデッドセオリー法と異なる質的研究法

はじめに

これまでに心理学ではかなり多くの質的研究法が紹介されている（Creswell et al., 2007；Willig, 2001）。グラウンデッドセオリー法は，質的研究の最も代表的な方法の1つであるが，すべてのリサーチクエスチョンに対して最も適切な方法だというわけではない。本章の目的は，グラウンデッドセオリー法を解説することであるが，それがどのような状況において，どのようなリサーチクエスチョンに答えるために，使われるのが適切なのか（**表3-1**），また，それ以外の様々な質的研究法はどのような研究対象や状況において強みを発揮するのかということを知っておくことが役立つ（**表3-2**）。そこで，グラウンデッドセオリー法について詳しく解説したあと，主要な質的研究法について簡潔に説明したい。

キーワード　現象学　事例研究　ナラティブ分析

1. グラウンデッドセオリー

グラウンデッドセオリー法は，インタビューや観察データに根づいた理論を構築する方法であり，カウンセリングと心理療法をはじめとした臨床心理学の領域だけでなく，社会科学や看護学など幅広い領域において質的研究の発展に最も中心的な役割を担ってきた（Bryant & Charmaz, 2006; McLeod, 1999）。

2. 歴史的背景

グラウンデッドセオリー法は，社会学者のグレイサー（Glaser）とストラウス（Strauss）によって開発された。その背景には，当時の社会学の実情がある。1950年代の社会学では，実証主義が台頭していたため，自然科学の方法を社会科学の現象に応用し，理論に基づいて変数を定め，それらのあいだの関係を統計的にモデル化する量的方法を用いた研究が中心にあった。もう一方で，フィールドワークやインタビューをはじめ様々な資料から，社会に生きる人たちをそのまま理解することに主眼がおかれるエスノグラフィー研究が発展していた。しかし，エスノグラフィーは，有用なデータを提供しながらも，理論的枠組みが欠けており，その方法論が明確化されず系統性や客観性が欠けていると批判された。そこで，グレイサーとストラウスは，研究者が仮説をデータに押しつけて狭い範囲の現象のみに注目するのではなく，フィール

表 3-1 リサーチクエスチョンと質的研究の種類の関係

研究法	リサーチクエスチョンの種類	挫折体験と不本意入学に関する例
ナラティブ研究	時間軸にそって体験がどのように整理され、そして登場人物と出来事のあいだにどのような関係が作られているか。	不本意入学した学生は、入試での挫折体験をどのように語るか（語りにはどのような特徴があるか）。
事例研究	一事例、または複数の注意深く選ばれた事例についての分析から特定の問題を検討する。	不本意入学したあと、挫折体験から回復し、充実した学生生活を送っている学生と、同じような不本意入学のあと、落ち込みから立ち上がることができない学生を比較し、適応と関わる要因を抜き出す（この場合複数事例研究となる）。
グラウンデッドセオリー法	体験プロセスに関する問題。ある体験には、どのような段階や通過点があり、それらがどのような順序で進んでいくか。	入試失敗の挫折体験と不本意入学から回復する体験プロセスはどのような段階や心理的テーマがあるか。またどんなことをきっかけとして回復へと近づいていくか。
現象学アプローチ	生きられた体験のエッセンスを捉える。すべての人に共通するようなある特定の体験の本質とは何か。	不本意入学した人たちすべてに共通する体験の要素とは何か。また、不本意入学とは本人にとって何を意味するのか。
参与型アクションリサーチ	コミュニティや臨床現場においてどのように変化が起こるか、またどのような援助が可能か。	大学の学生相談室では不本意入学者の心理的問題に対してどのような援助を行うとき、本人がより充実した学生生活を送れるか。
エスノグラフィー	対象とする人たちを毎日の生活の文脈において理解する。対象とする人たちは、どのようにして生活しているのか。	不本意入学をした学生たちの学生生活の現状はどうなっているだろうか。彼らは、どのような文化や価値観・ライフスタイルを生きているのか。
ディスコース分析	表面的なメッセージの背後には、どのような歴史・文化・社会的な意味があるか。	学歴社会と言われ、お受験が幼稚園からはじまる時代に、一流大学卒であること、またそうでないことに関して、メディアや日常生活の中でどのような差別や偏見があるか。
会話分析	ある特定の社会関係、場面ではどのような会話のパターンや構造がみられるか。	不本意入学した学生と友人（教員・親など）とのあいだでは、大学生活についてどのようなやり方で会話が取り交わされるだろうか。

注）Creswell et al.（2007）を参考にして筆者が作成した。

ドワークやインタビューから得られるデータから新たな理論を発見するための系統的であり精度の高い研究法を開発することに関心をもった。

彼らが研究の対象としていたのは、病院における「死」の扱いである。1960年はじめのアメリカの病院のスタッフは、死にゆく患者と死について話したり、その事実をはっきりと認めることはあまりなかった。おそらく、1980年代の日本のガン患者に対する扱い方と似ているだろう。グレイサーとストラウスの研究チームは、病院で観察やインタビューを数年にわたり実施して、看護師や医師が死にゆく患者に対してどのように迫る「死」についての宣告を扱うのか研究した。その結果として、社会科学者が幅広いトピックに関して使うことができる系統的な方法を開発するに至った。それが、データに根ざした理論を研究から発展させるグラウンデッドセオリー法である（Glaser & Strauss, 1967）。

グレイサーとストラウスは、かなり異なる社会学の研究の流れを汲んでいた。グレイサーは、コロンビア大学でまさに実証主義的な量的研究法を学んだ。もう一方で、ストラウスは、シカゴ大学の社会学研究のプラグマティズムとフィールドリサーチを学んできた。当時のシカゴ大学では、象徴相互作用論の社会学が主流であった。象徴相互作用論とは、社会は、人々の相互的な関わり合いから作られると仮定し、言語やコミュニケーションを研究することから、社会について明らかにする。グラウンデッドセオリー法に

表 3-2 異なる質的研究法の比較

	ナラティブ研究	事例研究	グラウンデッドセオリー	現象学	アクションリサーチ	エスノグラフィー	ディスコース分析	会話分析
最適なリサーチクエスチョン	問題を理解するのに、詳細にわたる語りの分析が役立つ	ある特定の事例が問題に関して情報をそのまま与えてくれる	その問題に関して、理論が存在しない、また理論的理解が十分ではない	ある現象に関しての「生きられた体験」について理解したい	コミュニティ・現場における問題を解決し、変化をもたらしたい	ある文化・社会における人々の暮らしをそのまま理解する	ある社会的言説には、どのような社会的通念、支配的な思想、政治的な権力が働いているか	ある生活場面における会話にはどのようなパターンや規則があるのか理解する
学問的背景	人文学	心理学・法学・政治科学・医学・ビジネス	社会学	哲学・心理学・教育学	社会科学全般	人類学	言語学、哲学、文学、社会学	社会学、言語学
分析の単位	一人か少数の個人	出来事、一個人、企業、社会など一つの単位と見なされるもの	プロセス、行為、複数の人たちの相互作用	その体験を共有する数名の人たち	コミュニティ、または現場全体	ある文化・社会集団	ある時代・文化背景における社会的現象	特定の場面、またはトピックに関して繰り返される会話
データ収集の方法	インタビュー、自伝	複数の形態を合わせる、インタビュー、観察、評定尺度、外部資料	主にインタビュー（参与観察データ）	主にインタビュー、観察、芸術作品、その他の資料も使われることがある	量的データ、質的データがともに使われ、研究状況に対応	フィールドワーク（参与観察、インタビュー）、文献	すでに発表されている出版文書、映画、テレビ、広告などのメディア	自然発生的な会話場面の録音、インタビュー、フォーカス・グループ
データ分析の方法	年代史、語りの再構成、ディスコース分析、語りの評定尺度を使ったコード化	ケースの中心的テーマ、変化のプロセス、複数のケースに共通するテーマの分析	オープンコード化、カテゴリー化、理論コーディング（理論サンプリング）	括弧に入れる、現象学的記述、テーマの抽出、現象の本質の抽出（現象学的還元）	コミュニティ、研究法を決める意志決定に参加する。量的・質的方法	様々な種類のデータを統合する	メタファーの分析、コード化、暗に示されるテーマの同定	言語的分析、コードによるパターンの特定
構造化の度合い	構造化は、研究によって異なる	ある程度の構造の枠組みを設定	アプローチによっては、構造化がされている	データ分析はある程度枠組みが設定されている	構造化は、研究法によって異なる	構造化されていない	構造化されていない	構造化は、研究によって異なる

注) Creswell et al., (2007) Qualitative research designs : Selection and implementation. The Counseling Psychologist, 35, 236-264.の p.241 と p.242 をもとに筆者が付け加えた。「構造化の度合い」とは、研究法の枠組みがどれくらい明確になっているかということを指す。構造化されている研究法は、一定の方法（サンプリング、データ収集・分析法）が明確になっている。

は，グレイサーの方法論に対する厳密さとストラウスのフィールドワークから人の社会的行為のプロセスを理解する社会学の視点の両方が反映されている。

彼らが著した「グラウンデッドセオリーの発見」は，質的研究が系統性に欠けるという見方を払拭し，研究を，理論検証という役割から解放し，それが理論を発見する方法でもあることを示した。またそれまでは質的研究法を学ぶために著名な研究者に弟子入りして，フィールドに入り，その手法を体得するというやり方に頼ってきたが，彼らが方法を明確にしかも具体的に示したおかげで，質的研究の手法をより効率的なやり方で学ぶことができるようになった (Charmaz, 2006)。

3. グラウンデッドセオリー法の基本概念

グラウンデッドセオリー法の質的研究は，「データに根ざした理論（グラウンデッドセオリー）」を構築することを目的とする。グラウンデッドセオリー法は，カテゴリーを発見し，記述的カテゴリーをより抽象度が高く，説明力がある理論カテゴリーへと統合し，カテゴリー間の関係性を明確化するためのガイドラインを提示する。グラウンデッドセオリー法の中心にあるのは，カテゴリー，絶え間のない比較，理論的感受性，コード化，理論サンプリングである。

1) カテゴリー

グラウンデッドセオリー法でいう理論とは，データを説明する理論概念（カテゴリー）とカテゴリー間の関係の説明からなる。カテゴリーとは，様々な出来事や事例にみられる特徴をグループ化したものである。たとえば，「怒り」「悲しみ」「恐怖」は「人が出来事に対して抱く気持ち」を意味する「感情」というカテゴリーを作ることによって，1つにまとめられる。グラウンデッドセオリー法では，このようなカテゴリーを「発見」することを目的とする。つまり，私たちが今までに知っている理論概念にそって現象を分類するのではなく，データに合った新しい概念を生成するのがグラウンデッドセオリー法の特徴である。また，カテゴリーは，ただ表面的な類似性を超えて共通する原理やつながりを見つけることによって生成されるという点で，「記述的」であるより，「分析的」である。第11章であげる「うつの主観的体験」の例を取り上げてみると，医師の診察を受け一時的に状態が安定したあと「薬を飲んでもどんどん悪くなる一方」「医者のアドバイスに従って体調管理をしても歯が立たない」という2人の体験は，「底が抜ける」とカテゴリー化された。「底が抜ける」という概念は，うつになった人たちの主観的体験を表しており，それは，うつに関する心理療法理論や精神医学の理論ではなく，インタビューを受けた協力者たちの体験をもとに作られた概念である。

2) コード化

カテゴリーを発見し，カテゴリー間の関係を設定する作業はコード化と呼ばれる。それはデータの一部にそれを最も的確に表すような表題，見出しのような一文，または数個の単語をつけていく作業である（第10章）。分析の初期では，実際の出来事と対応した記述的コードをつけていく。分析が進むにつれてこれらのコードを集めてカテゴリーを作る。次にカテゴリーを集めてきてさらに抽象的で包括的な上位カテゴリーを生成していく（第12章）。グラウンデッドセオリー法では，データに根ざした理論を生成することが目的なので，コード名には，研究者の知っている理論概念ではなく，協力者らの見方や感じ方を反映させる。最終的には，カテゴリーとカテゴリーの間のつながり（たとえば，1つのカテゴリーがもう1つのカテゴリーの原因，条件になっている）を設定し，理論を統合する。グラウンデッドセオリー法にはいくつかの異なるやり方があるため，コード化のやり方も複数

存在する。

3) メモ

グラウンデッドセオリー法の分析作業では継続してメモをとりつづける。メモは，進めた作業の記録，コードやカテゴリーのつながりについての根拠，研究者の思いつきやひらめき，また理論化の作業の記録となり，論文の執筆にも活かされる。研究者は，定期的にメモを読み直すことによって，分析の進展について振り返り，研究の方向性を定める。

4) 絶え間ない比較

カテゴリーを発見し，そしてさらにそれらをまとめていくには，データやコードを繰り返し比較し，それらの類似性や違いを明確にしていくことが必要である。たとえば，「底が抜ける」というカテゴリーの例として，「薬を飲んでも悪くなる」「医者のアドバイスに従って体調管理をしても歯が立たない」の他に，「休職して楽をしているのに気分が落ち込む」「実家に帰って静養していたが，ほとんど布団から出られなくなった」という例が出たとしよう。どれも「底が抜ける」という例として適切であるが，前者の2人は，治療を受けても悪化しており，後者の2人は，休養をとっているのに悪化している。この時，前者を「治療も歯が立たない」，後者を「休養も裏目に出る」という2つのサブカテゴリーに分け，「底が抜ける」の2つの側面として明確化できる。このようにカテゴリーの要素となるコードやデータを繰り返し比較することによって，カテゴリーの特徴をより具体的にそして明確に説明できるようになる。

5) 理論的感受性

理論的感受性とは，データにみられる出来事に対する洞察力とそれらの意味をとらえる力を指す。それは，データの表面にある通常の意味の裏にある新奇さに気づく力である。そのためには，それまでに研究者が学んできた理論的な知識を一度頭の中から出してデータを見つめることが必要である。そして，理論的な概念や個人的な経験から得た知識を最大限に導入してデータを的確に捉える表現を見つける。

6) 理論サンプリング

グラウンデッドセオリー法の研究では，データ収集と分析を交互に行う。一人のインタビューを終えたらすぐに分析に取りかかり，その結果を次のインタビューに活かす。そのため，分析がはじまったときは，探索的であるが，研究が進むにつれて仮説検証的な性質が強くなっていく。理論サンプリングとは，分析から得られたカテゴリーを精緻化するのに適した協力者を選び出す合目的サンプリングの一種である（第5章）。実際の研究で理論サンプリングが使われている例は少ない。

7) 理論的飽和

グラウンデッドセオリー法の分析が完了したことを示す指標は，新たなデータを分析しても，もはや新しいカテゴリーが生成されなくなり，それまでにできたカテゴリーとそれらの関係でその事例が説明できてしまうときである。これは，理論的飽和と呼ばれる。理論的飽和は，あくまでも理想であり，実際の研究ではこの時点まで到達できないことも多い。すべてのカテゴリーを包括する中核カテゴリーが生成されることも分析の完了と統合性を示す指標とされている。

8) 負のケース分析

分析がある程度進んだ段階にくると研究者は，分析結果がうまく当てはまらないケース，または結果とは矛盾するようなケースを選び出して分析し，どのような点において理論が当てはまらないのか，またどのような点で理論の修正が必要なのか検討する。負のケース分析はデータ分析の信憑性を確かめるための手法でもある。

4. グラウンデッドセオリー法の発展

グラウンデッドセオリー法は，質的研究の発展の中心的役割を担ってきた。それは，グラウンデッドセオリー法が最も優れた質的研究法として確立されたからではなく，数多くの研究者がグラウンデッドセオリー法を用いた研究を試みた結果，その方法についてくり返し議論され，その基盤となる世界観からその方法手続きに至るまで見直されたことによる。

そのような議論の1つは，グラウンデッドセオリー法の目的と手続きに関してである。グレイサーは，1978年に「Theoretical Sensitivity（理論的感受性と訳されるが日本語訳のタイトルは，「データ対話型理論の発見」）」で，グラウンデッドセオリー法を発見の方法とする考えを強めた（Glaser, 1978）。もう一方で，ストラウスは，グラウンデッドセオリー法を検証の方法として位置づけ（1987），その方法手続きを具体化し，データを収める理論的枠組み（コード化パラダイム）を提示した。ストラウスとコービンによる「質的研究の基礎――グラウンデッドセオリー開発の技法と手順」は，グラウンデッドセオリー法の教科書として広く世界中に広まることになり（Strauss & Corbin, 1999），第2版が日本語訳されている（Strauss & Corbin, 1990）。グレイサーは，このマニュアル化されたグラウンデッドセオリー法は「発見のプロセスを阻害する」と厳しく批判している。同様の批判は他にもあるが，質的研究の具体的な手続きを示されることによって，グラウンデッドセオリー法が広く使われるようになったのも事実である。

ストラウスとコービンによる解説書でグラウンデッドセオリー法の手続きが明確に示されたが，データ分析のやりにくさについての指摘も多くある（Chenitz & Swanson, 1986; Coyne & Cowley, 2006; Dey, 1999; May, 1996; Sadelowski, 1993; Wasserman et al., 2009）。

日本では，木下康仁による修正版グラウンデッドセオリー法（M-GTA）がよく使われている。M-GTAの特徴は，研究者の思考プロセスにそった分析法が提示されていることである。コード化・カテゴリー化の際に，文章を不自然に短く切って切片化してコードをつけたりせず，研究者にとって，最も際立っている部分からカテゴリーを作っていくことができる。本書の終りに収録した研究例でも木下版グラウンデッドセオリー法が使われている。

グラウンデッドセオリー法をめぐるもう1つの問題は，その実証主義的な基盤である。もともとグラウンデッドセオリー法は，そのような実証主義の前提に対するアンチテーゼとして開発されたはずであったが，データから理論を発見するという表現や，研究者の見方の偏りなどに考察を加えない点などが指摘された（Hall & Callery, 2001: Morse, 2001）。

このような実証主義的な立場を見直し，グラウンデッドセオリー法を捉え直す動きも起こった。たとえば，シャーマズは，社会構成主義的グラウンデッドセオリー法の考え方を発展させた（2006）。彼女は，データ収集および分析における研究者個人の役割と影響をより積極的に認めて，研究プロセスは，研究者と協力者のあいだの共有体験から作り出されると考えた。つまりデータは，協力者の体験の真実を示しているのではなく，研究者の視点を少なからず反映しており，その関わりを認め研究知見をより広い文脈に位置づけることが重要だと主張した。このように，研究者が自らの関わりを反省的に見直す姿勢，そして自らが「構築した」理論は数ある解釈の仕方の1つであるということを認めるのが社会構成主義的グラウンデッドセオリー法の特徴である。次に，グラウンデッドセオリー法の特徴を理解するために，主要な質的研究法を紹介しよう。

5. 異なる質的研究方法

質的研究の特徴は，その方法の多様性である。Wolcott (1992) は，25 の異なる方法を木の幹と枝として提示している。Denzin と Lincoln (1994, 2002) が編者を務め，質的研究法の集大成とも呼べる "Handbook of Qualitative Research" の第 3 版は，1232 ページにのぼる。彼らは質的研究法を，エスノグラフィー，解釈的研究実践，ケース研究，グラウンデッドセオリー法，ライフヒストリー，ナラティブ研究，参与型アクションリサーチ，臨床研究の 7 つに分類している。カウンセリング心理学における主要なアプローチを分類した Creswell ら (2007) も Denzin と Lincoln (2005) と同じように分類をしている。ここでは，この分類に臨床心理学の領域と関わるディスコース分析と会話分析という 2 つを加えて 9 の研究法を簡単に紹介し，特にグラウンデッドセオリー法との類似性や違いに注目したい（表 3-1）。研究法に関して，どれか 1 つの方法が他の方法と比較して優れているというわけではない。研究パラダイムとの合致，リサーチクエスチョンやその領域における必要性，その研究を取り巻くいくつかの要因によってどの研究法がその研究においてどの程度「適切」な選択なのかということが定められる。

6. ナラティブ研究

ナラティブとは，出来事が時間的な流れにそって組み立てられ筋が作られた物語であり，ナラティブ研究は，それがどのように作られ，そして一連の出来事に対して，どのような意味が与えられるのか，ということを対象とする。ナラティブ研究は文学から発して，心理学だけでなく，幅広く人間科学の分野で使われている (Hoshmand, 2005)。ナラティブ研究の方法は，インタビュー・データを扱うが，あらかじめ用意した語り方のカテゴリーの頻出度を調べたりする研究から，一人の語りの口調や言葉遣いなどまでを量的な方法を用いずに分析する方法まで様々である (Angus & McLeod, 2004; Elliott, 2005)。質的な分析を用いるナラティブ研究の特徴は，語りの文脈を重視し，それを語った個人と切り離さないことである。現象学的アプローチやグラウンデッドセオリー法では，一度，個人と語りを切り離し，あるテーマが異なる協力者にも見られるかということを検討する。もう一方で，ナラティブ研究では，語りの文脈や出来事の時間的順序をそのまま残して，一人ひとりの協力者を分析する。

Maple と Edwards (2010) は，青年期にある子どもを自殺で失った両親たちへの質的研究を計画するとき，グラウンデッドセオリー法とナラティブ研究法を比較した。このような喪失体験を研究するにあたり，それが起こるまでの出来事の流れやその家族が置かれた社会的状況の固有性を理解することが重要であるため，個人の行動の文脈やそれとかかわる感情と動機づけなどの複雑さをそのままの形で捉えるナラティブ研究法を選ぶことにした，と述べている (p. 35)。心理療法の領域では，ナラティブ・セラピー・アプローチが紹介され，異なる理論を統合するメタ理論としてもナラティブの考え方について検討されている (Richert, 2006)。

7. 事例研究

事例研究は，一個人，一集団（企業，クラス，共同体），1 つの場面，などを深く理解することを目的としている (Stake, 1995; Yin, 1993)。医学，心理学をはじめビジネスから政治科学まで広く使われている。取り上げられるのは，典型的，代表的，一般的な事例よりも，珍しい症例，失敗事例，など例外的な事例や，ある問題を浮き上がらせるような特徴的な事例である (Flyvbjerg, 2006)。臨床心理学では，精神分析におけるアンナ・O や症例「ハンス」が広

く時代を超えて読まれている。また，カール・ロジャーズ，フリッツ・パールズ，アルバート・エリスという3人の理論アプローチの創設者が一人のクライエントと行った面接「グロリアと3人のセラピスト」は，最も広く訓練において視聴されている心理療法の教育題材である。この面接は，3つのアプローチの特徴を浮き彫りにするのに適したデータと考えられ，異なる研究者によって数度にわたり分析されている（e.g., Essig, & Russell, 1990; Kiesler, & Goldston, 1988; Mercier, & Johnson, 1984; Hill, Thames, & Rardin, 1979）。

事例研究の方法は，事例の規模や目的によって大きく異なる（Ragin, 1987; Ragin & Becker, 1992; Yin, 1992）。たとえば，学校，学級，一企業，一人のクライエントなど「事例」の単位も多様である。一企業を対象とする場合，数千人の社員から数年にわたって質問紙を使ってデータを集めてその企業全体について調べる大規模な事例研究もある（Scholz & Tietje, 2002; Stake, 1995）。カウンセリングでは，事例研究という場合少なくとも3つの種類に分けられる（Iwakabe & Gazzola, 2009）。1つは，臨床事例研究であり，特に客観的な指標を集めずセラピストが面接記録を元に面接のプロセスを考察するものであり精神分析研究に多い。日本の臨床心理学の事例研究は主にこのタイプである。次に一事例実験であり，定期的に変化の測定を続けて，介入に対する反応を検討する研究である（Barlow et al., 2008）。最後に，量的データを使って事例の特徴を明確に示し，質的データを用いてデータの流れを示す系統的事例研究がある（Fishman 1999, 2001）。臨床事例研究は，セラピストの視点のみに頼る傾向があるのに対して，一事例実験は客観的な測定を重視する。系統的事例研究は，量的データと質的データの両方を用いることによって，クライエント，セラピスト，第三者の評定を組み合わせる。近年，複数の事例の比較法（Watson et al., 2007）や，複数の事例研究の成果を積み上げる事例のメタ分析法も開発されている（Iwakabe & Gazzola, 2009; 岩壁，2005; Sherwood, 1999; Stake, 2005; Thorne et al., 2004）。一事例研究は，仮説生成を目的としており，一般化することや仮説を検証することは難しいと誤解されていることが多いが，事例の特徴やその事例と関わる状況や文脈を細かく照合することによって一般化（転用 transferrability; 適合 fittingness という用語が使われる）や仮説検証も可能である（Bromley, 1986; Fishman, 1999; Flyvbjerg, 2006; Ragin, 1987; Stiles, 2009）。

8. 現象学的アプローチ

現象学的アプローチの目的は，「生きられた体験」の本質とその意味を理解することである（Giorgi, 1970; Van Mannen, 1990; Wertz, 2005）。現象学的アプローチの特徴は，ある現象の体験をあらかじめ定められたカテゴリーに分類したり，理論概念を見つけてきてそれを当てはめたり，体験を抽象化するのではなく，その体験のあり方を，そのまま描写することである（Hein, & Austin, 2001; Worthen, & McNeill, 1996）。それは，協力者が，体験について振り返ったあとに得られた「体験の体験」または「内省したあとに得られた整理された体験」ではなく，その現象の直の体験である。研究者は，自らの先入観や普段のものの見方を「括弧にいれて」その現象そのものを理解しようと努める。この「括弧に入れる」という姿勢はかなり多くの質的研究法において重要な姿勢として取り入れられている。

現象学的アプローチは，のちに解釈学と結びつけられ，解釈学的現象学アプローチ（IPA：Interpretive Phenomenological analysis）に発展している（Cohen et al., 2000; Smith, 2004; Werts, 2005; Willig, 2001）。解釈学は，宗教的なテキストの解釈の仕方に関する研究として出発した哲学的探求であり（Messer et

コラム2

現象学的アプローチとグラウンデッドセオリー法

　現象学的アプローチの解説を読んで,「生きられた経験」「○○の主観的体験」を対象とするのに最も適しているのは,グラウンデッドセオリー法よりも現象学的アプローチではないか,と思う鋭い読者も数多くいるでしょう。実際この2つの研究アプローチは重なる部分もあり,混同されて使われているという指摘もあります (Baker, Wuest, & Stern, 1992)。「主観的体験」を理解することを目的とした現象学的アプローチがあまり使われず,グラウンデッドセオリー法がこれまで好まれてきたのでどのような理由によるのでしょうか。

　クライエントの主観的体験を重視するクライエント中心療法やゲシュタルト療法は,もともと現象学の考え方に基づいているために,心理療法の現象学的アプローチと呼ばれてきました。現象学的アプローチからの研究の目的は,まさに「生きられた経験」をそのまま理解することです (van Mannen, 1999)。Starks と Trinidad (2007) は,現象学の目的は「関心を向ける現象の生きられた体験」を明らかにすることであり,グラウンデッドセオリー法では,基本的な社会プロセスを説明する理論を生成すること」(p.1373) と区別しています。しかし,臨床心理学の領域だけでなく,看護学をはじめとして,様々な領域において「主観的体験」を理解する目的で最も頻繁に用いられてきた研究法は,もともと「社会的プロセス」を理解する研究法として開発されたグラウンデッドセオリー法なのです。

　クライエントの主観的体験の研究にグラウンデッドセオリー法を導入した David Rennie は,心理療法プロセス研究における方法論的要請にグラウンデッドセオリー法がフィットしていたと述べています (McLeod, 1999; Rennie, 1995)。1970年代から80年代にかけて,面接でのセラピストとクライエントの行動を量的に捉える研究が主流でした。彼は自らの研究の経験から,これらの研究法がクライエントの主観的体験を捉える上であまり役に立たないと感じていました。量的研究の見方が強い中で,質的研究でありながら,その結果の妥当性をしっかりと主張できる論理構造 (logic of justification) をもった研究法としてグラウンデッドセオリー法を選んだのでした (1995, p.199)。グラウンデッドセオリー法は,方法論的な性質が強く,研究の文脈によってその基本原理を研究に合わせて調整していくことが推奨されていることも重要な点でした (p.199)。また,Rennie は,グラウンデッドセオリー法は,現象学的アプローチのようにクライエントの主観的体験の「記述」にとどまらず,データから理論を生成する点も重要だと述べています (1995, p.212)。

　Rennie は,現象学的な見方はグラウンデッドセオリー法に組み入れられていると考えています。「自らの先入観や仮説をメモとして書き留め,それがどのように分析プロセスに影響を与えるのかということを常に見直す」現象学的アプローチの姿勢はそのままグラウンデッドセオリー法に生かされています (1995, p.212)。

　カウンセリング心理学において現象学的アプローチとグラウンデッドセオリー法をはじめとした質的研究法を比較した Creswell らは (Creswell et al., 2007, p.239) は,現象学的アプローチは,ある現象を体験するとき

にすべての人が感じる体験のエッセンス（本質）を対象とするのに対して，グラウンデッドセオリー法は，時間的な変化による段階やステップなどがあるプロセスを対象とすると区別しています。グラウンデッドセオリー法は，理論を生成するということに加えて，それがポスト実証主義的な要素をもっていたことによって量的研究からの「移行的」方法として注目されたということが少なくとも心理療法プロセス研究において当てはまるようです。

al., 1988)，研究者による理解は，研究者の社会文化的背景によって常に制限されているために，研究者が自分自身の理解の限界と可能性も分析の対象とする研究法である。現象学は，研究者の外側にある「現象」の本質を記述することを目的とするが，研究者の先入観や主観性は「括弧に入れる」ことによってある程度統制できると考えることが多い（Hale & Kitas, 2007）。それに対して，解釈学は，研究者自身が記述というプロセスにどのように影響しているのか，という解釈のプロセス自体を見据えることを重視する。そこで，現象を見つめるまなざしとそれを言葉にして理解する内省を両方扱うのが解釈学的現象学であり，「反省的現象学」アプローチである。現象学的アプローチは，フッサール，メルロ－ポンティ，ハイデガー，ガダマーなど現象学と解釈学の異なる潮流の影響を受けているため，研究者によってその進め方や研究者の役割などに関して立場が異なる。また，哲学的指向が強いため，難解だと思われているが，実際の分析作業は，他のアプローチとそれほど大きく異ならない（Wertz, 2005）。

9. 参与型アクションリサーチ

参与型アクションリサーチでは，研究者がある現場やコミュニティに入り込み，そこで解決することが必要とされる問題に対して介入を計画し，それによって起こる変化とそのプロセスを記述する（Kidd & Krall, 2005）。その目的は，現場やコミュニティでの変化，協力者のエンパワーメント，社会変革および社会的意識を高めること，などにある。たとえば，ある職場においてうつが多発しているとき，調査と介入，そしてその効果の評定を循環的に行う。臨床家がその職場に入り，聞き取りをしたり，質問紙を導入することによって情報を集め，それに基づいて上司に対してアドバイスをしたり，就労の条件や職場の対人関係，コミュニケーションなどに介入したあと，その反応をみて，また新たな情報収集とその分析を繰り返していく。学校では，スクールカウンセラーが様々な予防的なかかわりや不登校児が登校をはじめるのを援助するプロセスなどを研究することもあるだろう（Ditrano, & Silverstein, 2006）。参与型アクションリサーチでは，観察，インタビュー，質問紙，尺度評定など質的研究と量的研究の手法が組み合わせて使うことが多い。たとえば，介入のプロセスは，インタビューと観察から情報を集め，効果に関しては質問紙や尺度も導入する。

参与型アクションリサーチは，研究者が関わった組織を対象とするため，一種の事例研究になっている。その研究方法と介入は，状況の変化によって何度も設定し直される。また，研究者は自身が行った介入の成果を評価することになる。このような流動的な性質と研究者による自己評価という側面から参与型アクションリサーチの研究としての評価は難しいと言われることが多い。もう一方で，研究者がデータを集めながら介入していくという参与型アクションリサーチのプロセスは，臨床家の作業の仕方とフィットしているため，実践に即した研究法であるという期待も高い（Kidd & Krall, 2005）。

10. エスノグラフィー

エスノグラフィーは，ある特定の社会における体験の性質や特徴，その成員の行動の意味を理解することを目的としている（Suzuki et al., 2005）。インタビューと観察（フィールドワーク）を主な方法とする社会学と人類学を代表する研究法である（Spradley, 1979, 1980）。古典的なエスノグラファーのイメージは，自分自身の文化とはかけ離れたある社会や文化に潜入し，そして現地人たちと接して生活をともにすることから，その文化のあり方を体得して理解する「探検者・研究者」である。中でも未開の地へと入り込み，あまり知られていない文化や慣習を先進国に伝えることがエスノグラフィーの典型的なイメージだろう。エスノグラフィーは，植民地主義的な利権や考え方を表し，西洋に属さない人々を理解して「支配」する道具として使われていることに対する批判も集まった（Said, 1980）。もう一方で，ある文化に属する人たちと日常生活でかかわることは，質的研究における prolonged immersion（長期にわたり，その文化に慣れ親しむこと）を可能にしてくれる。臨床心理学の分野でも小学校をはじめとして，様々な集団を対象とする場合，このような関わりをもつことがとても重要である。また，他文化について理解するために有効な手段である。

エスノグラフィーのデータは，多様である。ビデオで生活風景を撮影し，やりとりのパターンをコード化したり，直接観察した内容をフィールドノートにとったり，様々な形態のインタビューを組み合わせ，その対象に関しての新聞記事から文学や芸術作品まで，幅広く使う。それらのデータを統合するためには，かなり鍛錬されたスキルが必要とされる。

臨床心理学において，エスノグラフィーは，重要な研究法とされながらも，あまり使われることがなかった（Suzuki et al., 2005）。その理由の1つはエスノグラフィーを行うにあたって文化人類学の知識と，その対象とする集団の文化に関する知識を十分に集めなければならないことである。もう1つは，その文化に入り込んで十分な接触をとることは，大学や臨床現場での仕事を継続しなければならない大学教員や臨床家にとって，現実的に難しい面もあるからである。参与型アクションリサーチとの違いは，エスノグラフィーは，記述と描写が中心的な目的であり，参与型アクションリサーチは，「変化」を起こすための介入のプロセスと変化が目的となっている点である。

11. ディスコース分析

ディスコース分析は，社会構成主義やポスト構造主義，フェミニストパラダイムと深く関わる研究法であり，インタビューだけでなく，会話，メディア出版物全般を対象とする（Kaplan, 1997; McLeod, 1999; Potter, 1997; Willig, 2001）。民族や文化の優位性，ジェンダーに関する差別や社会的通説，などといった価値観や偏見，そしてある一定の考え方や生き方を規範として提示する政治や経済の支配的な考え方が，ニュース，出版物をはじめとして，様々な言葉のやりとりにどのように現れるのか，ということを分析する。ディスコース分析は，知が社会的に権力を行使するために使われるそのやり方を対象とすることが多い。たとえば，若い女性を対象とした広告や雑誌などに発せられる「やせている」ことに対する過剰な入れ込みが作り出される仕組みをそこに見られる言葉の使い方やメッセージから分析するのがディスコース分析である。心理療法のプロセスの分析では，セラピストとクライエントのあいだに知らないうちに作られるコミュニケーションのルールやコミュニケーションに関するコミュニケーション，つまりメタコミュニケーションなどを対象とする。そしてそれらが，どのような文化的な規則や，専門家と問題をかかえた人間とい

う権力の不均衡な関係によって規定されているのかということを分析する（Lewis, 1995; Spong, 2009）。

例をあげよう。McCannは博士論文研究でディスコース分析を使ってホモセクシュアル，ゲイなどに対する毛嫌い，偏見を意味する"homophobia"（ホモ恐怖症）について研究した。「カミングアウト」といってゲイであることをオープンにして生活する人が増えつつあるが，もう一方で，大多数の人たちは少なからず偏見をもっており，それは日常的な会話やメディアでの扱い方に現れる。McCannは，特にスポーツの分野においてホモ恐怖症の傾向が強いことから，スポーツニュースなどにおいて同性愛の人たちに関してどんな「皮肉」や「冗談」が使われるか，また「あなたのお子さんがゲイだとしたらどうしますか」という架空の状況を設定してインタビューを実施し，個人の偏見や先入観を明らかにしようとした（McCann & Minichiello, 2010）。

12. 会話分析

会話分析は，複数の人のあいだで交わされる会話の研究である。ふつう，会話のやりとりのパターンや一定の規則を抜き出すことを目的とする（Atkinson, & Heritage, 1984; Kozart, 1996）。たとえば，医者と患者の手術後のやりとりのパターンを抜き出したり，学校での非行生徒と教員のやりとり，などを対象とする。会話分析は，現象学的アプローチやグラウンデッドセオリー法のように語られた内容やテーマだけでなく，非言語的メッセージにも注目する。そしてその単位は，発話順番（speaking turn）であり，一人の発話がもう一人の発話にどのようにつながっているのかということを中心に分析を進める。たとえば，遠回しな言い方で不満がある患者は沈黙が長かったり，医師に対して間接的に不満をもらしたり，医師の質問にすぐに答えずに，医師を苛立たせるというやりとり

の特徴を見いだすかもしれない。

会話分析の手法は，心理療法のプロセス研究に取り入れられてきた。セラピストが反射，または転移の解釈をしたあとにクライエントはどのような反応をするのか，というようにセラピストとクライエントのやりとりのパターンを抜き出す研究が広く行われてきた（Hill et al., 1988）。会話分析を行うためには，グラウンデッドセオリー法やエスノグラフィーをはじめとしたインタビューよりも，非言語的なやりとりを正確に示した逐語を作成することが要求される。沈黙の秒数，イントネーションの変化，ため息，などといった会話の要素も分析の重要な鍵となる（Silverman, 1997; Ten Have, 1999）。

13. 質的研究法の選択
―― リサーチクエスチョンから

質的研究法を選ぶ上で指標となるのは，リサーチクエスチョンである。表3-1に表したように異なる研究法に最も合っているリサーチクエスチョンがある。たとえば，ケース研究は，1つ，または少数のケースに焦点を当てることによって，ある現象が最も理解できるときに使われる。現象学的アプローチは，生きられた体験の本質に迫ることを目的とする。現象学的アプローチは，ケース研究と違い，一人を対象とするのではなく，ある現象に関して複数の人のあいだで共通する「本質」へと焦点を当てる。グラウンデッドセオリー法や現象学的アプローチでは，インタビューにおいて語られた「内容」や「テーマ」に焦点を当てるのに対して，「会話分析」は，語る内容に加えて，語るときの非言語的な行動，そして会話に参加する人たちの関わりの仕方およびやりとりのパターンを対象とする。

研究法の選択に影響を与える要因は他にいくつかある（Creswell et al., 2007）。1つは，その研究分野において，どのような質的研究法が知られているのかという点である。研究論文の読者，そしてその論文が専門誌に投稿されたときに，その意義を判断する査読者があまり知ら

コラム3

内容分析，K-J法とグラウンデッドセオリー法

　質的研究法を選択することに関心がある学生は「内容分析」と「K-J法」とグラウンデッドセオリー法はどう違うのか，という質問をよくします。「K-J法」は，日本の研究者による発明であるためかなり広く使われています。また内容分析は，研究法としてだけでなく，様々な心理検査にその考え方が取り入れられているのでなじみがある方法です。ここでこの2つについて簡単に説明し，グラウンデッドセオリー法と比較してみましょう。

　内容分析は，発話，文章，絵画などのデータを系統的に，しかも客観的に分類，コード化する方法です。たとえば，ロールシャッハテストやTATでは，被験者の反応は，あらかじめ準備されたやり方でコードがつけられます。そのコードの頻度を基準となるサンプルから得られた数値と比較して，その個人の人格的特徴を見定めます。内容分析の手法は，知能検査をはじめ心理検査の採点の仕方の代表的なやり方で，おそらく心理学の学生が知らないあいだに練習をしてきた研究法です。内容分析は，インタビュー・データに用いられるときも同様の手続きを使います。つまり，インタビューに先立って作られたコードに協力者の発話の一部を分類していきます。分類にはふつう数名の評定者がかかわり，どの程度「正確に」分類ができたのか，評定者間の合意率（カッパ係数）を求めることによって示します。このように，内容分析では，客観性が重視されること，カテゴリーやコード化の方法があらかじめ定められていることが特徴です。もう一方で，グラウンデッドセオリー法では，分類するためのカテゴリーを生成することからはじめます。また，分類の信頼性を数値によって示すことはほとんどなく，専門家や協力者によるチェックを行うのが一般的です。内容分析は，質的データを扱いますが，方法としては量的方法に属します。

　「K-J法」は，文化人類学者である川喜田二郎によって考案された手法で，フィールドワークから得た膨大な情報を効率的にしかも効果的にまとめながら，しかも新しいアイディアを発想する方法です。データを要約して，インデックスカードに書き込み，それらをグループ分けして見出しをつけ，さらにグループ間の関係を図や文章として表します。このような分析は個人，またはグループで行います。「K-J法」は，様々な分野で研究法としてだけでなく，「発想法」として使われています。グラウンデッドセオリー法と「K-J法」のあいだには多くの共通点があります。まずどちらも新しいアイディアを発見する方法である点です。次にどちらもデータをバラバラに切り取り，それらを研究者が組み合わせるところから発見・発想するところです。「K-J法」では，インデックスカードを使いますが，グラウンデッドセオリー法ではコード化に先立って切片化といって文章を短い分析単位に切ってその部分にコードをつけることがあります。この2つの方法の違いについて解説することは容易ではありません。というのもそれぞれの方法の使い方は研究者によって大分異なり，様々なバージョンが発展しているからです。ただし，グラウンデッドセオリー法は，理論サンプリングのようにデータ収集と分析を繰り返し，分析から生成された「理論」を発展させ，それを検証する手法が明確に示されており，ただ「発想」するのではなく，アイディアを「理論概念として発展させる」ことが明確になっています。

また，グラウンデッドセオリー法の手続きは，より系統的・包括的に示されています。グラウンデッドセオリー法が，他のどの質的研究法よりも広くしかも頻繁に使われてきたのは，その方法が明確に示され，意見の相違はあってもそれらについてオープンな議論が行われてきたことも関係しています。

ない方法を使うと，時にその研究から生まれた知見に関する判断を難しくする。グラウンデッドセオリー法は臨床心理学ではかなり広く知られている。ケース研究は，日本の臨床心理学においては，最も重要な研究法の1つだと考えられているが，北米では最近までその科学性に疑問がもたれていたために「主要な方法」としての認知度が低かった。もう一方で，現象学的アプローチは，哲学的な研究という印象があるためにそれほど認知されていない。もし，認知度が低ければ，その方法が正しく使われているのか，またその研究は先行研究と照らしてどれくらい意義があるのか，ということの判断がしづらい。そのため，より広く使われている研究法を用いるほうが安全であると考えられ，主流アプローチの研究が増えていく傾向にある。

次に，研究者の質的研究の訓練と経験である。どんな研究法を学ぶ機会があるか，そして自分で学ぶための方法に関する教科書や解説書，そして先行研究例がどれくらいあるのかということとも関係している。最後に，研究者が属する学術団体や大学，そして研究者本人の「好み」である。研究者が属する組織には偶然あるアプローチを専門とする教員やその教員に指導を受ける学生が多いこともあるだろう。複数の方法を知っていても，どちらかのやり方のほうが「慣れている」「しっくりくる」ということがある（Minichiello & Kottler, 2010）。ネパールでの母子の出産時の死亡に関して研究した疫学者のRegmiは，それまで大規模な量的研究を行ってきたため，系統的であり量的研究の考え方と近いグラウンデッドセオリー法が最も取っつきやすかったと回顧している（Regmi & Kottler, 2010）。

おわりに

このように，質的研究法の選択にはいくつかの異なる要因が関係しており，これらをじっくりと検討する必要がある。しかし，最も重要なのは，何を達成しようとするのか，というリサーチクエスチョンと表3-1にあげた研究法の諸側面の適合性である。質的研究法には，かなり重なる部分があり，たとえば現象学的アプローチとグラウンデッドセオリー法のどちらもかなり似たリサーチクエスチョンを扱うことができる。また，現象学的アプローチ，グラウンデッドセオリー法をはじめとしてほとんどの質的研究法は，一人の協力者のデータを注意深く分析したあとで，他の協力者の分析および協力者間の比較へと移るため事例研究の諸方法について知っておくことが役立つ。

第4章　グラウンデッドセオリー法研究のプロセス

はじめに

　グラウンデッドセオリー法に基づくデータ分析に関する解説書は，かなり多くある。それらを読んだ学生から，「なぜ同じ方法なのにこれほどやり方がいろいろあるのですか」「どのやり方が最も使いやすいのですか」「どのやり方が一番正しいやり方ですか」などといった質問を受ける。1つの正しいやり方や一番優れたやり方を求めるのは自然な傾向であるが，質的研究において，リサーチクエスチョンや研究の扱う現象の特徴，そして研究者の研究パラダイムを検討することを抜きにして研究法の優劣を定めることは難しい。

　グラウンデッドセオリー法をはじめとして質的研究は，方法的手続きを知れば研究ができるわけではなく，研究者が研究のテーマ，そしてそのテーマとかかわる特異な状況を考慮しながら，様々な判断をしていくことが要求される。そこで本章では，研究のステップを丸山由香子さんの卒業論文の研究プロセスを追いながら解説していきたい。研究プロセスの全体の流れは，**表** 4-1にまとめた。

　　　キーワード　研究プロセス　リサーチクエスチョン　研究計画

表4-1　研究プロセスのステップ

ステップ1	研究計画を立てる
ステップ2	インタビューをはじめる
ステップ3	データ分析にとりかかる
ステップ4	カテゴリー間の関係を理論化する

ステップ1　研究計画を立てる

1) リサーチクエスチョンに到達するまで
　　　──丸山さんの研究プロセス

　私は数年間の社会人経験の後，臨床心理学を学びたいと考え大学の3年次に編入したという経歴をもちます。うつなどの精神疾患に罹患し休職せざるを得なくなった人たちの職場復帰支援の在り方について考えることが当初の目的でした。このような背景もあり当初卒業論文では「うつによる休職者が職場復帰に至るまでの主観的体験」をテーマにするつもりでいました。復職当事者のユニークな主観的体験に迫りたいと考え研究手法には質的研究を用いようと漠然

と考えていましたが，最も気がかりだったのが調査協力者が集まるかどうかという点でした。そこでこのテーマで卒論を執筆できるくらいの協力者を得られるのか当たりをつけるために，友人数人に打診してみました。するとそのなかの一人から「実は夫が数カ月前からうつで休職している」と告白を受けたのです。その友人は古くからの友人で，これまで互いにいろんな事を打ち明け合ってきたとても親しい間柄でした。それなのになぜ夫がうつになったことを話題にしなかったのか強く疑問に感じました。夫がうつ病になるということは何か人には話しづらい体験なのだろうか，まだまだ子どもに手がかかる時期に夫がうつ病になると妻はどんな状況に置かれるのだろうか，そもそも元気だと思っていた夫が突然うつと診断され，会社にも行けなくなるという体験とはどのようなものなのだろうか，といった疑問がいくつも生じました。それまではうつ患者本人の支援にばかり目を向けていたのですが，この友人の告白によってうつの当事者と同じように，あるいはそれとは質の違う厳しい体験を家族は強いられているのではないか，だとすればうつ病患者家族を対象とした研究も重要なのではないかと思うに至りました。そこで卒業論文では夫がうつ病になった妻の主観的体験に焦点を当てることにしました。

卒業論文のテーマを決定するにあたり，指導教員からは，
- 研究実施可能なテーマであること
- 倫理的問題に抵触しないものであること
- 臨床的意義をもつ研究であること
- 少なくとも1年間は興味を抱き続けられるようなテーマであること

等々，多くの注意を受けました。私の卒業論文のテーマは偶然出会ったものではありましたが，約1年間まったく飽きることなく，常に私の関心の真ん中にあり続けるものとなりました。

解説

研究の第1ステップは，個人的な問題意識を先行研究と結びつけ，研究課題として適切かどうか検討し，実現可能な研究計画を立てることである。まず，自分が抱いている問題意識が，臨床心理学において意義があるトピックであるのか，そしてそれまでにどのような研究が行われてきたのか，ある特定の理論家や理論学派などに偏らずできるだけ広く文献を集めていく。そして，そのトピックに関してどんなことが重要とされ，どんな問題を解決することが求められているのか，また，どのような方法を用いることが適切であるのか，という観点から先行研究をレビューし，自分の問題意識をその分野の先行研究と結びつけ，リサーチクエスチョンに変換する。そして，そのリサーチクエスチョンを扱うための様々なリソース（時間，経済，研究スキル）があるのか検討し，研究計画を立てる（表4-3）。そしてインタビューガイドを作成し，予備調査を実施する。インタビューやデータ分析の練習も並行して行う。表4-2にリサーチクエスチョンを定めるための具体的な作業ステップを示した。

丸山さんは，「職場のうつと復職」の主観的体験に関心をもち，周囲の人たちから話を聴くうちに「家族の体験」に興味をもつようになった。上には書かれていないが，夫がうつになったときの妻と家族の主観的体験は，一般書の「体験記」としてかなり多く発売されていた。くわえて，『ツレがうつになりまして（細川貂々 幻冬舎）』というマンガが人気を博していた。もう一方で専門文献には，そのような研究がほとんど見られなかった。そこで，主観的体験のプロセスを理解するグラウンデッドセオリー法を用いて，うつの夫をもつ妻の体験プロセスを研究することにした。

丸山さんは，心理学の研究に強い関心をもち，文献だけでなく身の回りのことと心理学の考え方を結びつけることにも熱心だった。このように日常的な現象を臨床心理学の視点から見たらどうなるのかという姿勢をもつことによって，問題意識が高まり，ふだんの生活の中から研究

表 4-2 リサーチクエスチョンを定めるプロセス

	研究段階	検討事項
1	出発点(問題意識)	自分がもっている関心や問題意識を疑問文としてまとめる。
2	内容と背景を表す	その疑問をより具体的に表す。自分が理解している理論的背景やこれまでの議論，自身がもっている臨床仮説を表す。
3	文献にあたる	専門的文献（先行研究・理論文献・臨床文献・事例記述）をはじめ様々な体験記（一般書として刊行されている体験記・ドキュメンタリー・ブログ），同じテーマを扱ったフィクション（フィクション小説・映画）にあたり，自分の関心をより具体的にし，何がどこまで分かっていて，どのような点が明らかにされていないのか，どのような視点が役立つのか，ということを明らかにする。
4	対象とされる現象の範囲を設定する	対象とされる現象にどのような限定を与えることによって問題を最も効果的に調べることができるか（うつの主観的体験について調べるときに長期的に休職を要した重いうつを対象とする）。
5	協力者の特徴	どんなクライエント群に絞ると，この問題を最も適切に検討できるのか（すでに復職しており，うつからの回復を体験して，全プロセスを振り返ることができる人たち）。
6	方法を具体化する	このリサーチクエスチョンは，インタビューや自由記述，尺度による評定のどれによって最も適切に調べられるだろうか（主観的体験について調べるため，半構造化インタビューが適切）。
7	分析方法を明らかにする	どんな分析方法がこのデータを分析するのに最も適しているか。
8	リサーチクエスチョン	リサーチクエスチョン・仮説を明確に述べる。より具体的な焦点，または下位のリサーチクエスチョンについて述べる。
9	研究論文の仮タイトルを決める	リサーチクエスチョンをより簡潔に論文タイトルとしてまとめる。中心概念を定める。

を行う上での様々なアイディアが生まれ，もう一方では理論や研究を眺める目も養われていく。ここでは研究計画を立てるプロセスについてはふれていないが，問題意識からリサーチクエスチョンへの発展のプロセスにおいて先行文献のレビュー，そして実際に行動を起こし（予備調査，フィールドワーク）を行うことが役立っている。

グラウンデッドセオリー法を用いた研究を行うとき，研究者は，ふつう「うつ病の夫をもつ妻はどのような体験をしているか」「妻は，夫がうつになり，会社を休職し，そして復職していくまでの，一連の出来事をどのように体験しているのだろうか」というような広いリサーチクエスチョンを立てる。先行文献のレビューを行うことは研究者が，データに理論概念を押しつけることになるためによくないとされてきたが，近年では，先行研究のレビューをしないで研究をはじめることが現実的ではないこと，そしてその分野においてどのような知見が欠如

しているのか同定し，研究の意義を判断するためにも，レビューが必要であると論じられている（Chiovitti & Piran, 2003; Coyne & Cowley, 2006; Cutcliffe, 2000）。丸山さんも研究レビューから夫のうつに対する妻の体験に焦点を当てた学術的研究がほとんどないが，一般書，ウェブ上での情報，知り合いとの会話など複数の情報源から，それに対する要請が高いことを見い出し，主観的体験に焦点を当てた質的研究を実施する意義を確認した。グラウンデッドセオリー法の研究では，分析が進展するにしたがってより具体的なリサーチクエスチョンが立てられ，得られた結果をより明確にしていく。

次に，研究計画を立てる（表 4-3）。どのような協力者を集めたら，そのリサーチクエスチョンにもっともうまく答えられるのか，どのようなインタビューのやり方が適切か，現実的な時間と予算の枠組みの中で可能なのはどの程度の規模の研究か，などといったことを検討して研究計画書を練っていく。対象とするトピックに

表 4-3 研究計画を立てるプロセス

	作業ステップ	検討事項
1	全体的アプローチを決める	質的研究,量的研究,グループ比較,少数の事例記述などを決定する。
2	サンプルの取り方を決める	どのような機関や臨床家,またはクライエントなどの協力者を募集するのか,洗い出し,実現性が高いルートをあげる。必要に応じて,2,3のバックアッププランも立てる。
3	データの集め方を決める	どのような手法によってデータを集めるのか検討して決める(インタビュー,質問紙,面接の録音,またはそれらの組み合わせ)。
4	適切な分析方法の候補をいくつかあげて,どの方法が最も適切であるか決める	可能なデータ分析の方法をあげ,それらが,リサーチクエスチョンに答えるための利点や欠点をサンプルの特徴と照らし合わせて検討する。
5	予備調査の必要性とやり方を決める	インタビュー項目,インタビューの進行について検討する。どのような予備調査をいつ,だれを対象として行うのか決定する。
6	倫理的な配慮,問題について検討する	研究を実施する上で起こりうる倫理的問題を洗い出し,それらを予防する対策,もし問題が起こったときの対応について考える。もし,倫理的問題が起こりそうなとき,リサーチクエスチョンやサンプルを一部変更する必要がある。研究協同同意書・録音同意書を作成する。
7	リサーチクエスチョン,方法の一貫性・整合性を調べる	研究の全体的な目的,研究者の理論的視点,リサーチクエスチョン,方法の諸側面に一貫性があるのか,ということを調べて,他の研究者,または研究スーパーバイザーに確かめてもらう。
8	研究作業のタイムテーブルを作成する	データ収集,分析,執筆,校正などの実現可能な時間的枠組みを具体的に示す。必要に応じて,必要な備品や消耗品(IC レコーダー,印刷紙など)などを準備する。
9	研究のスーパーバイザー,機関の承認を得る	研究計画書を提出し,コメントを得る。研究計画を実行する最終確認をし,承認を受ける。

表 4-4 研究の準備

作業	具体的な内容
質的研究の学習	・質的研究の授業をとり,異なる質的研究方法,研究パラダイム,それぞれの手法について学ぶ。 ・代表的な質的研究の解説書,研究論文にふれ,それについてディスカッションする。 ・過去の卒業論文や修士論文を読み,それらの優れている点,改善できる点などについてディスカッションする。
インタビュー	・研究室,または研究グループのメンバーが行ったインタビューを視聴する。デモンストレーション用の心理面接のビデオを視聴してインタビューのプロセスについて話し合う。 ・心理面接と研究面接の姿勢とスキルを学ぶ。両者の違いについて知る。 ・クラスメートとインタビューの練習をする。 ・インタビューをビデオ録画し,その様子を振り返り,指導教員や先輩,クラスメートからフィードバックを得る。
データ分析	・どのようにコード化やカテゴリー化がなされているのか,過去の修士論文や卒業論文の付録や方法の記述を読む。 ・自分が実施した練習インタビューを逐語化し,コード化,カテゴリー化,などの一連の分析作業を行い,フィードバックを得る。

よっては,特に倫理的配慮が必要であり,大学によっては,倫理委員会による審査を受けることによってはじめて研究に着手できる。また研究計画を立てる作業と同時に行うのは,データ収集とデータ分析のスキルを身につけるための練習である。ゼミのメンバーや知り合いを相手にインタビューを行い,その内容を逐語化し,実際に分析してみる。そうすることによって,インタビューの進め方だけでなく,自身の話し方の特徴などを見直すことができる。また,ど

のような進め方をすると分析に必要なデータが得られるのか，ということも体験的に理解できる（表4-4）。

2）初期のインタビューとデータ分析

丸山さんのプロセス――協力者探し

研究を進めるに当たり最初にぶつかった壁は協力者集めでした。予想してはいましたがこれほど難航するとは思ってもみなかった，というのが正直な感想です。データ収集方法は半構造化インタビュー，データ分析方法はグラウンデッド・セオリー・アプローチを用いる計画でしたので，最低でも10人，より理論的飽和に近づくためには20人の協力者を募る必要があると指導を受けました。20人集めるのは感覚的に無理だと感じましたが，10人くらいは何とか集められるのではないかと希望的観測を持っていました。とりあえずテーマのヒントをくれた友人からは協力の了承を取り付けていたので，残り最低目標9人を集めるために，①知人のつてをたどる，②ブログをあたる，③うつ患者家族会に接触を図る，の3つの方法をとりました。

（1）知人のつてをたどる

友人との世間話のなかで「最近うつで休む人って多いよね」という話題がよく出ていたので，知人のつてをたどるだけで，雪だるま式に協力者を集めることができるのではないかと，たかをくくっていたのですが，この目論見は大きく外れてしまいました。私の知人本人が研究テーマの該当者なら直接頼めるので比較的問題は少ないのですが，知人の知人，そのまた知人に協力を依頼するのは簡単なことではありませんでした。その理由としては知人を介して協力依頼するため研究目的が正確に伝わりづらかったこと，さらには研究テーマが家族のプライバシーに侵入的になる可能性が高いものであったこと，加えて依然として精神疾患をタブー視する風潮が強かったことなどがあげられます。このようなことから，調査を依頼する側も受ける側も二の足を踏んでしまったと考えられました。

（2）ブログをあたる

知人のつてをたどって雪だるま式に協力者を得ることが難しいと感じ始めた頃，うつの夫との日常を綴るブログが数多くあることに気がつきました。ブログ読者からのメールなど相手にしてくれないかもしれないとは思いつつ，一人でも協力者を増やすために調査対象に該当すると思われる方にブログの感想とともに依頼のメールを送りました。メールでは簡単に自己紹介，研究目的と内容を述べ，インタビューの協力を依頼しました。ほとんど返信をもらえることはありませんでしたが，それでも4人の方からは好意的なお返事をいただきました。しかしながら東京近郊にお住まいでなかったり，ご本人も体調を崩されていたりして4名の方全員にインタビューすることはできませんでした。

（3）うつ患者家族会に接触を図る

うつ患者とその家族を支援しているNPO法人を知り，その活動にボランティアとして参加しました。この団体のスタッフの方々が大変好意的で患者家族会の定例会に招いて下さり，多くの家族の方々と知り合うことができました。この活動に参加するまで家族の置かれている状況をほとんど把握していなかったのですが，定例会の中で語られるお話からその一端を知ることができました。定例会でのお話はインタビューガイドの作成やデータ分析の際の参考にするなど研究を進める上でも貴重なデータとなりました。

以上の3つの方法で協力者を探し，(1) 知人のつて……3名，(2) ブログ……1名，(3) 家族会……3名の合計7名から協力を得ることができました。

解説 協力者の選定と倫理的配慮

インタビューを元にした研究では，量的研究のように数百人の対象者を集めるのではなく，多くても30人に満たないほどの小さなサンプ

ルを対象とする（第5章）。しかし，5人ほどの協力者を集めるのにも苦労することもある。それは，協力者に対して非常に個人的な体験について話してもらうことを要求するインタビューを実施すること，もともとあまり人に語ることがなく，そのような体験をしたことすら話さないかもしれないような内容を扱うことが多いこと，また積極的に自ら行動を起こして，協力者集めをした経験がないこと，などもあげられる。トピックによっては，もとから協力者となる人たちと接触が難しいこともあるだろう。協力者をどのように集めるか，というサンプリングについては第5章において解説する。

丸山さんの研究では，3つの方法で協力者を集めようとした。インタビューを使った研究では，少なからずプライバシーにかかわるトピックを扱うために，倫理的にも注意しなければならない。協力者との接触は，研究のトピックや対象者の特徴によって人数や接触の仕方が定められることもある。たとえば，対面式のインタビューではなく，電話やインターネット上での接触を選ぶこともある。

ステップ2 はじめてのインタビューの実施からデータ分析へつなぐ

○丸山さんのプロセス――はじめてのインタビューの実施からデータ分析へつなぐ

インタビューは1対1の半構造化インタビューを行いました。計画では一人につき60〜90分のインタビューを2回実施する予定でしたが，実際には一人平均90分のインタビューを1回のみ行いました。インタビュー場所は，協力者のご自宅，大学内の空き教室，カフェなどで行いました。まだ小さなお子さんがいらっしゃる方をインタビューする時，場所の選定に迷いましたが，ご自宅をインタビュー場所として提供下さったおかげで，ゆっくりとお話を伺うことができ大変助かりました。

(1) インタビュー実施まで
　a．協力者に対する事前説明

協力者全員が，今回のような研究のインタビューに協力することが初めてだったので，インタビューに適切に答えられるかどうか，どのようなことを聞かれるのかといったことに関して不安をお持ちでした。そこで，インタビュー実施前に頻繁にメールで連絡を取り，研究の目的と内容，インタビューの具体的内容，録音，インタビューデータの取り扱いなどについて説明しました。私と協力者との関係は以前から面識のある方とそうでない方，面識がある場合でも古くからの友人や家族会で数回顔を合わせた程度など様々でした。事前に頻繁に連絡を取り合い，研究内容を説明することによってお互いのことを少しでも知ることができ，面識のなかった方ともインタビューという特殊な状況に入りやすい関係を作ることができたと思います。

　b．インタビューガイドの作成

今回の研究のリサーチクエスチョン「夫がうつで休職し復職するまでの間，妻はどのような体験をしているのか」に迫るために，インタビューを円滑に進行し，聞き漏らしを防ぐためのインタビューガイドを作りました。夫の状況をうつ発症前，休職中，復職後の3段階に分け，各段階で協力者がどのような言動をとり，考え，感じたのかを語ってもらえるような質問を設定しました。ゼミで指導教員やゼミのメンバーに，質問項目がリサーチクエスチョンから外れていないか，不適切な表現がないかなどをチェックしてもらいました。このとき指導教員からは，一問一答に陥ることなく，その情景が目に浮かぶような具体的エピソードを引き出す質問を心がけるようにと指導を受けました。つまり，ただガイドにのっとってインタビューを画一的に実施するのではなく，リサーチクエスチョンを念頭に置きながらその場で語られたことを深めることが重要だと念を押されました。しかし，実際にインタビューに入る前のこの段階ではそのアドバイスの大切さと難しさをまったく理解

できていませんでした。

（2）インタビューの実施

　インタビューを開始して2人目までは，インタビューに慣れていないことからインタビューガイドに則った一問一答に近いものとなってしまい，具体的なエピソードを含んだ深い語りを得ることができませんでした。とにかく聞き洩らしを避けることばかりが気にかかり，その協力者の独特の語りに耳を傾けていなかったのだと思います。さらに，話しづらい体験を回顧する形で語ってもらったため，事実の単純な羅列や「忘れてしまった」と言われることが多く，語りをどう深く掘り下げていいのかもわからないという状態でした。初期のインタビューを文字に起こすと，質問と応答の行数がほぼ同じ，というありさまでインタビューというよりはアンケートに近いものとなってしまい，分析もうまく進みませんでした。一問一答形式を脱却すべく，3人目のインタビューからはインタビューガイドを大幅に見直し，30問近くあった質問項目を①これまでの経緯，②休職から復職の間にあった具体的エピソード，③夫以外の家族，友人とのエピソード，④夫がうつになるという体験をどう捉えているのか，という4つの領域に絞り，1つのエピソードを深く掘り下げるように注意を払いました。またベストセラーになった『ツレがうつになりまして』を持参し，そこに紹介されているエピソードを取り上げ，そこから話を発展させるという方法も試みました。そうすることで，まるでその場に居合わせたような感覚を喚起するほどの臨場感あふれる語りを得ることができるようになりました。このような語りを聴いたあとはまるで観ごたえのある映画を観たような，あるいは長編小説を読み終えたような満たされた気持ちになりました。このインタビュー後に感じた感覚は分析結果の呈示の仕方に大きな影響を与えました。インタビューでは語られた内容だけではなく，自分自身の中に起こった感情や感覚も貴重なデータとなるので，インタビューの直後にインタビュー中に起こったことを簡単にメモしておくことも重要だと思いました。

　グラウンデッドセオリーではデータ収集と分析を同時進行的に行います。分析結果を検証する形でデータ収集し，さらにそれを分析し……という循環的な作業を繰り返します。そのため，指導教員からは最初にインタビューする人は後の分析の核となるような情報を提供してくれる人，研究対象となる体験の典型的体験をしている人から行うようにとアドバイスを受けました。私の研究の場合，夫が抑うつ神経症で会社を3カ月休んで復帰したというケースではなく，夫が典型的な大うつ病を発症し，改善と増悪を繰り返しながら数年間の闘病生活の後，やっと職場復帰したというような体験をされた方からインタビューすることが望ましいということでした。ですが，協力者の心理的負担が大きいインタビューであること，また，私自身，受け止めきれない重い話が出てくることに対する不安があり，典型例の方からインタビューすることを避けてしまいました。その結果，分析が思うように進まず，また分析がうまくいかないことからインタビューも焦点を絞ったものにならず，インタビューを開始して3人目の方まではでインタビューも分析も空回りしていました。最初にインタビューする人は最初に分析するため，研究最初のインタビューイーの選定はとても重要な作業だと身をもって知りました。

（3）インタビュー実施において悩んだこと

　家族がうつ病になることは家族成員にとっても大きな心理的負担であり，特にうつ病の配偶者の40%は心理的介入が必要なほど深刻な状態に陥ると報告されています。インタビューすることによって様々な感情を喚起し心理的に不安定になることも予想されたため，心理的安定度に注意してインタビュー対象者を選定しました。しかし実際のインタビューでは涙を流しながら語る場面に多く遭遇しました。話を掘り下げて

どんどんネガティブな感情を喚起させ収拾できない事態に陥ってしまわないだろうか，そもそも一介の学生が卒業論文を書くために辛い過去のエピソードを聞き出すという行為は研究の倫理に反していないのだろうか，これまで人に話せなかったエピソードを語っていただくというこの作業は臨床面接とどう違うのだろうか，目的こそ違え，調査面接のプロセスが臨床面接と大差ないのだとすれば臨床トレーニングをまったく積んでいない自分がインタビューなどしていいのだろうか……といった疑問や不安が常に頭から離れませんでした。こんな卒論のために時間を割いていただいて申し訳ない，あまりつっこんだ話は聞かないでおこうと及び腰になったインタビューもありました。しかし結果としてそのようなインタビューでは知りたかったことをほとんど聴くことができず，使えないデータとなってしまい，逆に大変失礼なことをしてしまいました。インタビューイーをいたずらに傷つけないように細心の注意を払って払いすぎることはありません。ですがそれに囚われすぎてデータを無駄にするようなインタビューをすることはかえって協力者の不利益につながると気づきました。

解説 はじめてのインタビューの実施からデータ分析へつなぐ

　インタビューは，単に情報を提供してもらい，それを記録する場ではなく，協力者の出会いの場所であり，心理的接触が起こり，語りが作り出される。グラウンデッドセオリー法の解説書には，一般的にインタビューの実施の仕方についての記述が少なく，データ分析の手法に焦点を当てていることが多い。本書では，第6章から第9章までの4章を割いて，インタビューの準備からインタビュー中に遭遇する様々な場面への対処の仕方まで示した。インタビューを実施する上で，まずどのような形態のインタビュー（非構造化，半構造化，構造化インタビュー）を個人またはグループに対して何度行うか，と

いう大よその指針を立てる必要がある。このような決定は，リサーチクエスチョンの性質やどのくらいの人数の協力者が集まるのか，ということによっても異なってくる。特に重要なのは，インタビューを受けることが協力者にとって感情的負担にならないように配慮することである。このような基本的な検討事項は，第6章で解説した。次に，インタビューに先だって行う準備も重要である。協力者との接触の仕方，研究目的の説明，承諾書への署名を求めること，インタビューガイドの作成，などといった作業がある。これらは，実施に関わる単純な「事務手続き」ではない。どのようにしてこれらの重要事項が研究者と協力者のあいだで扱われるのか，ということは，二者の関係に影響し，インタビューで得られる情報の質にも影響を与える（第7章）。

　研究者は，「研究の道具（researcher as an instrument）である」という表現がある。研究者は，インタビューで協力者とどのような関係を築き，どんなトピックに焦点を当て，どのような方向へとインタビューを進めるのか，ということに大きな影響を与える。そこで，協力者の主観的体験に近づき，適切な情報を得るために，インタビュースキルを身につける必要がある。第8章では，インタビューアーの姿勢および様々なスキルについて解説している。

　インタビューを実施する中で様々な問題や状況に対応することが要求される。その中でも大きな懸念の1つは，インタビュー中に協力者が感情的に揺り動かされたりするとき，どのように対処するのか，という点であろう。丸山さんの研究でも，インタビューで気持ちを揺り動かされる協力者が少なくなかった。このような状況への対処の仕方に関して第9章で解説した。

ステップ3　データ分析にとりかかる

○丸山さんのプロセス——分析プロセスの実際

　データの分析にはグラウンデッドセオリー・

表 4-5 コード例

No	プロトコル	コード名
G53	石が跳ね返って車に当たって弁償問題になったり。夜中にそんな大騒ぎしてるので，大家さんとか周りの人とかにも大丈夫ですか？って聞くんですよ。それも嫌なんですよ。聞かれても困るんですよ。なんとも答えられないんですよ。よくなるともすみませんとしか言えないんですよね。私も道を歩けないというか，本当にもう嫌だって思いながら，誰にも会いませんようにって思いながら朝会社に向かうんですけれども。	肩身の狭い思いをする。振り回される。

※ひとつのプロトコルに思いつく限りのコードを付しました。

アプローチを用いました。手順としては，インタビューを逐語に起こしそれを熟読したのち，コード化とカテゴリー化を行い，カテゴリー間の関係を検討しました。

(1) コード化，カテゴリー化

インタビューを逐語に起こし，それを熟読して語られた内容の大枠をつかんだ後に細かくコードを検討しました。語りの長さに関係なく，その意味に注目しコードを付しました（表4-5）。コードは短いものでは1文，長いものでは10分にわたる語りに1つ付す場合もありました。また，1つの意味のかたまりに複数のコードを付すこともありました。逐語録はエクセルで作成し，プロトコルの隣にコード名を記入する欄を設けました。最初は思いつく限りいくつもコード名をつけ，すべてのコード化が終了したのち，ソートをかけて同じコード名の語りを読み比べ，コード名と語りにずれがないか，また同じコードを付した語りの間にずれがないかを検討し，コード名の修正や削除を行いました（表4-6）。

コード化はインタビュー直後に行いました。一人目のインタビューデータに付したコード表をそれ以降のインタビューデータ分析の基礎としました。二人目以降のコード化は一人目のコードを参照しながら付していく形となり，コードブックを厚くするイメージで作業を進めました（図4-1）。

数人分のコード化が終った段階で複数コードを包括するカテゴリー化の作業に入りました（表4-7）。下位カテゴリーから上位カテゴリーの生成の際には，コードブックを基にして作成したカテゴリー分析表を用いました。最終的には20の下位カテゴリーと5つの上位カテゴリーが生成されました（表4-8）。

解説 分析ステップ

分析のプロセスは，決して直線的に進んでいくわけでも，ある正しい手順に従えば，答えが出るわけでもない。むしろ，何度も異なるやり方を試してもうまくいかず行き詰まっているときに起こる発見から分析が急激に進むこともある。またデータ分析は，語られている体験を感じ取り，1つひとつの言葉を味わい，それが何を意味するのか考え，ぴったりとそれを表現するコードを当て，概念を生成するプロセスであって，ある決められたやり方に基づいてデータを仕分けしていく「データ処理」ではない。

データ分析の具体的な作業は，第10章に示した。まずデータをあるテーマ（領域）や時間的な区切りで分けてから分析にとりかかる。そして，データをじっくりと読み込む。協力者の発言の一言一言に込められているかもしれない意味を探索するプロセスは，あたかも満タンに詰まったスーツケースのふたを開けて荷ほどきする作業（unpacking）に似ている。外側から見ればただのスーツケースであるが，中にはその人の体験の仕方について教えてくれる旅で必要としていた様々な品物が詰まっている。分析の作業では，そのスーツケースに入っている「品物」を1つずつ取り出して，それらがその旅でどんな大切な役割をもっていたのか想像し，その旅路をたどるように，発言の中に含まれる思考，感情，欲求，意図，期待，それらを引き

表4-6 コード表例

コード	No	プロトコル
肩身の狭い思いをする	G53	石が跳ね返って車に当たって弁償問題になったり。夜中にそんな大騒ぎしてるので、大家さんとか周りの人とかにも大丈夫ですか？って聞くんですよ。それも嫌なんですよ。聞かれても困るんですよ。なんとも答えられないんですよ。よくなるともすみませんとしか言えないんですよね。私も道を歩けないというか、本当にもう嫌だって思いながら、誰にも会いませんようにって思いながら朝会社に向かうんですけれども。
肩身の狭い思いをする	F108	（うつ病は）ちょっと心の弱い人がなるっていうようなね。だから、実家に言うのも……、（中略）。田舎とここ（都会）の一般人の（うつ病に関する）情報が全然うっていうのもそうですよね。あと精神科に通ってるのもそうだし、その受け取り方が全然違うんだろうなっていうのもあって（夫がうつだと）言えなかったんですよね。だからあの、友達にこっちで平気で言っていて、田舎とつながりのある友達にも言ってたりすると、それはきつく言われたことがありますね。あなたは平気でもこちらは違うのよって。

※数人分のインタビューデータにコードを付け終わったら、コード名順ソートをし、プロトコルの内容とコード名にずれがないかを確認しました。

起こす状況，さらにそれを取り巻く社会文化的背景について考えて，協力者の体験の意味を捉える。そのプロセスにおいて，分析者は，考えたこと，思いついたことを「メモ」にとっておく。「メモ」は分析者の分析プロセスの記録であり，以下のコード化やカテゴリー化の作業を行う中で役に立つだけでなく，自身の理解の深まりと発展を確かめるための資料となる。

アンパッキングと並行して行うのが，初期コード化の作業である。1行ごと，1段落ごと，または1つの意味のまとまりである「意味の単位」ごとに，その部分の内容，テーマ，意味を最も的確に表し，その内容を凝縮するタイトル，表題をつける（Charmaz, 2006）。オープンコード化の作業では，まずデータの内容をできるだけそのまま描写するような「記述」的コードをつけるのが一般的である。これは，データと分析の産物であるコードとの間にできるだけ密接な関係を維持し，データがしっかりとコードに反映されることを確保するためである。

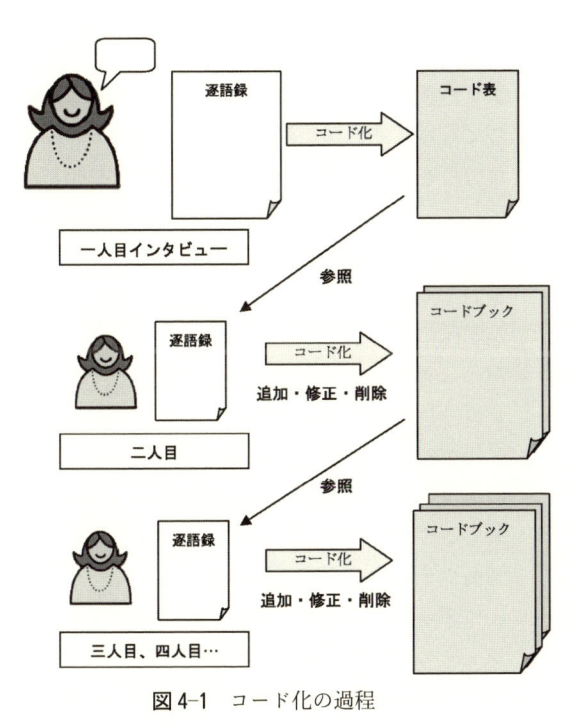

この段階では，1つの箇所にいくつものコードをつけることもある。このように1つのセグメントに多くのコードをつけるのは，解釈の様々な可能性を開いておくためである。というのも，データを読んでいると，1つの意味に限定することが難しいような箇所があるからである。この点は，質的データを最終的に統計的方法によって処理するために，あらかじめ準備したカテゴリーに「分類」する内容分析と異なる点である。コードの役割は2つある。1つは，次のカテゴリー化の作業を行うとき，関連するデータをすべて拾い上げられるようすることで，これは「付せん」の役割と似ている。もう1つは，コード間の比較するとき，逐語のデータをそのまま比較するのは効率が悪い。そこで，より扱いやすい「見出し」であるコードを使って類似性や

図4-1 コード化の過程

表4-7 カテゴリー分析表抜粋

カテゴリー名：[突然パートナーを失う]
定義：日常生活を送れなくなるほど夫の症状が悪化することで，これまでともに家庭を築いてきたパートナーとしての夫を失い，妻一人で家庭を維持していかざるを得なくなる体験。

コード名	NO	プロトコル
一人でやっていかざるを得なくなる	D45	たとえばガンとか今いろんな治療法を選択するじゃないですか。でもガンになっても悩んで判断できなくなるかもしれないんですけど，でもうつ病の人って具合が悪くなったときに，違うことをやってみようということを思いつかない，思いつけないっていうのかな，ような気がするんですよね。私はすごく頼りなくてですね（笑），まあ2人とも頼りないんですけど（笑），これまでまあ，2人で何とか今まで相談しながらやってこれたみたいなところがありましたのに，主人が何にもわけわかんないみたい状態に（笑）なっちゃったときに，ほんともうどうしよう!?（笑）って。
苦しさを共有できない	F4	まずうつってこと自体周りに理解されないうえに，うつの本人にも絶対わかってもらえない。同じうつの当事者なのに，うつの本人にはわかってもらえないんですよね。（中略）自分も苦しいんだよっていうことをわかってほしい。こんなに苦しんだよっていう気持ちは気づいて欲しい……っていうのはあるんですよね。

注）NOのアルファベットは協力者コード，数字は発話番号を示す。

表4-8 生成されたカテゴリー

上位カテゴリー	下位カテゴリー
これまで通りの生活を維持しようと試みる	否認する・異変に気づく・重く捉えない・変わらない日常を送る
混乱の出口を求めて試行錯誤する	突然パートナーを失う・うつ病と向き合う・振り回され追いつめられる・脱出の方法を探る
混乱の治まりをもたらす出会いを得る	信頼できる指針を得る・限界を知る・距離をとれるようになる
何とか折り合いをつけて前進する	現状を受け入れる・楽観しすぎない・腹をくくる・違う形の幸せを模索する
バランスを取る	罪悪感を抱く・肩身の狭さを感じる・自己規制する・支えられる・心の安定を図る

関連性を調べる。

次に行うのは，フォーカスト・コード化と呼ばれる作業で，関連するコードを集めて，より抽象的で包括的なカテゴリー（概念）を生成することである。ここでは，コードとコードを比較してそれらをひとまとめにするようなカテゴリーがその根底にあるのかどうかということを検討する。それに続いて，生成されたカテゴリーの特徴をさらに明確にし，その例を集めて整理する。これがグラウンデッドセオリーの理論概念（カテゴリー）の生成法である。

この2つのコード化の作業は，必ずしも，オープンコード化からフォーカスト・コード化という順序で行われるわけではなく，この2つを行ったりきたりすることも多い。より大きなデータのセグメントの全体を表す記述コードよりも，より抽象的で包括的な「カテゴリー」が浮き彫りになり，その後にそのセグメントのより細かな分析を行い，カテゴリーの「特性」を明らかにしていくことも多くある（第10章で解説）。というのも，より包括的で抽象的なカテゴリーを同定することによって，語られた内容の文脈が明確になり，その中にある一語や一文の意味がはっきり分かるからである。そこで，オープンコード化の終わった後に，フォーカスト・コード化が続くという別々の作業というよりも，この2つを使ってデータの細部とそれらの細部が集まることによって作られるより大きな意味の図柄やテーマの両方を捉えていく。

ステップ2において役立つのは，ケースマトリックスである（第12章で解説）。ケースマトリックスは，異なるケースを領域ごとに比較す

表4-9 初期の分析プロセス

主な作業	具体的な内容
・便宜サンプリング法を使って数名のインタビューをとりはじめる ・雪だるま式サンプリング法を使ってデータを増やしていく	・一人目のインタビューでは，研究協力候補者を2名紹介してもらう。 ・毎回のインタビューで協力者を紹介してもらうように依頼する。また，他の方法でも協力者集めを試みる。
・インタビューの逐語を作成する	・インタビュー終了後，印象に関してメモをとり，すぐに逐語の作成にとりかかる。 ・逐語を作成しながら，インタビューの状況に関して思い出したこと，疑問に思ったことを書き出す。
・メモをとる ・データ収集と分析の作業に関してフィードバックを得る ・逐語を読み込む	・録音したインタビューを聞きながら逐語を読み返す（アンパッキング）。 ・主要なテーマを抜き出し，コード化の作業を進める。 ・ゼミで逐語の一部を発表して，内容の理解について，そしてインタビューの仕方についてフィードバックを得る。
・データを領域に分ける ・初期コード化を進める ・データベースを作る	・データを領域に分けて，その一部から分析にとりかかる。 ・一行ごとにコード化を試み（オープンコード化），次に5行から10行の段落を意味の単位としてコードをつける（フォーカスト・コード化）。 ・コードブックをいくつかのやり方で作ってみる。 ・2人目のインタビューを実施し，同じ要領で分析をはじめる。そして，そこから得たコードをコードブックに加える。

るための表であり，大量のデータを一度に見渡すことを可能にする。データの細部をみることはできない場合もあるが，ケースマトリックスを使うことによって，全体的傾向を見渡し，データ分析の初期に複数のケースに共通するパターンを抜き出すために役立つ（表4-9）。

ステップ4 カテゴリー間の関係を理論化する

○丸山さんのプロセス

本研究で最も苦しんだのがカテゴリー間の関係をどう表現するかでした。グラウンデッドセオリー・アプローチでは生成された理論や説明概念を図で表すことが多く，私も夫がうつ病になるという体験を一目で理解できるような図で表現したいと考えていました。本研究で生成された5つのカテゴリーのうち，《これまでどおりの生活を維持しようと試みる》《混乱の出口を求めて試行錯誤する》《混乱の治まりをもたらす出会いを得る》《何とか折り合いをつけて前進する》の4つは夫の症状の変化に伴った時系列的な体験であるのに対し，《バランスを取る》という体験は夫がうつ病になってから復職を果たした現在にいたるまで常に体験されているものでした。変化していく体験と変わらない体験をどう二次元で表現するのか，また時系列で変化する体験といっても直線的に変化していくわけではなく紆余曲折や逆行，停滞などのもありえることをどう図に盛り込めばいいのか皆目見当がつかない状況に陥ってしまい，まったく分析が進まなくなってしまいました。これまで私が協力者から聴いてきたたくさんのエピソードは平面的な表現で収まるだろうか，論文を読む人に協力者の体験がリアルに伝わるような結果の提示の仕方をすることが重要なのではないか，という疑念で，ますます作図が滞りました。

このような状況を指導教員に訴えたところ，「夫がうつになるという体験はどんなイメージなのか？」と問われました。そこで小さな船が急流を流され海に辿りつく旅のようなイメージだと答えました。この小さな船による旅というイメージはインタビューをしていた時から抱いていたものでした。これに対し，「旅というメタファーを大切にして禅の十牛図を参考にイラストと物語で結果を提示してみてはどうか」というアドバイスを受けました。当初は冗談なの

だろうとこのアドバイスを聞き流していたのですが，指導教員と顔を合わせるたびに見本として十牛図を差し出されたり，イラストの進捗状況を訊ねられたりして決して冗談ではないのだと認識を改めました。卒論の提出期限が迫っているにもかかわらず作図は一向に進んでいなかったことから，イラストと物語でカテゴリー間の関係を表現するという手法をとりあえず試してみることにしました。

手始めにパソコンのイラスト機能を使って作画を試みましたが，絵心もなくイラストソフトを全く使ったことがなかったため失敗に終りました。そこで次に画用紙に手描きしたものをスキャナーでパソコンに取り込み，イラストソフトで着色するという作戦をとりました。

まず体験の全体像が一目でわかるような図が必要だと考え『夫がうつ病になるという体験のプロセス』（図4-2）を作成しました。この図はうつ病患者家族の心理教育を行う際に用いることを想定して作成しました。体験プロセスとして《これまで通りの生活を維持しようと試みる》《混乱の出口を求めて試行錯誤する》《混乱の治まりをもたらす出会いを得る》《何とか折り合いをつけて前進する》の4つの段階があること，各段階での困難の質は異なっていること，そしてうつ病を発症する以前の状況には戻れないが，混乱を乗り越えると違った景色を見られるようになることを表しました（図4-3～6）。また，《バランスをとる》というカテゴリーは船によって表現しました（図4-7）。

ストーリーは次のような内容です。

川下りを楽しんでいる家族がいます。気がつくと激流に巻き込まれ船をコントロールできない状態です。父親はすっかり船酔いしてしまい，櫂を手放してしまいました。母親一人で船を漕ごうとしますがうまくいきません。子どもたちも船から振り落とされまいと必死です。しばらく流れに任せていると救護船に発見され，激流を抜けることができました。気がつくと船は海に辿りついていました。川下りを始めた場所からは遠く離れたところにまで来てしまいました。もう元の場所に戻れないと家族は悟ります。しかし海には川にない美しさがあります。今は穏やかな海ですが，いつまた荒れるともわかりません。ですが家族には激流をかいくぐってきたという経験と自負があります。こうして不安を抱えながらも再び大海原に漕ぎだすのです。

このようにイラストと物語で分析結果を提示することによって，私の狙いどおりに夫がうつ病になるという体験がリアルなものとして読み手に伝わっているのかどうかは不明です。単なる自己満足に過ぎないかもしれません。現に卒論発表会では会場のあちこちから失笑が漏れていたので改善の余地はありそうです。しかしながらイラストと物語を用いた結果の示し方は，円や長方形，矢印などを用いた図形では表現しきれない豊かな体験のプロセスを表現できる手段になったのではないかと思います。

解説 カテゴリー間の関係を理論化する

次の段階は理論コード化と呼ばれる。これは，生成された概念間の関係に注目して，2つのカテゴリーを包括する上位のカテゴリーを生成したり，2つのカテゴリーがどのような関係にあるのか（たとえば1つのカテゴリーがもう1つのカテゴリーと因果関係をもっているなど）を捉える（表4-10）。ステップ2において，オープンコード化によって生成されるコード数はとても多い。次に，フォーカスト・コード化によってコードがグループ化されカテゴリーとしてまとめられていくが，それでもカテゴリーの数が多いとカテゴリーが羅列されているだけで，結果の全体を見渡せるような統合された結果にならない。データ分析の次の作業は，これらのカテゴリーをより抽象度の高いカテゴリーへとまとめ，それらのあいだの関係を明らかにするこ

図4-2　夫がうつ病になるという体験のプロセス

図4-3　これまで通りの生活を維持しようと試みる

図4-4　混乱の出口を求めて試行錯誤する

図4-5　混乱の治まりをもたらす出会いを得る

図4-6　何とか折り合いをつけて前進する

図4-7　バランスをとる

表 4-10　カテゴリー間の関係を理論化する

主な作業	具体的な内容
・コードを比較し，カテゴリーを生成する ・理論メモを読み直し，カテゴリーを作る上での参考にする ・ケースマトリックスを作成し，ケース間の比較を行う ・合目的サンプリングを使って理論の厚みを増していく理論サンプリングを行う ・カテゴリーの厚みが増すようにサンプリングの幅を広げる（最大限バリエーション・サンプリング）	・繰り返し表れるコードや似たコードが1つのカテゴリーとしてまとまるか，検討する。 ・メモやケースマトリックスなどを使ってカテゴリーを生成する。またその生成プロセスをメモとして残す。 ・カテゴリー間に共通性やパターンを見いだし，上位のカテゴリーを生成する。 ・サンプルの幅を広げたり，特定のケースに焦点を当てることによってカテゴリーをさらに具体化していく。
・カテゴリー間の関係についてデータを読み込んでいく	・ケースサマリーを作成し，どのような流れで体験が起こったのか，その流れやプロセスを捉えて，カテゴリー間の関係を設定するのに役立てる。 ・結果を図に表してそれらの間に一定の関係を見いだせるのか検討する。
・データが集まっていないカテゴリーについて情報を集めるためのインタビューを行う（理論サンプリング）	・比較的明確になるカテゴリーとそうでないカテゴリーを見分ける。 ・明確でない部分に関しては，インタビューで新たな質問を加えて集中して情報を集めるようにした。
・結果を図にして表す ・先行研究や臨床文献にあたり，生成されたカテゴリーと似たカテゴリーがあるのか異同を説明する ・負のケースの分析を行う	・カテゴリーの全体が見渡せる図や表を作成する。 ・先行研究に戻り，生成されたカテゴリーと先行研究において指摘された概念の類似性について調べる。 ・結果にうまく当てはまらないケースを取り出し，分析する。

コラム 4

脱文脈化と再文脈化

　質的データ分析のプロセスは，「脱文脈化」と「再文脈化」という2つの大きなステップとして描写されることがあります（佐藤，2008）。脱文脈化は，データの一部をそれが語られた文脈や個人から切り出して，領域別に分けてバラバラに分解し，さらにコードをつけて，同じようなコードがついたデータの一部と比較します。バラバラになったデータは，誰からとられたデータかということから一度離れて，分析において生成されたカテゴリーに属することになります。つまり，データは，協力者一人ひとりの語りから離れて，カテゴリーを中心としてまとめ直されるのです。これが脱文脈化のプロセスです。

　次に，再文脈化のプロセスは，分析の結果生成されたカテゴリーを使って，協力者一人ひとりの体験のプロセスを説明することを指します。たとえば，5つのカテゴリーが得られたとしましょう。そのとき，それらを使って協力者一人ひとりの体験を説明するのです。そうすることによって分析によって得られたカテゴリーがどのくらい説明力をもっているのかということが確認できます。分析がうまくいっていれば，異なる個人の体験のバリエーションがカテゴリーをつなぎ合わせることによってうまく説明できます。そして，語りを読むだけではすぐに見えない体験の特徴が明確に現れてきます。そして，それまでは，あまり共通性がみられなかった異なる協力者の体験のあいだの共通性が浮かび上がり，個々の体験の特徴と共通する心理プロセスの両方が見えるようになるでしょう。

とである。そのためには，様々なカテゴリーとその下位カテゴリーを見渡し，それらがどんな関係にあるのか，カテゴリー同士の比較だけでなく，実際のデータに戻り，そのような関係が支持されるのか検討する。カテゴリー間の関係をパス図で表したり，表で示すによって，その全体像がより明確になる（第12章に解説）。グラウンデッドセオリーでいう「理論」の全体像が表される。

　この段階においていくつかのカテゴリーは，他のカテゴリーに比べるとあまり細部まで明確になっていなかったり，カテゴリーの例が集まっていないということが判明する。そのようなとき，理論サンプリングを行い，新たにデータを集め，いくつかのカテゴリーの特徴をより明確にする。

　カテゴリーがそろったら，それらの関係を1つの流れをもつストーリーとしてまとめる。そして，そのストーリーが協力者の一人ひとりの体験をうまく説明できているかどうか，カテゴリーを使って一人ずつの体験の語りを作り，検討する。そのストーリーは，必ずしも論文の結果として提示するわけではないが，カテゴリー間の関係，上位カテゴリーと下位カテゴリーの関係などが，協力者が語った体験の流れをうまく表しているのかということをチェックし，データ分析の信用性を確かめるために役立てる。論文には，分析結果が協力者の体験を反映しているかということを読者が確認できるように，いくつかのケースのストーリーを提示することもある。ケースとして選ぶのは典型的なケースや最も際立ったケースである。

　この段階では，負のケース分析（negative case analysis）も行う。これは，サンプリングについて解説した第5章でも紹介したが，分析結果として生成された理論に合わない「例外」的なケースを取り上げて，生成された理論がどのような範囲まで適用可能なのか，ということについて検討する。

　丸山さんの研究では，夫のうつの体験を，機械的な仕組みを表す図ではなく，絵として表すことにした。あまり例がないが，生きられた体験をそのまま表し，そしてうつの夫をもつ人たちに，その体験について説明するための1つの方法になると考えたからである。

研究を振り返って

○丸山さんのプロセス

　質的研究方法を用いた論文執筆はとても苦しい作業でした。特に分析が思うように進まないときには卒論提出期限どころか在学年限中にも論文は完成しないのではないかと暗澹たる気持ちに何度も陥りました。そんななか，同じゼミのメンバーとの週1回行っていた卒論検討会がとても役立ちました。一人ではまったく気づきもしなかった視点や切り口を示してもらったり，逆に私がメンバーの卒論の分析に加わり様々なアイディアを出すという作業も自分のデータと少し距離をおき冷静にデータを読み直す機会となったという点で大いに役立ちました。また質的研究をしている者同士で開いた検討会は，恣意的になりやすい分析結果をチェックする機能も果たしていたと思います。何とか卒論を形にできたのは指導教員をはじめ，ゼミのメンバーの協力があったからこそだと思っています。そして何より，分析や執筆が思うように進まず心が折れてしまいそうになったのを支えてくれたのは，「経験が何かの役に立てば」とインタビューに協力してくださった方々の強い思いでした。こうしたことから私にとってこの卒業論文は個人研究というよりも調査協力者の方々をはじめとして，多くの人たちの力をお借りして仕上げた共同研究に近いものがあります。インタビュー協力者を募るところから執筆に至るまで，質的研究は多くの人に支えられて初めてなし得るものだと学ぶことができました。そしてそこにこそ質的研究の面白さがあるのだとも気づかされました。

解説

しばらくデータ分析を続けても，全体の図柄を想像することもできない巨大なパズルを作っているようで，方向性がつかめず，分析が進展する感覚がもてずに，くじけそうになったりすることもある。質的研究を進める中で，自分を発見し，様々な人とのつながりを再確認することになる。旅がもたらすものは大きい。

まとめ

本章では，丸山さんの卒業論文研究のプロセスをおってグラウンデッドセオリー法を用いた研究がどのように進むのか解説した。このように一人の研究プロセスを追うことによって，方法手続きの解説ではなかなか見えにくい様々な決断や体験のプロセスが読者に伝わったことを期待する。巻末には，4人の研究プロセスが収録されているので是非読んでほしい。

コラム5

質的分析のためのエクササイズ

最近は，ブログが盛んです。著名人がその日にしたことの紹介するブログから，芸能人が新製品などの紹介と宣伝をするブログ，個人が自分の趣味の世界を紹介するブログ，専門職の人がその職業に関わる本や知見を紹介するブログ，一般の人が，日々の生活の中で気づいたことなど特にテーマもなく，その人の感じたことなどを報告するブログまであります。中にはエッセイが綴られていたり，一，二行のインパクトがあるコメントと写真が紹介されたりといろいろな形のものがあります。

ブログは普段まったく接したり，知ることがない世界に触れる機会を与えてくれます。美容整形手術の失敗後の体験，人工肛門を作るなど身体的な変容を伴う手術を受けたあとの生活期，うつになって休職する体験，など個人の心身が大きく変容し，それを受け入れようと葛藤し，それまでの自分を回復し，そして新たな自分の生活を築こうとする様々な努力と生き様などを垣間見ることができます。これらのブログは，質的研究の考え方やデータ分析の基本を身につけるのにとても良い材料です。ここでは，私が授業で学生と実際に行っている作業について紹介します。皆さんも質的研究のエクササイズとして以下のことをやってみましょう。

1. まずインターネットからブログを選び出す。摂食障害，うつ，アルバイト，ボランティア，なんらかの身体的障碍や病気，特に自分が関心をもったテーマを選ぶ。1回の文章ができるだけ長いほうが分析しやすい（つまり1回のアップデートが1段落，または数行だけでなく，数段落，10行以上のほうがテーマに体験を捉えやすい。

2. そのブログを読む。想像力を働かせて実際にその人の体験した場面や状況を頭に描きながら，じっくりと読み込む。時に，心を動かされた文章，気になった文章，印象に残った文章などで立ち止まり，繰り返し読んで想像することによってあたかもその場面を映画の一場面であるかのように想像をふくらませ，視覚的にも場面を再構築する。

3. 鍵となる発言——鍵となるような発言に下線を引いたり，それらを抜き出して自分が感じたこと，考えたことを書き留める。

4．トピック──中心となる体験のテーマ，感情的トーンを抜き出す（繰り返される表現，中心的テーマとかかわる発言，特にそのニュアンスを捉えるような発言を抜き出す）

5．体験の変化と流れ──体験に変化があるのか，段階があるのか，調べる。対象（病気，身体，出来事）との関係はいつどんなふうに変化したか。体験に段階はあるか。

6．対人的関わり──周囲の人たちはどのような役割を演じているか，周囲の人たちとの関係はどのように変わったか。

　このようなエクササイズをやるとき，ゼミのメンバーなど数名で同じブログを読んで意見を交換することによってほかの視点や解釈の仕方などについても知ることができるでしょう。まず自分で一人の体験にふれ，中心的なテーマを抜き出し，それと関わる発言を同定できるようになることが質的分析の良い勉強になるでしょう。

（執筆協力者　丸山由香子：東京大学大学院教育学研究科臨床心理コース在籍）

第5章 サンプリングの仕方

はじめに

　グラウンデッドセオリーを用いた質的研究を行うとき，どんな規則や基準にそって何人ぐらいの協力者を集めたらよいのだろうか。インタビューをやりたい，直接対象者の人たちと会って話が聞きたい，と願って質的研究を選んでも，実際に研究として耐えうるに十分な数の協力者を集められるのか不安になるだろう。量的研究では，できるだけ多くの人からデータを集めることによって結果がより安定するため，サンプル数は重要な問題である。またデータ収集の仕方は，研究に先立って定められた規則にしたがって，行わなければならない。それでは，質的研究でもできるだけ多くの協力者と接触すればよいのだろうか。データ収集のやり方は研究を通して一貫して同じやり方を続けるのだろうか。本章はグラウンデッドセオリーを用いた質的研究において知っておくべきサンプリングの問題について解説する。

キーワード　理論サンプリング　合目的サンプリング　便宜サンプリング　無作為化　理論的飽和

1. 量的研究のサンプリング

　量的研究において最も大切だとされるのは，無作為にできるだけ大きなサンプルを集めることである。無作為化というのは，サンプルの偏りをできるだけ減らすための方法であり，無作為抽出と無作為割り当てという2つの段階がある。無作為抽出というのは，さいころや乱数表を使って候補者リストから協力者を選び出すことを指す。これは研究の対象となった人たちが，そのグループの適切な「代表」であることを確保する。無作為割り当ては，選び出した人を治療群，統制群などへと割り当てるときに，同じように，さいころや乱数表などを使ってどちらの群に割り当てるか決めることを指す。このような作業は，できるだけ人為的な偏りや系統的な偏りを減らして「客観性」を高めるのに役立つ。たとえば，研究者自身が開発した心理療法のうつ患者に対する効果を調べることを例として考えてみよう。研究者が自分の心理療法に有利な結果が出るようにその治療に割り当てる患者として比較的治療への動機付けが高い人や，症状が軽い人を選んでしまえば，その介入の真の効果を測定できなくなってしまう。また，無作為化を実施しなければ，そのような意図的な操作をするつもりはなくても，うつの度合いが高い人，または若い人（うつの改善度と関連していると知られている）が，どちらかの群に集

まってしまう。無作為化は，このような系統的な偏りによって分析結果が歪められてしまうのを防ぐ。しかし，研究を行うリソースには限りがあり，完全な無作為化はほとんどない。

もう1つ大切なのは，できるだけ大きなサンプルを確保することである。統計的分析は，「確率」に基づいており，サンプルが大きくなればなるほど，サンプルから母集団の正確な予測が可能になる。また，重回帰分析や因子分析といった多変量解析を用いるとき，安定した分析結果を得るためにはある程度大きなサンプルが必要である。また，ある介入や実験的処遇の効果を調べるためにグループ間の比較を行うには，その差を拾い上げるために十分なサンプル数と変数の正確な測定（信頼度）が必要となる。心理学の実験的操作によって起こる効果は，必ずしも大きいものではない。そこで，そのわずかな効果でもしっかりと拾い上げることができるだけのサンプル数を確保しなければならない。最後に，量的研究では，はじめに対象者を設定してデータ収集の仕方を計画したあと，そのやり方を変えない。もし，追加でデータをとったり，途中でデータをとるやり方を変えたりすれば，それは恣意的にデータを選んで結果を操作する "data fishing" となる。

2. 質的研究のサンプリング

質的研究では，これらの量的研究における適切なサンプルの基準というのが当てはまらない。つまり，無作為に対象者を抽出して，偏りをなくそうとすること，できるだけ多くの対象者の協力を得ることのどちらもサンプルの「質」を保証しない。つまり，客観性と代表性を確保すれば良い質的データになるわけではない。また，一定の人数に達したら自動的にデータの質が保証されるわけでもない。質的研究では目的に適合した（合目的サンプリング）が，対象とする現象に関して最も多く伝えてくれる情報提供者・インフォーマント（内省的であり，体験を言葉にするのを得意とし，インタビューアーとそれを共有することを望んでいる）を選び出すことが重要である（Coyne, 1997）。グラウンデッドセオリーでは，個人の平均的な特質をつかむことよりも，データに基づいた理論を生成することに主眼がおかれ，理論の諸側面をさらに明確にするために「理論サンプリング」という独特のサンプリング手法を用いるのもその特徴である（Glaser & Strauss, 1967）。

質的研究のサンプリング手法は研究者によっても誤解されていることが多い（Coyne, 1997; Morse, 1991, 2009）。「10人，または15人からインタビューをとれば『サンプル数』は確保される」「協力者数が，5人以下だったら研究として成り立たない」「インタビューの時間は，1時間が最低ライン」「一定の規則に従ってはじめから最後まで一貫したやり方でデータを集めなければならない」など，どうやったら最低限の「質」が保証されるのかということに関しての「噂」もよく耳にする。卒業論文や修士論文を限られた時間で完成させることだけを目指して，単純明快な指標を求める気持ちもよく分かる。しかし，最低限を満たすことだけを目指すよりも，研究に最も適したサンプルを選ぶための着眼点について知る方が有益である。それでは，「サンプル数」や無作為化ではなく，どのような要因に注意を向けるべきなのかということについて考えていきたい。

3. グラウンデッドセオリーのサンプリングで検討する要因

グラウンデッドセオリーによるインタビューデータを元にした研究では，インタビューというデータの集め方とその質が何人からデータを採るべきなのか，ということに大きな影響を与える。

1）トピック
まず，協力者にとってインタビューのトピックがどれくらい話しやすいのかということであ

る。たとえば，そのトピックが，恥，傷つき，罪悪感，不安などを喚起しやすい場合，1回のインタビューでは十分に深いところまで到達できないかもしれない。インタビューアーのスキルや専門性も要求されるし，インタビューの回数を増やしたり，1回ずつのインタビューの時間を長くするなどの調整が必要になるだろう。ただし，前にも説明した通り，周囲の人には話せないが，面識がなく，そのことについて差別や偏見を受けずに話せる相手には話しやすいトピックもある。最近，すっかり定着したブログにもこのようなテーマがよくみられる。たとえば，整形手術や外見のコンプレックスの克服，などについてである。

2) 適切な情報提供者を選ぶこと

次に，インタビューイーが質的研究の協力者として適切な人物かどうか，という点である。Morse (2009) は，質的研究の効果的でしかも効率的にサンプリングを行う条件として，優れたインフォーマント（情報提供者）を見つけることをあげている。優れたインフォーマントの特徴は，研究参加に意欲的であり，必要な情報を共有する（インタビューを受ける）時間をとれること，そして内省的であり，自分自身の体験について話すことに対しても意欲的であること，が含まれる。研究を進める中で，あまり話したがらない協力者や，時間がとれない人，体験について振り返ってもあまりはっきりと思い出してくれない人もいるだろう。もう一方で，過去の出来事を非常に細かく描写してくれるだけでなく，そのときの気持ちや内的なプロセスについても言葉にしてくれる協力者もいる。質的研究では，後者の人たちに特に焦点を当てる。つまり，たくさん質の良いデータがとれるところから集中的にデータを集める。

このような協力者の選び出し方は，量的研究の視点からみれば問題だと思えるかもしれない。量的研究では協力者一人から集められる情報量も集め方も同じでなければならない。これは，確率理論によって，全体の人たちの傾向を推測するためである。もう一方で，質的研究者は，特に自分の明らかにしたいことに関する情報をもっている人たちを意図的に選び出すことによって現象を細部に至るまで理解することが可能と考えるので，研究プロセスにおける適切な意志決定とみている。この偏りをなくそうとする姿勢と偏りを利用する姿勢の違いは，質的研究と量的研究の大きな違いの1つでもある。

3) インタビューアーのスキル

インタビューアーのスキルもサンプルに関する決定に大きく影響する。協力者との信頼関係をできるだけ早く築くこと，どんなときにインタビューイーから具体的な例を求めるのか，新たなトピックを導入するタイミング，聞き逃したことに関して情報を集めることなど，インタビューのスキルが高ければ，それだけ1回のインタビューから得られる情報の質が高まるはずである。そうすれば一人の協力者に対するインタビューの回数も，協力者の数も少なくてすむ。インタビューのスキルを高めるためには，インタビューの訓練と経験を積み，それを正確に把握することも重要である。インタビュー後に十分な振り返りをすることによって，自分が足りない部分，うまく行かなかった部分に気づくことができれば，次のインタビューにおいてそれらの点を修正できる。よくないインタビューを数多く行ってもいつも同じような盲点ができてしまう。つまりただ人数を増やしても同じ失敗を重ねていれば同じ部分に関するデータが集まらずに，「量」は多くても「濃密な」記述にはならない。そのためには，自分のデータの集め方を見直し，どんな点に関してデータがうまく集まらないのか，どんな点が見えにくくなっているのか，常に自分とデータに対して問いかけることが大切である。

4) インタビューの構成

次に，インタビューの長さと回数である。1

表 5-1　サンプル数に影響を与える要因

要因	具体的な検討ポイント	具体例
トピックについて語ることの難しさ	1. センシティブなトピック 2. 論争と関わるトピック	性的な内容，普段は語ることがあまりないこと，恥や傷つきなどの感情を喚起しやすいトピック。
データの質（インタビューイーの関わり方）	1. そのトピックに関して内省的である。 2. 自分の体験をうまく言葉で表現できる。 3. 研究協力のために時間を作ることができる。 4. 対象となっている現象に関して経験が豊富。 5. それについて共有する意志がある。	たとえば，臨床家にクライエントによる陰性転移について調べたいとき，その臨床家は，陰性転移の対象となったことが数多くあるか，典型的な陰性転移を体験したか。
インタビューアーのスキル，経験，知識	1. 必要がない質問を省く。 2. 信頼を築くスキル。 3. 専門的な知識を有しているため，基本的なことを確認する必要がない。	臨床経験を全くもっていない大学生が，経験豊富な臨床家に転移の問題についてインタビューする場合，臨床経験をもっている研究者がインタビューするよりも回数や時間がかかる。
インタビューの回数と長さ	1. 一人の協力者に対する面接の回数を増やす。 2. 一人の協力者に対して数時間のインタビューを計画する。	一人に対して数回のインタビューを継続する。
理論サンプリング	1. 分析をさらに進めるために特に必要とされているデータを集中して集めることができる。	いくつかのカテゴリーについて適切な情報をもっている協力者に再度接触することによって，もしかしたら情報をもっていないかもしれない人たちに数多く接触する手間を省くことができる。
研究デザイン	1. 縦断的研究デザイン（一定の期間インタビューを繰り返し，変化を捉える）。 2. 介入前後の比較（ある治療や介入を受けることによってどう変化するのかということを調べる）。 3. 個人ではなく，家族や学級などのグループを単位とする場合，より多くのデータをとることが必要となる。	就職し，学生から社会人という役割の変化と関連してどのように自己感が変わるのか調べるために，大学4年生在学中と，就職して半年後に2回のインタビューを行うことを計画した。

回のインタビューの時間が限られていれば，その短い時間の中で情報を効率的に集めなければならない。また，半構造化インタビューを協力者一人に1回ずつ行うのと，非構造化インタビューを協力者一人に対して数回行うのでは得られる情報の質が異なってくる。非構造化インタビューを何度か行う場合，協力者と研究者の関係は深まり，リラックスした雰囲気の中で協力者がより自由に話すことができる。ただし，数回にわたってインタビューを行うことは，協力者にも研究者にも負担になる。

インタビューに関してもう1つ重要なのは，研究デザインである。時に長期的に協力者に関わり，介入や出来事，ライフイベントなどを境としてどんなふうに協力者の体験が変化するのか調べるためには，インタビューを繰り返し実施する必要があり，比較のために必要なデータ量が増える。このような関わりを必要とする場合，懸念事項が1つ増える。それは，研究からの離脱，ドロップアウトである。数人の人たちは途中で連絡が途絶えたり，忙しいために研究に参加できなくなるかもしれない。また，変化をとらえるためには，個人内のバリエーションと個人間の共通性の両方を調べるという点でより多くの情報が必要になるため，ドロップアウトが起こると途中までとったデータを使えなくなってしまう。

このように質的研究のサンプリングの問題は単純な数や客観性という基準では包括できない。そのため，データを集めるインタビューの仕方，協力者の性質などを総合的に検討して最も適したやり方を定めることが重要となる。

4. サンプリングの進め方

グラウンデッドセオリー法を使った質的研究では、ランダムサンプリングによって広くまんべんなく偏りがないデータを集めるのではなく、リサーチクエスチョンに関する情報提供に最も適した人たちを選び出す。それではどうやったら、そのような人たちを見つけ出すことができるのだろうか。また研究を進める中で、どのようにサンプリングの仕方を調整するのだろうか。というのもグラウンデッドセオリー研究ではデータ収集とデータ分析を繰り返す。インタビューを一度行ったあとそのデータを分析して、次のデータ収集に役立てるため、データを集めるプロセスはかなり流動的である。流動的であるからと言って、特に明確な判断基準もなく、ただその場の状況に合わせてデータを集めていくのではない。むしろ、リサーチクエスチョンに対してデータがどの程度集まっているのか、分析結果ではっきりしないのはどんな点か、ということを考えて判断し、実際的な制約の中で最適な方法を選ぶ計画的な作業である。

サンプリングの流れは、研究によって異なるが、図5-1におおよその流れを表した。

研究の多くは、便宜サンプリング、基準・選択サンプリング、合目的サンプリングの折衷的なサンプリング手法からはじまる。基準・選択サンプリングとは、研究に先だって定めた基準を満たした個人を研究対象として選び出すことを指す。たとえば、最近増えている「職場」のうつの体験を、特に働き盛りで、家族をもつ人たちがどのように体験しているのか、ということを研究のテーマにする場合、①うつになったことがある、②そのうち一定期間休職した、③その後復職した、④30代から40代の男性である、⑤既婚者で子どもがいる、という基準を設定することによって研究テーマに合った協力者を選ぶことができるようになる。このような基準には、⑥すでにうつから回復して一定期間勤務している、⑦現在の生活状況が安定している、など、協力者への配慮に関するものも含まれる。もう一方で、便宜サンプリングとは、研究者が接触可能であるという理由で協力者を選び出すことを指す。どんな研究においても便宜サンプリングの要素が含まれている。たとえば、地理的にも言語的にも研究者が住んでいるところで研究に着手するのが一般的である。合目的サンプリングとは、のちにより詳しく説明するが、研究の目的に適した対象者を意図的に選び出すことを指す。研究の初期では、ある程度典型的なケースを集め（典型例サンプリング）、そして徐々に幅を広げて特異なケースを加えていく（極端な例のサンプリングや最大限バリエーション・サンプリング）。

卒業論文研究や修士論文研究を行う上ではじめに接触するのは知人や知人から紹介された人であることが多い。ということは、彼らは、研究を行う上で、最も豊富なデータを提供してくれる人たちでもなければ、最も典型的な対象者でもないため、データ分析にとりかかるときにやりにくさを引き起こすことが多い。実際に、研究者が忠実に合目的サンプリングを実施しようと努力しても様々な理由から便宜的要素が強

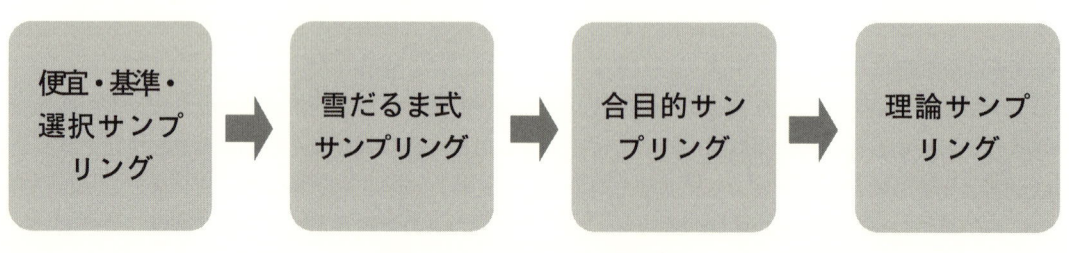

便宜・基準・選択サンプリング → 雪だるま式サンプリング → 合目的サンプリング → 理論サンプリング

図5-1 サンプリングの進め方

くなる。Neill は，子どもの病気に家族が自宅でどのように看病するのか家族と子どもにインタビューを計画したが，実際にインタビューに応じる家族が少なく，最も適切な協力者から出発することができず，グラウンデッドセオリーのサンプリングの理想と現実はかなり異なったと指摘している（2007）。

Glaser（1978）は，研究のはじめの段階では，研究者が，データを得る可能性が最大限になるようなグループや個人にアプローチし，その現象に関して最もよく知っており，次にどんなところへとデータを求めればよいのか示してくれる人からはじめると良いと述べている。つまり，ただインタビューに応じてくれるという理由でインタビューを行うのではなく，データ収集の出発点としてふさわしいところへと目を向けるのが大切である。Morse（1991）も，インタビューは，その現象について広い知識をもち，そして，その現象に関して典型的な体験をしている人からはじめると良いと指摘する。そして，研究が進むにつれて，より具体的な情報が集まり，ある特定の領域に関して詳しい協力者を選び出し，例外的な協力者にインタビューを行う。広い知識をもち，典型的な体験の持ち主からはじめることの重要さは，データの分析に着手するとよく分かる。研究の初期に得られたコードやカテゴリーは，その後に続いて入ってくるデータを分析するための道具となる（第4章の丸山さんの研究例のように）。そのため，はじめに得られたデータが，偏っていたり，薄かったりすると，データを集めるたびにその枠組みを大きく変える必要が出てきたり，その結果があまりにも予想と異なっているために，研究自体がうまく行っているのか分からなくなってしまう。そこで，研究の出発点となるはじめの数人の協力者は，だいたい典型的で，全体的な感じがつかめるような個人を選ぶ。便宜サンプリングでは，自分がアクセス可能な対象者を選び出すが，アクセス可能ということをあまり拡大解釈してはいけない。つまりアクセスは便利であっても，研究にとって「適切な」対象者とは限らないからである。身近にいる友人であるからといってその体験について最も典型的であったり，適した協力者とは限らない。

次に行うのは，雪だるま式サンプリングである。雪だるま式サンプリングとは，一人の協力者から同じような体験をもった友人や知り合いを紹介してもらうサンプリング法である。インタビュー終了後に協力者に「あなたと同じような体験をした人で研究に協力してくださりそうな方を紹介していただけますか」と尋ね，次々と協力者を増やしていくのである。「類は友を呼ぶ」という表現があるとおり，その現象についてこれから学ぼうとしている研究者よりも，協力者のほうがコネをもっている可能性が高い。研究者は協力者と新しい協力候補者とのあいだにすでにできている信頼関係を貸してもらうことができる。質的研究が対象とする「体験」は特異なものであったり，あまり普段の会話には出てこないようなトピックであるとき，雪だるま式サンプリングは特に役立つ。

5. 合目的サンプリングと理論サンプリング

合目的サンプリング（purposeful sampling）とは，最もリサーチクエスチョンに関連する情報が豊富に得られるように計画されるサンプリング法である（Coyne, 1997; Draucker et al., 2007; Patton, 1990）。たとえば，不本意入学の研究において，はじめに女子学生のインタビューからはじめたために，男性の挫折体験が少ない場合，今度は，「男子学生」を中心に紹介してもらう。または挫折感がひどいときに体験プロセスはどう異なるのか，ということを知りたければ特に辛い体験をした人たちを中心にデータを集める。また国立大学を目指している人と，私立大学を目指している人のあいだには大きな違いがあれば，国立大学受験に失敗して，私立大学に入学した人たちを対象に選ぶと良い。このように，合目的サンプリングは，特定の「人」

コラム6

雪だるま式サンプリングの利点と欠点

　雪だるま式サンプリングは，一人の協力者から次の協力者を紹介してもらうことによって，次々に協力者を見つけ出していくサンプリング法です。大学生・大学院生が，インタビュー研究を行うとき，はじめに使うサンプリング方法の1つです。ここでは，AtkinsonとFlint（2001）の解説にそって，その利点と欠点を紹介します。主な利点は以下の3つがあげられます。

　1. 対象者が，なんらかの意味において社会的な逸脱者であり，接触するのが難しく，そうするまでにある程度の信頼関係を築くことが必要な場合。あまり知人に公言することがない特徴的な体験を持っている人たち，なんらかの変わった趣味を持っている人たち，薬物依存者，犯罪を犯したことがある人たちは，そのようなことを隠しているのがふつうであり，同じ経験がある数少ない「仲間」にしか，そのことを打ち明けていないかもしれません。そのため，そのような仲間から「信頼できる人」として紹介してもらうことは，協力者を見つけることができないような状況で役立ちます。

　2. 経済的リソースをそれほど必要としない。研究における協力者集めには，時に地方紙や雑誌などに広告を出したり，関連機関などに張り紙をしたりとかなり手間もお金もかかります。雪だるま式サンプリングでは，協力者に新たな協力者を直接的に紹介してもらうためにこのような作業が減ります。これは，時間的期限が明確に定められている卒業研究では大きな利点となります。

　3. 研究者ではなく，協力者がサンプリングを規定する。雪だるま式サンプリングでは，協力者のつながりによって協力者が選ばれていきます。これは，研究者があらかじめ決めた規則に従って進めるトップダウン式のサンプリングではなく，ボトムアップ式のサンプリング法です。これは研究者が気づいていなかった協力者の対人的つながりや社会的文脈について教えてくれることがあります。

　もう一方で以下のような欠点もあります。
　1. サンプルの代表性が確保されない。雪だるま式サンプリングから集めたサンプルは協力者がどんな知り合いをもっているかということによって左右されるために，その体験をもつ人たちの全体を捉えていない可能性があります。ある団体などやサークルに属している人たちばかりになってしまうこともあります。また，他の人とつながっている人たちが多く集まり，孤立している人たちからデータを集めることができなくなります。

　2. 他の協力者を紹介してくれる人が見つからない。雪だるま式サンプリングがうまくいくのは，協力者が次々に新たな協力者を紹介してくれるときです。逆に言えば，もし協力者が他の知り合いを紹介してくれなければ，サンプリングはストップしてしまいます。たとえば，引きこもりの若者を対象とする場合，孤立しているため，他の引きこもりの人を紹介してもらえることは期待できません。

　3. 協力者からインフォームドコンセントをとらないままリサーチアシスタントとして使うこと。インタビューを受けることはそれ自体心理的にも負担になります。次の協力者の紹介をお願いするのは，ふつう信頼関係が確立されたと考えられる，インタビュー終了後です。しかし，そのような時に新たな「協

力」を要請するのは倫理的にも実際的にも，配慮が必要です。また，協力者が気軽に断われるように，そして断ってもあとで支障がないことが確認できるようなやり方で依頼するのが重要です。

雪だるま式サンプリングは，インタビュー研究の出発点としてとても有効なサンプリング法です。しかし，この方法に，合目的サンプリング法を加えることによって，雪だるまサンプリングがどの程度適切に行われていたのか，またその偏りなどを修正することができます。

表5-2 代表的な合目的サンプリング法と臨床家を目指す大学院生の成長体験の例

サンプリング法	目的と方法	リサーチクエスチョン	協力者の選び方
典型例サンプリング	典型的な状況や協力者について情報を集める。	臨床心理士を目指す人の典型的な体験はどんな特徴があるか，また特徴をよく表すプロセスはどんな特徴があるか。	大学院において最も典型的な臨床心理士を目指す大学院生（たとえば，対人的援助に関心をもち，研究者よりも臨床家を目指している）を選びだす。
極端な例のサンプリング	特異なケースであるため，示唆に富んでいる（成功例・失敗例）に焦点を当てる。	大学院で臨床活動の高い才能をみせている学生の学習体験プロセスは，どんな特徴があるか。またはその逆の場合はどうか。	スーパーバイザー，指導教員，実習先の指導者から最も高い評価を得ている学生を選び出す。または逆に困難に遭遇している学生を選び出す。
最大限バリエーション・サンプリング	大きく異なる特徴をもつ協力者に共通するような根底にある中心的テーマを同定する。	大学院においての成長プロセスの最も広く共通する中心的特徴は何か。	年齢，臨床心理学大学院に進む動機付け，入学前の経験，などをできるだけ幅広くとり，様々な協力者のデータを加える。
均質的サンプリング	特性や体験の質において似通った協力者を集める。	一定の特徴や文脈・背景がある場合，同じような「典型的」または「一般的」な成長プロセスがみられるだろうか。	スクールカウンセラーを目指す女子大学生に焦点を当てる。こども臨床に関心があり，高校時代から臨床心理士を目指していた人たちのみを対象とする。
クリティカルケースのサンプリング	このケースに当てはまれば他のケースにも広く当てはまるというような特徴をもった重要なケースを集める。	これまでに集まった結果の転用可能な範囲を同定する。このケースに結果が当てはまれば，同じ特徴をもつ個人に対しても結果を適用することができる。	高年齢になって大学院に戻ってくる人たちは，ライフサイクルの「成長段階」がより一般的な大学院生と異なっている。もし彼らが若い大学院生と同じような「成長感」をもっていれば，本研究の結果はかなり広く「転用可能」だと言える。
追認と反証ケースサンプリング	はじめに集めたデータ分析の結果の厚みを増すように例外やバリエーションなどを求める。	はじめに得られたデータ分析の結果は，異なる背景や特性をもつ協力者のデータによって支持されるか。	はじめに集めた典型的な大学院生の成長体験から得られたカテゴリーは，就職したあとに大学院に戻る学生にも当てはまるか。
対象とする現象が鮮明に表れたケースの分析	その現象が最も見事にはっきりと表れたケースを集めることによって，最も典型的で一般的な全体像を描く。	最も典型的な成長体験の特徴は何か，またその細かな点まで明らかにする。	大学院の成長体験は強く体験し，しかもそれをはっきりと表現する協力者を選び出す。
合目的ランダムサンプリング	ある程度分析が終了したあとに，結果がどれくらい広く転用可能か確かめる。	分析結果はどれくらい広く適用することができるだろうか。	協力者の属性にかかわらずデータを集め，それまでに得られた分析結果が当てはまるのか，それともうまく説明できないことがあるのか検討する。

注）Patton（2002）を参考に筆者が作成した。

や「状態」についての情報を集めることを目的とする。研究の進行にともなって，状況に合わせて最も関連度の高いデータを集めるのが合目的サンプリングである。Pattonは，15種類の合目的サンプリングをあげている。表5-2には，代表的な合目的サンプリングをあげ，臨床心理士を目指す大学院生の成長体験に関する研究を例にとって，それぞれのサンプリング法とかかわるリサーチクエスチョンおよび協力者の選び方に関して具体的に示した。

理論サンプリング（theoretical sampling）は，分析から生成された理論概念の特性をさらに明確化し，精緻化することを目的とする。そうすることによって，異なるカテゴリーの違いがさらに明確になり，カテゴリーの輪郭はよりはっきりして「分厚い記述」が可能になる。理論サンプリングは，データ分析の結果として生成されたカテゴリーの性質に関して研究者が様々な仮説をもつことによってはじめて可能になる。そのため，このような理論サンプリングをするためには，メモが大きな役割をもっている。というのもメモには，研究者のカテゴリーに関する見解が記述されているからである。以下に例をあげよう。

例1：入試で失敗し，挫折体験をしたあと，不本意入学した人たちのなかに，挫折から回復しただけでなく，挫折がきっかけとなって，他者からみた自分のイメージや一般的な社会的価値観に拘束される感じから解放される「自由になる」という体験や，家族や友人との関係が深まり，他者に対する思いやりや優しさが増す「他者の心へ近づく」という体験カテゴリーを生成した。これらのカテゴリーは，インタビューした10人のうちの3名のみからしか得られなかった。また，そのような大きな回復，またはポジティブな体験への変換に関してあまり十分な情報が得られていなかった。そこで，理論サンプリングとして，この3人にもう一度インタビューの依頼をした。この2つのカテゴリーと関わるエピソードを中心に聞き，特に自由さを感じ始めたころのことや，自由さを最も強く体験できたエピソード（「自由になったと感じたのはどんなときのことですか。そのころのエピソードを教えてください」「前の自分だったらそのときどんなふうに行動したり，感じたりしましたか」）について，そして重要な他者との関係の変化について（「誰との関係がどんなふうに変わったか」「どんなエピソードがあるか」「どうしてそれが挫折体験と関係していると思うのか《ただ大学生になったというだけでなくて》」）などの質問を考えた。また，文献を当たるうちに，辛い体験から個人が学習し成長するということを意味する外傷後成長（post-traumatic growth）という概念を知り，その文献から役立つ質問や概念があるかどうか検討した。

グレイサーとストラウスは，グラウンデッドセオリー法を用いた研究において，生成された理論を検証するために，理論サンプリングが極めて重要な役割をもっていると考えた。ところがグラウンデッドセオリー研究の実践では，理論サンプリングはそれほど重要視されていないようである。Drauckerらは，看護学などをはじめとした保健研究が掲載されるQualitative Health Research誌に2001年から5年間のあいだに掲載されたグラウンデッドセオリー法を用いた研究で理論サンプリングがどれくらい使われているのか調べた。全部で46件のグラウンデッドセオリー法を用いた研究論文があり，そのうち29件が理論サンプリングについて言及していた。しかし，グレイサーとストラウスが定義した理論サンプリングよりも合目的サンプリングに近い使い方が多かった。たとえば，特定の属性（性別，年齢，など），または体験をもっている人たちを選び出すことを理論サンプリングと呼んだりすることもあった（これは基準サンプリングに近い）。実践されていた理

表 5-3 理論的飽和の特徴——研究の安定性を示す指標一覧

理想的な基準	卒論や修論研究においてそれらを示すてがかり
新たにデータを加えても，新しいコードやカテゴリーを作る必要がなく，すでに他のケースから作られたコードやカテゴリーを当てはめることができる	新たに得たデータにコードをつけるといくつか異なるコード名が必要になってくるが，より上位のカテゴリーは，ほとんど変わることがなく，そのまま使えることが分かる。トランスクリプトを作成しているとき，またはコード化を進めるとき，研究者は，どんなカテゴリーが当てはまるのか，ということが大体想像できる。
カテゴリーの性質や次元が十分に発展しており，バリエーションが説明できる	カテゴリーの例が多数集まるだけでなく，多様な例が集まり，そのカテゴリーの現れ方の幅が説明でき，カテゴリーの特徴が明確になる。たとえば，臨床家の成長の研究において「熱い学び」というカテゴリーを生成したとき，教員・スーパーバイザー・クライエントと一対一の密接した関係の中で起こり，自分が行ったことや言ったことに対する直接的なフィードバックを受けること，そして，それによって，感情的に動かされるという学習体験，など「熱い学び」の諸類型が集まる。
カテゴリー間の関係がしっかりと確立されて，検証されている	カテゴリーの関係をパス図やツリー図で表すとき，それぞれの影響関係の有無や方向（矢印）がデータによって支持されている。つまり研究者の先入観や，一般的常識からそう思えるのではなく，データから了解できる。たとえば，上の研究例では，熱い学び，基本を身につける，振り返り，というカテゴリーが生成された。基本を身につけるとは，心理療法の理論的知識を学び，クライエントと接するうえでの治療関係の姿勢などを学ぶことである。もう一方，振り返りとは，ケースの記録を読んで面接について考えたり，事例検討会で他の学生が発表するのを聞いて自分自身の臨床的力量や介入の仕方を見直すことであった。この２つのカテゴリーは，どちらが先に来るというわけではなかったが，頻繁に起こる事例検討などでの「振り返り」だけでなく，スーパービジョンなどの熱い学びも最終的に「振り返り」によってその学習が強化されていくので，振り返りが最も基本的なプロセスであると分かったため「振り返り」を中心にすえた図を作成してモデルとした。

論サンプリングは，①インタビューの質問を生成されたカテゴリーについての特定の情報を集めるために変更する，②あるカテゴリーが飽和に達したあと，インタビューの方向性を変える，③研究を進めるうえで立てられた作業仮説を検証するため，また生成された理論概念が妥当であると示すため，インタビューを修正するために行われた。理論サンプリングの方向性を定めるプロセスとそこでの判断について詳細を提示していたのは，たった１つの研究論文だけだった。

また研究の焦点が理論サンプリングによって大きく変化した研究は１件だけであった。理論サンプリングに関わる様々な意志決定とそこから起こる作業が報告されていないこと，そしてそのような例が非常に少ないことから，Drauckerらは，理論サンプリングは十分に理解されていないと結論づけている（2006）。

6. データ収集が完了したことを示す指標

グラウンデッドセオリー法の研究においてデータ収集が十分であることを示すのは，理論的飽和の状態に達することである。理論的飽和とは，新たにデータを加えても，コード，カテゴリーを新しく加えたり，修正したりする必要がなく，それまでに生成されたカテゴリーを使うことによってすべて説明がつく状態である。理論的飽和といっても実際に新たな人から話を聞けば細かな点では異なっているし，何らかの新しい要素があるだろう。というのも一人ひとりの体験には固有の要素があるからだ。研究者が注目するのは具体的な出来事のレベルでの一致ではなくて，より抽象的な出来事の特徴やカテゴリーのレベルでの飽和と言える。表5-3には，理論的飽和の基準と臨床心理学を大学院において学び終えた初心者臨床家に「成長した」「重要だっ

た」体験について尋ねたときの例を提示した。

　理論的飽和は，1年か2年という短期間で仕上げなければいけない卒業論文研究では起こらないことも多い。というのも理論的飽和に達するとき，中核カテゴリーも生成される状態に達している。卒論や修論の研究では，いくつかの上位カテゴリーが生成されたあと，それらが1つにうまくまとめられないこともある。実際には，時間的制約があるために，理論的飽和に達しなくともある程度の安定性が得られたところで研究を終了とすることが多い。そして，その研究に適した暫定的な基準に達したところで研究を終え，どの程度まで結果が安定しているのかということを示す情報を提示する。たとえば，10人，または15人というサンプル数を決めている場合は，得られた上位カテゴリーが何人の協力者から得られたのかということを提示して，十分に発展できなかったカテゴリーがどれなのか示すこともできる。また，うまく説明できない事例があった場合は負のケース分析としてそのケースがどのような点でカテゴリーによって説明できないのか示すとよい。

おわりに

　サンプリングの仕方には，いくつかの異なるやり方があり，それぞれ異なった目的や機能をもっていることを知っておくと良い。また，質的研究を行ううえでただ1つのサンプリング方法で十分だとか，あるサンプリング法が他のサンプリングよりも優れているというような見方は正しくない。完璧なサンプリング方法はなく，研究の進展とともにサンプリングの仕方も変わって行くのがおそらく最も自然であり，また研究が進展していることも表している（Coyne, 1997）。研究者が行うべきことは，最も必要で役に立つ情報を手に入れるために，最も適切なサンプリング法を選択することである（Coyne, 1997, Morse, 2009）。

　グラウンデッドセオリーを開発したグレイサーは，グラウンデッドセオリーを用いるためには，研究者がクリエーティブでなければいけないと述べている。LincolnとGuba（1985）も同様に，質的研究で，研究者がオープンで柔軟な姿勢をとることの必要性を指摘している。理論サンプリングでは，研究の前にあらかじめそのやり方を定めることはできないし，結果を見ながら次にどんな方向へ進むのか決める必要がある。理論サンプリングは現実的な制限の中でデータが示す結果をより明確にし，しかもその真実性を高めていく。次章から4章にわたりインタビューについて解説する。

第6章 インタビューの基礎
——インタビューの計画

はじめに

　本章で解説する質的研究は，インタビューを通して，それまで明らかにされることがなかった特定の主観的体験を理解することを中心的な目的としている。それまでにあまり他者に話すことがない内容のことであれば，協力者が話しにくさを感じてもおかしくない。もう一方で，協力者が，その話しにくさや遠慮のためにインタビューにおいて体験の深い部分に接近できないままだったら，「Rich data（濃密なデータ）」が得られないだろう。

　研究者が常に考えているのは，「協力者が，見知らぬ人（研究者）と一緒に，自身の困難な体験の深いところまで探索するのに十分安全だと感じるように手助けしながら，同時に鋭く切り込むインタビューをするにはどうしたらよいのだろうか（Knox & Burkard, 2009, p.566）」という疑問である。本章では，一方では，安全性を確保し，しかも，深いところへと入っていくために，どのようにインタビューの計画を立てるのか，その基本的なポイントを説明する。インタビューに関する誤解について扱ったあと，異なる形のインタビューの利点や欠点を比較する。

　　キーワード　インタビューの神話　電話インタビュー　対面インタビュー　自由記述

1. 体験を明らかにする手法としてのインタビューに対する過信

　インタビュー研究をやりたいという学生の多くは質問紙研究に対して幻滅していたり，その力に対してあまり信頼をもっていない。質問紙で「当てはまる」から「全く当てはまらない」までのリッカート尺度の一カ所に丸をつけてもらうだけで何がわかるのだろうか，というふうに思っている。そして，質問紙の項目数がいくら多くてもこのような単純な反応からは協力者の体験のプロセスとその意味について理解できない，というのが，その批判の中心にある。もう一方で，インタビューをすれば，必ず協力者の主観的世界に到達できると思いこんでいることもある。直接本人に会って話を聞くと，確かに迫力があるし，何か特別な世界にふれる気持ちになる。しかし，直接話を聞くからといって必ずしもその人の主観やその意味が見えるわけでもより深い情報が得られるわけでもない。

　皆さんも以下のような経験があるだろう。とてもうれしいことがあって，ウキウキしているとき，そのことを友だちに話したくて仕方がな

い。しかし，その友人が，落ち込んだ表情をしていたら，そのことを切り出しにくいだろう。また，ウキウキしている気分も抑えるかもしれない。また，相手によっては，とても話したいことについて話せなくなったり，内容を大幅に変えてしまうこともある。たとえば，自分の指導教員からその出来事について尋ねられたら，どんなことがよかったのか，何が一番うれしかったのか，ということをかなり「書き換えて」しまうかもしれない。相手に対してあまり好感情をもっていないとき，そのことについて話したいとも思わないだろう。

このように，インタビューを実施して，本人から話を聞けばそれが深い意義のある情報になることが保証されるわけではない。インタビューの行われる状況，インタビューアーとインタビューイーの関係，その2人を取り囲む社会的関係の要素に目を向け，それらが語られた内容にどのように影響を与えているのか，ということに注意しなければならない。

インタビューでは，質問紙では答えられないような内容についても簡単に突入できると思いこんでいる学生もいる。学生が興味を示すトピックは，攻撃性，犯罪，死，性，逸脱行動，などに関する話題である。ところが，このようなトピックに関しては，インタビューよりも質問紙のほうがより包括的に情報を集めやすい。たとえば夫婦間のセックスに関して，インタビューイーから積極的に話してくれることは対面式のインタビューでは期待できない。あらかじめ質問紙の項目に具体的に聞きたいことが明記されているほうが情報を漏らさない。匿名性とプライバシー，そして回答時の不快感が回避できるからである。

2. 話したくても話せないこと

インタビューによって個人の体験に接近できるという思いこみと同じように広くみられるのは，常識的にみてふだんの会話で，話題として取り上げにくいことは，インタビューにおいてもふれるべきではない，という考えである。たとえば，失敗体験，うつの闘病体験，など，自己開示に伴う恥が起こるような話題である。ところが，他者や身内の人にはどうしても話せないからこそ，ふだんの生活において接点がないが興味をもって聞いてくれる他者に話したいこともある。

数年前に卒論ゼミに在籍していたある学生は，整形手術を受けた女性がどのようなことをきっかけとして手術を考えるのか，そして手術をしたあとの変化をどのように体験しているのかということについて調べた。研究計画を立てる段階で，整形手術に関して人に話すことはとても気が引けるのではないか，そういうことを人に話したくないのではないかと考え，より研究しやすいほかのトピックに変更することも検討した。ふたを開けてみると，このような女性たちは，自分たちの整形手術について話す機会をとても楽しみにしていた。というのも，話したくても周囲の人たちに話すことが出来なかったので，彼女たちにとって，インタビューにおいて，自身の決断の善し悪しについて評定されるのではなく，ただその体験を受け止めてもらえることは，それ自体肯定的な体験となっていた。

修士論文で女性臨床家が出産と子育てを通してどのような体験をしており，それによって臨床観がどのように変化したのかということを調べたある学生の研究インタビューでも同じような状況が見られた。協力者は，臨床家であるというために自分が子育てに悩んでいることなどを周囲の人たちに漏らすことがはばかられた。そのために，このようなインタビューの機会をとてもポジティブにとらえていた。

3. インタビューで語られることは本人の主観的体験を表している？

アメリカでは，芸能人が自身のドラッグ乱用やうつなどといった心理的問題との長い戦いを

> コラム7

インタビューの方法と協力者の特性
──恥ずかしがり屋の人たちの研究

　質的研究の協力者として適しているのは，内省的（reflexive）で言葉によって体験を説明するのに長けている（articulate）人たちとされています（第4章参照）。もし，研究にはぴったりの体験をした人であっても，あまり体験を言葉にするのが得意でない人や，その体験について振り返る機会をもたなかった人たちから情報を集めるのは難しいでしょう。もう一方で，自身の体験について何度も考えたり，そのプロセスを細かに言葉にして表すことができる人は，質的研究者の強い見方です。

　それでは，すでにあまり話すのが得意ではなく，人見知りをしたりする傾向があると分かっている人たちを対象とする場合，どうしたらよいでしょうか。たとえば，対人接触を恐れる傾向がある対人恐怖や視線恐怖をもった人たち，話すことにとても苦手意識が強い人たちや対人的な接触を避ける人たちなどです。このようなとき，研究をするのは無理なのでしょうか。

　この疑問に答えるヒントとなるのは，Scott（2003, 2004a, 2004b）による恥ずかしがり屋（shy）の人たちの研究です。恥ずかしがり屋の人たちは，人前で話すのを嫌いますし，会っているときも緊張してしまうため，自分の気持ちや考えを相手になかなかうまく伝えられません。Scottはこの研究計画について話したとき，同僚から「協力者は，恥ずかしがって，話すのは無理じゃないか」とからかわれたと回顧しています。いざインタビューがスタートすると，恥ずかしがり屋の人は，自分のことを話せない人たちではありませんでした。彼らは話す環境を与えられると，落ち着いて体験についてはっきりと話すことができたのです（2004b, p.92）。Scottは，「恥ずかしがり屋」というのは，人と人の関わりの中で現れる社会的に定められる「役割」であると考えるようになりました。つまり，常に恥ずかしがり屋なのではなく，状況や環境によって，恥ずかしがり屋の殻から出られなくなるのです。

　Scottは，対面式のインタビューに続いて，インターネットのソーシャルネットワーキングを使って恥ずかしがり屋の人からデータを集めました。彼女は，チャット形式でやりとりをするのではなく，恥ずかしがり屋の人たちに「自分自身」について比較的長い作文をしてもらいました。このように相互作用を必要としない作文を選んだ理由は，3つあります。1つは，自由に作文させることで，コミュニケーションに十分に時間を与えることができる点です。自分の作文を編集する時間を与えることによって，恥ずかしがり屋の人たちに，自己表現できない，または会話のペースについていかなければならない，と感じさせるようなプレッシャーを与えないのです。2つ目に，対面式のインタビューと比べて，このような文章のやりとりだと開示が促進されるという点です。恥ずかしがり屋の人は自身のコミュニケーションスキルを心配することなく，自分の好きなように文章として表現できるため，かなり自己開示しやすいようです。3つ目は，このようなメールのやりとりを通じて，協力者同士が知り合いになり，バーチャルコミュニティーが作られたという点です。恥ずかしがり屋という理由から孤立しやすい人たちが知り合いを作るきっかけを与えることになったのです。

　Scott（2003, 2004a, 2004b）は，このよう

> にインタビューの仕方を工夫することによって，一見，理想的な協力者とはほど遠い恥ずかしがり屋の人たちから非常に多くの情報を集めることに成功しています。対面式インタビューは，非言語的メッセージやその人と会う実感が得られることからくる利点が数多くあります。しかし，それが必ずしも協力者の「語り」を促進するとは限りません。インタビューについて考えるとき，研究者自身の好みだけでなく，協力者の特質に合わせて電話・メール・自由記述など様々な方法の利点と欠点を比較すると良いでしょう。

告白する番組が大きな支持を受けている。華やかな世界での成功の裏に展開される知られざる苦悩という「もう1つのストーリー」は，表舞台での成功以上に人々の好奇心をそそる。日本でも，徹子の部屋というインタビュー番組が30年以上も放映されている。おそらく視聴者が期待しているのは，芸能人の下積み生活やそれまで話すことがなかった辛い体験だろう。インタビューを受ける芸能人は，時折涙をこらえきれなくなり，その表情はアップになって画面いっぱいに映し出される。私たち視聴者は，その映像に心を動かされる。そして，その芸能人のことをとてもよく分かったような気がしたり，一人の人間として身近な存在として親近感を覚えるようになる。

このようなインタビューと告白を中心とした番組を観ると，芸能人の「真相」に近づいたと感じやすい。第三者が書いた記事でなく，その本人が自分自身について語るとき，何か真実みがあるように感じられる。特に，真剣な顔つきで涙を流すと，本音が語られていると思いこんでしまう。しかし，このようなインタビューはテレビで放映されることが前提となっており，不特定多数の視聴者に対してあるメッセージを送っている側面もある。つまり，メディアでは当然演技される部分，そしてそれが何らかの形でセールスに結びつけられていることが多い。

それでは，研究のためのインタビューで語られることは個人の主観的体験のみを反映しているだろうか。インタビューはたしかにテレビで放映されることはなく，研究者の手によって分析される。しかし，それが心理学という学問において何らかの形で発表されるということは，テレビの芸能人インタビューと同じように「不特定多数」の研究者・読者を想定して語られている側面もあるだろう。

シャーマズ（Charmaz）は，5年以上にわたり慢性病患者に対するインタビュー調査を続けた（Charmaz, 1992）。興味深いのは，協力者は，異なったやり方で自分の体験を語ったことである。ある協力者は，自分の感じるままにそれを伝えようとしていた。このような語り方をシャーマズは，「開示」と呼んだ。協力者によっては，医療サービスなどの改善を求めるかのように慢性病がどんなにひどいのか，ということを訴えた。このような計画的な語り方を「戦略的公表」と呼んだ。また，自分の状態がひどい，逆に，自分はうまく適応しているんだということを自分自身に言い聞かせるように，そしてインタビューアーにそれを肯定してもらうことを目的として語っているような人もいた。このような語りを，「病を誇示する」と呼んだ。つまりインタビューにおいてインタビューイーがどのような意図をもって研究に参加しているのか，そして何を伝えようとしているのか，インタビューアーだけでなく，どのような聴衆を想定しているのか，ということなどが影響しており，話されたことが主観的な体験の純粋な描写であるとは言えないのである。

まとめ

インタビューを取り巻く文脈によって語られる体験がどのような影響を受けるのか，という問題は，データを分析するとき検討する必要がある。インタビューは，2人の人間のコミュニケーションを通して成立する。コミュニケーショ

コラム8

個人とグループインタビュー
―― フォーカスト・グループの利点

　本書では，個人インタビューを中心に解説していますが，質的研究では，フォーカスト・グループと呼ばれるグループ形式のインタビューを使うこともあります。フォーカスト・グループは，もともと精神分析の自由連想から発展し，消費者の率直な意見を集めて，商品開発や広告のためのアイディアを得るために，マーケティングで広く使われてきた手法ですが，心理学をはじめとした学術分野でも使われるようになっています。一対一の状況ではなかなか語りを促進できないとき，グループ形式のインタビューへと切り替えることもあります。その例を1つあげましょう。

　AuerbachとSilverstein（2003）は，アメリカの様々な社会経済階級や文化的背景をもつ父親の子育てへの関わりを研究する中で，グループインタビューを使っています。彼らの研究は，あまり子育てに熱心でないと言われるハイチからの移民男性に焦点を当てています。ニューヨークのブルックリンにあるハイチ人の集まる協会で20人の協力者を募り，1時間半から2時間のグループインタビューを5回行いました。1回のインタビューには，ファシリテーターに加え，3人から6人の協力者が参加しました。「あなたがはじめて父親であることを意識したのはいつですか。またそれはどんな感じだろうと想像しましたか」「あなたとあなたのお父さんとの関係はどんな感じでしたか。あなた自身の父親としてのかかわりにどのように影響しましたか」など6つの質問を準備し，1回質問を出すと参加者が意見を出し合い自由に会話します。

　AuerbachとSilversteinがフォーカスト・グループを採用した理由は，ハイチの父親は，白人の研究者と一対一のインタビューをやっても口数が少なく情報が集まらなかったためでした。彼らは一人のときあまり話しませんが，自分と同じ文化を共有している人と集まるとお互いの発言に刺激され，饒舌に話してくれました。

　インタビューでは，インタビューアーと協力者の文化的差異は，このような民族の違いだけでなく，年齢，価値観，性別，など様々な面から浮き出てくることも少なくありません。文化や価値感や社会的立場が異なるとき，協力者の語りが抑制されることがあります。当然，「どこから説明していいのか」「どこまで説明しなければいけないのか」ということもわかりにくいでしょう。このようなとき，フォーカスト・グループインタビューが役立ちます。

　フォーカスト・グループは，個人インタビューと組み合わせて使うこともできます。フォーカスト・グループのあとに，協力者個人にインタビューを実施し，グループで語ったことについてより詳しく意見を聞くこともできます。

　フォーカスト・グループを行うためには，グループファシリテーターの練習が必要です。グループのメンバーが自由に話す交通整理をして，発言が一部の人に集中しないよう，また様々な意見が聞けるように，グループのダイナミックスを見ていきます。また，グループのメンバーが途中で入れ替わったり，ドロップアウトしたりすることもあります。グループを成立させるためには，3人以上の参加者が必要です。そのため，参加者の確保とスケジュール調整も重要な仕事となります。

ンに影響を与える要素を見直して，最も体験に近づけるような状況を設定するとともに，それがどんな影響を受けているのか，調べることによってより説得力がある分析が可能になるだろう。また，インタビューを実施する上で，協力者との信頼関係を築き，協力者が自身の体験に近づきやすい状況を設定するとともに，2人の関係の質が協力者の語りにどのように影響を与えるのかということについて注意を向ける必要がある。

4. インタビューの手法

インタビュー研究を計画するとき，「どのような形態のインタビューにするのか」そしてそのために「どんな質問を準備するのか」ということについて検討する。個人の体験とその意味を理解するにはどのような形でインタビューをすればよいのだろうか。このセクションではインタビューを計画するときに検討すべき重要な諸側面について解説したい。

1）構造化の度合い

インタビューは，構造化の度合いによって，どのくらいその流れや進め方に関して一定のやり方を遵守するのか，インタビューアーはどのような関係をインタビューイーとのあいだに作り，どんな姿勢（専門家として，一個人として）で臨むのかということが異なってくる。その一極端には，ほとんど質問の内容や言い回しなどを定めず，自由な会話のように進める非構造化インタビューがある。その反対には，質問の順番，言い回しをすべて定め，すべてのインタビューイーに対して標準化されたやり方で接する構造化インタビューがある。そしてその中間には，あらかじめ明らかにしたい内容やトピックを決めておくが，インタビューの流れによって質問の順番を調整していく半構造化インタビューがある。

2）非構造化インタビュー

非構造化インタビューでは，インタビューの質問はあまり定められておらず，その状況に合わせてインタビューの進め方が即興で決められていく（Lofland et al., 2006）。多くの場合，インタビューアーが話してもらいたいトピックについてインタビューイーに伝えて，話しやすいところからはじめてもらう。はじめにいくつかの質問だけ準備してそのあとは会話の進み具合によって調整することもある。非構造化インタビューは，ふつう複数回インタビューを行ったり，長期的に協力者とかかわる場合に用いる。非構造化インタビューを選ぶのは，協力者一人ひとりのペースにインタビューを合わせ，自由な語りを引き出すことを重視する構築主義の考え方と合致している。また，現象学的アプローチ，エスノグラフィー，ライフヒストリー研究などでも使われる。インタビューアーの影響をできるだけ排除して，協力者のありのままの姿を捉えることを目的とする参与観察の一形態と言われることもある（Patton, 2002）。

非構造化インタビューは，インタビューイーの主導権に従いながらも，研究インタビューとして集めるべきテーマを意識しながら柔軟に反応することが要求される。また，インタビューイーとの感情的距離も近づくために，そのような親密なやりとりに対する慣れも必要であり，インタビューアーのスキルと柔軟性が要求される。そのため，熟練したインタビューアーでないと重要なテーマからずれたままあまり関連がないトピックについて会話を続けているだけになったり，予想もしなかった方向へ話が流れてしまうため，体験についての語りを深められないこともある（Kvale & Brinkmann 2008）。非構造化インタビューのもうひとつの難しさは，データ分析である。一人ひとりのインタビューの質問や流れが異なるために，複数のインタビューイーからのデータを比較するのに時間がかかる。

コラム9

構造化インタビュー

　構造化インタビューの代表的な例は，電話による国勢調査やマーケティング調査です。電話で比較的短時間のうちに，多くの人から情報を集めます。そしてサンプル抽出法として無作為抽出が使われます。中立性や客観性はそのようなインタビューの基礎になっています。たとえば，インタビューアーもインタビューイーも「匿名」のままでインタビューが進み，個人としての接触は最低限に抑えてあります。「はい」「いいえ」で回答する質問が多く，「なぜ車を買い換えたか」というように理由などを述べてもらう質問に対する回答もあらかじめ準備した選択肢に当てはめるため，回答を録音してその逐語を分析する必要がありません。構造化インタビューは，探索よりも評価や比較に適しています。たとえば，入社試験・入学試験のように，面接を受ける全員に対して平等な機会を与えることが重視される場面，ある個人に定期的に面接をして成果・変化を調べる場合などに強みを発揮します。インタビューでは質問があらかじめ定められているので，インタビューアーの緊張や不安も少ないのが特徴です。構造化インタビューは，実証主義パラダイムに基づいています。

3) 半構造化インタビュー

　非構造化インタビューと構造化インタビューの中間を占めるのが半構造化インタビューである。半構造化インタビューは，インタビュー実施の前に質問項目やそれを尋ねる順番をある程度定めた「インタビュー・ガイド」を作成して，それに基づいて進める。実際のインタビュー場面では，インタビューイーの語りの内容に柔軟に反応し，興味深い語りに焦点づけしたり，インタビューイーの語りに合わせて質問の順序を入れ替えたりすることもある（徳田，2007）。インタビュー・ガイドは，厳密なマニュアルではなく，インタビューアーが大切な事項を聞き逃さないようにするための「指針」として使われる。このように大まかな枠づけがあることによって，半構造化インタビューのデータは，ケース間の比較を促進する枠組みを与えてくれる。

4) 構造化インタビュー

　構造化インタビューは，非構造化インタビューの対極にあり，研究者は，協力者全員に対して同じやり方で質問と受け答えをする。構造化インタビューの仕方が標準化されるのは，回答の仕方の違いをすべて個人差へと帰することができるからである。構造化インタビューは，主に「はい」「いいえ」やあらかじめ準備した選択肢を提示して選ばせる「インタビュー型」の質問紙である。インタビュー質問の順番に加えて，インタビューアーの受け答えの言い回しなども定められる。インタビューアーは，インタビューを通して一貫した中立的な姿勢をとり，協力者に対して感情的な反応を示したりすることはない。これは，できるだけ測定の誤差を減らすためである。このようなやり方によって集められたデータは量的研究と同じように扱うことができる。もう一方で，個人の体験の意味に接近することは，かなり困難になる。なぜなら体験について深める質問をすること自体が構造化インタビューにおいて目標とされる「標準的」で「一貫した」インタビューのやり方に矛盾するからである。

表6-1 電話インタビューの利点

利点	具体的な恩恵
経済的・人的リソースを効率的に使う	1. 研究者および協力者の交通費および移動のための時間を節約する。 2. 地理的により広く協力者を集めることができる。
対面インタビューの問題を最小限にとどめる	1. 協力者の気分を害したり、気をそらしたりすることなく研究者が自由にノートにメモをとることができる。 2. 顔の表情に対する反応などから起こる回答の偏りが減る(協力者が、インタビューアーの表情から自分の答えを調整することが少ない)。 3. 顔が見えない匿名性により協力者はより自由に発言できる(研究者と町で出会ってもお互いを認識することは決してないため安心できる)。
研究者と協力者の肯定的な関係を築くことができる	1. 研究者と協力者が研究目的ではなく、ただ感情的に動かされることや外見の好みなどの理由によって印象形成することが少ない。 2. 研究以外の内容について横道にそれた会話を減らしてインタビュー時間を短縮できる。
データの質を高める	1. インタビューアーのスーパービジョンがやりやすい(ジェスチャー、座り方、視線などといった非言語的なインタビューアーの傾聴姿勢などについての指導を必要としない)。 2. 訓練度の比較的低いインタビューアーでも参加できる。 3. インタビューのやり方を均質にし、標準化できる。
欠点	具体的な問題
視覚的・感覚的データが得られない	1. 話されたことにどのような感情的意味があるのか解釈しにくい。 2. 信頼関係がどれくらいできているのか判断しにくい。
ききもらしが起こりやすい	1. 電話の録音は聞き取りにくい箇所がでてくることが多い。

5) 電話か対面か

インタビューを計画するときに検討することの1つは、電話でインタビューをするのか、実際に会って対面式でインタビューをするのか、ということである。これまで、この2つのインタビューのやり方を比較して、それぞれの利点を明らかにする研究はない。Shuy (2003) は、そのような研究は費用がかかりすぎるし、実施するのも難しいと述べている。たしかに、研究によってどちらがより優れたインタビュー法なのかということに確固たるデータがあればよいが、インタビューアー、インタビューイー、インタビューのトピックなどによって、どちらがよいかということが1つの研究の異なる局面でも変わってくる。そのため、1つの研究ではこのような問題について明らかにできる範囲は狭いだろう。そこで、電話インタビューと対面式のインタビューそれぞれの利点と問題点を紹介し、読者が自身の計画でどちらが合っているのか判断できるようにしたい。繰り返すが、1つの研究の中でも、対面と電話を併用することもある。**表6-1**に電話のインタビュー、**表6-2**に対面式のインタビューの利点をまとめた。

電話インタビューの第1の利点は、実施に時間やお金がかからないことである。また、距離にかかわらず研究協力を依頼できるため、協力者集めの幅がかなり広がる。協力者と直接顔を合わせないことは、インタビューに不慣れな研究者にとって好都合なことも多い。相手が正面にいないために不安が軽減できる。ただし、相手が正面にいて自分の「不安」な表情を見ないからといっても、緊張は電話の声からある程度伝わるだろう。

対面式でないと協力者との信頼を築きにくいと思う人も多いかもしれない。しかし、相手と距離があることによって、体験に焦点を当てて、そのことに集中するという研究を通した協力関係がもちやすくなることもある。また、外見からくる好き嫌いや相手に対する先入観などの感情的な要素によって印象がゆがめられるのを防

第6章 インタビューの基礎 83

表6-2 対面インタビューの利点

利点	具体的な恩恵
非言語的データも入手できる	1. 表情，ジェスチャーなど話された言葉の理解を豊かにする情報が得られる（特に協力者が外国語でインタビューを受けるときなど非言語的やりとりがあることでコミュニケーションがより促進される）。 2. インタビューアーが協力者に信頼を築く力を発揮しやすいために，協力者は，インタビューアーに与える印象にこだわることなく，自分の体験をより自由に描写できる。
研究者と協力者の深く肯定的な関係を築くことができる	1. 同じ場所にいる。 2. 表情などが見えるためより深い感情的なつながり（信頼）を形成し，維持しやすい。 3. 相手が目前にいるため開示しやすい。 4. ドロップアウトが起こりにくい。 5. 伝えられたことの意味が分からなかったり，よく聞こえなかったときに，不明な点について尋ねて明確化できる。

欠点	具体的な問題
緊張により自己開示が抑制される	1. インタビューアーとインタビューイーの対人緊張が高まり，自己開示が促進されない。 2. インタビューアーに好ましくない印象を与えないように，ある内容についての開示を控える。
個人的な好みや先入観が影響する	1. 外見から相手の印象を形成してしまう。

ぐこともできる。電話インタビューというと対面インタビューができないときに仕方なく実施するインタビュー法という印象があるが，実際にはこのように距離ができることによって生まれる利点もあり，劣ったインタビュー法とは言えない。

　もう一方，対面インタビューは，インタビューアーとインタビューイーのあいだに感情的に密接なつながりを作り出す。そのため，インタビューイーとの関わり方から得た印象や感覚などのデータが増え，語られた言葉の意味が理解しやすくなる。ただし，相手が正面にいることから，インタビューアーだけでなく，インタビューイーの緊張も高まることがある。そして，相手のちょっとした表情やしぐさからつっこんだ質問ができなくなったりすることもある。

　1つの研究において対面インタビューと電話インタビューを併用することも多い。協力者によっては，電話によるインタビューであれば参加したいと希望することもあり，データ集めが均質にならないという理由で，貴重な協力者を一人逃すよりも，一人でも多くの協力者を確保することが重要な状況もある。逆に，異なるインタビューのやり方でも同様の結果が得られるか検討することによって結果の安定性を調べることを意図する場合もある。また，1回目のインタビューを対面式で行い，よりしっかりした信頼関係を築いたあと，2回目は協力者への負担を減らすために電話で行うこともある。

　このように対面式のインタビューと電話インタビューのどちらが優れた手法であるということはいえない。自身の研究の文脈においてどちらの方法がより豊かなデータをもたらすのか検討し，様々な現実的な制約を考慮して効果的な手法を選ぶとよい。時に，研究者は電話と対面のどちらがよいか協力者に選ばせることもある。協力者がより「話しやすい」状況を選ぶことによって，不安や緊張が軽くなり，自己開示が深まると考えるからである。

5. 注意点
電話インタビューの便利さと落とし穴

　最近はインターネットのソーシャルネットワークグループなどを通して協力者を募集すること

コラム10

自由記述と日記

　インタビューデータと並んでセラピストとクライエントの主観的な見方を知るために，自由記述式の質問紙がよく使われます。面接体験に関するインタビューは個人的な体験であるため，カウンセリングと同じようにプライバシーが守られる場所において行う必要があります。もし，電話で行うのであれば，インタビュー協力者が一人でいる時間などを見つけなければなりません。インタビューと比較して，自由記述は，協力者の都合の良いときに回答可能なため，多くの協力者からデータを集めることができます。しかし，回答時の状況を統制することができないため，回答の長さにばらつきが大きくなり，ある回答者からはかなり細かな記述が得られても，他の回答者からは，数語，数行の回答しか得られず分析の段階で困難にぶつかることもあります。また「話す」という行為よりも「書く」ことのほうが，協力者は負担にも感じることもあります。

　自由記述と並んで使われるのは，ログ・日記です。これは協力者に定期的に日記をつけてもらいその内容を質的に分析する方法です。Mackrill（2007; 2008）は，心理療法を受けるクライエントに毎日，日記をつけてもらい，セラピストと話した内容を普段の生活においてどのように内省したり，そこから得た理解を毎日の生活の中にどのように活かしているのかということを調べました。その結果，トライアンギュレーションという概念を導いています。トライアンギュレーションとは，クライエントが質的研究者のように，異なる情報源からの知識を比較して，自分が信じていることにより強い確信をもつようになる面接内外の架け橋を作るクライエントの内的なプロセスです。たとえば，クライエントのテッドは，7回目の面接のあとに日記に以下のように記しました。「セラピストは，『はるか昔の少年だったときの自分を感じるための時間をとるように』っていう良いコメントをしてくれました。僕は，少し前に霊能者から全く同じことを言われたことがありました。異なる方向から同じアドバイスをもらうというのはとても良いです。前進しているって分かりますから。」このように，テッドは，セラピストと霊能者のアドバイスを比べて，自分の感じ方を肯定していました。Mackrill は，クライエントが心理療法で話したことをどのようにして自分の中に納めるのかというプロセスを明らかにしています。ログも個人によって長さや内容にかなりばらつきがあるため，協力者には最低限どのくらいことを満たしてほしいのか具体的な指示を与えることが重要です。

が多い。たとえば，うつで苦しむための自助グループ，うつの夫をもつ妻のサポートグループ，摂食障害に悩む人たちとその家族や恋人たちのディスカッショングループ，などがある。また，様々な NPO が引きこもりをはじめとした心理・社会問題に対する支援活動を行い，そのような団体を通して協力者を募集することもある。インターネットを通して協力者を見つける場合，本人に会うことが地理的に難しいことが多い。特に引きこもりをはじめとした問題をもった人たちは，近隣に住んでいても外に出て人と会うことを望んでいない。電話で，またはメールでなら，インタビューを受けたいという人も出てくるだろう。

このような状況では，電話で相手の様子が分からないために，倫理的な問題が起こらないように十分に配慮しなければならない。相手がまだある心理的問題に苦しんでいる場合など，話すことからパニックを起こしたり苦痛を感じたりすることも起こりうる。インタビューアーの臨床的力量に対して非現実的な期待をもっているために「自分のことを助けてくれる」「自分が言いたいことを家族や友人に代弁してくれる」「自分に合った病院を紹介してくれたり，情報提供してもらえる」というようなことを考えているかもしれない。

インタビューアーは，協力者が研究について理解しているのか確認をとるとともにインタビューが目的としていないことに関してもできるだけ丁寧に説明することが望ましい。またこのような電話でのインタビューは，協力者が現時点において心理的苦痛を感じている場合には，できるだけ行わないほうが賢明である。研究者として自分ができることとできないことを判断すること，自分の限界を知り，協力者を傷つけないこと(nonmalficience)は倫理的原則の1つである（American Psychological Association, 2002）。

電話のインタビューにおいてよく起こる問題は，録音に関してである。電話を録音するためには，そのための器具が必要となる。対面式のインタビューをするときはバックアップまたは予備の録音機を準備できるが，電話のときはそのようなことが難しいためにどうしても録音の失敗が増える。また，録音した音声に自分の声ははっきり聞こえるが相手の声が小さくて聞き取れなかったり，相手の意味することが分かりにくかったりすることがある。相手の表情などが見えないため，ニュアンスやイメージがつかみにくく発言の意図がくみ取りにくいことがある。

録音が失敗したとき，インタビューの様子を思い出して，逐語を再現してできるだけ早くタイプする。その場合，データの質は異なってしまうので論文の「方法」の節においてそのことを報告する。最近では携帯電話でのインタビューを希望する人が多い。その場合上にあげたような問題が多く起こりやすいほか，電話代もかかる。そのため，インタビュー全体としてどのくらいの支出があるのかということも考えることも必要である。

6. インタビューの回数

協力者と何回インタビューするのが必要なのかということについては異なる意見がある。これまで述べてきたように研究パラダイム，リサーチクエスチョン，研究のリソース，インタビューが扱うテーマによって「適切」な回数が変わってくるからである（May, 1991）。1回のインタビューでは体験の深い部分に入り込むための十分なラポールを確立するのが難しいという意見が多いが，1回きりのインタビューにもいくつかの利点がある。まず，協力者を2回以上インタビューするのがリソースの面から，また協力者の時間的制約から難しい場合である。次に，トピックが過去の苦痛体験や葛藤にあまりふれることなく比較的話しやすいテーマや内容を扱うときである。過去の失敗，傷つきなどと関わるトピックは協力者にとって決して話しやすくないだろうが，成功体験など，協力者が比較的進んで気軽に話せるようなトピックの場合，1回のインタビューでも十分な情報を集めることができる。ただし，一般的にみて，それほど個人的な葛藤の領域にふれておらず，話しやすいトピックだからといって，皆がそう感じているわけではない。成功の影に失敗有り，というようにそれと関わる傷つき体験が協力者によってあるかもしれない。

しかし，1回のインタビューでは，協力者が話した内容を理解するのに十分な文脈と背景の情報が得られないかもしれない。また，1回目のインタビューで聞き逃した情報を集めることができない。そのため，1回限りのインタビュー

表6-3 Seidman (1991) の3回のインタビューの目標とその例

テーマ	内容	例（留学体験について）
第1回 焦点化ライフヒストリー	・リサーチトピックに関する自身の体験について協力者にできるだけ多く語ってもらう ・リサーチトピックの体験を人生の文脈に位置づけてもらう ・その体験を構成する重要な要素であるエピソードを語ってもらう	1. 留学した国や文化に関心をもつようになった経緯を年代順に話してもらう。重要なエピソードをあげてもらう。その中で家族，学校，友人，それ以外の重要な他者の役割についてもふれる。（あなたが留学することを意識したり，決断したりすることに関わる出来事を古いものからお話ください。いつから（国名）や留学ということを意識しはじめましたか） 2. 留学体験の重要なエピソードについて話してもらう。（特に印象に残るエピソードなど教えていただけますか） 3. 帰国後，留学体験が現在の自分にどう影響しているのか話してもらう。特に印象に残っているエピソードをあげてもらう。（留学から戻られたあと，留学していたことを考えさせられたり，意識させられたり，または留学体験があったからこそ，起こった出来事などを教えていただけますか）
第2回 体験の詳細	・リサーチトピックと関わる体験の詳細と具体的側面について語ってもらう ・協力者の意見ではなく，実際にやっていたことについて話してもらう	1. 前回のインタビューで語ってもらったエピソードのなかから特に重要なものについてより詳しく語ってもらう。（前回お話いただいたエピソードについてより詳しく教えてください。まずは○○についてどんなふうにそれが起こったのか教えていただけますか） 2. 留学のときの典型的な1日，1週間にやることについて解説してもらう。（あなたの1日はどんな感じでしたか。たとえば留学時代の典型的な1日がどう進むのか，そして日本での生活とどう違うのか教えてください）
第3回 意味の内省	・過去・現在・将来について考え，その体験が自身にとってどのような意味をもっているのか語ってもらう （はじめの2回の基礎がなければこのようなインタビューはうまくいかない）	1. 前回まで語ってもらったことから，留学体験の意味・意義について考えてもらう（これまで留学体験について振り返ってきましたが，あなたの現在の生活において，留学体験にはどんな意味がありますか）（留学体験はあなたの人生においてどんなことだったのでしょうか） 2. 留学体験をしたことによって，将来自分がどんな方向へ進むと思うか想像してもらう（あなたは将来的にはどんな方向へ進むと思いますか）（そのなかで留学体験はどんなふうに活かされるのでしょうか。またどんなときに当時のことを振り返ったりするでしょうか）

の研究は分析の段階で困難に出くわすことがある。特に，インタビューで語られたことに関して「この発言はどういう意味なんだろう」と考え込んでしまうことがよくある。

もう一方で，複数回のインタビューを行うと，インタビューアーと協力者の関係はよりしっかりするため，協力者は安全さを感じることができ，感情を喚起するような内容も話しやすく感じる(Mishler, 1986; Polkinghorne, 1994)。

インタビューの回数は，様々な要因を総合的に検討することによって決められる。インタビュー回数が多ければそれだけコストも大きくなる。それは，インタビューアーと協力者の時間や交通費だけでなく，インタビューを逐語化する時間，データを分析する時間，などすべてが増える。研究者は，このようなコストに見合ったデータの質の向上が見られるのか判断しなければならない。

7. 複数回インタビューを実施するときの内容について

「複数回インタビューを実施するとき，1回ごとの内容や焦点はどのように設定すればよいのだろうか」「2回目の進め方は1回目と同じなのだろうか」「1回目に半構造化インタビューを実施した場合，2回目に非構造化インタビューを実施したら，進め方が異なるので協力者は混乱するだろうか」など2回目以降のインタビューをどのように進めればよいかということに関する疑問もでてくるだろう。これは，研究の目的やインタビューの内容や形態によっても異なる。2回目のインタビューは，1回目のインタビュー

表 6-4 インタビューに参加する動機

動機	具体的な関心
インタビューや研究協力に関心がある	「心理学に関心がある」 「インタビューを受けてみたい」 「研究がどのように行われるのか知りたい」
自身の体験の肯定を求める	「誰かに私の体験の価値を認めてほしい」 「誰かに私の体験を理解してもらいたい」 「世界に自分の体験を伝えてほしい」
ほかの人の役に立ちたい	「研究の役に立てることがうれしい」 「自分と同じことに苦しんでいる人の役に立ちたい」 「このような問題を解決してほしい」
過去の未完了の体験の解決を求める	「気持ちのわだかまりを（心理を専門としている人に聴いてもらうことによって）解決したい」 「自分の体験には自分に原因があるのか，そうでないのか，専門家の意見を聞きたい」 「自分の体験について話すことによって楽な気持になりたい」
社会の変化を求める	「自分自身がその体験と関わるような社会・政治・経済・文化的問題に対するアクションを起こすことが重要だと考える」 「研究者に自分の代弁者として社会に対して学問的地位を利用してこの問題について訴えてほしい」
自己・職業成長・組織の利権のため	「自分の所属する団体・組織の研究や臨床活動などに参加してほしい」

の感想を尋ねるところからはじめる。次に，1回目のインタビューの内容を分析した結果として得られた中心的なテーマを伝えて理解がずれていないか確認する。テーマを箇条書きにしたり，簡単な図を作って説明するのも良い。また，特に印象に残ったこと，協力者が受け取ったことを伝えることも協力関係を深めるために役立つだろう。そして，疑問に思ったこと，より詳しく話してみたいことを伝える。

複数回のインタビューの例に Seidman (1991) の3回のインタビュー計画がある。ここでは，1回ずつのインタビューの役割が明確に区別されている。表 6-3 には，留学体験に関するインタビューを例としてあげた。1回目のインタビューでは，協力者の体験の大枠を描き出す。第2回目のインタビューでは，特に重要なエピソードを振り返り，より細かな点まで具体的に話してもらう。第3回目のインタビューは，前2回に話したことに関する協力者の意味づけに焦点を当てる。Seidman は，一度のインタビューを90分程度に設定し，3から7日ぐらいの間隔で3回のインタビューを実施することを薦めている。インタビューの間隔が短すぎると協力者は話した内容について振り返ったり，その内容と関係することを思い出したりするのに十分な時間がとれないし，長すぎると前のインタビューで話したことを忘れてしまい継続性がなくなってしまう。このようにインタビューの内容を整理するとデータを領域別にある程度分けながら分析を進めることができるので，膨大なデータの扱いがいくらか楽になる。

8. 協力者の性質

研究者の方法的な判断によってインタビューの進め方や，インタビューイーとの関係を作っていくが，インタビューイーの特徴もインタビューの深さやデータの質に影響を与える重要な要因である。体験の自己開示を促進するためには，その個人にとって開示しやすい状況を設定することが必要であるし，そのためには自己提示に関係する人格と行動の特徴を知ると良い。その1つは，インタビューに参加する動機である（表 6-4）。「人の役に立ちたい」「研究に関心が

ある」という動機づけがある場合，インタビューにおいてより積極的に体験について語ってくれるだろう。もう一方で，社会的な影響を与える意志が強い場合，ある特定の偏った情報のみしか提供してくれないことがある。また，開示することの見返りに感情的支持を受けることを期待しているかもしれない。その場合，感情的支持を受けていれば開示することに積極的かもしれない。体験の肯定を求めている場合，それが得られないとき，自己開示することが「傷つき」の体験にもなりやすい。そこで，インタビューイーが涙を流したり，恥を感じているようであれば，インタビューアーは，探索的に掘り下げるのではなく，肯定的で支持的な受け答えを心がける。

9. インタビューアーの性質

インタビューアーが，臨床心理士，または臨床心理学を大学院で学ぶ人だということが，協力者が研究に関心をもつ理由であるとき，インタビューアーが「カウンセラー」のような受け答えをすると期待していることがある。たとえば，**表6-4**にあげたように，「専門的な知識を提供してもらえる」「共感的に受け取ってもらえる」「話を聞いてもらうと気分が楽になる」というような期待をもっている場合である（Gottlieb & Lasser, 2001）。ところが，研究のインタビューではいくら信頼や尊重が重要で

あるといっても，その目的は情報収集であり，インタビューイーが期待するような治療的関わりを得られず落胆することがある。インタビューイーによってはインタビューアーが臨床家であるのに「冷たい」「暖かさが足りない」「理解してくれたかどうか分からない」と感じたりする。もう一方で，インタビューアーが治療的な関わりをすることは，インタビューの目的から逸脱することになり，研究に参加に関するインフォームドコンセントを破ることになる。

研究者は，インタビューイーが陰性感情を体験しているのを目の前にして，自分の臨床的スキルを使うことができないため，無力感や苦痛を体験することもある（Beale et al., 2004）。インタビューイーが感情を体験しているとき，どこまで治療的に反応するのか，ということは，とても大切な問題である（Dickson-Swift et al., 2006）。そのために十分な訓練をすることが要求される。

まとめ

本章では，インタビューを計画するさいに検討すべき点を解説した。会話は自然発生的に起こる。もう一方で，インタビューでは，より計画的にその文脈や形態を設定し，その物理的・心理的空間を作る必要がある。次章では，インタビューの形態について決定したあと，どのように準備を進めるのか解説する。

第 7 章　インタビューの準備

はじめに

インタビューは，話すことと聴くことからなる。ふだんの生活では話すことも，聴くことも自然にやっているからといってインタビューも自動的にうまくできるわけではない。そのため，インタビューの計画を立て，そのスキルを高める練習をする必要がある。インタビューの回数，対面か電話か，などの大枠を設定する作業と並行して考えるのは，インタビューで扱う内容と質問の精査である。本章では，半構造化インタビューを進める上で重要となるインタビュー・ガイドの作成と基本的なインタビューアーの姿勢について説明する。また，インタビュー・スキルを高めるためにできる訓練について解説する。

キーワード　インタビュー・ガイド　インタビューの訓練

1. インタビューから分析までの流れ

表7-1にインタビューの準備作業をまとめた。インタビューの準備は，ただ質問項目の一覧表を作ることではない。協力者に対する研究目的の説明内容，守秘義務，インフォームドコンセントに関する説明，リサーチクエスチョンとインタビュー全体の流れがしっかりと分かるようなインタビュー・ガイドを作成することからはじまる。インタビュー・ガイドが実際に使いやすいガイドとなるように，そしてインタビューのスキルを高めるために，予備インタビューを何度か実施し，振り返りを行う。インタビューがスムースに進むかということだけでなく，リサーチクエスチョンに答えるためのデータが集められているのかということを検討する。このようなプロセスを何度か繰り返し，インタビュー・ガイドを修正し，本調査に臨む。

2. インタビュー・ガイドの作成

インタビューの準備は，まずインタビュー・ガイドを作成するところからはじまる。インタビュー・ガイドの作り方にはいろいろなやり方がある。最も一般的なのは，質問を順番に並べたものである（表7-2）。このように質問項目を並べたリストはインタビューを実施する上であまり役立たない，というのも，インタビューアーの頭の中でこれらの質問がリサーチクエスチョンのどの部分に関連するのか，概念的に整理されないからである。また，このようなリストを作るだけだと，質問が重複したり，かなり

表 7-1　インタビューの準備から本調査実施まで

準備段階
インタビュー・ガイドの作成 　リサーチクエスチョンと関連する「領域」を明確化する。 　具体的に聞きたい質問を列挙し，領域と関連づけ整理する。 　質問を見直し，最も答えやすい言い回しを検討する。 　研究協力同意書を作成する。
パイロットインタビューの実施と振り返り 　インタビューを周囲の人に対して（ゼミのメンバー，知り合い）実施する。 　インタビューに関するインタビュー（インタビューイーとのフィードバックセッション）を行う（録音するとよい）。 　　「話しやすかったか（インタビューに適した環境および関係風土が作られ，維持されたか）」 　　「侵入的と感じられるところはなかったか（心理的圧迫感や侵入感，など心理的に不快な瞬間があったか）」 　　「不明確な質問や表現はなかったか（話を遮られる，話の腰を折られる，という非促進的な受け答えがあったか）」 　　「研究目的とインフォームドコンセントに関して分かりやすく明確な説明ができたか」 　録音したテープを聴き直し，良くできている点，そうでない点を洗い出す。
データ分析 　研究問題に答えるための情報が実際に集められているのか（体験やエピソードの詳細が語られたか）。 　得られた情報が具体的になっているのか（一般論や意見でなく，生きられた体験が語られているか）。 　社会的に望ましい回答が多くないか（「こうあるべき」「外向けの答え」になっていないか）。 　データを分析してみる（コード化，カテゴリー化を行う）。
インタビュー・ガイドの見直し——領域と質問項目の見直し 　領域の設定による概念的枠組みの明確化（何について明らかにするかインタビューアーの頭にインプットされる）。 　質問の言い回し（同じことを尋ねるにしてもより答えやすく語りを促進する言い回しを選ぶ）。
再パイロットインタビューの実施（2名以上） 　修正したことによる改善がみられるか（インタビューアーとしての感覚・インタビューイーのフィードバック）。 　本調査をするための準備はできたか（インタビュー・ガイドの実施に慣れただけでなく，それから逸脱したときにも対応できる）。
本調査実施
データ収集段階 　インタビューの実施 　トランスクリプトの作成
データ分析の4点
インタビュー・ガイドの見直し——領域と質問項目の見直し
次のインタビューへ（同じプロセスの繰り返し）

注）岩壁（2008, p.81）を修正した。

表 7-2　質問を列挙しただけのインタビュー・ガイド——心理療法における失敗の例

1. あなたの心理療法・カウンセリングにおける失敗体験を教えてください。
2. クライエントの特徴について詳しく教えてください。
3. クライエントの問題の概要について教えてください。
4. 面接の流れを説明してください。
5. クライエントに対して抱いていた印象や感情について教えてください。
6. クライエントはあなた（セラピスト）に対してどのような印象をもっていたと思いますか。
7. あなたが，そのケースを選んだ理由を教えてください。
8. 特に印象に残っている場面や困難な場面について教えてください。
9. その失敗，または困難な場面のあとの面接の流れについて教えてください。
10. そのことについて現在ではどんなときにどんなことを考えたりしますか。
11. そのあと，どうやってその失敗について扱いましたか（スーパービジョンなど）。
12. どうやったらほかの臨床家はその失敗を未然に防ぐことができると思いますか。

似通った質問があっても気づかぬままになってしまうこともある。また，インタビューイーの語りに合わせて，質問の順番を調整することや，リサーチクエスチョンに関して十分な情報が集められたのか，という判断の助けにあまりならない。

そこでインタビュー・ガイドは，「領域」を設定して最後に具体的な質問を考えるほうが良い。領域（domain）とは，リサーチクエスチョンと下位のリサーチクエスチョンから引き出される「情報を集めたいトピックの範囲」である。そして，その領域の中で特に注目したい具体的なトピック（詳細）を示す（Hill et al., 1997）。「詳細」は，主観的体験の流れや意味を理解するのに十分な詳細さや具体性をもって語られているのかということを確かめるための指標となる。最後に，具体的な質問項目を加える。質問は，できるだけ協力者に向かって話すそのままの言葉を書き留めると良い。

表7-3は，心理療法における「失敗場面」に関するインタビューをセラピストに対して行うために筆者が作成したインタビュー・ガイドである。まず，治療的失敗と関連する出来事に関してその文脈，実際のやりとり，その後の影響という領域を設定した。次に，その3つの領域において知りたい事柄を想定し，最後に具体的な質問の言い回しを考えた。このインタビュー・ガイドで，特に配慮していることは，治療的失敗に関するセラピストの内的体験（どんな感情をもつか，自分にどんなことを話しかけるか）と面接プロセス（クライエントのどのような表情や発言に面接がうまくいっていない「サイン」「指標」をみてとったか）の両面についてセラピストに語ってもらえるようにすることである。また，セラピストが知覚した出来事の突出した側面について思い出してもらうことによって，そのときの体験の記憶をより鮮明に喚起するようにした。

インタビューに慣れていない場合，質問の言い回しまでを決めて，それをすべての協力者に同じようにそのまま言えることを願っていることもある。具体的な質問の言い回しを考えても，実際のインタビューにおいてその言い回しを機械的にそのまま使うことは少ない。そこで，研究者が聞いてみたい質問を列挙するよりも，質問の領域と見出しを明らかにするほうが，何をどこまで聞けばよいのかということを頭で整理しやすいし，柔軟な対応ができる。

どのようなことについて知りたいのか，ということを具体的に列挙することで，インタビューアーが自分自身の概念的な枠組みをインタビューイーに押しつけることにならないかと疑問に思うかもしれない。しかし，できるだけ聞きたい内容について洗い出し，具体的にすることによって，インタビューアー自身の先入観や盲点にも気づくことができる（たとえば，「自分の質問は○○に偏っている」「○○に関する質問が少ないが，その点を見落としていたかもしれない」）。また，何について情報を集めるのか分かっているので，インタビューで大切なことを聞き逃すことが少なく，データをとってみたあとで，最も知りたいことに関する情報が足りないというような事態が避けられる。インタビューをしてみたもののあとで録音テープを聴いてトランスクリプトに起こして読み直してみると，リサーチクエスチョンに関係した内容は，わずか数行の回答しかなかったということがはじめのインタビューで特に多い。インタビューをしているあいだは，インタビューイーが快く回答してくれることに安堵感を覚え，実際のインタビューの内容も良かったという勘違いを起こしやすい。領域にそって作成したインタビュー・ガイドを使うとき，このような問題を防ぐことができる。インタビュー・ガイドを領域にそって作ることのもう一つの利点は，データ分析に取りかかりやすいことである。インタビューから集めるデータは膨大になることが多い。この領域を使って分析するデータの範囲を区切ることによって，データ分析のはじめに直面する行き詰まりが少なくなる。

表 7-3　心理療法における失敗のインタビュー・ガイド

領域	知りたい事柄	詳細	具体的な質問
失敗の文脈	治療関係		その治療的失敗のケースについて，クライエント，それまでの面接の進行など実際の失敗場面が起こるまでの経緯を教えていただけますか。
		全体的な雰囲気	治療関係の風土，全体的な雰囲気の主な特徴について教えてください。
		具体的な指標	実際にクライエントのどんな行動や様子からそれが感じられましたか。
			クライエントに対してどんな印象をもっていましたか。
		特徴的な出来事・やりとり	「お2人のやりとりで特に印象に残っていることについて教えてください」「お2人の治療関係ややりとりの性質について印象に残っていることを教えてください」
	進行状況	解決した問題	「すでに得られていた成果はありますか」「クライエントの症状や問題で改善されていたことはありますか」
		扱っていた問題・トピック	「どんなことについて話していましたか」「心理療法のテーマ・中心的な問題について教えていただけますか」
	直前の様子		「そのときセラピストはなんと言いましたか」「クライエントはどんな様子でしたか」
失敗の出来事	失敗と関連する出来事の全般的な流れ		その出来事はどんな流れで起こったのか，実際のやりとりの様子を，順をおって教えてください。
		具体的な発言	「そのときあなたはクライエントになんて言いましたか」「クライエントはそれに対してどんな反応をしたか，できるかぎり詳しく教えていただけますか」
		感情的な体験	「そのときあなたはどんなことを感じたり，考えたりしましたか」
		非言語的やりとり	「クライエントの表情や身体の動きで覚えていることはありますか」
失敗の余波	同じ面接内での直後のやりとり		「そのやりとりが終ったあと，お2人のあいだの様子についてお聞かせください」
		クライエントの様子	「クライエントはそのときどんな様子でしたか」
		セラピストの体験	「そのときどんなことを感じたり考えたりしましたか」
		介入・意図	「そのときどんなことをクライエントに言いましたか」
	面接が終ったあとのセラピストの体験	自己ケア・内省	「面接のあとどんなことを考えましたか」「ご自身の生活への影響はありましたか」「クライエントに関してどんなことを想像しましたか」
	次回の面接の様子	際だったやりとり	「最も際だっていたやりとりなどがあれば教えてください」「そのころのやりとりで思い出せるものはありますか」「そのころの典型的なやりとりはどんな感じでしたか」
	それ以降の様子	クライエントの様子	「クライエントのどんな様子や発言から『失敗』の影響について分かりましたか」
		クライエントの発言	「クライエントはどんなことを言いましたか」「そのどんなところから自分の失敗が分かりましたか」
		セラピストの反応	「そのあとにどんなふうに反応しましたか」「どんなふうに感じましたか」「どんなことに気をつけましたか・注意を向けましたか」
	終結・中断時・フォローアップに関する情報	どのように心理療法が終了したか	「終結中断はどちらから切り出されましたか」「どちらがはじめにその話題を持ち出しましたか」
		そのときの様子・雰囲気はどうだったか	「そのとき面接はどんな雰囲気でしたか」「緊張がありましたか」「終結について話し合ったあと雰囲気は変わりましたか」
		その後のクライエントに関する情報	「その後のクライエントとの接触はありましたか」「何かクライエントについて得た情報はありますか」
		その後のセラピスト自身への影響	「そのことについて現在ではどんなときにどんなことを考えたりしますか」
		介入作業への影響	「その経験から他のクライエントと接するときなどに注意深くなった，など変わった点について教えてください」

注) 岩壁 (2008, p.83-84) から抜粋。

表7-4 インタビューの準備　必要なもののチェックリスト

チェック	必要なもの
☑	インタビュー・ガイド
☐	研究目的と協力依頼書
☐	協力承諾書
☐	謝礼・支払いの書類
☐	手みやげ
☐	ICレコーダー
☐	ICレコーダー（予備）
☐	電池
☐	ペン
☐	ノート

3. インタビュー全体のための準備

インタビュー・ガイドには，インタビューイーと会う前の準備と確認事項にはじまり，プライバシーや録音についての説明，分析結果がどのように公表されるのか，謝礼はあるのか，などの説明のオリエンテーション，ウォームアップクエスチョンについても示しておくと良い。また，インタビューに先駆けて準備する書類や道具（録音機）のチェックリストを作ると間違いや失敗が起こりにくい（表7-4）。

4. オリエンテーション

インタビューは，研究者の自己紹介，研究目的と動機づけ，研究の発端，インタビューの進め方，データの扱い方と守秘義務，今後の予定，インフォームドコンセント，などについて説明するところからはじまる（表7-5）。このときのインタビューイーの反応を見ながらリラックスしているのか，それともやりにくそうにしているのかなど観察し，しっかりとした心理的接触を作る努力をするとよい。そのために，時に長くなる説明の途中でインタビューイーに質問や分からないところがあるか，理解を確認する。オリエンテーションは，3分から5分程度の時間を要する。

研究の目的と協力依頼は口頭で説明するが，協力者があとで読んで研究参加について考えることができるように書面のものを作成し（表7-6），インタビューに入る前に一緒に読んで説明することもある。研究目的の説明が終わったあと，情報の取り扱いについて説明し（表7-7），研究承諾書（表7-8）に署名をお願いする。研究承諾書には，データの取り扱いと録音に関する署名も合わせてもらうと良い。署名は，インタビューが終わったあとにお願いすることもある。署名をもらうとかなり厳かな儀式のようになってしまうので，できれば口頭ですませたいと思うこともあるかもしれない。また，研究によっては，この時点から録音をはじめて口頭で同意を得ることもあるが，可能な限り書面での同意をもらう。

5. ウォームアップクエスチョン

ウォームアップクエスチョンとは，一問一答式で答えられるような質問であり，その目的は2つある。1つは，インタビューのトピックの理解に役立つような体験の文脈に関する情報を集めることである。その情報を元に，インタビューイーをいくつかのグループに分類したり，データの解釈に援用する。表7-9に挙げた研究を例にとると，臨床心理学を勉強する前の業務にどのくらい対人援助的要素が入っていたかという

表 7-5　オリエンテーションの例

これは，一度社会人経験をしたあとに臨床心理学の大学院に進む人たちのキャリア選択のプロセスをテーマにしたインタビューのオリエンテーションである。

（挨拶とお礼）こんにちは。はじめまして。今日はインタビューのためにお時間をとってわざわざ大学までご足労いただきありがとうございました。これから1時間半ほどお話しをお聞かせいただきますがどうぞよろしくお願いいたします。

（自己紹介）私は，X大学臨床心理学専攻の大学院修士課程に在籍する（氏　名）と申します。（教員名）研究室に所属しています。現在修士論文研究に取り組んでいます。そしてこの研究を大学院博士後期課程に入っても発展させていきたいと考えております。

（研究について）この研究は，一度就職されたあとに臨床心理士やカウンセラーを目指して大学院に戻られる方がどのようにしてその道を選ぶようになったのか，そして実際に進んでみてどうだったのか，ということを，インタビューを通して調べることを目的としています。私がこのようなテーマに関心をもったきっかけは，現在大学院に進む方の中に，一度社会人経験をもった方が増えているということを知ったことです。最近では，転職やキャリアチェンジが一般的になりましたが，一度社会人経験をしながら，臨床心理士の道へと進む方はどのような体験をしていらっしゃるだろうか，また社会人経験をもつことで大学院での勉強や訓練の体験はどのように変わってくるだろうか，ということに関心をもちました。私が関心をもつのはこのように臨床心理学の道へと進む動機づけとそのプロセスです。

（研究の概要）約15人の方から2回ずつインタビューを実施する予定です。その結果は，グラウンデッドセオリーという分析法を使って共通するテーマなどを抜き出します。

（データの扱い）データ分析をするために今日録音させていただきましたテープを私が逐語化してその書面を分析します。書面では個人を特定するような固有名詞などを削除して，誰が何を話したのかということを研究者である私本人以外の人には分からないように加工します。データ分析の指導を受けるときに教員や同じ研究室の学生とデータを検討しますが，そのデータから個人が特定できなくなっています。また，逐語からそのような情報が完全に削除されているか（協力者氏名）さんに判断していただくこともできます。

（質問）ここまでのところで何かご質問などございますか。

（インタビューに関して）それでは今日これからだいたい1時間から1時間15分ぐらいお話しをお聞かせください。今日は，社会人としてお仕事をされていたときから臨床心理学の大学院を終えるまでのことを時系列にお話しを伺えたらと思います。どんなことがきっかけで臨床心理学について知るようになり，また関心をもつようになったか，そしてどんなきっかけから臨床心理学の道へと進むことを決心したのか，そして大学院の2年間を過ごす中で，社会人経験者であることを特に意識したこと，よい面，悪い面，（協力者氏名）さんが考えたこと，感じられたこと，そしてそれらと関わる重要な出来事などについてお話しをいただきたいと思います。次回のインタビューでは今日お話しいただいたことに加えること，また思い出したことなど，そして大学院修了後の進路に関してお話しいただけたらと考えております。よろしいでしょうか。

（研究協力承諾書）インタビューは（協力者氏名）さんの許可を得て録音させていただきます。録音した内容をテープ起こしして，文書にしたものを分析の対象とします。録音テープはしばらく安全な場所に保管したあと，研究の終了とともに破棄する予定です。録音テープを聴くのは私のみです。もし録音に不都合があればおっしゃってください。研究へのご協力はいつでもやめることができます。インタビューをしたあと，データ分析が進行中でも（協力者氏名）さんの意志で決めることができます。いかがでしょうか。

（サイン）それでは研究協力の承諾書と録音の合意の欄の二カ所にサインをいただけますか。

それではお話しを伺いたいと思います……ウォームアップクエスチョンへ

表 7-6　協力依頼書の例

調査協力者の皆様へ　インタビュー調査へのご協力のお願い

XX 大学大学院臨床心理学研究科 w 年 XX 研究室所属
（研究者氏名）

　現在，修士論文研究として，一度社会人経験をしたあとに臨床心理学の大学院に進む人たちのキャリア選択のプロセスをテーマに調査を行っています。
　一度就職されたあとに臨床心理士やカウンセラーを目指して大学院に戻られる方がどのようにしてその道を選ぶようになったのか，そして実際に進んでみてどうだったのか，ということを，インタビューを通して調べることを目的としています。現在大学院に進む方の中に，一度社会人経験をもった方が増えています。最近では，転職やキャリアチェンジが一般的になりましたが，一度社会人経験をしながら，臨床心理士の道へと進む方はどのような体験をもっているのだろうか，また社会人経験をもつことで大学院での勉強や訓練の体験がどのように変わってくるだろうか，という臨床心理学の道へと進む動機づけとそのプロセスについて関心をもっています。
　ご自身の体験や意見などについてお聞かせください。
　本調査へのご協力は決して強制されるものではありませんが，皆様のご意見はこの調査を進め，訓練および教育の向上を図る上で非常に貴重なものですので，ご協力下さいますようお願い申し上げます。つきましては別紙"調査目的及び情報の取り扱いについて"をよくお読みになり，その上で本調査へのご協力をいただける場合には別紙"調査参加承諾書"にお名前をご記入下さい。

　　　　　　　　　　　　　　　　　　　　　　　　　　　　　　　　　　　　　謹白

　　　　　　　　　　　　　　　　　　　　　　　　　　　　　　　　　連絡先
　　　　　　　　　　　　　　　　　　　　　　　　　　　　　　　　　〒111-1111
　　　　　　　　　　　　　　　　　　　　　　　　　　　　　　　東京都○区○△1-1-1
　　　　　　　　　　　　　　　　　　　　　　　　　　　　　　　　（研究者氏名）
　　　　　　　　　　　　　　　　　　　　　　　　　　　　　　　電話 00-0000-0000
　　　　　　　　　　　　　　　　　　　　　　　　　　　　　　e-mail：aaa@aaa.jp

表 7-7　調査目的及び情報の取り扱いの説明文の例

調査目的及び情報の取り扱いについて

XX 大学大学院臨床心理学研究科（研究者氏名）

・本調査の目的
現在，修士論文研究として，一度社会人経験をしたあとに臨床心理学の大学院に進む人たちのキャリア選択のプロセスをテーマに調査を行っています。

本調査において得られた情報についての取り扱い
　本調査はインタビューによって行います。計 2 回 75 分から 90 分ほどお時間をとっていただき，（研究者氏名）がお話をうかがいます。
　その際には皆様のご意見を正確に理解するために会話を録音させていただきます。録音された内容は，調査者が，逐語作成し，正確に文章に変換され，その文章を用いて調査を進めます。録音媒体は，研究が継続される期間，（研究者氏名）が所属する XX の研究室内に施錠して保管したあと，消去いたします。
　文章に変換される際には，会話内で話された個人を特定するような情報（氏名，住所，電話番号，年齢，性別，土地名，その他の固有名詞）についてはその一切を削除しますので，そのような情報を知るのはインタビューを行った調査者のみになります。データの分析は，（研究者氏名）が行い，研究のゼミで教員の指導を受けます。同ゼミに所属する数名の大学院生が手にする逐語からは個人を特定するような情報を削除してあります。またゼミ修了後は，資料を回収いたします。
　調査結果を報告する論文，報告書，および専門書において，お話いただいた内容の一部を抜粋する場合には，年齢，性別，状況などを変更して記載し，問題の本質のみが維持される形で記述いたします。インタビューを受ける前でも，受けられた後でも本調査への参加取り止めはいつでも可能です。インタビューを受けられた後に参加を取り止められる場合には録音媒体は完全に消去し，逐語その他の書類も処分いたします。

・インタビューについて
　インタビューを受けられたあとに，その内容や研究についてご質問やご意見がありましたら，（研究者氏名）（03-XXXX-XXXX）までお申し出下さい。ご連絡いただきましたら折り返しお電話差し上げます。2 回目のインタビューの予定は，1 回目の終了後に相談させていただきます。
　上記をよくお読みになって，調査への参加を承諾される場合には別紙"調査参加承諾書"にご署名と日付を記入くださいますようお願い申し上げます。

表 7-8 研究協力承諾書の例

調査参加承諾書

平成 XX 年 XX 月 XX 日

調査者＿＿＿＿＿は，本調査を実施するに際し，以下の項目を適切に履行することを約束いたします。

1. （個人情報の取り扱い）調査で得られた内容について，個人を特定しうる情報（氏名，住所，電話番号，年齢，性別，大学名，組織名，その他固有名詞，土地名）の一切を調査者以外の人間が知りうることはありません。これらの情報は，全て記号化（仮名，Aさん，などを挿入する）され，研究を通してこの記号のみを使います。
2. （調査段階での情報の扱い）情報の一部は，研究指導を受けるためのゼミで発表します。そのときに資料を作成いたしますが，上に挙げた情報は記号化し，資料は回収いたします。ゼミの教員および参加学生は，守秘義務を遵守いたします。
3. （調査参加とりやめ）調査への参加取り止めはいつでも可能です。
4. （第3者への情報開示）調査で得られた内容を協力者の許可を得ずに第3者に報告することはありません。
5. （調査内容の発表）調査内容は，修士論文として発表します。修士論文は，調査者の所属大学図書館での閲覧のみ可能です。修士論文として発表後，臨床心理学の学会誌に投稿を予定しております。

私は調査者から提案された上記の全項目が適切に履行される場合に本調査に参加することに合意します。

平成　年　月　日

ご本人氏名＿＿＿＿＿＿＿＿＿＿

インタビューの録音に関して

1. 参加を取り止められた場合には録音済み媒体，および逐語化された書類は完全に消去致します。
2. 録音媒体は，一度タイプされて書き落とされたあと厳重に保管され，個人情報が付されることはありません。一定期間保存したあと完全に消去いたします。
3. 研究において使われる書き落とされた書類からは，個人を特定する情報は全て排除されます。

私は調査者から提案された上記の全項目が適切に履行される場合には面接を録音することに合意します。

平成　年　月　日

ご本人氏名＿＿＿＿＿＿＿＿＿＿
研究者確認＿＿＿＿＿＿＿＿＿＿

表 7-9 ウォームアップクエスチョンの例

一度社会人経験をしたあとに臨床心理学の大学院に進む人たちのキャリア選択のプロセスの例

（大学院について）
1. 現在は，修士課程何年生か教えていただけますか。
2. 研究テーマに関して教えていただけますか。
3. 同じ大学には，ほかに社会人経験をお持ちの方が何人いらっしゃいますか。
4. 現在，ケースの担当や，現場での外部実習をされていますか。またどのようなことをされていますか。

（仕事経験について）
5. 大学院に進まれる前はどんなお仕事をされていましたか。
6. どんな部署に所属し，どんな業務を担当されましたか。
7. 何年ぐらいされていましたか。
8. その前に転職経験はありますか。

> コラム11

ウォームアップクエスチョンのときに起こる問題

　インタビューで，ウォームアップクエスチョンをするとき，インタビューアーは，ただ質問を次々にするのではなく，インタビューイーから返された答えに対して短くても一言加えてお互いのあいだで心理的つながりが起こるようにします。つまりインタビューイーが答えたらすぐに次の質問に移るのではなく，答えに対して簡単なやりとりが起こるようにします。

　時に，ウォームアップクエスチョンの段階から，インタビューイーが進んで本題とかかわる体験へと入っていくことがあります。その場合，より個人的な話題や困難な体験に関する質問へ進むのに十分とリラックスした感じや話しやすさが確認できるようであれば，わざわざウォームアップクエスチョンに引き戻さず，インタビューイーが進むほうへとついていくのが良いでしょう。ウォームアップクエスチョンで聴くべき情報は途中で出てくることが多くあります。もしそうでなければインタビューの終りにまとめて質問できます。ウォームアップクエスチョンに関して以下の問題に気をつけましょう。

◎「ありがとうございます」「わかりました」

　初心者インタビューアーは，一度一度のインタビューイーの答えに対して「ありがとうございます」「わかりました」という言葉を多く使います。たしかに「ありがとうございます」という一言は，相手に対する感謝や肯定を意味しますが，同じ言葉が頻繁にしかも同じように繰り返されれば，その気持ちは相手には伝わりません。また，同じ答えをしているのであれば，本当に聴いているのか理解しているのかどうかも分からないでしょう。

また，インタビューアーがいつも同じような反応をしていると，2人のあいだに関係を深めるようなより自然なコミュニケーションが起こりません。また，「ありがとうございます」というのは，「もうそれ以上話さないでよいです」と暗に伝えることもあります。そこでインタビューアーは，より自然に自分が受け取った印象を返す練習もすると良いでしょう。

◎ウォームアップクエスチョンが多すぎるとき

　あまりにもウォームアップクエスチョンが長いとき，そして短く簡単な回答しか必要としないとき，特にインタビューアーが緊張していたりして十分な接触が起こらないとき，あたかも質問紙でとれるような情報を対面式でとっているという感覚さえします。インタビューイーは，自分の体験について語るというよりも，聴かれたことだけに答えるのが自分の仕事だと感じてしまいます。

◎脱線

　ウォームアップクエスチョンで話が盛り上がったり，脱線していろいろな話題が上がってきたり，詳細にわたるまで協力者が答えてくれるとき，その話を続けてもらうのではなく，あまりそのことに時間がとられすぎないようにすることが重要です。ウォームアップクエスチョンは基本的な情報集めと，不安や緊張を解消することを目的としています。そこで，協力者がリラックスして話していると確認できたら，本題からそれていかないように，話題をコントロールして，できるだけ本題へと早く入っていくようにします。もし，

> 研究と関連のないようなトピックについて扱い始めると，本来のトピックについて話し合う時間が少なくなってしまいます。
> 　時に，協力者が話したいことから本題へとつながっていく場合もありますがただ時間ばかりすぎてしまうことも少なくありません。そこで，インタビューアーは，「その話題もとても興味深いですし，もっとお聞きできたらと思いますが，いくつかその前にお話しいただきたいことがありますので時間があればあとでそちらのほうに戻りたいと思います。次の質問へ移ってもよろしいでしょうか」などと協力者が自発的に話してくれていることを肯定しつつも，インタビューの本題へ移るのがよいでしょう。

ことによって体験が大きく異なるため，協力者をデータ分析に先立ってグループ化するほうがデータを分析しやすいかもしれない（たとえば，企業の人事や人材派遣業とコンピュータ・プログラマー，技術者では，臨床心理学に関心をもちはじめたきっかけやその動機が異なるかもしれない）。もう一つの目的は，インタビューイーとインタビューアーが話すことに，そしてお互いに慣れることである。そのため，ウォームアップクエスチョンを尋ねるとき，ノートに目を落としてそれらの情報を書き取ることに集中するとウォームアップクエスチョンが本来もつ目的が果たせなくなる。ウォームアップクエスチョンの意義は，インタビューイーとインタビューアーがリラックスして会話をする風土を作ることにある。具体的な情報は，テープにも残される。インタビューアーは，できるだけインタビューイーとのつながりができるようにアイコンタクトをとり，リラックスできるように努力する。

6. インタビューの訓練

　質的研究のインタビューアーとして適切なスキルを身につけるためにはどんな訓練や練習が必要だろうか。卒論研究としてインタビューを実施する場合は，マイクロカウンセリングなどの心理面接スキルの訓練をあまり受けていない，研究実施の期間が短い，などといった制約から，十分なインタビューの訓練を受けることは難しい。そのため，インタビュー・スキルに自信がないまま研究に入ってしまうこともある。インタビュー・スキルを身につけるためには，いくつかの異なる練習を行うこと，良いインタビューにふれること，自身が行ったインタビューを聞き直し，それについてフィードバックを得ること，などが役立つ。以下に訓練の例を1つ紹介しよう。フェミニストの視点からグラウンデッドセオリー法を用いて研究を続けるFassinger（2005）は，自身の研究チームに参加するインタビューアーの訓練法を紹介している。

1. グラウンデッドセオリー法とインタビュー調査法の基礎について学ぶ。臨床的インタビューと研究インタビューの違いについて学ぶ。
2. 似たテーマを扱った先行研究のインタビューの逐語を手にその録音テープを聞き返す。そして，その内容やインタビューの進め方について話し合う。
3. リサーチチームの他のメンバーと練習インタビュー数回を実施する（つまり自分自身がインタビューを受ける体験をする）。
4. 予備調査インタビューを2回から4回行う。そのデータは，本調査のデータとして使わない。インタビューの録音テープとトランスクリプトを研究の打ち合わせの時にほかのメンバーと検討してフィードバックを得る（つまりほかの人のテープを聴いてフィードバックを与えるのも訓練の一部となる）。
5. 本調査の開始後も，インタビューがあるたびに研究の打ち合わせを行い，インタビューの録音テープをほかのメンバーと検討する。そしてインタビューのやり方が適切かどうか

話し合う。
6. インタビューが終ったあとにとったメモやフィールドノートも検討する。

あまり練習を積まずにインタビューに取りかかるとき，「自分の発言や行動が本当に相手にどうとられているのか自信がない」という不安が起こりやすい。インタビューを受ける体験をしたり，ほかの人たちからのフィードバックを得ることによって，このような漠然とした不安は，より具体的な改善点へと変わっていき，インタビューのスキルも改善できる。

まとめ

インタビュー・ガイドは，最も円滑にそして包括的にデータを集めることが可能なやり方を想定して作られる。どんなに用意周到で作ったインタビュー・ガイドでも実際に使ってみると足りない面が出てくるだろう。インタビューの予備調査は，インタビュー・ガイドを修正し，リサーチクエスチョンに答えるための十分なデータを集められるか確かめるために欠かせない。次の章では，実際にインタビューを行うためのインタビューアーの姿勢とスキルについて解説する。

第8章　インタビューアーの姿勢とスキル

はじめに

　経験豊富な臨床家は，短時間のあいだにクライエントとの治療関係を作り，重要なテーマを拾い上げていく。そして，クライエントは，面接を通して深い体験にとどまる。しっかりした治療関係を作り，しかも重要な問題へと入っていく臨床家の姿勢やコミュニケーション・スキルの多くは，研究インタビューにおいても役立つ。ただ，もう一方で臨床面接と研究インタビューの違いについても理解することによって，より適切な研究インタビューを実施できるようになるだろう。本章では，質的研究のインタビューを実施するのに，必要なインタビューアーの姿勢とインタビュースキルについて解説し，この2つのインタビューの違いについて考えることを目的とする。

キーワード　インタビューアーの資質と姿勢　インタビュー技法

1. 道具としてのインタビューアーの要素

　インタビューの計画を立て，その練習をするとき，多くの学生は，重要な質問項目を順番にしていけばよいと思いこんでいることがある。質問の準備だけしかしないで，インタビューの練習をやってみると，予想以上にうまくいかずとてもがっかりする。というのもインタビューアーは，質問して，その回答をただ黙って聞いていればよいわけではないからだ。相手が話しているときにどのようなことに注意を向けて聴けばよいのか，そして話してくれた内容からどのようにして次の質問へとつなげればよいのか，相手が話してくれたことに関してもっと詳しく話してもらいたいときにどのように質問すればよいのか，など様々な作業があるからである。

　適切な質問が情報収集の道具として機能するためには，まず相手がその質問の意味を正確に理解し，それについて十分に考えて，答えられるような安全さと信頼にもとづく関係を作ることが重要である。そのためには，インタビューアーが，一貫した適切な「姿勢」を示すことが必要である。また，質問によってインタビューイーから情報を集めるだけでなく，受け取るやり方（言い換え，最小限の励まし，反射，要約）も知っておく必要がある。まず，インタビューアーの姿勢，特に，心理的環境を整えるインタビューアーのノンバーバルのコミュニケーションについて説明する。

コラム 12

インタビューのこつ

◎自身の不安やパフォーマンスに自意識過剰にならない

ちょっとしたミスは，インタビュー中によくあります。そんなとき，頭の中で「また失敗した！」「早く本題に戻さないと！」などと考えてしまい「自分との対話」がはじまってしまいます。スケジュール通りにインタビューが進まないことに対して気にしすぎるよりも，インタビューイーの話に集中し，大切なことを聞けているのかどうかということに目を向けると良いでしょう。インタビューでは，自分自身のパフォーマンスよりも，インタビューイーの体験にふれているかということが大切です。

◎分かったつもりにならない

インタビューイーが話すことを理解したつもりになってしまい，その内容についてさらに詳細の説明を求めたり，具体例を挙げてもらうような探索姿勢をなくしてしまうために，描写された表面的な体験のレベルにとどまってしまうことがよくあります。探索の姿勢をとらず分かったつもりになってしまう原因の1つは，自分が「理解できない人間」だと見られたくない，という気持ちです。特に臨床心理学を専攻している学生であれば，「理解」「傾聴」の専門家の卵であるから，分かった気になりやすいのです。インタビュー中に話を聴いているときは分からない単語もないし，話は通じているのであえてより詳しく話してもらう必要はないと感じることも多くあります。また，通常の会話では，かなり親密な間柄であっても，そのことについてもう少し詳しく教えてほしい，とか，具体的にはどんなことだったのか，というようなことを質問することは比較的少ないのです。相手が話してくれている以上のことを知ろうとするのはあまりマナーがよくないことで，もしかしたら失礼にあたるかもしれないと思いこんでいる人も多くいます。このような一般的な会話の規則をそのままインタビューにおける「探索的活動」に持ち込んでいることも一因です。

◎会話をとぎれさせてはいけないというビリーフ

ほんの短い沈黙があると次の話題を振らなくてはいけないと感じる人も多いようです。ただし，このような沈黙は，インタビューイーにとって必ずしも苦痛ではありませんし，何か思い出したり，内省したりする時間になっていることもあります。ゆっくり時間をとり，インタビューイーが話し始めるのを待つことによって，インタビューイーが主導をとり，よりその人らしい話が語られることが多くあります。

2. インタビューアーの姿勢

傾聴という言葉がカウンセラーの聴き方を示す用語として広く知られるようになってきているが，傾聴はただじっくり話を聞いて，その内容や事実を整理することではない。傾聴は，相手に対して積極的な関心をもち，その人の体験全体を理解しようとする聴き方である。表情，声の調子，それらの一致や不一致に注意を向け，クライエントが言語的にそして非言語的に，そしてはっきりと，時に漠然としか伝えないメッ

セージをとらえて理解を発展させることを指す（Hill, 2004）。傾聴を支えるのは，身体的なかかわり（physical attending）と心理的かかわり（psychological attending）のスキルである。身体的かかわりとは，聞き手の身体の姿勢，アイコンタクト，うなずき，などからなる。心理的かかわりは，インタビューイーのノンバーバルなメッセージ（表情や口調など）と言語メッセージ（話した内容）に注意を向けて波長を合わせるためのスキルである。インタビューアーは，これらのスキルを使い，インタビューイーが安心できる環境を作る。

人は初対面のとき，相手の人柄を伝える手がかりに対してとても敏感である。他者に対して警戒心が強いインタビューイーは，インタビューアーの適切ではないかかわり行動を見つけると，あまり自己開示しない方がいいと示すサインとして注目するかもしれない。もう一方で，インタビューアーが適切な印象を与えることができればインタビューイーは安心して話せるだろう。そこで，インタビューアーは，適切なかかわりスキルを身につけ，不適切なかかわり方を修正しなければならない。

3. 身体的かかわり

身体的かかわりは，以下の7つに注意を向けることが大切である。

① アイコンタクト

インタビューアーは，インタビューイーとのアイコンタクト（視線を合わせること・互いの目を見ること）を率先し，それを適度に維持する。適切なアイコンタクトは，相手に対する関心，親密さを伝える。「目は心の窓」という表現があるように，対人的なつながりの基本はアイコンタクトにある。アイコンタクトを避けることは，不安や居心地の悪さ，相手を拒否する気持ちなどの表れである。また，アイコンタクトは，相手を威圧したり，圧力をかけるような不適切なやり方で使われることもある。

アイコンタクトの頻度や長さは文化や世代によっても異なる。一般的に，年上の人の目をずっと見続けるのは失礼だと考えられている。インタビューにおいてどの程度の長さのアイコンタクトをすることがよいのかということは難しいがインタビューアーが相手に関心をもっているということが伝わり，インタビューイーが侵入される，圧倒されるということが起こらないのが大切である。

②顔の表情

顔の表情は，一瞬にして人の感情を伝える。心理学者のエックマン（Ekman, 2007）は，怒り，悲しみ，喜び，恐れ，驚き，嫌悪の表情は文化や民族に関わりなく，かなり正確に認知されることを示した。インタビューアーは，微笑むことによって，インタビューイーの警戒心を緩めてリラックスできるように，そして，時に心配した表情をして，そしてインタビューイーの表情と自分の表情を合わせて気持ちを感じ取ろうとする。大げさに笑顔を作ったり，わざとらしく心配した表情をすることは不適切である。もう一方で，インタビューアーが，全く表情を変えない場合，インタビューイーは自分が話していることが研究に役立っているのか，インタビューアーが理解しているのか，分からなくなってしまう。

③うなずき

インタビューイーが，一文を話し終えるときに，一度にうなずくことによって，インタビューイーは話をしっかり聴いてもらえていると感じる。時に言葉で理解した内容を返すことがなくても（のちに説明する言い換えや反射を使って），インタビューアーのうなずきでインタビューイーは話している内容により深く入っていくことができる。表情やアイコンタクトと同じようにうなずきも，多すぎたり，わざとらしすぎると本当に理解してくれているという印象は与えな

なってしまう。

④開放的で，リラックスした姿勢

腕や足を組んだりすることは，相手から距離をとったり関わりを避けていることの現れと映りやすい。インタビューアーは，非防衛的で開かれた姿勢をとり，できるだけリラックスした楽な座り方をする。大学生のインタビューアーは，就職試験の面接のように極端な硬さを見せることがあることがあるが，インタビューイーに専門家らしく見えることも重要である。

⑤適切な距離

インタビューイーとインタビューアーの物理的な距離も2人の関係性に影響を与える。距離が開けば，2人はより表面的なことを話すようになる。ほかの人に聞かれたくない内容について話すとき，ふつう自然に顔を近づけ，身を乗り出すようになる。もう一方で心理的に近づきたくないとき，距離は大きくなる。人の距離は，アイコンタクトと同じく関係性や文化の影響もある。椅子や机の位置や向きを工夫することによって話しやすい環境を作ることができる。

⑥インタビューイーの話し方やペースに合わせる

インタビューイーがくだけた話し方をしているのにインタビューアーが過度にかしこまって敬語を使い続けたりすることは2人のあいだの距離を作ってしまう。インタビューアーがふだんの自分とは全くかけ離れた話し方や振る舞いを見せれば，わざとらしくみえるだろうが，ある程度インタビューイーの言葉使いや話す特徴に合わせることは適切である。また，インタビューイーの話すペース・スピードに合わせることも役立つ。ただし，不安からインタビューイーの話し方が早くなっている場合，インタビューアーが意図的にペースを落としてインタビューイーがもっと落ち着けるようにすることもある。

⑦不適切なノンバーバル行動を避ける

インタビューアーの行動や姿勢には，インタビューイーの集中力を乱したり，インタビューアーに対する信頼感の確立を難しくするものがある。それらは，インタビューイーからみてインタビューアーの専門家としての資質や適性，そしてインタビューイーに対する姿勢などに不信感を抱かせるものである。たとえば，くせ（貧乏揺すり，ひんぱんに頭をかく，唇をなめる，ペンや腕時計をいじる），相手と話したくないこと，何かを隠していることを示すしぐさ（組んだ足をゆらす，指でリズムをとるようにひざをたたく，目をそらす，相手に対して話しかけている途中で目をそらしたり，いろいろなところに視線を移したりする），話を遮る（インタビューイーが話し終わらないうちに話し始める），ノートをとる（インタビューイーを見ないでただノートに目を落としたままの状態で書き続ける，またはコンピュータにタイプし続ける），からだに触れる（インタビューイーの服や髪の毛をさわる）。

インタビューアーを目指す人はこれらの行動に気づき，修正する必要がある。

4. 質問技法

インタビューにおいて発せられる問いや語られたことへの反応の仕方は，インタビューイーによって語られる体験の深さにも，語るという体験が肯定的なものになるかどうかということにも影響を与える。まず質問の仕方から解説していきたい。

1) 開かれた質問と閉ざされた質問

開かれた質問は，英語の what（何どんな），how（どのように）などで始まる疑問文であり，インタビューイーの語りを促進する。もう一方で閉ざされた質問は，「はい」「いいえ」「20歳です」など一言で答えられる質問であり，具体

表 8-1　開かれた質問の種類とそれぞれの例

種類	使う場面と例
明確化・焦点化	面接をはじめるとき，インタビューイーがぺらぺらとまくし立ててしゃべっているとき，話していることがはっきりしない，わかりにくい，行き詰まりに当たっているとき（「まず，○○について教えていただけますか」「さきほどふれられた○○ということについてもう少し詳しく教えてください」）
思考・認知	インタビューイーの視点，見方，とらえ方を理解したいとき，インタビューイーの信念や期待などを明確化するとき（「あなたはそのことについてどう考えていらっしゃいますか」「あなた自身はどうなったらよいと思っていましたか」「あなたは○○が本来であればどうあるべきだと思われますか」）
気持ち・感情	インタビューイーが自身の感情と接触し，それを言葉にするのを促進する。（「あなたはその出来事についてどんな気持ちをもちましたか」「その話をしていてどんな気持ちが沸いてきますか」）
具体例	インタビューイーの話の内容が抽象的だったり，曖昧なとき（「あなたのお父さんがそういうふうに，批判的で見下すようなことを言った具体的な場面を教えていただけますか」「最近似たような出来事がありましたか。一番はっきりと覚えている出来事について話していただけますか」）

注）筆者が，Hill（2004, p.119）をもとに作成した。

的な情報を集めるときに使われる。

　インタビューガイドに準備する質問のほとんどは開かれた質問である。開かれた質問は，インタビューイーがまくしたてて次々と話しているが，同じようなことを繰り返して堂々巡りして探索が深まらないとき，または考えていることがはっきりせずに混乱しているときにも役立つ。開かれた質問には大きく分けて4つの種類がある（表8-1）。

2）Kvale によるインタビューの質問の分類

　Kvale（1996）は，研究インタビューにおける質問の役割をより細かく分けて説明している。彼の分類は質的インタビューにおいての質問の多岐にわたる機能について知るためにとても有益なので表8-2に紹介した。Kvale は，インタビューの流れと質問の種類を関連づけている。まず，導入質問というトピックの全体の枠組みを示す，全般的な描写を求める質問から入り，より具体的な側面へと入るためのフォローアップ質問や詳細を求める質問へ移る。限定化質問や直接的な質問，間接的な質問は，研究者が求めている情報を得るためにこれらの質問に織り交ぜられる。加えて，枠を作るための質問と沈黙は，インタビューの流れを作っていく質問である。枠を作るための質問は，何らかの情報を集めることよりもインタビューが本題からずれたとき軌道修正のために用いられ，沈黙は，インタビューイーがじっくりと考えてより深い体験について語ることができるように使われる。

3）質問の心理的意味について

　開かれた質問であれ，閉ざされた質問であれ，質問されることのインタビューイーへの心理的要求は大きい。インタビューイーは情報提供を求められているだけでなく，あるトピックに関して記憶をたどったり，考えたり，感じ取ったりとかなり多くの心的作業を要求される。そのため，1つひとつの質問に対する配慮が必要である。まず，評価したり，詰問するような口調ではなく，非審判的で積極的な関心，そして尊重の姿勢が大切である。次に，質問は短くわかりやすくして，一度に2つも3つも質問をしない（例「そのときあなたはどんなことを考えて行動したんですか。また上司はどんなふうに反応しましたか」）。「なぜ」「どうして」のように理由を尋ねる質問も避けるべきである。というのも，人が行動をするとき，その理由は後からつけられることが多く，「なぜ」という理由を聞かれると，責められているように感じ，自己防衛の姿勢をとりやすくなるからである（コラム13参照）。

　初心インタビューアーは質問が多くなりがちである。しかし，質問ばかり続けると，インタ

表8-2 様々なインタビュー質問

質問の種類	特徴	具体例
導入質問	この種類の質問は，インタビューイーが自発的に自身の体験やそれと関わる出来事に関して描写するのを促進する質問である。インタビューは導入質問から展開され次にフォローアップ質問や詳細の説明・描写を求める質問へと進む。	「あなたがどのようにして臨床心理学について知ったのかお話いただけますか」「あなたが，はじめてお嬢さんの異変に気づいたのはどんなときでしたか。その当時の状況について思い出してお話いただけますか」
フォローアップ質問	特に重要な単語や際だった表現についてより詳しく話してもらう。	「今，会社の状況を描写されるときに，〇〇と言われたのがとても印象的でした。その状況が〇〇だったことについて何か具体的な例を教えていただけますか」
詳細の説明・描写を求める質問	インタビューイーの回答をさらに詳しく，掘り下げて答えてもらう。	「あなたが会社に対してもっていた気持ちについてもう少し教えていただけますか」
限定化質問	より具体的な答えを求めるための質問，量や程度などを示してもらう。	「何歳のときに，お嬢さんの異変が起こったのでしょうか」「会社に対して不満を抱いていた同僚は何人くらいいましたか」
直接的な質問	はい・いいえで答えたり，具体的な数値などで短く明確な答えを求める質問。このような質問はウォームアップクエスチョン，またはある程度の回答が得られたあと明確化を求めるために使う。	「あなたはこの時点で摂食障害について知っていましたか」「あなたも，転職の準備をされていたのですか」
間接的な質問	間接的な質問は投影法の心理検査の質問のように，一般論やほかの人たちの体験について想像してもらうことによって，インタビューイーの信念や態度について知ることを目的とする。	「同僚の人たちはその状況にそれぞれどんなふうに対処していたと思いますか」「ほかの親たちは，このような状況にどんなふうに対処すると思われますか」
枠を作るための質問	1つのトピックに関してある程度話が出尽くしたとき，または，インタビューの方向性を変えるときに使う。そのあとに導入質問が続く。	「次のトピックに移ってもよろしいでしょうか」「それではお嬢さんの状態が改善されたあとのことに話を移したいと思いますがよろしいでしょうか」
沈黙	次から次へと質問をするのではなく，時にインタビューイーに時間を与えてじっくりと考えてもらう。あまり考えてみたことがないことや新しい角度から自身の体験を振り返るときにはこのような沈黙の中で内省することが役立つ。	インタビューイーが思いにふけっている，思いだそうとしているときに，答えを求めたり，質問を次々とするのではなく，ただ大きく身構えて待つ。時に，ゆっくり時間をとってくださいと声をかける。

注）Kvale, S. (1996). Interviews: An Introduction to qualitative research interviewing. Thousand Oaks: Sage, pp.133-135.を元に筆者が作成。

ビューイーの話を理解した，受け取ったということを伝えない。そこで，質問を2回3回続けるのではなく，質問を一度したら，その答えを理解したことを伝える言い換えや反射を織り交ぜることが重要である。以下にこれらの反応の仕方について説明する。

1) かかわり技法
心理的かかわり技法と呼ばれる，言い換え，反射，要約，最小限の励ましは，カウンセラーがクライエントの話を傾聴し，クライエントの視点から話を理解しようとしていることを示し，クライエントが積極的に自己開示することを促進するためのカウンセリング技法である。クライエントを中心に話を進める姿勢を示し，理解を確認し，信頼関係を作るのがかかわり技法の特徴であり，インタビュー場面全般において有用である。

コラム 13

答えにくい質問

　開かれた質問の形をとっているからといってすべての質問が答えやすいわけではありません。あまり知られていない専門用語を使ったり，ある言葉がすべてのインタビューイーに同じ意味をもっていると想定してしまうと，それぞれの体験があまり見えなくなってしまいます。たとえばバーンアウト（燃え尽き症候群）について研究をするための，以下の質問はどうでしょうか。

　あなたがバーンアウトしたときのことについて教えてください。
　あなたの最近のストレスコーピング法を教えてください。

　「バーンアウト」「ストレスコーピング法」という言葉は，インタビューイーにとってどんな意味をもっているでしょうか。個人にとって，バーンアウトと呼べるショックや疲労の大きさや，程度についてもかなり開きがあるでしょう。次の「ストレスコーピング」という言葉も気をつける必要があります。「コーピング」といった言葉はかなり一般的になっていますが，「心理学」の専門用語です。心理学にふれていると一般の人たちにとってこれらの言葉の意味がそれほどはっきりしていないことを忘れてしまいます。「コーピング」という言葉を聞くとかなり手の込んだ専門的な「対処策」について答えないといけないように感じる人たちもいるでしょう。もし，「あなたがいらいらしたり，気持ちの面で疲れたり，気持ちが仕事から解放されないときに，どうやって気分転換をしたり，疲れを癒そうとしますか」と聴けば，テレビを観ること，ぐちをこぼすこと，など本当にやっている行動について知ることができるでしょう。

　「感情に関する質問」
　インタビューでは協力者の「主観的」な体験について知りたいので，「そのときどう感じましたか」「あなたはどう感じますか」「どのような感情をもちましたか」という質問をすればいいと思い込んでいる学生も多くいます。筆者がそのような学生に対して「もしあなたがそういうふうに聞かれたらなんて答えますか」と尋ねると「怒りを感じました」というような一言の答えが返ってきます。時には「怒りもあったけど悲しさもありました」「もう顔も見たくないというような気持ちで裏切られた感じでしょうか」など複数の気持ちを挙げてくれる学生もいます。いずれにしても「感情について尋ねる」質問は，インタビューの質問として有効なときもありますが，答えにくい質問です。というのも，このように質問されるとそれまで外側の出来事の描写に集中していたのに，急に自分自身にその焦点が向けられるからです。また，そのときどう感じていたか，ということを意識している人は少ないでしょう。

　「感情に対する質問」が伝える陰のメッセージもあります。もしインタビューイーの感情について質問しなければいけないのであれば，インタビューアーは，インタビューイーの感情を理解していない，それが伝わっていない，と暗に伝えていることになります。インタビューアーは自分の気持ちを常になんらかの形で伝えようとしているので，このような一言は「話していることが伝わっていないのだろうか」とはっとする体験になります。「あなたはどう感じましたか」「どんな感情をもちま

したか」という質問は、語りを促進しないことが多いのはこのためです。感情は、インタビューイーの語り口調や、登場人物の描写の仕方などにはっきりと現れます。そのようなところに現れるニュアンスをくみ取るのも質的研究の楽しさの1つです。

2）言い換え（paraphrasing）

言い換えは、インタビューイーが話した内容を異なる表現を使って返す反応である。言い換えをするときインタビューアーは、新しいトピックや見方を導入せず、インタビューイーが言ったことのなかで対応することによってインタビューイーの見方を理解したか確認する。言い換えはインタビューイーが言ったすべてのことを返すことを目的としていない。インタビューイーの発言の中心にあること、伝えたいメッセージ、もっとも大切なニュアンスを返す。また、インタビューイーが使ったキーワードや特徴的な表現を使うのも効果的である。言い換えを使うことによって、インタビューアーはインタビューイーが話すのを促進する。また、インタビューアーがしっかりと聴いていることを示し、理解したことに間違いがないか確認することを通して、インタビューアー自身の主体的なかかわりを促進する。言い換えが、インタビューイーが伝えたいこととぴったりと合っていれば、インタビューイーは「自分のことを理解してもらえている」「心理的な支えを受けている」「自分の頭の中でぼんやりしたことがもっとはっきりしてきた」などと感じるだろう。冗長で焦点がはっきりしない言い換えや、インタビューイーの言葉をただ語呂合わせのようにつなぎ合わせて作った言い換えは、オウム返しと呼ばれる。その場合、インタビューイーは「本当に言いたいことをわかってもらえていない」と感じたり、逆に混乱が高まったりする。

言い換えの例

INTR：会社の研修のどんなところが大変だったのか、ということについて教えていただけますか。

INTE：会社の研修で数日間同僚と寝泊まりしなければなりませんでした。私は、一人っ子だし、大学時代もずっと一人ぐらしだったから他の人と生活するのはとても苦痛でした。私には仕事自体よりもそういった集団行動や集団生活のほうが苦手です。私には一人になる時間が必要なのにそれがどうしてもとれない。だから気が休まるときがない。「どうしよう。どうやって乗り越えよう」って感じでした。

INTR：仕事が終っても、ずっと同僚に囲まれたままでリラックスできない状態で生活しなければいけなかったんですね。

3）反射（reflection）

反射は、インタビューイーの気持ちに焦点を当てた言い換えである。インタビューアーが反射を使い、インタビューイーの気持ちを理解しようと努めることで、インタビューイーは自分の気持ちや体験の意味に入っていくことができる。1つの出来事は同時にいくつもの感情を喚起する。たとえば死は、悲しみ、怒り、愛、孤独感、苦痛などの感情を引き起こすだろう。これらの感情は、いく層にも重なりあっている。悲しみを表していると、次にその人に対する恨みの感情が起こってくるかもしれない。そしてさらには、ひとりぼっちであとに残された孤独感なども体験されるかもしれない。反射は、インタビューイーが自身の感情に気づき、それを表したり、体験したりすることを促進し、そのきっかけや意味を明確化するのに役立つ。

反射の例

INTE：昨日、やっと1つプロジェクトが終ったんです。もうかれこれ3カ月ずっとこ

コラム 14

かかわり技法に関する注意

　カウンセリングを受けるクライエントに終ったばかりのカウンセリング面接のビデオか録音テープを聴きながら振り返ってもらい，面接中の主観的体験の研究を行った David Rennie は，インタビューアーがインタビューにおいてどのくらい積極的に関わるべきなのかということについて定める難しさについて述べています（1995）。Rennie 自身とても経験豊富な，クライエント中心療法アプローチの臨床家であり，彼にとって「反射」と「言い換え」を使ってクライエントの話を聴き，その主観的意味へと近づくことは，普段から実践していることでした。しかし，カウンセリングの場面において主観に接近する技法であっても，インタビューにおいてそれがどこまで適切かという点に疑問をもったのです。

　クライエント中心療法やゲシュタルト療法といったヒューマニスティックアプローチの心理療法ではクライエントの主観を理解することが非常に重要です。ところが，この主観を理解するというセラピストの行為は，ただ単にクライエントの内側にある感じ方を言葉として外に出すだけではありません。クライエントと感情的に接触し，クライエントの注意を自身の今ここで起こる感情体験に焦点づけするのです。また，セラピストは，できるだけクライエントの感じ方をそのまま理解しようと試みます。しかし，この共感的理解が言葉にされるとき，つまり反射を使ってそれが表されるとき，セラピストが外側にいる一人の人間として知覚され，心的接触が2人のあいだで起こるのです。つまりクライエントの体験をセラピストが「まとめた」言葉であってもセラピスト自身の体験の表れとして知覚されるのです。そうすることによって2人の人間の真の出会いが起こります。

　研究インタビューで，反射や言い換えをするとき，できるかぎりインタビューイーの語った言葉を使って，まとめる努力をしても，インタビューアーの視点が入ってしまいます。つまりたくさん語られることを短くまとめるとき，焦点を当てる要素，ふれない要素，などがあり，それを定めるのは，インタビューアーです。インタビューイーの主観に接近したいのであれば，インタビューイーが語るプロセスに影響を与えないようにしなければなりません。

　Rennie は，インタビューアーとしての経験を以下のように述べています。「より積極的に関わり，相互に作り上げる姿勢をとるほど，集まる情報が多くなったが，情報が多くなればなるほど，その情報がどこまでインタビューアーである自分からきているのか，インタビューイーであるクライエントからきているのか，ということが心配になってきた（1995, p.205）」

　彼は，インタビューアーは，常にインタビューを行う環境を形成し，それに関わっていることから，その影響を排除することはできないし，影響を排除しようとすることこそ，実証主義的な考えの現れである，と述べています。ただし，インタビューにおいては，反射や言い換えというインタビューイーが話した内容に関わる反応は少なくして，インタビューイーの内省を促し，もっと加えることがないか尋ねたり，インタビューイーが自分が話したことを正確に捉えたかということを確認する質問を多くするようになったそうです。

　言い換えや反射などの技法をインタビューにおいてどの程度使うべきなのか，というこ

とに関する実証的研究はありません。筆者自身の経験では、インタビューイーが話してくれたことを受け取ったと伝えることは、特にインタビューのはじめに信頼関係を築くために、また、インタビューイーの話を整理して誤解がないか確認するためにも役立ちます。そしてもう1つ重要なのは、インタビューにおいて怒り、悲しみ、傷つき、絶望感、強い自責の念、などといった感情が起こったときです。インタビューイーがこれらの感情を体験しているときに、それにふれなかったり、次のトピックへと話題を展開することは時にインタビューイーの体験を否定したり、十分に受け取らなかったことになります。インタビューアーがこのような受け答えをするからといってそれがすぐに「治療的なかかわり」になるわけではありません。そのような体験の重みをしっかりと受け止めようとすることは、インタビューアーとして適切な対応でしょう。

れだけにかかりっきりでしたからほっとしました（微笑む）。肩の荷がやっと下りた。途中で何度か自分の力では無理じゃないかってあきらめそうになることもありました。結構悩んで苦しんだ。
　　INTR：楽な道のりじゃなかった。自信をなくすこともあった。

　恥ずかしい気持ちが受け入れられるとき、インタビューイーにとって自己肯定的体験となる。インタビュー場面においてつらい気持ちが起こってくるとき、インタビューアーがそれを避けたり、全く気づかなかったりすれば、それが否定的な体験になる危険性がある。だからといってインタビューで反射を多用することによって、操作的に肯定感を高めようとしたり、感情を喚起することは望ましくない。反射を使うのは、インタビューイーがすでに感情を体験しており、それが表されているときである。
　ただ「怒りを感じたのですね」「悲しかったのですね」など感情の名前を挙げれば十分だと誤解されていることがあるが、インタビューイーの主観的な感じ方をとらえることが重要である。それは、クライエントが怒りをどのように体験しているのか、というニュアンスや意味をくみ取ることである。反射を使い、インタビューアーがインタビューイーの主観的体験を理解しているのか確認しながら進めることによって、そのデータの分析を、自信をもって進めることができるようになる。

4）要約（summarizing）
　要約はインタビューイーの発言を短くまとめ、事実関係を整理することである。インタビューイーが一度にたくさん話したあとや、セッションを終える時や話の方向を変換する時などに使う。そのやり方は、言い換えとほぼ同じであるが、言い換えがインタビューイーの発言を他の言葉で言い表わすことを目的にするのに対し、要約は、インタビューイーの発言を短く、簡潔にすることを目的とする。また、言い換えは短い発言に対しても使うが、要約は長い話を短くする。

　　要約の例
　　INTR：あなたのお話しについていっているか確認するために、今まで話されたことを整理させてください。その日に、課長から電話が入って、急に呼び出された。ところが実際に行ってみるとそこには、課長ではなく部長がいて、それまでの経緯を細かく話し始めた。そういうことでしょうか」

5）最小限の励まし（Minimum Encourager）
　最小限の励ましは、あいづちとかうなずきとか普段会話する、「はい」「ええ」「はあ」「うん」などのことを指す。カウンセリングでは、「話を聞いている」「理解している」と伝えるた

めに，また，「どうぞ，もっとお話下さい」と，インタビューイーが話しやすいように使う。これは，普段の会話と同じであるが，カウンセリングやインタビューにおいては技法として意識的に使われる。「どうぞ，続けて下さい」「そして……」「つまり……」キーワードのくり返し（印象的な表現や単語を繰り返すこと），などが例である。

まとめ

インタビューアーの姿勢やスキルは，実際に練習をしてフィードバックを得ることによって向上する。そのような練習を繰り返していくとインタビューに対する不安や自信のなさも克服したり，それらをほどよい緊張感へと変えていくことができる。ある程度インタビューに慣れてくると今度はインタビューをすることの不安が楽しみと出会いへの期待へと変わってくる。インタビューイーの主観的世界に接することで様々な発見があり，出会いを体験できるようになるだろう。

第9章 インタビューを成功させるための検討事項とよくある問題の対応

はじめに

インタビューでは，初対面の人と会い，短時間のあいだに信頼関係を築いて，個人的な体験について話してもらうことが要求される。しかし，初対面の状況では，自然に緊張も高まり，準備していたとおりにインタビューが進まなかったり，様々なアクシデントも起こりやすい。本章ではインタビューを実施するにあたり，検討するべきいくつかのことをまとめた。また，インタビュー最中に起こる事態とそれにどうやって対応するのかということについても解説し，不安が高まる状況でのトラブルを防ぐためのいくつかのアイディアを紹介したい。最後に，データ収集と分析をつなぐ位置にある逐語作成の仕方について説明した。

キーワード　インタビューの物理的環境　逐語作成　研究倫理　多重関係

1. インタビュー実施前の検討事項

1）物理的環境

インタビューの環境もインタビューで話される内容に大きく影響を与える大切な要因であり，適切な環境を確保できるように計画する。インタビューの場所の選定は，協力者が個人的な話をしてもその話が第三者に漏れることを心配しないでよい安全性と，1時間以上話をしても疲れたり，不快に感じることがないような快適性を確保することが大切である。

まず，協力者は自分の個人的な体験について話すので，その話が第三者に聞かれたり，その最中に知っている人に出くわす状況は好ましくない。たとえば，駅の近くの喫茶店などを選ぶことがあるが，協力者の自宅の近所の喫茶店を選べば，当然知り合いに遭遇する可能性も高くなる。もし，協力者の自宅の近所であれば，協力者が電車に乗って会いに来るための時間が短くなるかもしれないが，安全性という意味では十分に配慮されていないことになる。また喫茶店は，時間帯によっては空いているためにプライバシーの安全さを確保できるが，混んでいるときは雑音もあり，隣との距離も小さくインタビューには適さなくなる。

駅で待ち合わせをして，そのときに近くにある喫茶店を見つけようというやり方には問題がある。適切な場所が見つからず，2人で駅の周辺をさまようことになってしまう危険もある。研究者は，インタビューの前に下調べをしてどこであれば，静かにインタビューができるのか，またインタビューには適していない時間帯（た

とえばその店が混んでいる）があるか，なども調べておく。

　インタビューが最もやりやすいのは，大学の面接室やゼミ用の教室であろう。話すためにつくられた環境であるし，協力者も研究のために話しに来たと感じることができる。ただし，教室や面接室使用の許可を得るのが難しい場合もある。

　インタビューでは，コーヒーやお茶などの飲み物とお茶菓子を準備しておくとよい。お茶とお茶菓子は，緊張を解きほぐすし，協力者への配慮を示すからである。また，1時間以上話すのでのどを潤すことができるのは協力者だけでなく，インタビューアーにとっても大切である。インタビューで飲み物を準備するのは役に立つが，アルコール類は向いていない。お酒を飲むとつい饒舌になって話しすぎ，話題がずれてしまうことも多い。

　インタビューをホテルのカフェやラウンジで行うとき，このような条件が最も満たされることが多い。隣の席とのスペース，落ち着いた雰囲気などが確保できる。ただし，ホテルのカフェは飲み物の値段も高いので，インタビューのコストがかさんでしまう。インタビューはできるかぎり一定の場所で行うのがよい。そうすることによってインタビューアーも毎回異なる環境でインタビューを行うことによるストレスや不安，そして下調べなども省くことができる。

　協力者によっては，身体に障がいをもっていたり，病気を患っているために自宅でのインタビューを希望する場合もある。その場合，家族の方がインタビューについて知っており，研究者が訪問することに合意しているかどうかということを確認する。また，家族がインタビューへの同席を希望することや，家の造りから話し声が家族の人に聞こえてしまうような場合もあるかもしれない。特に注意が必要なのは，このような状況からインタビューが協力者とその家族などに悪影響を及ぼす危険である。協力者は，同席する家族への不満を表す機会としてインタビューを利用することもある。または，家族が聴いたことがないような秘密が開示されて，同席する家族がびっくりしたり動揺することもある。インタビューをはじめる前に協力者本人とどのような形でインタビューを進めたいのか話し合い，できるかぎり本人の意志を尊重し，そして話しやすい環境を作るように心がける。

　インタビューにおいて本人の話だけではなくて家族の人にも情報提供してもらうことが研究の質を高めると考えられることもあるだろう。このような場合，あらかじめ協力者から合意をとる。というのも，研究者はインタビューを，研究協力合意書に記されている契約に基づいて実施する必要があるからであり，その契約の内容が変更されるのであれば新たな契約が必要になるからだ。

　逆に，研究者の自宅においてインタビューを行うことは望ましくない。知らない人の家に行くことはそれだけでも不安だったり緊張するし，部屋のちょっとしたことに気を引かれたりするため，協力者は自分の体験に集中できないだろう。研究者がオープンに自分の一部を開示することは，一見一人の人間として協力者に近づこうとする偽りがない姿勢を見せているようだが，実際にはいろいろな問題が起こりやすい。

　時に公園など野外の場所でのインタビュー，または歩きながらのインタビューを希望する人がいる。公園のベンチで話をすると落ち着く，またはかなり自由な気分でくつろいで話せるのが理由かもしれない。このような形のインタビューに応じるかどうか，ということは，研究者が判断しなければならない。協力者の意志を尊重するからと言って話が漏れやすかったり，録音の失敗が起こりやすいような形でのインタビューは，できるだけ避けたほうがよい。野外では自動車の音などかなりの騒音があるため，録音は難しい。また，マイクをつけてもらうことも可能かもしれないが，マイクをもちながらインタビューを続けるのも容易ではない。

　インタビューの物理的環境の設定は，カウン

セリングの物理的環境とかなり似ており、協力者が自分自身について語るうえでの心理的安全性と快適さが確保されなければならない。たとえば、自分の失敗体験についてステージ上で話すこと、友だちと2人だけで話すこと、たくさんの人がいるレストランやカフェで話すことを比較してみるとよい。場所によってかなり話す内容や話すときの気分が変わってくるだろう。研究者はインタビューの望ましい状況がどんな設定であるのか予測し、最大限の配慮を見せることが望ましい。

2）インタビューまでの連絡

インタビューの約束をするとき、インタビューの場所に行くまでの道順、自分の外見や服装、会えなかったときの緊急連絡先、などについて確認する。まず、インタビューの約束と実際の日にちがかなり空いているとき、インタビューの1週間から2, 3日前までに確認のための連絡を入れるとよい。

日にちの設定を数度繰り返す協力者もいる。その中の一部の人は研究協力に合意してみたが実際には気が進まなかったり、忙しいので研究参加を取りやめたかったりする。キャンセルや予定の変更が続く場合、研究協力の意志が変わったかどうか確認し、もし変わってしまった場合は協力を検討してくれたことに対して感謝の意を示す。また、参加を迷っているときは、強要するのではなく、協力が非常に貴重であると伝えるが、相手の決断を尊重する。インタビューに一度協力する意志を示してからキャンセルする協力者の割合は、インタビューのテーマによって異なるが、ドロップアウトは、必ずといっていいほど起こる。

2. インタビュー実施の際に起こりやすい問題

インタビューの最中に起こりやすい問題を表9-1にあげた。問題は、環境的要因、インタビューアー、インタビューイーの要因の3つに大きく分けられる。インタビューの環境の問題は、騒音に関することが多い。2人が話に集中できなければ、体験の深い部分に入りにくい。また、騒音が大きいときには、録音した声がはっきりと聞こえない。このようなとき、貴重なデータが使えなくなってしまう。インタビューアーの問題としては、心理的な壁、コミュニケーション、焦点の3つの問題に大きく分けられる。インタビューアーが緊張したままであれば、判断力が鈍り、インタビュー中に必要となる様々な判断や的確な受け答えが難しくなる。学生がインタビューを行うとき、「真面目な学生」を誇張して演じてしまうために、インタビュー自体がかなり表面的なやりとりで終わってしまうことがある。当然、年上の人や忙しい人がインタビューに応じてくれれば、彼らが貴重な時間をとってくれたことに対する配慮や尊重の気持ちを強く感じ、もう一方で、時間をつくってもらうことに対する申し訳なさを感じて恐縮するかもしれない。適度に緊張したり、上下関係を尊重すること自体は悪くないが、そのような姿勢が第7章で述べたようなインタビューアーとしての姿勢を阻害することがあれば、「研究のためのインタビューアーの姿勢」としては適切ではない。逆に、年下の相手や同年代の相手には、くだけすぎて「ともだち」のように接して、ただの「おしゃべり」になっていることもある。

研究インタビューでは、リサーチ・クエスチョンと関連するトピックに焦点を当て続けることが要求されるが、時に話が弾んで脇道にそれることもある。話が弾んでいるとあたかもインタビューがうまくいっているような印象をもちやすい。だからといって重要なトピックに関してデータが集められているわけでない。

インタビューイーから質問されるとインタビューの本題を忘れてしまい、自分のことを説明するのに没頭してしまうこともある。インタビューの焦点はできるかぎりリサーチ・クエスチョンに当てるように心がけ、必要な質問に答えるとしても、できるだけ早く焦点をインタビューイー

表 9-1 インタビュー中に起こりやすい問題

外部からの妨害	・電話がかかってくる（しかも応対してしまう！） ・（インタビューイーの自宅でインタビュー中に）訪問者が来る ・十分な時間を確保していないために次のアポイントメントの時間になってしまう ・周囲の音が大きい（テレビ，騒音，周囲の会話） ・録音機の機械音やコンピュータのファンの音が響く
インタビューアーの要因	**心理的な壁** ・不安と緊張が高く，適度にリラックスできない ・アイコンタクトを避けたり，不適切な心理的関わりをとる ・上下関係やジェンダー役割などといった社会慣習にとらわれすぎているために，インタビューイーとの接触が表面的になる **コミュニケーションの問題** ・質問の言い回しがわかりにくい ・インタビューの目的に関しての誤解を修正しないままインタビューを続ける ・（インタビューイーが外国語で答える場合）外国語の会話能力が足りない ・通訳を通したコミュニケーションがうまくいかない **焦点の問題** ・専門的なアドバイスや情報提供を与えることに視点を移してしまう ・関連のないトピックへと焦点がずれる ・過度に自己開示してインタビューの焦点をインタビューイーから自分へ移してしまう ・その体験に関するインタビューアーの持論や仮説を説明し，インタビューイーの発言の幅を狭めてしまう
インタビューイーの要因	・体験について話すことに慣れていない ・研究のトピックから脱線してしまう ・自分のことは話さずに一般論や「理想論」のみについて語る ・語ることよりもインタビューアーの専門的な意見や情報を求める

に戻していくことが大切である。

以下に，起こりやすい具体的な問題と対処法を解説した。どの事態にも共通するインタビューアーの対処の仕方は，落ち着いて問題が何かということを明確にして，インタビューを軌道に戻し，焦点を合わせるように努めることである。

1）話し下手なインタビューイー

インタビューに合意をしたからと言って協力者の全員が話し好きだったり，話がうまかったりするわけではない。研究協力に対する動機づけの強さもばらつきがある。時にインタビューでは，簡単な答えをすることが大切であり，長々と自分の話をする必要はないと思いこんでいる協力者に出くわす。このようなインタビューイーには，「もう少し詳しく教えていただけますか」「なぜそう感じたのか，もう少し説明していただけますか」などという質問を加えて，より具体的で詳細にわたる回答が得られるか試してみる。何度かそのように促しても，同じように短い回答しか得られない場合，「XXさんが体験されたことがどんな感じなのかもっとよく理解したいのです。その場面を私の頭の中で再現できるようにしっかりと知りたいので，その場面がどんな感じだったのかもう少し詳しく教えてもらえますか。どんな些細なことでもかまいません」とインタビューにおいてどの程度詳しい情報が期待されているか伝えると良い。

2）まくし立てるインタビューイー

話さないインタビューイーとは逆に，どんどん話してくれるが，話し始めると横道にそれてリサーチ・クエスチョンとは関連がないことに時間を費やしてしまうインタビューイーもいる。インタビューの時間は限られているため，より重要なトピックについて詳しく話を聞くことが

できなくなってしまう。このような場合，インタビューイーが熱心に協力していることに感謝の意を伝えながらも，トピックが横道にそれてしまったことにインタビューイーの注意を向けることが重要である。「とても貴重なことを話してくださりありがとうございます。ただ，少し質問から話がそれてしまったので，元に戻したいと思います」と軌道修正すると良いだろう。

時にとても早口だったり，あまり十分に説明しないまま次々と新たなトピックについて話してくれる協力者もいる。もし，話を聞いていて理解できなかったり，ついていけなかったりする場合，データ分析の段階ではさらに理解が難しくなる。このような場合，できるだけ理解しやすいように少しずつペースを落として話してもらう。「とてもたくさん大切な話題が出てきましたが，十分に理解できるようにもう少し1つずつのことについてゆっくりお聞かせいただけますか」というふうに伝えてインタビューアーがペースを調整する。

3）不機嫌・不満なインタビューイー

インタビューを進める中でインタビューイーの態度が変わって急に不機嫌になったり，言葉数がそれまでよりも少なくなることがある。このような場合，しばらくすればあまり気にしなくなるかもしれないと願って目を向けないようにしたり，そのままにすることもある。しかし，このような状態が続けば，そのあとのインタビューで有益な情報が集まらなくなる可能性があるだけでなく，インタビューイーになんらかの不快感を与えているかもしれないので，「今，一瞬表情が曇ったように思いましたが，何か質問で気になるところがございましたか」というような関係を修復するための反応が必要である。このような反応に対して「特にありません」という答えが戻ってくることが多い。その場合，インタビューイーの表情が曇り，何か不快な思いをしたことが確実であっても，本当の理由を教えてくれるまで理由を尋ね続ける必要はない。

少なくともインタビューアーがインタビューイーがどう感じているかということについて注意を向けて，それを理解しようとする姿勢が伝わる。

4）矛盾する発言

人は様々な場面で矛盾する発言をする。気持ちはいつも移り変わるものであるし，話を進めるうちに様々なことを思い出して意見が変わることもある（Watson, 2006）。記憶の研究によると記憶を取り出すときの状況によって，思い出される内容は異なる（Bower, 2003）。落ち込んでいるとき，悲しいときはそのような記憶がたくさん思い出される（McGaugh, 2003）。またある出来事が本当にショックだったと言いながら，しばらくしてから振り返るときに「大したことはなかった」と言い直すこともある。

インタビューでは，時に，感じ方だけではなく，大切な事実関係についても矛盾したことが思い出される。たとえば，エピソードの順番が逆になったり，はじめは「相手から誘われた」といいながら，のちに「自分で誘った」と言い換え，しかもその矛盾に気づいていないようなことすらある。

このようなとき，インタビューイーが圧力をかけられた，間違いを指摘されたと感じないように慎重にしかも率直にそのことを指摘する。たとえば，「さきほどその一件について〇〇と説明されていましたが，そのあとで振り返ったときに△△と言われました。私の聞き間違いかもしれませんが，できればそのときのことをもう一度お話いただけますか」と尋ねてみると良いだろう。

時にそのような矛盾こそが，その体験の本質を反映していることもある。様々な心理的葛藤は，相反する欲求や，気持ちが同時に起こっている状態である。いろいろな見方や感じ方が第三者から見ると矛盾していても，本人の中では1つの体験の必然的に起こる異なる側面を表していることもある。大切な人を失って，その人に対する悲しみと慈しみを感じ，もう一方で裏

切られたという激しい怒りをもつこともある。また，入学試験をはじめとして自分の力が試され，将来がそれによって決まるかもしれないようなとき，人は強い不安を体験するだろう。自分は絶対に合格する，成功すると思う一方で，失敗することに対する不安に押しつぶされそうになったりする。矛盾が何を意味しているのかということはインタビューの中でその都度判断していかなければならない。また，記憶には，事実が正確に記録されているのではなく，思い出すたびに書き換えられたり修正され，再構築される性質がある（Loftus, 1993）。そのため，実際には起こっていない細部がのちに思い出されるときに本人の意識がないうちに埋められたりすることも少なくない。

5）インタビューアーに向けられる個人的な質問

ときに，インタビューイーは，インタビューアーにプライベートな質問を投げかけてくる。それは，家族のことや就職や大学での勉強のことなど，一般的な自己紹介で期待されるような内容だったり，研究のトピックになぜ関心をもちはじめたのか，というインタビューを実施する上でかなり重要な質問の場合もある。時に，男女づきあいに関してなど，インタビューとは全く関係がない質問もある。かなり個人的なことまで開示することを求められる状況において，インタビューイーが一方的に自己開示することに違和感を覚え，関係の均衡を求めるのは自然な反応である。そのため，インタビューのはじめに，あまり長い間インタビューアーに焦点が当たらない程度に自己紹介するほうが良い。インタビューのトピックに関する個人的な体験について詳しく話すと焦点がインタビューアーに移ってしまう。インタビューイーは，決して具体的な情報を求めているだけではなく，その行動には関係を調整する意味があることも忘れてはならない。

インタビューイーが，男女関係のことであったり，インタビューとは無関係なことを続けて質問したり，インタビューアーをからかっているように感じられるとき，インタビューアーは扱いに困る。このようなときは，インタビューの本筋から離れてしまっていることを伝え，本題に早く戻す。また，インタビューイーが，「私と私自身の経験に関心をもってくれることは良いことであるが，インタビューという目的にそって進めたい」とはっきりと伝える。もし，このような質問や態度が繰り返され，インタビューイーが真剣にインタビューを受ける気がないということが確かなとき，早めにインタビューを切り上げる。

6）性的に誘ってくる

インタビューアーが若い女性で，インタビューイーが男性であるとき，インタビューイーが外見に関しておせじを言ったり，性的な冗談を言ったり，時にはっきりとデートに誘ってくるときもある。多くは，インタビューを通して少し浮ついた様子を見せてあまりインタビューに集中できないでいたり，自分の良い部分を遠回しに自慢するなどの行動が見られる。非常に興味深いことに，ほかの人がテープを聴いてそのことを指摘するまでインタビューアー本人がまったく気づかないでいることも多い。

筆者が，臨床心理士を目指す大学院生や若手臨床家の指導をする中で比較的よく遭遇するのは，若手の女性臨床家と男性クライエントの組み合わせのとき，クライエントが女性臨床家に性的に関心をもつ「性愛転移」である。多くのクライエントは，それまで周囲の人に話を聞いてもらえない，相手にされないというように感じている。そんなときに，若くて知的な女性が，親身になって話を聞いてくれるとき，男性クライエントは，その人に対して異性としての好意を抱きやすい。

インタビューは，臨床的な場面といくつか類似点がある。1つは，それまで他者にあまり話せなかった内容について話し，インタビューアー

がインタビューイーの体験を尊重し，それを肯定する。そのため，インタビューイーは，インタビューアーに対して特別な感情を抱きやすい。また，インタビューアーが比較的経験が浅いために技術的な面をカバーしようととても熱心に聞き入るため，それがインタビューイーにとって「好意」「個人的感情」の表れとして受け取られやすい。

インタビューイーが，執拗に性的なコメントをしてインタビューアーをからかう場合，「そのようなコメントに少しとまどっています。インタビューの本題からずれてしまったので，残りの時間はインタビューに集中することは可能でしょうか」とはっきりと伝える。インタビューアーとインタビューイーがインタビューを通して友人としてつきあいたいと思うこともあるだろう。このようにして友情が発展することには必ずしも倫理的問題があるわけではない。もう一方で，インタビューアーから個人的なつきあいを求めるのは不適切である。また，このような状況に遭遇したら，一人で抱え込むのではなく，教員に相談して対処策を一緒に考えるのが良い。

7) センシティブなトピックに関して意見を求められること

インタビューイーはときに，研究トピックと関わり，社会的に話題や論争となっていることに関してインタビューアーの個人的な意見や立場についての質問をする。たとえば，ADHDの子どもにリタリンを与えるのは間違っているか，未成年者に避妊について教えるのは，非道徳的か，などという問題である。インタビューアーにとっては，とてもやりづらい状況である。もし自分の意見がインタビューイーと異なれば，2人のあいだに衝突が起きたり，インタビューイーが気を害してしまったりということにならないかと心配である。また，意見が同じだとしても，インタビューアーとの関係が変わってしまうと感じるかもしれない。

インタビューアーはこのような質問に即答せず，もう一度焦点をインタビューイーに移すように努力する。たとえば，「その問題はとても社会的にも重要なトピックですね。いろいろと論争があるのを存じていますが詳しくは知りません。今はできれば，インタビューの内容に焦点を当てて，もし時間があればそのことについて話しましょう」と伝える。

8) 臨床家によるインタビューと多重関係

量的研究でも質的研究でも，研究を行うときにも，研究の倫理は必ず関わってくる。たとえば，研究に参加することから協力者が害を受けないように守る，ということを読者は真っ先に思いつくかもしれない。協力者を守ること，害を与えないこと（nonmaleficence）は，個人名や固有名詞などをふせることによって，プライバシーを守るということや，インタビューを受けることによって，生活などに何らかの支障が起こらないように配慮することである。また，研究から得られる知見が，社会的に有用であること（beneficence）も大切である。それは，研究が研究者個人の「興味」や「好奇心」を満足させるというだけでなく，その知が社会に還元されることを意味する（American Psychological Association, 2002）。

質的研究では，研究者と協力者の関係が密接であり，協力者の研究に対する参与の度合いも大きい（Haverkamp, 2005）。そのため，研究の倫理として，エンパワーメント（能力開化・権限付与とも訳され，個人がより主体的に自身の人生に関わる力を身につけることを指す），知識に対するアクセス（専門的な情報を得ることができる），共同体の変化（知識が公表されることによって協力者の生活の場が変化する）などが重要であると考えられるようになった（Lather, 1991）。はじめの2つは質的研究において一対一の接触があるときに可能となる質的研究独特の恩恵でもあるだろう。

多くの協力者が協力者として選ばれるのはそ

の人がつらい体験など臨床心理学が注目すべき体験をしたからである。もし個人のエンパワーメントが大切であるとすれば、インタビューを受けることによって協力者が自信を回復したり、過去の体験と関わる心理的苦痛から少しでも解放されたりすれば、それ自体が倫理的に役立つとも考えられる。すると臨床家、もしくは心理療法やカウンセリングの訓練を受ける人がそれらの理論にそって受け答えをすれば「臨床的な介入」によってクライエントの役に立てるのではないか、と考える人もいるだろう。つまり、せっかく臨床家や臨床的なスキルをもっている人がインタビューをやるのであれば、より治療的だとわかっている介入をすれば一石二鳥だと思うかもしれない。

ただし、このような考え方は、「多重関係 (multiple relationships)」という問題を引き起こす (Rinella, & Gerstein, 1994)。多重関係は、カウンセリングの倫理で非常によく使われる概念であり、カウンセラー・セラピストがカウンセリング以外の関係も同時に結ぶことを意味する。その最も顕著で、問題が明確な例は、セラピストとクライエントの性的関係である (Pope, & Vasquez, 1998)。セラピストは、クライエントの秘密や弱さも知っている。2人が性的関係をもったり恋愛関係に入るとクライエントは弱い立場に立たされ、セラピストに利用されたり操られていると感じるかもしれない。ほかには、教員と学生という関係にありながらカウンセリングも行うこと、友人として食事に出かけるなど日常生活へ関係を引きのばすこと、クライエントが経営するお店で買い物して顧客関係を結ぶことも多重関係の例である。このような例は、地方の小さな町や村に住む臨床家にとってみればある程度避けようのない問題でもある (Campbell, & Gordon, 2003)。

それでは、インタビューの状況ではどうだろうか。臨床家がインタビューアーとしてなんらかの傷つき体験について語る協力者に対して「心理的」に働きかけて、傷を癒そうとしたり、その体験の質を変えようと試みる場合、これは「多重関係」にあたる。つまり、研究者がインタビューアーという「役割」を超えて、「臨床家」として働きかけることになる。インタビューという主に情報提供という目的で参加していた協力者とのインフォームドコンセントを破ることにもなる。協力者は、それを望んでいるかどうかに関わらず「知らない間」にカウンセリングを受けていることになるのだ。

臨床的な知識をもっており、ふだんカウンセリングをやっていたり、カウンセリングの勉強をしている人にとって、カウンセリングのスキルを使って他者と関わることはとても自然になっている。英語では、カウンセリングの教科書に"Interviewing skills"というタイトルが使われ（たとえば、Pederson & Ivey, 1993)、この2つの作業に大きな類似性があることが分かる。実際に協力者に対して共感的に傾聴し、協力者の体験を尊重すること自体がクライエントにとって肯定的な体験であることは間違いない (Drury, Francis, & Chapman, 2007)。しかし、インタビューの第一原則は研究であり、協力者は研究における情報提供という目的に合意して研究に参加しているのであり、インタビューアーが意図的にクライエントに影響を与えようとすることは、インフォームドコンセントに反し、多重関係になりかねない。まして、臨床的スキルをかじったばかりの学生が、おもしろ半分で介入まがいのことを試すことの問題は大きい。そこでインタビューアーは自分の役割をはっきりと自覚し、インタビューはクライエントの傷を癒すことが目的でなく、研究という目標を達成するためにやっているということを忘れてはならない。

インタビューアーが知らないうちに治療的な関わり方に入ってしまうのは以下のような状況である。

* 協力者が、辛い出来事を語り声の調子が乱れたり、表情がゆがんだり、涙を流したりする。
* 協力者は、過去のことを振り返ったあとに、

そのことについてどうやって整理したらよいか分からない，なんとかしたい（「終止符を打ちたい」「終ったこととしたい」）など，なんらかの葛藤を言葉にする。

このような状況ではインタビューアーは，協力者に対する共感を示し，支持的なコメントをする。時に，協力者が気持ちの落ち着きを取り戻すまでゆっくり待ち，ある程度落ち着いてから次の質問に移ったり，インタビューを再開する。ただし，インタビューの質問やテーマを変えて本題をずらすことはしない。なぜなら，協力者は，自身の気持ちが否定されたように感じる危険があるからである。ただし，辛いトピックに関して，そのまま続けてインタビューするのではなく，クライエントの落ち着きを取り戻すように気をつけ，そうできるとき，そのトピックに関する会話を続ける。

- 協力者が，将来の行動や決断に関して，インタビューアーの意見やアドバイスを求める。
- 専門的な情報やアドバイスを求めてくる。
- 協力者が，過去のある状況に関する自分の判断が正しかったのか，インタビューアーの意見を求めてくる。
- 協力者が，同じような境遇にいるほかの人たち（特にほかの協力者）がどう対応しているのか，ということに関して質問してくる。

このような状況が起こったとき，インタビューアーは，「インタビューの主旨と離れてしまうのでお答えできません」「私がお答えするのは倫理的に不適当です」などと言って答えることを即座に拒まないように気をつける。協力者がインタビューアーに専門的な意見を求めてくるときは，インタビューアーの専門的知識に対する尊重があることの反映かもしれないし，協力者自身がかなりそのことで困っているのかもしれない。または，会話の中でふと浮んだちょっとした質問だったのかもしれない。まずは，協力者の気持ちを尊重し，それを受け取ったことを伝え，できる範囲で簡潔に答えるのがよいだろう。

9) おわりに

「先生，こういう場合はどうしたらよいでしょう」「もしこうなってしまったら，どうしたらよいでしょうか」「このような状況はどれくらい頻繁に起こりますか」など学生からいろいろなトラブルを見越した質問を受ける。インタビューで起こりうる困難な状況をすべて洗い出してその1つずつに対処策を考えてもきりがない。具体的な対処の仕方を知っていれば確かに不安を抑えられるが，すべての状況に対する答えを知ることはできない。最も役立つのは，オープンな姿勢を維持し，インタビューイーを尊重するというインタビューアーの基本的姿勢を忘れないことである。しかし，2人が出会い話をするのは研究のためであり，その枠組みを守ることが必要である。インタビューに関しての不安や問題を指導教員と話し合い，ほかのゼミ生がどんな対処をしているのか意見交換する時間をもてると良い。

3. 逐語作成

1) インタビューデータは生もの

インタビューを電子媒体に録音する場合，正確なデジタル記録が残っているから，逐語起こしは急がなくてもいいと感じる学生も多い。1回のインタビューを実施するとそれだけで疲れてしまうし，授業など他の用事があれば，当然逐語化のための時間をとっておくのは難しくなる。1時間のインタビューの逐語を作るのに，慣れた人であっても，5時間程度はかかる。はじめて逐語を作る場合，タイプするスピードにもよるが，8〜10時間はかかるだろう。また，逐語を分析可能なデータとして完成するためには，さらに見直しのために2,3時間を要する。ICレコーダーで録音したインタビューの音

質は時間が経っても劣化することはない。誤って消去することがなければ半永久的に保存することも可能である。しかし，逐語データを作成するために録音された語りの再現と理解を助ける五感から得られる情報は時間の経過とともにどんどん薄れてしまう。インタビューの状況，視線や手振り，表情を介したちょっとした非言語的やりとり，その時の気分や印象などは協力者の語りを理解するためにきわめて重要な役割をもっているが，それらは，IC レコーダーには録音されず，協力者の記憶を頼りにしなければならない。そこで，インタビューが終ったらできるだけ早く逐語を作成することをお勧めする。筆者は，インタビューは「生もの」であるという表現を学生に使ってこの点を説明する。インタビューのすぐあとに，メモをとり，インタビュー中の印象をしっかり記録してから，逐語化の作業を行う。新鮮な肉や魚はいろいろなやり方で調理できる。また，いろいろな部位も食べることができるだろうし，その魚の味そのものを味わうような調理法も試すことができる。魚が古くなると調理時間がかかり，味つけも濃くなってしまう。

2）再現と翻訳

文字起こしは，音声のデータをただ紙面のデータに変換する機械的な作業と思うかもしれない。実際には，「書き写す」ことよりも「翻訳」に近い（Kvale & Brinkmann, 2008）。話言葉を書き言葉という異なる法則や背景をもつ言語へと翻訳するため，ただ機械的にタイプすればよいというわけにはいかない。

逐語化という作業は，できるだけ正確に音声を文字に直すことだと思うが，実は語られた言葉と書かれた言葉（文章）は，2つの異なる言語のように性質がかなり異なっている。インタビューは，対面式で行われる。すると理解は視線のやりとり，表情の変化，ジェスチャー，声の質，そしてこれらが1つの全体的なまとまりとなってある独特の雰囲気と流れを作り出す。

語る内容は，うなずきやわずかな表情の変化など聴き手の送る信号によって変わってくる。これらの相互交流的なやりとりから起こるインタビュー中の理解と，音声として録音された語られた内容に当然違いがある。ふだん，書かれた文章を読んでいるとき，「だ・である」調に慣れており，それが不自然だと思う人はいないだろう。もう一方で，「です・ます」調になるとかなり表現が柔らかくなり，話し言葉のような印象を与えるが，「です・ます」調も，実際の話し言葉とは異なる。「です・ます調は読みやすく親近感をもつように書かれているが「書き言葉」である。話される言葉を文字にすると多くの場合，かなり断片的であり，曖昧である。Ong（1982）は，話し言葉と書き言葉は，異なる文化に属しているために，逐語化は翻訳のプロセスと似ていると述べている。

逐語化（transcribe）は，その形を変える（transform）ことを意味する。そして，逐語化という作業によって作られるのは，話し言葉による生きた会話でもなければ，形の整った書き言葉としても適切とはいえない，2つのハイブリッドであり，いくらか不自然な構成物である（Kvale & Brinkmann, 2009, p.178）。

4．逐語化の作業

ここで逐語化の作業を行うためにどのようなことを考慮するべきなのか以下の4点にまとめた。

1）リソースの確保

逐語化の作業は，作業を行う人の経験，タイプする早さ，録音状態，要求する詳細さと正確さ，録音機にスロー再生機能がついているか（または再生と一時停止用のペダルがあるか），ということによっても異なってくる。主観的体験の意味を理解するためにグラウンデッドセオリーを用いるとき，表9-2に示したような会話分析の細かな逐語化は必要とされない。ある程

第9章　インタビューを成功させるための検討事項とよくある問題の対応　121

表9-2　非言語的やりとりを含めた逐語の例

> Th1：そうすると1週間ずっとそのことで気分が晴れなかったのですね。
> Cl1：(ため息をつく)(5秒沈黙)(ため息をつく)昨日彼と会ったときに、もう笑顔を作ることさえできませんでした。(T：「うん」)あのことをずっと考えていてもどうしても彼に対して直接言えないので、一緒にいるのが苦痛でした。(ため息をつく)(沈黙)なんとか気持ちを入れ替えて、1時間ぐらいは楽しいふりをしてすごそうと何度も自分に言い聞かせたんです。(T：「言い聞かせた」)やっぱりだめでした(声が小さくなる)。早く帰りたかったし、(声が震える)苛立つ気持ちを抑えるのにやっとでした。最終的に友達と約束があるからって嘘をついて帰りました。(ため息をつく)
> Th2：彼と一緒にいられなかった。嘘をつくほどそこから逃げ出したかった。(C：視線を床に落とす)

注）岩壁茂（2008）プロセス研究の方法　新曜社　p.72-73 に筆者が記号の解説を加えた。

度逐語化の作業に慣れて、タイプのスピードが早ければ1時間のインタビューを5時間程度で逐語化できる。ただし、一度逐語化をしたからといってそれで逐語化の作業が完成するわけではない。インタビューイーのため息、沈黙、笑ったり、声の調子を変えたりする、など括弧内に入れる文脈的情報は、もう一度録音したインタビューを聞き直しながらチェックしなければならない。ということは一人のインタビューの逐語化は、最終的に7時間くらいはかかると考えて良い。

2）インタビューアー以外の人に逐語化の協力を依頼するか

研究者が行うインタビューの逐語作成は、時間的制約から、研究補助の学生や逐語作成を専門とする外部機関へと依頼することが多い。インタビューアーが自分で逐語化することの利点は、表情などといった非言語的なやりとりなどについての情報を組み込めること、自分のインタビューのスタイルについて振り返る機会ができることである。逐語化の作業は分析の一歩となり、次のインタビューをどのように行うかということについての示唆も得られる。

正確なトランスクリプトが要求される語りの分析や会話の相互作用のパターンなどを言語学的に分析する会話分析では沈黙や強調などもかなり細かく逐語化する。心理療法のプロセス研究ではどこで一つの発話が途切れるのか、ということも分析に影響を与える。このような場合、逐語作成のマニュアルを作成し、複数の人が同じ規則に沿って逐語化できるようにしなければいけない。また、複数の作業者の逐語の内容が一致しているのか、検討することも必要である。

表9-2の逐語では、括弧の中にセラピストのあいづちを入れ、クライエントの語りが途中で切れないようにしている。(T：「言い聞かせた」)という発言もこのようにクライエントの発言の一部として入れたままであるが、クライエントの発言を繰り返し、追跡する最小限の励ましという1つの独立した反応として扱い、クライエントの語りをその前後で切ることも可能である。このような判断をするには、実際に研究者がテープを聴きながら、最も適切な扱いを定める必要がある。上のように(T：「言い聞かせた」)をクライエントの発言に埋め込むときは、「でやっぱりだめでした……」という言葉がその前の部分からつながっており、セラピストの介入に答えるというよりも自分のそれまでの話を続けるという性質が強い時である。「(T：言い聞かせた)」という発言とクライエントの発言が重なっていたり、あまり間が空いていなかったり、クライエントがセラピストの発言に対して考えたり、一呼吸おいたりする様子がないことからも分かるだろう。

グラウンデッドセオリーの分析でもこのような「相づち」をインタビューアーの発言と見なすと語りの全体が見えにくくなってしまう。「キーワードの繰り返し」や短い発言は、括弧内におさめ、できるだけ語りが1つの固まりになるようにするほうが分析しやすい。

非言語的コミュニケーションもトランスクリ

プトに加え，分析の対象とすることがある。このような情報には，沈黙の長さ（秒数），ため息，声の抑揚（ボリュームが高くなる，速くなる，声が震える，怒鳴るように），話し方の特質（吐き捨てるように，皮肉った言い方で）などである。クライエントとセラピストの笑い，せきばらい，声が震える感じ，声にならない涙など，クライエントとセラピストの感情的やりとりを伝える多くの情報は，語られた内容の理解に役立つ。書き方によっては誤った印象を与えることもあるので，どの程度まで細かく記述するのか，またはどのような表現を使うのかなど，トランスクリプト作成用のコード表を準備して一貫したやり方を決めると良い。

心理療法のプロセス研究では，時にセラピストのどんな反応（解釈，反射，言い換え）の次にクライエントのより生産的な関わり（洞察，感情の探索，認知の探索）が起こるのかということを調べるために，どこまでが1つの「反応」なのかということに注意を向ける。そのため，逐語を作成するとき，複数の者が別々に逐語を作成し，そのあとにどれくらい一致しているのかということを調べることもある。そして一致の度合いを統計的に示す場合もある。

3）逐語の妥当性

それではどんな逐語が最も適切だろうか。音声をそのまま再現する逐語であろうか。沈黙や声の調子などをできるだけ細かく正確に加えた逐語だろうか。それとも意味をもたないfillerなどをできるだけ削除した文章として読みやすい逐語だろうか。またはインタビューアーの言葉を少なくし，協力者の語りの全体像が見えるようにした逐語だろうか。1つの正しいやり方はない。その研究の目的に最も合ったやり方を選ぶことが何よりも重要である。もし，言葉の使い方やインタビューアーとインタビューイーのやりとりのパターンなどについて分析するのであれば，2人の対話がどのように行われているのか明確になるように，それぞれの発話が相手に対する反応として適切な長さに切られることも重要である。そのとき，ある単語が繰り返されることや口調の変化なども組み込む。もう一方で，体験の意味に注目する場合，意味がないfillerやインタビューアーの短い発言を括弧に入れたりある程度削除して，読みやすい文章を作るほうがよい。情報が多すぎると語りの全体が見えなくなってしまう。

4）逐語作成と倫理

逐語を作成する上でもう1つ大切なのは倫理的な配慮である。まずは，逐語から個人を特定するような固有名詞（氏名，地名，機関名など）を削除し，記号（A個人名〔看護師〕）か，仮名（山田さん〔仮名〕）を入れる。また，このような情報を変換し忘れてないか文章全体をチェックする（文章のはじめはしっかりと個人名などを削除・変換しても文章の後ろのほうに残したままになっていることもあるので注意する）。

次に，逐語化を終えたあと，録音データを削除するかということであるが，一般的な研究では，しばらくのあいだデータを保管してそのあとに削除する。インタビューデータがICレコーダーに録音されているとき，データの保管に気をつけなければならない。ボタンを軽く押せばインタビューが再生されてしまうし，データをコピーするのも簡単である。そこで研究の終了とともに音声データはできるだけ早く消去するほうが良い。

逐語化と関わるもう1つの倫理的問題は，逐語をインタビューイーに返すときにどれくらい正確にインタビューを逐語化するかということと関わる。自分自身の語りを紙面上で見るとショックを受けることがある。話し言葉を紙面で読むとその内容は分かりにくく，その人は精神的に混乱しているのか，と思うほどのこともある（Kvale & Brinkmann, 2009, p.187）。そのような逐語を見せられたとき，ショックを受けたり，その内容を大幅に書き直したい，または研究データとして使わないでほしいという気持ち

表9-3　ケースシートの作成（治療的失敗のインタビューを例として）

ファイル名　20091021 仮名　Kさん		インタビュー実施日　2009/10/02 時間　　　　　　　90分 同意書　　　　　　済み

1. インタビュー時の様子
   - はじめからリラックスした様子で本題に入った。インタビューで語ることについてかなり考えてきてくださったようで，メモをもってきてくれた。
   - 研究に関心をもってくださっているようで，他の協力者がどのようなことについて話したのか尋ねられた。また，研究結果をメールで知らせてほしいとのことだった。

2. 主なテーマ
   - 失敗は，最近担当したケースで，他のケースについて考えるときも，その失敗ケースと知らないうちに比較していることがある。自分の中で何度も振り返る基準点のようになっている。
   - クライエントとはじめてあったときの独特の印象が焼き付いている。それはクライエントの外見と関係していたこと。威圧感を感じさせる風貌に関して聞いている自分のほうが，そのイメージを形成できるぐらい細かに描写された。
   - はじめて「衝突」が起こった瞬間は，時間が止まったように強烈な瞬間であった。自分の介入や反応がすべて裏目に出るのではないかという不安があった。
   - 先輩臨床家からアドバイスをもらい，クライエントの心理的問題（境界例）についての文献を読みあさる。知識を得ること，感情的なサポートを得ること，などかなり対処の準備に時間を割く。
   - クライエントとの面接を恐れるようになる。クライエントがドロップアウトしたとき，ほっとする気持ちと，うまくいかなかったこと，そしてドロップアウトすることに安堵感を覚えているという事実に強い罪悪感を抱く。
   - そのケースについて頻繁に考える。「こうすればよかった……」という後悔の気持ちがしばらく残る。

3. 顕著なテーマ，際だったこと，この接触において重要だったこと
   - 強烈な第一印象があったことが印象的であった。
   - 失敗が基準点となって他のケースを振り返る上で役立っている。
   - クライエントの対処に関してセラピストがかなり異なるサポートを求めて行動している。
   - 強い感情反応をもつこと，臨床家にとってクライエントを援助できないということの意味について考えさせられる。

4. 次のインタビューにおいて加えたい質問
   - これまではクライエントの外見など直接的で一般的な印象について重視していなかったが今後は具体的に聞いていきたい。
   - クライエントのどんな点が基準として役立つのか，どうして成功ケースではなく失敗ケースなのかという点についても聞きたい。

5. 次にインタビューしたい，または今後インタビューしたい人の特徴
   - 同じように初対面からなんらかの印象が形成されるケースの失敗。外見や感じ方などの役割が明確になる。

になるインタビューイーもいる。そのため，正確にすべてを記録したが，読み手の理解が難しいような逐語をインタビューイーにそのまま渡すことは，倫理的配慮に欠けている。そこで，本人に逐語をチェックしてもらうとき，内容を変えない程度に加工して読みやすくして返すほうがよい。

インタビューの様子，印象，主要なテーマに関して，インタビュー終了後すぐにメモをとったり，インタビューシートを記入すると良い。このような簡単な書式に情報を記入するだけでも逐語化の作業の時かなり役立つ（**表9-3**）。

まとめ

インタビューは，初対面の2人が出会い場所であるため，予期できないアクシデントも含めて，すべてが新しい出来事である。出会いには，様々な期待や不安が入り交じるだろう。何度かインタビューを繰り返していれば，インタビューには慣れるだろう。しかし，新たなインタビューイーに会うときは，いつも新たな出会いの場面

であるかぎり，期待と不安が必ず起こるはずである。この出会い自体にある「感覚」は，インタビューアーが押し殺したり，回避する気持ちではなく，まさに2人の出会いとそこから発展する関係の性質を理解するために大きなてがかりとなるはずである。

第10章　コード化のプロセス

はじめに

　インタビューのデータを読みはじめると分析者はいろいろな感情を体験する。インタビューイーの主観的な世界に入り，その人の生き様に感動して涙を流すこともある。そして，インタビューイーがそのような個人的な体験について語ってくれたことに強い感謝の念を覚えるかもしれない。また，自分がそれまで知ることがなかった新たな世界が目前に開かれたような感覚を体験する。しかし，そのような感動や発見を分析に反映するにはどうしたらよいのだろうかと頭を悩ませることもある。

　分析の作業は，平坦な道ではなく，途中で行き止まりにぶつかったり，せっかく進んだのにかなり前に戻ることも必要になる。そのようなプロセスは無駄な時間ではなく，実は分析を進めて，理解を深め，そして自分が得た印象をしっかりと分析に反映させるための重要なプロセスでもある。本章では，データ分析の姿勢について簡単に説明し，コード化とアンパッキングという2つの作業についていくつかの例を使って解説する。

　　　　キーワード　切片化　アンパッキング　絶え間ない比較　コード化

1. データ分析の姿勢

1) データ分析のイメージ

　経験豊富な質的研究者であれば，巧みな分析スキルを用いて，かなりスムースにデータを処理できるだろうし，自分も多少の練習と経験を積めば，ある程度自動的にすいすいとデータを「処理」できるようになる，と思っている読者もいるかもしれない。しかし，質的データ分析は，自動的なデータ処理ではなく，研究者がデータを吟味し，味わい，理解しようとするプロセスを必要としており，それは，必ずしも効率的であったり，論理的な（感覚や感情を抜いた）プロセスとはならない。また，ふだんから日本語を使っており，他者の発言を理解するのにあまり意識することも考えることも必要ないからといって質的データの分析も同じように自動的にそしてスムーズに進むとは限らない。おそらく，そのような自動的な「処理」をしていたら，他者の体験の世界へ入っていくことは難しい。それでは質的データの分析を行う上でどのような姿勢を維持することが重要であろうか。

2) 内省性

　質的研究者に必要とされるもっとも重要な姿勢の1つは内省性（refexivity）であると述べ

られていることが多い（Charmaz, 2006; Hall & Callery, 2002）。内省性とは，研究者が自身の先入観，価値観，個人としての経験がどのように研究遂行の様々な側面に影響を与えているのか，ということを常に反省的に振り返る姿勢を指す。ストラウスとコービンは，データ分析の姿勢として客観性と理論的感受性をあげている（Strauss & Corbin, 1998）。彼らが定義する客観性は，必ずしも主観的な見方の偏りを完全に統制したり，排除することではなく，異なる見方に対して開かれた姿勢を維持し，自分の見方を常に見直すことを指す。そして，協力者の声に耳を貸し，彼らの声をできるだけ正確に反映させようとする意志である。理論的感受性とは，データにみられる出来事に対する洞察力とそれらの意味をとらえる力を指す。それは，データの表面にある当たり前の意味の裏にある新奇さに気づく力であり，理論的な知識を頭の中から一度出してデータにどっぷりとつかり，その後にはじめて理論的な概念や個人的な経験から得た知識を導入してデータを比較する力である。

3) 主体性

グラウンデッドセオリー法の本には，データからカテゴリーが浮き上がってくる，という表現がよく使われている（Glaser, 1978; Glaser & Strauss, 1967; Strauss & Corbin, 1998）。このような表現から，「ただ受け身の姿勢をとり，逐語を読めばよい」という印象を受けるかもしれない。しかし，これは，「分析者が自身の先入観や理論仮説の枠組みにデータを押しつけないように」という意味であり，様々な可能性に対して受容的な姿勢をとるという「オープンネス」の意味が強い。したがって，データからカテゴリーが浮かびあがるという表現は，決して分析者の受け身の姿勢を示しているわけではない。

分析者の姿勢は，受動的であるよりも主体的で能動的である。それは，協力者の発言にどんな意味があるのか，どんなことを伝えようとしているのか，ということを知りたい，掘り下げたい，という気持ちの表れである。それは，何も考えずに読んでいるのではなくて常にもっと接近したいという気持ちと深く関わろうという気持ちに支えられた主体的な関わりの姿勢である。

4) 共 感

分析だけでなくインタビューにおいても重要なのは，共感の姿勢である。ここでは，Barrett-Lennard（1981, 1993）の共感のサイクルを参考に筆者が作成したデータ分析における共感の3段階モデルを紹介する。第1ステップは，「波長あわせ」である。これは，あたかもラジオのチューニングを合わせるかのように相手の世界に「観入」することを意味する。まず，自分の先入観，価値観，ふだんの姿勢から一歩足を踏み出し，相手の世界に入ろうと試みる。そのためには，相手を知りたいという関心をもち，接近しようとする意志が必要である。第2ステップは，共鳴である。共鳴とは相手の世界に観入して感じ取った感覚を，想像力と過去の体験を総動員して自分の中にも引き起こし，それがどんな感じがするのか体験しようとすることを指す。共鳴において大切なのは，「内臓的感覚（gut feeling）」である。それは「しっくりこない」「腑に落ちる」などと表現されるように，お腹や胸の奥に起こる感覚であり，外界との接触から感覚器で受け取る感覚の統合された体験である。最後のステップは，共感のコミュニケーションである。対人場面での共感のコミュニケーションは，前の段階で感じ取ったことをその相手に伝えて，その理解が正しかったのかどうか確認することを意味する。質的分析においての共感のコミュニケーションとは，感じ取ったことともっともぴったりと合った言葉を見つけてコード名やカテゴリー名として表すことである。最終的には，分析結果を協力者にフィードバックするときもこのような共感の

コミュニケーションが要求される。

このように共感を3つのステップとしてみることによって主観的体験を理解するプロセスが促進される。共感は，一般的にインタビューにおいて重要な姿勢であると考えられている。「相手を理解したい」という姿勢を常に示すことによって，協力者は自身の体験について安心して話すことができる。データ分析では，効率的にコードをつけて「処理」する姿勢からじっくりと味わい「理解」してコードをつけることへの転換を可能にする。

5）疑問をもつ（分かった気にならない）

質的分析を行うとき，すべてのことに対して立ち止まってもう一度見直してみる姿勢は2つの点において特に重要である。1つは，協力者によって語られた言葉が，普段から聞き慣れた言葉であるからといって，自分の理解と同じ意味で使われていると思い込まず，その意味について問いかけることである。次に，自分自身の解釈と理解が妥当であるのか，ほかの解釈の可能性があるのか問いかける姿勢を常に維持することである。ストラウスとコービンは，「ここでは何が起こっているだろうか」「私が考えていることは実際のデータと合っているだろうか」というように自問する懐疑的な姿勢をもち，コードやカテゴリーを暫定的なものとして扱うことによって，研究者は常に自分の考えを検証するデータを探すことが大切だと述べている(Strauss & Corbin, 1998)。

6）開かれた姿勢──オープンネス

自身の見方の偏りを気づかせてくれるもう1つの姿勢は，他者の意見に積極的に耳を貸し，それらの可能性を検討する姿勢を指すオープンネスである。自分の意見や考え方のみに注目するのではなく，それ以外の可能性や考え方に対して常に目を向けることでもある。

オープンネスと関連するのは，「1つの正しい理解・解釈に執着しない」という姿勢である。

本書のはじめに示したとおり，「本当に正しい1つの理解」というのはありえない。私たちの理解は，研究者が理解に用いる理論的な知識や個人的な体験，研究者が生き，研究を発表する社会文化的背景，そしてインタビューやデータ分析のときの状況的要因などによって常に制限されている。私たちは，多かれ少なかれ，実証的科学の考え方に影響されている。それは，できるだけ客観的なやり方で1つの真実に向かうことを理想する学問に対する姿勢である。正しい1つの真実を求めるこのような傾向は，私たちが受ける教育の中にも根付いている。選択問題には常に1つの正しい答えがあり，多くのテストや成績表では，1つの次元から点数が与えられる。私たちは，1つの正しい答えを選びだし，可能な限り高い点数をとろうと長年のあいだ努力している。ふだんの生活でも「真実」と「本当の自分」を求める気持ちは強い。自分に一番あった仕事をしたい，本当の自分を知りたい，結婚相手として「ソウルメイト」を見つけたい。自分の中に多くの矛盾する欲求や特徴があることはあまり歓迎されない。

質的分析の姿勢は，実証主義的な視点から離れることと大きく関係しており，それは多用なものの見方や感じ方を理解し，時に矛盾するような2つの情報にも共通点を見い出そうとすることである。そのためには，私たちの想像力，共感，思考の柔軟性，ひらめき，遊び心なども重要な要素となっている。

2. 質的データをどうやって区切るか
──領域とサブグループの設定

データ分析の第1段階は，データの性質に合わせて，協力者をある属性にそっていくつかのサブグループに分けたり，特定のテーマや場面，状況（これを領域と呼ぶ）などを使ってデータを分けることである。この段階を飛ばして，次の作業であるコード化やアンパッキングに進むと，大量のデータを一度に扱うことになり，分

コラム 15

シャーマズが説明するグラウンデッドセオリーの理論化のプロセス

　グラウンデッドセオリーアプローチは，データに根付いた理論を構築することを目的としています。ということは，研究のプロセス自体が「理論化」のプロセスになっているということになります。しかし，理論化なんていう大それたことを自分ができるのだろうか，と思う読者も多いでしょう。理論化というとかなりごく一握りの限られた学者しかできない高度で崇高なことだと想像しているかもしれません。

　シャーマズは，理論化するという行為は，可能性を見いだすこと，（2つのことのあいだに）つながりを作り出すこと，問い続けることを促進することだと述べています（Charmaz, 2006, p.135）。そして，グラウンデッドセオリー法は，固定観念にとらわれ，型にはまったような一般的なイメージで考えることなく，また習慣から反射的に出てくるような答えを借りてきてしまったり，それらをデータに押しつけることを防ぐための理論の入り口をいくつか与えてくれる，と続けています。

　これに続いて，「分析の道具（つまりコード化の手法など）は，役に立つかもしれないが，理論を構築することは，機械的なプロセスではない。理論を作るための遊び心が入る。きまぐれな思いつきをもつことや思わず感嘆することによって，平凡でありきたりの世界に新たなものを見いだすことができるだろう。予想していないことに対してオープンであることによって，研究対象とする生に関するあなたの見方を，そして続いて理論的な可能性を広げてくれるだろう。(p.135-136)」と述べています。

　彼女が考える理論化のプロセスは，専門的な知識に基づいて論理的にアイディアを整理することだけでなく，普段の型にはまった見方や考え方から出て他者の「生」の体験へと入っていき，その中で直観的にふと思ったり，驚いたりすることに注目することです。このような先入観から出て体験と接することは共感的波長合わせと似ていますし，ここで説明する「オープンネス」「疑問をもつ」などという姿勢とも関係しています。

析が難航するだけでなく，データ分析ができないのではないかと意気消沈したり，絶望感を覚えることもある。この作業は，実際に扱える範囲のテーマに絞ってデータを検討するために重要な段階である。

　グループ分けに使うのは研究に先立って重要だと分かっている協力者の属性や，体験に影響を与えると予測されるような要因であり，研究を進める中で分かってくることもある。心理障害や身体的な問題からの回復について研究する場合，回復度やその問題の重篤度から協力者をグループ分けすることである。

　グループに分けるときに気をつけるのは，グループ数が多くなれば当然1つずつのグループの人数が少なくなり，カテゴリーの記述が薄くなってしまい，1人か2人の協力者からしか得られないカテゴリーが増えてしまうことである。はじめはべつべつのグループを作っても最終的にはそのようなグループ分けが必要ないと判明するかもしれない。このようなグループ分けはある程度明確な指標や分け方，そしてその根拠が必要である。また，1人の協力者を2つのグループに入れることはできない。

　グループ分けをするかどうかに関わらず，領

域によるデータの仕分けは，大量のデータを扱いやすくしてくれる。これは，あたかも魚や肉を腑分けするように1人の協力者のデータを分けていくのである。領域，ドメインとは，性質が似たカテゴリーを包括するより大きなカテゴリーであり，ふつう半構造化インタビューの質問がまとめられるテーマを領域として使うことができる。第6章で提示した「治療的失敗」のインタビューガイドでは，失敗が起こる前の状況，失敗の場面，失敗のあとの面接プロセス，という領域を設定して，さらにその下にいくつかの下位領域を設定した。データを分析するにあたり，失敗が起こる前のデータと，失敗が起こったあとのデータをまとめてコード化するとなると，異なる現象を一度に扱うために作業が繁雑になる。そこでこのような領域に分けて分析を行うことによって分析の焦点が絞りやすくなる。領域を設定して分析すると複数の協力者に見られるパターンも見つけやすい。1つの領域の大きさについてはデータの量やそのテーマの性質によって調整する必要がある。

もし領域を細かく設定しすぎるとデータが細切れになってしまいその文脈が分かりにくくなってしまう。また領域が大きすぎると一度に大量のデータを扱うことになる。グループ分けと同じように領域もデータ収集の前に設定できるが，実際に集めたデータの性質から，修正することも多くある。

3. 切片化と意味の単位について

次に検討しなければいけないのは分析の単位，つまり，どれくらい細かなレベルで文章を検討して，コードをつけるのかという点である。たとえば，「一単語や一行を単位にコードをつけるのだろうか」「分析の単位はある程度等しい長さにするほうが分析として適切だろうか」という疑問をもつだろう。単位が統一され簡単に比較できる量的なデータと比べると文章のデータは扱いにくさがある。

分析を一語，または一行の単位で進めるとより厳密さが増してくるように感じるかもしれない。データをだいたい同じ長さに切れば，均質的なデータ単位のように見えるだろう。しかし，このような見かけの均質性と扱いやすさは，必ずしも体験の単位として適切であるわけでも，その個人の体験についてより多くを伝えてくれるわけでもない。また，一単語ずつコードをつけたとしたら，それだけコードの数は増えるが，必ずしもデータをよりよく説明できるわけではない。というのも，あまり細かくコード化を進めると体験の文脈や意味が捉えにくくなってしまうからである。たとえば以下の発言ではどうだろうか。社会人経験のあとに臨床心理学の大学院に進んだ人が，インタビューで就職していた2年間のことについて語っている発言である。

> 2年間のあいだにいろいろな人と出会えて，とっても素晴らしい勉強をさせてもらったと思っています。もう一方で，対人関係でとても苦しい思いもしました。人生で一番苦しかったと思うことさえあります。

一文ずつにコードをつける場合，前半の「人との出会いから大いに学ぶ」「その会社へ感謝する」とつけ，後半の一文には，「対人関係で苦労する」「人生最大の難関に直面する」というコードをつけるかもしれない。これら2つの文はそれぞれ意味が完結しており，このように2つの文を分けてそれぞれにコードをつけても十分に意味が通じるが，実際に勉強になったことと苦しかったことはまったく別の体験なのだろうか。一方で，大いに学んだと思いながら，もう一方では，とても苦しい思いもさせられたと2つの対立する気持ちが混在しているというのが，この協力者の体験の質により近い。それでは，苦しくて，もう一方で強い学習体験ともなっているということは，どんな言葉で表すことができるだろうか。愛が深ければその分憎しみも深いというようなことを聞くが，ここでも

コラム 16

主観的体験を捉えるための着眼点

　協力者の「生きた体験」を捉えるためにはどのような点に注目しながら逐語を読めばよいのでしょうか。時に，コード化をはじめたばかりの人は，事実や出来事の内容の分類を知らないうちにはじめてしまい，協力者の体験に目を向けるのを忘れてしまうことがあります。この点についてグラウンデッドセオリー法の解説書にも比較的記述が少ないため，最も参考になるのは，現象学的研究の考え方です。van Manen（1990）は，個人の「生きられた体験」を，4つの次元から見直すことをすすめています。1つは，生きられた「空間」です。ある場所の大きさや広さは，（平方）メートル，など客観的な尺度を使って測定できます。また，部屋においてある家具などもまた色や大きさなどで描写することができるかもしれません。しかし，特定の空間は，このような客観的な特徴を越えた意味をもちます。その例は，「我が家」です。個人にとって，自分の「うち」ほど特別な心理的意味をもった場所はないでしょう。大きさや空間を超えた「意味」があります。小学生にとって自分の教室も同じような意味があるでしょう。どの教室もほとんど同じ作りですが，ほんの少しの違いが「すべて」になるときです。自分のアパートはどうでしょうか。小さなアパートであっても，人に見せたいようなアパートでなくとも，そして数千人という人が同じような造りの建物の同じような部屋に住んでいたとしても自分のアパートは，落ち着く場所になるでしょう。このような個人が生きる「空間」は，その人の主観的体験を捉える鍵の1つです。

　次に身体です。私たちはいつも身体を通して体験します。他者との接触も常に身体がそこにあります。身体は一人のとき，ほかの人がいるとき，そしてほかの人の視線を受けるときなど，大きく異なります。一人でいるときは自由に好きなように身体を動かすかもしれません。しかし，他者の前ではかなり動きが小さくなったり，逆に大きくなることもあります。また他者の視線を浴びるとき，急に動きがぎこちなくなったり，自分の恥ずかしい部分を意識させられることもあるでしょう。スポーツの大会や人前に出るときなど身体が言うことを聞かなくなるという体験をすることは多いはずです。

　時間も生きられた体験の一部です。私たちは1時間が何分からなるのか知っていますし，ほぼ世界的に使われている共通の単位となっています。ところが，時間の「体験」は状況によって大きく異なります。好きなことをやっているときは，時間が経つのがとても早く，退屈なとき，人を待っているときなどはとても時間が長く感じるでしょう。そして，事故にあったり，重要な瞬間はすべてがスローモーションで起こっているかのような錯覚を受けることすらあります。時間は過去から未来へ向かって流れていますが，実際の体験ではこの時間軸はねじれていることもあります。過去の記憶が何度も思い出されてあたかも新しい時間を生きることができないように感じたり，将来のことが心配だったり楽しみにしていることがあると「今」という時間はすべて未来のためにあるように感じることすらあります。

　最後に，他者との関係です。もし，あなたがあるところに一人でいるのか，それとも好きな人といるのかということによってその体験は大きく変わってくるでしょう。たとえば，

恋人とよく訪れたカフェに一人で行くと寂しく感じるかもしれません。また，2人で良い気分でそこにいるとき，けんかをしているときでは体験が大きく異なるでしょう。これら4つの側面は，物理的にそこにある世界をその個人のものとし，生きられた世界を作っています。主観的な体験に焦点を当てる場合，このような個人の意味に焦点を当てることが重要です。

良い面と悪い面が両方とも存在し，体験を深めているようである。「苦楽を生きる」「社会人としての苦学をする」などという言葉がぴったりくる。

もちろん，このあと2つの側面について詳しく語られることがあれば，それらを2つに分けて，個々の体験についてインタビューで尋ね，さらにそれぞれの中で細かく分けて分析することもあるだろう。体験を捉えるために，必ずしも1つの文や一単語という細かな単位が必要なのではなく，1つの体験としてのまとまりを抜き出すことが重要である。このように1つのエピソードが体験の単位となって，コード化の入り口になってくれることが多くある。このような単位を「意味の単位（meaning unit）」と呼ぶ。

4. 顔を見るときの距離

「ある現象を正確に，そして厳密に捉えるにはどうしたら良いだろうか」と考えるとき，その現象をより細分化して捉える方向に進みやすい。この考え方は多くの場面において妥当性をもつ実証科学の考え方であり，還元主義的科学とも言われている。たとえば，人間の心の働きを調べるのであれば，脳の機能的な最小単位であるニューロンとシナプスについて理解することがその第一歩であるとする。実際に，自然科学の現象に関してこのような見方はかなり有効である。たとえば，魚のうろこ1つがどのようにできているのか調べたければ，それを肉眼よりは，顕微鏡で見るほうが細かい部分まで調べることができるし，その構造がはっきりと分かる。さらに，電子顕微鏡を使えばさらに細かな側面まではっきりと見える。また，それを遠心分離管などにかければ，より詳しく細胞の特質などが分かる。このようにより細かく調べ，分解する作業は，科学的な知見の発展にも貢献しており，私たちの分析的思考の重要な一部となっている。日常生活においても同じような原理が当てはまることは多い。細かなところまで注意を向けること，たとえば，きめ細かな隅々まで行き届いた配慮やサービス，などには肯定的な意味が与えられ，その逆のことには，おおざっぱ，大味，雑，などといった形容詞が当てられ否定的な意味が付いて回る。

質的分析を行うときは，このように細かなことまでじっくりと検討することは大切であるが，もう一方で細かく見ればみるほど見えなくなってしまうことも多くある。主観的体験の意味も細かく見ていくと取りこぼしてしまう。それは，「顔」をみようとすることに似ている。顔について知りたいというときに，上の例のようにより細かく，細分化して見ていったらどうなるであろうか。目だけを見たり，鼻だけを調べても「顔」について分からない。また，顔に近づきすぎたら「毛穴」しか見えなくなってしまう。たしかに目や鼻も顔の重要な要素であるし，「毛穴」を見ることによって「顔」の普段見えない部分に光を当てることになるかもしれない。しかし，「顔」を見るためには，顔全体がしっかり見える距離を見つけなければならない。

このようなパターンや図柄を見つける作業は，いろいろな場面において普段からやっていることである。たとえば，美術館で絵画や写真などを鑑賞するとき，近づいて細かく一つひとつの筆遣いを見たりもするが，絵画の全体が目に入る距離を探してそこに立ってしばらく眺めると

よいだろう。カメラのピントを合わせるのもこれと似ている。近くにより過ぎても遠すぎても撮影しようとしている対象がはっきり見えにくい。ここで大切なのは，コード化のピントを合わせるときにも，「何」を見ようとしているのか対象を知らなければ，ピントの合わせようがないということである。そのときに参考にするのは，リサーチクエスチョンである。分析をするとき，「この部分はリサーチクエスチョンについて何を語っているだろうか」「リサーチクエスチョンを答えるためにどのような距離からそのデータを捉えればよいだろうか」と考えて体験の単位を設定すると良い。最近はオートフォーカスの機能がついているので，ピントを合わせるという操作をした経験がない人も多いかと思うが，カメラのピントを合わせるというほうが，「細かくみていく」というよりも単位の設定のやり方に近いだろう。

5. コードの付け方

コード化とは，データに見られる体験・行動・行為・出来事を反映する言葉をつけることである。そのとき既存の理論概念や自分の意見をより強く反映する用語を使うのではなく，できるだけデータに密着し，それを読み取れるような名前をつけることが大切である。コードをつけるという作業は，ただ言葉や一文をとってそれを要約する，圧縮するという方向に進むのではなく，その一語や，一文，一節に，含まれる様々な意味を一度展開させて味わう方向に進む。筆者は，このプロセスをアンパッキングと呼ぶが，ぎゅうぎゅう詰めになったスーツケースを開けて中身を取り出していくプロセスであり，時にびっくり箱を開いて中から何かが飛び出してくるように思いがけない驚きや発見につながる。具体的には，一言一言に込められた意味やその言葉自体がもついろいろな意味合いについて考えたり，あたかもそこに含まれるストーリーが実際に展開される映画やドラマの一場面として，分析者が想像力を使って頭の中に展開させる。このプロセスで行ったことは，「メモ」に記録として残しておくことでさらに深い分析が可能となり，「メモ」は論文執筆でも有用になる。

コードは，付箋，ポストイット，見出しとして使う。そこで，分析を進めるなかで，関連するデータの箇所をすぐに見つけることができるように，データをうまく言い表す言葉をあてがうとよい。コードは，分析の手がかりとなるが，必ずしもそれが分析にそのまま反映される単位とならないこともある。

コードの付け方は数多くある。どんな1つの文をとってもそれをまとめるという作業はその作業を行う人の見方によって変わってくる。コードをつけるとき考えなければいけないのは，「この一文（段落）は，リサーチクエスチョンに関してどんなことを伝えているだろうか」ということである。そして，データをこの点から捉え直すことである。こうすることによってすべてのコードが同じ角度からつけられるために，比較したり統合したりしやすくなる。もう一方で，ただ出来事にそのまま要約やタイトルをつけるとかなり雑多なコードができてしまう。それは知らないあいだに異なる角度から眺めているためである。この場合，コードを比較し，そこからカテゴリーを引き出す作業が難しくなる。

この点に関してシャーマズは，コードは，協力者を主体とした「現在進行形」の形にそろえて，常に「行為」を捉えるようにすると良いと述べている（Charmaz, 2006）。名詞型のコードだと協力者と環境の関わりが見えなくなってしまうことが多いからである。また，行為者が誰なのかという点も定まらなくなる。

6. 初期コードから焦点化コードへの発展の例

ここでコード化の作業を実際の研究例を使って解説したい。杉本さんは，卒業論文研究として慢性疾患をもつ人たちがどのようにして症状を扱うことを学んで毎日の生活に対処している

コラム 17

様々なコード化の仕方

初期コード化の段階において使うコード化にはいくつかの種類があります。

1) 単語ごとのコード化

データ量が少ないとき，単語ごとにコードをつけることがあります。たとえば，自由記述式の回答は，協力者によって回答の長さにばらつきがあります。しかし，短い回答が多くなります。そこで一語一語の選び方にも注目します。また，ブログや日記などの分析も単語ごとのコード化を使うことがあります。単語に注目することによってその単語が喚起するイメージや意味についてじっくりと考えることができます。また，2つの単語がどのように使われているか，そしてどのように一文が作られているのか（たとえば，繰り返し同じ表現を使う，受動態を多用する，など），という文の構成にも注目します。ただし，データの量が多いとき，単語レベルでコード化を続けるのに時間がかかり過ぎます。

2) 一行ごとのコード化

一行ごとのコード化は，重要とは思えないような文であっても一行ごとにくまなくコードをつける分析で，段落やページを単位としてコード化するときに見落としがちな要素を拾い上げるのに役立ちます。行ごとの分析は，はっきり言い表されている意味だけでなく，暗にほのめかされている意味を拾い上げるためにも役立ちます。行ごとの分析は，協力者の見方に肩入れしすぎて，そこに明確に言い表された意味のみしか気づけなくなっているときに，より広い視点からその意味を捉え理解を深めるための道具となることもあります。ただし，行ごとの分析も，データの量が多いときには，時間がかかります。また，より大きな文脈のなかで解釈するとわかりやすいことが，行のみに注目するためにわかりにくくなることもあります。

3) 出来事ごとのコード化

出来事，ある場面，逸話など，時間的広がりがある出来事に焦点を当て，その出来事にコードをつけます。出来事のコード化は，観察データなど使い，行動の描写が中心であるとき，一行ごとにコードをつけても文脈がはっきりしないようなバラバラのコードができてしまうときに使います。

4) イン・ビボ・コード化 (In vivo Coding)

協力者の発言にその体験を「凝縮」しているような言葉が使われている場合，または誰もが知っている一般的な用語が使われている場合，ある特定のグループの中で使われる「流行語」「象徴的な表現」である場合，それをそのままコード名として使います。たとえば，臨床心理士のインタビューをする中で「寄り添う」という言葉がよく使われていました。一般的に寄り添うというとカップルがぴったりとくっついていることや，子どもが母親にもたれかかるようにしていることを意味します。臨床心理士のあいだではクライエントの気持ちにぴったりとくっついて支えることを意味することとして頻繁に使われていたため「寄り添う」をイン・ビボ・コードとしました。イン・ビボ・コードは，ひと目でその意味が浮き出してくる印象的なコード名となりますが，他のコードとは性質や抽象度が異なり，必ずしもカテゴリー化の時点で使

いやすいとは限りません。

　これらのコード化の手法は、「道具」であり、どれが最も優れたやり方かということよりもリサーチクエスチョンやデータの特徴に合わせてこれらを組み合わせて最も多くの情報をデータから引き出すようにすることが大切です。

のか調査した。以下のインタビュー逐語は、高血圧をもつ50代の男性（Aさん）のインタビュー逐語の一部である。逐語はプライバシーを守り、例として読みやすくするために、内容を一部変更した（表10-1）。

　杉本さんは、はじめ一行ごとに記述的コード化を試みた。ところが、コードをまとめてそれらの共通性などを抜き出し、概念化する作業は難航した。データがただバラバラのコードに分解されたため、うまく意味のある固まりであるカテゴリーへと再度まとめ上げる作業がうまくいかなかった。

　行ごとの分析では細かくAさんの症状とかかわる事柄を拾い上げてコードをつけたが、コードの付け方が行ごとに異なっていたので概念化の作業が難しくなってしまった。たとえば、「通常の作用らしい」「医者が判断した」というコードをみてみよう。「通常の作用らしい」というのはAさんが分かった内容のまとめがコードとなっている。もう一方で、「医者が判断した」というのは医者の行為を要約している。慢性疾患をもつ人たちがどのように症状を扱うのか、ということを明らかにするのであれば、コード化も「出来事」や医師や家族など「他者」を主体とするのではなく、「協力者」を中心にそえて、どのように症状を扱っているかという点からコードをつけるほうが良い。「通常の作用らしい」も「医者から症状の正確な知識を学ぶ」「症状について学ぶ」などにするのがよい。

7. コードブックの作成

　コードは、はじめ、表10-1のように逐語にコード用のコラムを作るか余白に書き込んでいく。そして、コードの付け方に関して、または分析者が考えたことは、メモとして書面にして残しておく。メモは、分析の重要な資料となる。またコードは表10-2に示したようなコードブックにまとめる。コードブックは、コードの一覧表であり、コードと逐語の対応、そして複数のコードの類似性をもとに生成されたカテゴリーの定義を収める。まず、逐語データと対応するコードを異なる列に入れる。逐語は、どの協力者から取り出されたのか分かるように協力者のコード（アルファベットなど）と、逐語の箇所を示す記号（発話番号、ページ・行数）などを加える。右へ行くにしたがって上位のカテゴリーを加えていく。分析が進むほど縦横に大きいファイルとなる。コードブックの作成は、エクセルのようなソフトを使うとよい。コードブックは、データ分析の結果をまとめた資料であり、カテゴリーとデータの関連性をチェックするために使うことができる。

8. 絶え間ない比較

　コード化において、絶え間ない比較を使う。絶え間ない比較とは、データとデータ、データとコード、コードとカテゴリー、コードとコードなどを比較することによって、より抽象的で包括的な概念を作っていくための分析法である（Glaser, 1978）。絶え間ない比較は、一方では、カテゴリーやコードの意味やそれが包括する範囲を明確にするための方法であり、もう一方では、分析者の思いつきや行き過ぎた解釈から分析の信憑性を守るための方法にもなっている。以下に挙げるゼミのディスカッションでいくつかの概念を検討するが、そのプロセスがまさに絶え間ない比較の一例である。

表 10-1　杉本さんの研究のコードの発展

焦点化コード	初期コード	インタビュー逐語（IR インタビューアー）（IE インタビューイー）
症状のオンとオフ	そういうのがあるんだそうだ 通常の作用らしい 医者が判断した 薬を機序で分類する 服薬時間の調節 画像検査では問題ない 年相応の診断名	（IR）昼間は血圧測っても， （IE）ええ，ぜんぜん，130，下が 88，90 前後かな。普通の日っていうか昼は平気なんです。夜も平気なんです。朝起きたときだけなるんです。なんかそういうのがあるんだそうですね。起きたときに「さあこれからがんばんなくちゃいけない」ってんで，体が，こうあちこち起こそうとして，血圧も上がるというのが通常の作用らしいんです。その時の血圧が高すぎる，200 近くいったりするんで，それじゃまずいって，それは今薬飲んでます。抹消血管拡張，アルファ遮断薬など。それで，昼間はその一応正常血圧なんで，薬を飲むとふらふらっと来ちゃうんで，寝る前に飲んでるだけなんですけどね。 あと胃にポリープがあって，これも 1 年にいっぺんチェックするように言われてるんですけど，こないだの，胃カメラではぜんぜん問題ないってことで，そのかわり萎縮性胃炎だと判明しました。これは年相応だって医者が言ってましたけ。萎縮性胃炎があるからやっぱり年いっぺんのチェックは続けてくださいということでした。
日常に組み込む	日常生活には問題ない だましだましやれば問題ない 病院通いが趣味みたい	（IR）そうですか。なかなか色々大変な……。 （IE）ええ。たまにゴルフやりますし，通常の日常生活には，耳鳴りはちょっとね，嫌なんですけど，それ以外はなんとかやっています。腰の方はだましだましやれば問題ないし，あのラッシュの電車なんかに乗るとちょっと辛いですけどね。まあ，そんなような。病院通いが趣味みたいなもんですよ，趣味じゃないけど。

注）IR：インタビューアー，IE：インタビューイー。

9．アンパッキング

　アンパッキングは，インタビューで語られていることを水面に見える氷山の一角のように扱い，海中に隠される体験とその全体について想像を巡らせることによって，最終的にデータとして表れている氷山の一角をしっかりと理解しようとする手法である。アンパッキングは，ストラウスとコービンがミクロ分析と呼ぶ作業と似ている（Strauss & Corbin, 1998, p.57）。彼らの方法では，語られた概念を見直すことにより力点が置かれているのに対して，アンパッキングは，体験の場面と性質に注目し，あたかも協力者の体験を映画の一場面を観るように再現させるようにして協力者の体験の意味を理解しようとする。アンパッキングは，前章で解説したデータ分析の姿勢の実践でもある。

　アンパッキングから現れることには，研究者の先入観や仮説や専門性から離れた「憶測」が含まれるだろう。想像力を使っているのであれば，データとはあまり関係がないような「偶然」の産物も出てくる。しかし，このプロセスには少なくとも 2 つの意義がある。1 つは，このように一つひとつの文の意味を疑問視して，そこに含まれるほんの一瞬しか起こらないような行為や体験を見逃さないようにすることである。それは，分析の段階でも役立つし，インタビューのやり方に関しても役立つ示唆を与える。ここでは，一文ごとにコードをつけるのではなく，一文ごと，いや一語ごとの意味について検討する。

　たとえば，「昨日，あまり調子が悪いってわけではないけれど学校を休みました」という発言をとってみよう。この一言から本人が学校を休んだことは分かるが，学校を休む体験についていろいろな可能性が含まれている。この子は学校へ行かずに何をやっていたのだろうか。調子が悪くないのに学校に行かないということを決めるのであれば，学校に行きたくない理由があるのだろう。病気で休むのであれば，布団に入ってテレビを観たりゲームをしたりするかも

表 10-2 コードブックの例——治療的失敗のインタビューから

さらに上位のカテゴリー	上位カテゴリー	中位カテゴリー	下位カテゴリー	コード	逐語
	{面接プロセスの一時的問題}	<波長がずれる>（面接プロセスでの失敗で、セラピストがクライエントと一時的に適切な「接触」を失い、自分に意識を向ける。）	[自身の考えにこだわる]（定義：あることにこだわるために、クライエントから離れてしまうこと、問題やある特定のことにこだわったり、クライエントに同じことを何度も伝えようとする）	【ネガティブに執着する】	(A11)「必ずと言っていいほど失敗に関して質問したり詳しく話させたりするんですよ」
				【念を押す】【理解するまで説明する】【執着する】	(B12)「もう少し言葉を付け加えて詳しく説明するんですが、今度は余計に混乱させてしまう」
			[機会を逸す]（定義：誤解や問題を修正しようとするがうまくいかない。）	【振り返って気づく】	(A12)「あとで気づくんですよ」
				【ごまかして終わる】	(B13)「お茶を濁して終りにします」
		<見落とす>（セラピストは、クライエントの問題の重要な一部に気づいていないために、理解が不十分になっている）	[視界が開けない]	【堂々巡り】	(C11)「どうしてもクライエントの話すがうまくつながらないんですね。全体像が見えてこないので話が行ったり来たりする」
				【振り出しに戻る】	(D13)「毎回会うたびに、『あれ、問題なんだったっけ』って分からないような感覚がありました」
	{次のカテゴリーへ}	・	・	・	
	・	・	・	・	
	・	・	・	・	
	・	・			

注）・は省略。

しれない。しかし、もし調子が悪くないのであれば、学校に行けないことに対して1日悩んでいるかもしれない。このように、一つひとつの行為に対して疑問をもつことによって、その文の中にまとめられている体験の様々な次元が見えてくる。これらは、データのほかの部分を分析するとき、どんなことに注意を向けるべきなのかということを教えてくれる。また、もし重要と思えるような内容であっても、詳しい情報があまり見あたらなければ、インタビューの仕方を変えることを考えたり、再度インタビューする質問事項としてあげるようになるだろう。

アンパッキングは自分自身の言葉にすることがなかった前提、先入観、仮説、憶測などをよりはっきりと言葉にして表し、それがデータから読み取れるのか、それとも十分な支持がないのか、ということを確認するためにも役立つ。時に自分自身がある物事に対してもっている先入観やステレオタイプは、言葉にしてみてはじめてはっきりとつかめる。よくある例を1つあげてみよう。ある飲み会の席でのことであるが一人の学生が婚約した女性に向かって「それじゃ、もうすぐ仕事を辞めるんですね」と言ったとき、周囲の人からその一言についてかなり厳しく問

いつめられた。「結婚したら仕事を辞めるのが普通ってことですか」「〇〇さんがそんなふうに考えているなんて知りませんでした」。おそらく，質問をした本人も，自分の中にあった考えを指摘されてびっくりしただろう。自分の中に起こってくる理解を言葉にして表すことによってそこに含まれている様々な意味が明確になる。アンパッキングによって，一つひとつの語に含まれている意味を広げることによって，自分の視点の偏りや狭い枠組みを超えて物事を見つめ直す機会が与えられる。

〇コード化とアンパッキング

データのコード化は，一度やってそれで完了というわけではない。コード化を何度か繰り返し「より」ぴったりした言葉を探していく。はじめからぴったりのコードを見つけようとすると，しっくりくる単語が見つからないために，この段階でとても時間がかかってしまう。この時点で自分の語彙の乏しさに落胆し，作業が滞ってしまうことも少なくない。この段階においてコード化がスムースにいかない理由はいくつか考えられる。まず一つ目は，アンパッキングの作業が行われていないことである。音声データをトランスクリプトとして起こしたあと十分にデータを読み込まず，すぐにコードをつけはじめてしまうことがある。確かにコードをつけることができるが，出来事の表面的な分類になりやすい。

10. 分析のエクササイズの重要性

小学生だったころに足し算や引き算を学ぶとき，何度も似たような計算を繰り返し解いただろう。足し算や引き算は，非常に単純な作業を繰り返しているだけのようであるが，一種の「分析」である。最近では，大学に入ってＴ検定や分散分析のやり方を学習するときも，計算機をもって標準偏差，分散，平均値を計算することによって，検定の仕組みを学んだだろう。

質的研究においてもいくらか似たような練習が必要である。データを分析する作業は，自分の研究の分析を一度やればできるようになるというわけではない。様々なデータにあたり，それに対してアンパッキング，コード化，カテゴリー化の作業を行い，それらを繰り返すことによって，データ分析のこつを身につけることが必要である。

質的研究のゼミにおいては，学生が担当したインタビューのデータで「最も大切」だと思った部分，リサーチクエスチョンと関連する部分，分かりにくい部分，カテゴリーが良くできた部分，よくまとまらない部分などをもってきてもらい，それを参加者全員で話し合う。ほかの人の意見を聞くとそれまで自分一人では見えなかった部分が見えてきたり，またはそれまで確信をもてなかった解釈の仕方について裏付けを得るなどの利点もある。質的研究というと一人で語りのデータを読み解くという印象があるが，分析の様々な段階において他者の意見を求めることによって，自分自身の見方の偏りを修正したり，見落としていたことを拾い上げ，また自分では格段鋭いと思っていなかったようなアイディアが肯定される体験となる。

11. アンパッキングとコード化の作業プロセス
——摂食障害の娘をもった母親の主観的体験

ここでは1つの例をあげてアンパッキングとコード化からなる分析のプロセスを練習してみよう。以下の文章は，筆者のゼミに参加していた井原研究室の畔上裕子さんが卒業論文研究で実施した「摂食障害の娘をもった母親の主観的体験」についてのインタビューの一部である。畔上さんの研究は，摂食障害の娘をもつ母親がどのような体験をしているのか，ということを理解することを目的としていた。摂食障害に関して臨床理論の多くは母と娘のあいだの衝突を原因の1つとして捉えているが，母親がそのよ

うなプロセスをどのように体験しているのか，という情報が比較的少ないことに気づいた。また，母親のための自助グループもあることから母親も娘の問題に相当影響を受けているとが考えられた。そこで，母親の体験プロセスを明らかにすることによって，同じような状況にいる母親に，そのプロセスに関しての情報提供ができるのではないかと考えた。ここではインタビューのはじめの一節を紹介してコード化の作業について一緒に考えたい。インタビューイーは，5年間ぐらい娘の摂食障害に悩まされていた。なお，インタビューの内容に関しては，分析のプロセスがわかる程度に基本的なテーマを残しているが，具体的な内容に関しては，かなり手を加えている。

さて，以下の逐語を読むときに，質的分析の姿勢を思い出してほしい。「主体性」「共感」「オープンネス」「疑問視する」である。これらすべてを同時に実現しようとしても難しいと感じるかもしれない。これらをまとめて一言で言うと，ちょっとしたことにも注意を向け，想像力を使って生き生きと語られた場面を再現して感じ取ろうとすることである。それは，その場面において登場人物が実際にやりとりをしているかのように，つまりあたかもドラマがそこに展開されているかのように想像力を働かせて，その出来事を再現しようとすることである。

　　インタビューアー1：当時の様子を教えていただけますか。
　　インタビューイー1：そうですねえ。こうやって振り返ってみると，娘と私が一緒にテレビを観て笑ったりとか，お互いが感じていることを話したりっていう普通のことは記憶にありません。一時期は，かなり暴力をふるうことがありました。私に対してだけでなく，妹に対してもです。ものを投げたり，拳を振り上げてきたりしました。私も抑えようと必死になって，たたき返したり，本気になってやり返しました。
　　体重を極限まで減らして，もう骨と皮で痛々しいだけの姿なのに，体重が減ったと確認することが唯一の喜びのようで私にはさっぱり分かりませんでした。ボーイフレンドも一人だけじゃなく，たくさんいました。ひっきりなしに電話がかかってきて，お風呂に入るのも，トイレに行くのも，肌身放さず携帯をもっていくんです。夜帰ってこない日も続いて私も神経がピリピリしていました。こちらも携帯をいつも，枕元において，遅いと主人に聞こえないように，家の外へ出て何回も電話したり，帰ってくるという返事がないので，電話を鳴らし続けたり，メールを打ったりして，一睡もできずに待っていることすらありました。

この発言は，実際にはここに提示したよりもかなり長かったが，アンパッキングの解説のためにこの部分のみを扱いたい。ゼミでアンパッキングの作業を行うとき，まず「自分にとって最も印象的であったこと，際だったことは何か」ということに関して一人ずつ意見を出していく。はじめは，「自分が感じたことは特になかった」とか，感想が出てこなかったり，「大変そうだ」とか「苦しそう」など，漠然としたコメントしか出てこないこともある。しかし，少し練習を積むと自分の感じ方を信頼して，感じたことをそのまま言葉にできるようになっていく。また，より積極的にそして主体的にテキストに関わろうとする姿勢が身についてきて，ちょっとしたことでも際だって感じられる。このような変化が起こるまでには，少なくとも数回のゼミでの練習と個人で逐語を読み込むことが必要である。次に，アンパッキングからコードへと到達する分析の「プロセス」が見えやすいようにゼミのやりとりの形でアンパッキングの作業を解説したい。

　　教員「この文を読んだときに，皆さんにとって一番際だっていたのはどんなことですか。もっとも自分に訴えかけてくる部分，もっとも中心的な部分でもよいです。いかがですか。」
　　Aさん「普通の記憶がない」というぐらいに毎日が『修羅場』で気持ちが休まらない日が続いていたんだと分かりました。壮絶って感じかな。」

教員「修羅場っていうのはおもしろい表現ですがどの部分が修羅場だと感じますか（具体的なデータとの対応を求める）」

Aさん「女同士で，というか母と娘が殴り合っているというところです。あまり想像がつきません。」

Bさん「娘さんはやせることを自慢としていて誇らしげに思っている一方で，お母さんには心配の種だったということが特徴的でした。」

教員「その点についてどんなふうに『特徴的』だと思いましたか。（データの印象の具体化を求める）」

Bさん「ううん。ふつうの感覚ではなくなっているというか，話が通じなくなっているという点です。」

Cさん「私の感想も似ていますが，普通の世界とは違うような気がしました。母親と娘の間に起こるような場面とは思えない。体重が減って周囲の人たちが心配しているのに一人だけそれをみてうれしそうにしている娘さんの姿を見たら恐ろしいというか，愕然とするだろうと想像します。」

Dさん「巻き込まれている感じです。娘の世界へ入り込んでいて，母親としての距離が保てないというか，足下もおぼつかない，という感じでしょうか。踊らされている，というか。ついていくのに精一杯。」

教員「足下もおぼつかないというのは具体的にどの箇所から分かりますか（具体的なデータとの対応を求める）」

Dさん「母親としての落ち着きをなくしているところです。思春期になった娘を力でねじ伏せようとしたり，携帯を枕元において寝られない姿です。娘の世界へ巻き込まれている感じです。」

想像をふくらませ，その場面に入っていくことによって，協力者の視点から見た世界にもっとふれやすくなる。ここでは一人ずつの意見が少しずつ異なりながらも重なりあっている。当然，自分の想像や印象は，必ずしもしっかりとデータと対応せず，深読みしていることもある。しかし，ここでは可能な「仮説」を生成することが何よりも重要であり，ずれは，実際のデータと照らし合わせることによって，のちに修正

していくことができる。このように自分の感じ方を中心に読んでいくとその文章にはっきりとは表されないような側面も露わになり，そこで起こりつつある様々な感情的要素も明らかになり，理解が促進される。次にコード名をどのようにつけるのか，そのプロセスをみていきたい。

○コード付け

教員「この場面の『体験』にコードをつけたいと思います。ただコードというとかなり技術的で味気ないものになってしまいそうなので，体験のニュアンスをうまく伝えるようにしたいのです。そこで，この場面に起こっているドラマ，映画にタイトルをつけるとしたらどんなタイトルにしますか。ただし，1つ気をつけてください。あくまでも主役はお母さんです。そこで，お母さんの視点からのタイトルをつけてください。」

Eさん「母親の不安かな。心配とか。」

教員「ええ。たしかに不安ですし，心配でしょう。心配や不安という言葉は気になっている，困っているような状況すべてに使うことができるという意味でとても便利で使いやすい言葉です。しかし，かなり漠然としてもいますね。このお母さんが感じている独特の不安の質をとらえているでしょうか。」

Eさん「強烈な不安はどうですか。」

教員「強烈というと確かに『不安』が極端に強いことは伝わってきます。しかし，問題はどんな種類の不安なのか，という点です。子どもが交通事故に遭わないかと毎日学校に子どもを送り出すときに母親が覚える不安，入学試験を受けた子どもの合格発表を待つ母親の不安，母親のいろいろな不安には共通する要素もあるでしょう。質的研究では，ある特定の体験に焦点を当てているので，その特質を拾い上げることが重要です。娘が摂食障害になったという特殊な事情から起こる不安の質を知ることが重要です。だから，不安と挙げるだけで十分ではありません。それでは，ここでの心配にはどんな性質がありますか。」

Bさん「それでは，『見張り』はどうでしょうか。お母さんは娘さんのことをいつも見張っていないといけない。暴れるし，体重のことがあるし，特に彼氏関係のことと夜帰ってこないときのことは

それにあたると思います。見張り，張り込み，をしているような感じじゃないでしょうか。」
　Cさん「私は『遠い世界の体験』ってつけると思います。『あの世の体験』かな。殴り合うことも，体重が減っていてもそれをうれしがる子ども，毎晩娘の帰りを待つ姿もです。普通の世界と違う。」
　Dさん「私がつけるとすれば，無力感でしょうか。『何をやってもうまくいかない。何もできない』という部分がよく表れていると思います。」
　Eさん「私は，『娘を追いかける母の……』というところまで出ましたが次に何をいれたらよいか分かりません」
　教員「私ははじめ『無力化』という言葉を考えました。お母さんが娘に近づこうとするが，何もできないままになっている。親が子どもを殴るなんて，最終手段で本当にどうやって手をつけていいか分からない，分からないからこそ，殴り合ってしまう。また，携帯電話をもって夜中になっても，ぴりぴりしながら待っているというのも，なすがままという感じです。そこで，無力化とつけました。」
　Dさん「私が挙げた無力感とはどう違いますか。」
　教員「無力感だと無力感をもっているのか，それに襲われるのか，それともそれに対処しているのか，という無力感と主人公がうまく結びついていません。主人公を主体としてもってくると，動きがもっと見えるようになるからです。」
　Aさん「摂食障害の母親は，娘のことをコントロールするし，それが摂食障害の原因だって聞きます。」
　Cさん「私は，母親がコントロールすることよりも，娘の人格の境界を無視して入ってくる，というふうに聞いたこともあります。」
　教員「確かに摂食障害の理論ももう少し協力者のデータ分析が進んだら，協力者の発言と照らし合わせて検討できるといいですね。ここでは，もう一度データに戻って考えましょう。お母さんが娘へと近づこうとする。携帯も『肌身離さず持っている』し，『殴って直接身体に触れる』わけです。ところが，近づいても娘の気持ちは遠いところにあるのか母親には届かない。たとえば，体重が良い例です。母親は体重が減れば心配だけど娘は逆にうれしい。男友達と出かければ娘は楽しんでいるようだけど母親は心配で仕方がない。気持ちの面ではすれ違いというか，近づきようがない。さきほどの『追いかける母』というのはその様子をつかんでいるように思います」
　Dさん「それでは，『娘の影を追う』はどうでしょうか。娘を追っているけど娘が見えない」
　全員（感心してうなる）

　ここで，無力化という語が出てきて母親の体験にさらに近づいたようである。それは，論理的というよりも感覚的に「ぴったり」する体験である。「不安」と「無力化」では大分表しているものが異なっている。次に「無力化」と「娘の影を追う」を比べてみよう。無力化には，「力を意図に反して失っていく」というニュアンスが示されている。「娘の影を追う」には，娘に手が届かない母親の様子がうまくとらえられている。次の場面ではそれがデータと密着していることを確かめ，その定義をより明確にしていくプロセスがはじまる。

　教員「とてもぴったりくるような感じです。Dさん，逐語にそってもう少し説明していただけますか。」
　Dさん「母親は娘に近づこうとして必死です。でも，娘が本当に感じていることや考えていることにいつまでたっても近づけないし，理解できないどころか，もっと遠くへ見失うようなところがあると思いました。特に，携帯電話を手に娘を追いかけているところです。」
　教員「私も影を追うと聞くと，本当の姿を知らず，本当の居場所，居場所といっても物理的にどこにいるという外にある場所よりも心の中でどう感じているのか，という心理的な場所ですが，それを知らないで，いつも一歩後れている感じを受けます。」
　Bさん「影を追うと聞いて，本当にすとんと落ちる感じを味わいました。」
　Cさん「私もその表現は本当にうまいなと思いました。ただ2人がお互いのことを殴り合っているというとき，影よりももっとぶつかった感じを受け取りました。」
　Dさん「そうですね。もっとぶつかりがある。

影だとすっと抜けてしまうでしょうか。」

教員「気持ちの面ではぶってもぶってもつながらない，としたら身体的な痛みがあまり感情的なつながりとは結びつかないと言えるかもしれません。大切なのは，すべてのことがここで説明できなくともよいということです。というのも，この逐語はこの方が話されたことのほんの一部です。20ページある逐語の半ページにも満たない程度です。このあと様々なカテゴリーが出てくるでしょう。そしてほかの協力者からもこれと似た例が出てくるかもしれません。そのような中でこの『娘の影を追う』という表現をより具体的にしたり，もっと広い範囲の現象を説明する表現に変えることもあります。それでは，カテゴリーの示す範囲を少し定めていきましょう。『影を追う』と聞いて皆さんどんなことを想像しますか。」

Cさん「ストーカーです。いつもあとをつけてくる。」

Dさん「本人がどんな人か知らないでただ外見だけで。」

Aさん「私は，ストーカーのほうが影だと思います。ストーカーは追っている人を知っているけど，追われているほうは影に追われている。だからもっと怖い。」

教員「ストーカーにもいろいろなタイプがいるかもしれません。因縁・怨恨タイプだったり，有名人のあとをつけるタイプ。母親が娘の影を追う場合もいろいろなタイプがあるかもしれません。たとえば，娘がやっていることを監視して，娘が恐怖を感じる場合もあるかもしれないし，夫の力を借りて2人で追ってくる場合もあるかもしれません。いずれにせよ，いろいろなアイディアが発展して，母親が娘の影を追うということが私たちに様々なイメージを喚起するだけでなく，ストーカーと似ているけれども異なる「概念」として区別できはじめてきたようです。」

Dさん「片思いはどうですか。相手の気持ちを分かっていないけどただ相手に振り向いてもらいたい，好きになってもらいたい。」

教員「ストーカーは，『暴力的』な部分が多いので『片思い』のほうが近い感じもしますね。それでは，『娘の影を追う』の要素は何でしょうか。何と何があると，この『影を追う』という概念ができるのでしょうか。」

Dさん「追いかけること，そして娘の気持ちがどこにあるのか分からないままにそうし続けることでしょうか。少し考え直してみると，感情の激しいぶつかり合いはやっぱりうまくとらえられていないようにも感じます。無力感は確かに入っているようです。」

教員「お母さんとしてとても無力な感じがするでしょう。本気で殴らないと言うことを聞いてもらえない，と思うほど親としての力を失っている。しかも男性とのつきあいに関しても何も口出しできなくなってしまっているし，夜は寝られないほど心配して娘の世界へと引きずり込まれている。無力なのは「影を追うということの特徴とも考えられるかもしれません。影を追うと本人に接近することはできても，接近したときにそこに本人の姿が見えない。追いかけている，そして追いついた肝心なときにその人が見あたらない。」

Aさん「こうやって話しているとコード化のプロセスは，私がはじめに考えていたこととは全くと言っていいほど異なります。私がやっていたのは，この場面を細かく切って一文一文にコードをつけることでした。そのとき，娘さんの行動には娘が暴れる，とか，母親を無視する，とか，娘さんを主語にしていました。この時間で皆さんと一緒にやってみて，それは母親の体験に関する『コード化』になっていないということが分かりました。また，協力者の体験がバラバラの異なる行動であるように見えてこれらをまとめることはできないと思いました。しかし，今やってみるとその全体性が見えて，娘と母親の関係性がうまく捉えられたコードになりました。」

Bさん「でも，細かいところまでしっかりと1つずつコード化しないでよいのですか。」

Cさん「今ここで見つけた『娘の影を追う』というのは，かなり複雑な概念ですが，それでもコードと呼ぶのでしょうか。」

Dさん「私が分析をやっていたときも，コードとカテゴリーの関係は，コードが見つかってカテゴリーが見つかるというようには必ずしもなっていませんでした。コード化は一応やってみたんですが，もう少し大きな視点からデータを捉えないと数多くのばらばらなコード名をつけてしまうことがよくありました。そこで私は，ある出来事やテーマによって区切られる1つのテーマに関する

コラム 18

カテゴリーが1つ見つかったあとに何をするか

　ここでは，「娘の影を追う」というカテゴリーが生成されました。この逐語から暫定的な定義として，「娘が自分から離れ，摂食障害と関わる症状だけでなく，様々な問題行動（母親からみた）を止めさせようと努力するが，それらがうまくいかず，いつも一歩遅れており，「影を追う」ように，娘がいると思ったところへと到達するとそこに娘がいないこと。そして，ただ不安に駆られ追いかけ続けること」としました。

　次の分析のステップとして何をすると良いでしょうか。このあとはどんな分析をするのが，研究の進展に最も役立つでしょうか。筆者が薦めるのは，このような定義が当てはまりそうな逐語を集めて並べることです。同じ協力者の逐語だけでなく，ほかの協力者の逐語も引っ張ってきます。このときに，分析者が逐語を熟知していてどの協力者が似たような体験をしていたか覚えているとこのプロセスがスムーズに進みますが，オープンコード化の段階で作ったコードを使うと良いでしょう。関連するコードを頼りに逐語を読み返し，少しでも似ている場面，または逆の場面（つまり「娘の影を追う」のではなく，娘が自分のことを従っている，または娘が自分の支配下にある状態）を集めます。　似た逐語を集めてきたら，今度は，それらが同じような要素をもっているのかどうかということを絶え間ない比較を行って調べます。比較的長い逐語から短いもの，激しいぶつかりがみられる場面，など「影を追う」という概念の幅広い例が見られるでしょう。例が数多く集まれば，それだけそのカテゴリーの定義やそれが包括する範囲が明確になっていきます。また，「影を追う」の特徴のリストが作られるかもしれません。母親が必死になって娘のあとを追うこと，それがうまくいかず，肩すかしを食わされること，母親は，母親としての威厳や力を失い，娘に振り回されること」などと新たなの要素が明らかになって，より広い定義が与えられるようになるかもしれません。

　このように1つのカテゴリーが見つかったあと，複数の協力者のデータをその視点から見つめ直し，概念を中心としてデータを整理します。いくつかの例のあいだに共通するパターンや要素が見つかるとき，まさに理論が作られている瞬間であり，グラウンデッドセオリー法を用いた研究の「発見」の興奮があります。シャーマズをはじめとして社会構成主義的立場からは，データから「発見」すること，カテゴリーが浮き出すのではなく，研究者が「構築する」ということを強調します。確かにコード化からカテゴリーを生成するプロセスまで，研究者の見方でデータをまとめ直す作業をしていますが，このようにカテゴリーが作られる瞬間には，発見と同じような興奮があります。ですから，「発見」というのは，カテゴリーを作るときの「感覚」をうまく表すメタファーとしては，かなり妥当性があるように筆者は考えています。

語りを眺めて1つのタイトルといいますか，カテゴリー名をつけて，その中にどのような要素があるのか調べていくこともやっていました。どちらかというと後者のやり方のほうがやりやすくニュアンスを拾い上げやすい気がしました。」

　教員「コード化とカテゴリー化は，必ずしも完全に異なる段階のステップではなくて，コード化をしているときに，カテゴリーのアイディアが浮

かんできたり，カテゴリーを作ってから，その要素としてのコード名が定まったりということがよくあります。最も大切なのは，この逐語部分は『リサーチクエスチョン』に対してどんなことを教えてくれるだろうか」という焦点を忘れないことです。今分析した部分は，摂食障害をもつ母親が自分の娘との間の関係について物語っている一面です。『娘の影を追う』というカテゴリー名はそれをうまくつかんでいます。はじめに出てきた『不安』『心配』という漠然とした描写からは，母親が報告した個々の行動（携帯電話を放さず娘の帰りを待つ，娘と殴り合ってしまう）の共有するテーマがうまく抜き出せました。」

Aさん「次のステップはどうすればよいのでしょうか。」

教員「このカテゴリーができたことは結構大きな進展ですね（Aは頷く）。それではこのカテゴリーを元に次にどんなことをしたら分析が発展すると思いますか。」

Aさん「そうですね。このような逐語がほかの協力者にもみられるかどうか調べてみたいです。これまで3人の協力者からインタビューをとっていますが，少なくとも2人の逐語に似たような表現があったのを覚えています。」

教員「もしかしたら，『娘の影を追う』よりも『巻き込まれ』や『無力化』のほうがほかの人たちの体験を合わせるとうまく表現できるかもしれません。」

Aさん「ということは次のステップとして娘とのやりとりについて語っているところを集めてきて，その特徴について比較したらよいのでしょうか。」

教員「そうですね。そのためには，ケース・マトリックス（第11章）を作るとよいでしょう。まずは，この影を追うという体験の核となる要素を抜き出して，それらをコードとしてはいかがでしょうか。要素としてはどんなものが中心だと思いますか。」

Dさん「感情的なぶつかり合いが無駄に終ることでしょうか。接触しようとしても接触できないというか遠くへと行ってしまう感覚です。」

教員「ほかにはありますか。」

Cさん「母親としての機能を果たせなくなっていること。」

Bさん「ふだんの行動パターンが乱れていること，電話を待っているとか，会話が成立しないとか。」

教員「さてこれらの要素がいろいろ出てきました。それでは次回これらの点について話し合いたいですね。」

おわりに

本章では分析についての解説に加え，逐語からどのようにしてコードやカテゴリーを生成するプロセスをゼミでのディスカッションで実際にやるように逐語の形で示した。カテゴリーを作る作業は，決して単純な分類ではなく，データの意味をいろいろな角度から検討して，協力者の言葉にみられる様々な行為，やりとり，感情を想像することによって，体験を生き生きと蘇らせることが重要である。そして，カテゴリー，またはコードが作られたら，それがその中にみられる要素をうまく説明しているのか，どんな要素が中心なのか，考えていく。次章では，複数のケースのデータを比較するためのケース・マトリックスについて解説する。

第11章　ケース・マトリックスを使った事例の比較

はじめに

前章では，一人の協力者のデータの細部に注目し，そこに込められている意味を開いていくアンパッキングとコード化の基礎について学んだ。じっくりとデータを読み込む作業によって，分析者の視点からの表面的な分類ではなく，一歩踏み込んだ深みのあるデータ分析が可能となる。このような作業に続いて，数名のデータを並べて，共通するパターンや特徴を抜き出す作業を行う。これは，ケースの特徴を様々な比較の軸にそって並べるケース・マトリックスによって促進される。本章では，様々なケース・マトリックスを使って複数のケースに共通するパターンや特徴を抜き出し，カテゴリーを発展する方法を説明する。

キーワード　ケース・マトリックス　事例の比較

1. 事例に焦点を当てることの落とし穴

グラウンデッドセオリー法の研究では，複数のケースから得たデータを総合して，一個人を超えて広く応用できる理論概念を生成することを目的とする。しかし，協力者一人ひとりから話を聴いていくと，一人の体験の固有性が強く印象づけられ，それが完結した1つのストーリーであり，他の人の体験とは相容れないものだと感じやすい。そのため，その個人の体験の独自性にとらわれてしまい，一事例の枠を越えてカテゴリーについて考えるのが難しくなる。

日本の臨床心理学では，伝統的に一事例の独自性を重視し，事例研究をもっとも重要な臨床研究と考える傾向が強い。実際に，一人ひとりの固有性や独自性を大切にする姿勢は，心理療法面接だけでなく，研究インタビューにおいても重要である。もう一方で，グラウンデッドセオリー法の研究では，個の理解から現象の理解へと発展させることを目的としているため，1つの事例に見つかったコードやカテゴリーが，複数の事例に共通する，より一般的なパターンであるか検討する。そのため，個を重視しすぎると肝心の分析が進まないことがある。

この問題を佐藤は，「木を見て森を見ず」とで巧みに表現している（2008, p.71）。個別の事例にとらわれるあまりに全体的な傾向やより一般的なパターンを同定したり，一事例の「特殊性」が他の協力者のどのような特徴と対応しているのか，ということを見落としてしまう。もう一方で，全体的なパターンに注目するあまりに個々の事例をあまり細かく見ないという問題

も起こるかもしれない。これは、「森を見て木を見ず」という傾向である（p.72）。この場合、分析は複数のケースの表面的な類似性をなぞるだけになってしまう。その知見は、おおまかな点しか捉えていないために、個々の事例の特殊性を理解するためには役立たなくなってしまう。

それでは「木を見て森を見る」「森を見て木を見る」にはどうしたらよいだろうか。前章で紹介した「アンパッキング」の方法は、表面的な記述や分類をこえて「一本の木をじっくりくまなくみていく」分析であった。本章では、複数の事例から得たデータを1つの表にまとめて、協力者全員、または選んだ数名のデータを見渡すためのツールであるケース・マトリックスを紹介したい（Miles & Huberman, 1994; 佐藤, 2008）。ケース・マトリックスは、このような表の総称であり、事例をコードごとに比較する場合、事例―コードマトリックス、時間的枠組みを軸とする場合、事例―時間マトリックスと呼んだりするが（Miles & Huberman, 1994）、ここではケース・マトリックスという総称を使う。ケース・マトリックスは、データ分析の様々な段階で異なった目的のために使うことができる。

2. 複数の事例からパターンを引き出す

複数の協力者から得た逐語を比べることによって、共通する要素を抜き出し、データのパターンや特徴を見いだすことができる。一人の協力者のデータのみをコード化をするとき、どの部分が対象とする体験の一部なのか、それともその個人の独特の特徴であり、その現象の特徴ではない「ノイズ」「個人差」「誤差」なのかというのは、常に質的分析のプロセスの中で分析者が考えることである。これは、はじめてある現象に遭遇するときに必ず起こることであるが、臨床場面を例にして考えてみたい。

カウンセリングにおいて、はじめて強迫性障害のクライエントを担当することになったとしよう。強迫性障害についての知識は限られているし、比較の対象がなく、どこからどこまでが強迫性障害の症状なのかということの線引きがしにくいために、クライエントの報告することをすべて強迫性障害の症状の一部として解釈してしまうかもしれない。2人目の強迫性障害のクライエントを担当することになると事情は変わる。2人のクライエントの特徴を比較して、共通する行動や思考などを見つければ、何が強迫性障害の症状であり、どこからが症状とは関連がない、個人の特徴なのかということが判断しやすくなる。さらに3人目の強迫性障害のクライエントをもてば前の2人のクライエントから引き出した特徴やパターンについて、もう少し確信をもてるようになる。また、3人目のクライエントの情報が加わることによって、はじめの2人の比較では強迫性障害の特徴だと思っていなかった特徴も強迫性障害の特徴として拾い上げることができる。たとえば、1人目のクライエントは、掃除が全くできず、部屋が散らかり放題だと報告し、2人目のクライエントは、几帳面で少しでも汚れていると気になって他のことが手につかないと報告する。3人目のクライエントは、部屋の掃除のことで家族と言い合いになると聞くとき「掃除」「整頓」が問題の1つとして浮き上がるだろう。はじめの2人は、この点についてまったく逆の傾向を見せていたのでこれが「共通する」なんらかの特徴を示すとは思わないが、このように3人目のデータが加わり、その「次元」が浮き上がってくるのだ。さらにクライエント数が増えるにしたがって、より確信をもって強迫性障害のクライエントの症状や体験の特徴について理解できるようになる。このように、複数の人を細かに比較することからパターンを抜き出す作業は、心理面接だけでなく、グラウンデッドセオリー法をはじめとした質的研究において必要である。

このような分析を行うためのツールとして便利なのは、ケース・マトリックスである（Miles & Huberman, 1994; 佐藤, 2008）。ケー

ス・マトリックスとは，複数の事例をいくつかの軸にそって提示する表である。縦か横に事例を入れ，そしてもう一方に比較の軸を入れる。比較の軸は，研究計画，またはデータ収集を進める中で浮かび上がってきた領域など，リサーチクエスチョンについて系統的に理解するための観点である。以下に説明するようにケース・マトリックスの使い方は多様であり，はじめのインタビューが終ったときに，領域やテーマなどを同定することから，分析が終りに近づいたときに，それぞれの概念に関して協力者一人ひとりがどの程度当てはまるのかということを確かめるためにも使うことができる。分析のプロセスで，いくつかの視点からケース・マトリックスを作ってみることによって，あたかもMRIで体の断層写真を少しずつ角度をずらしてくまなく撮るように，データを様々な軸から比較し，複数の協力者にみられるパターンを探すことができる。ケース・マトリックスは，あくまでデータ分析のための道具であり，データマトリックスを作ればパターンが自然に見えてくるわけではない。

3. ケース・マトリックスを使う様々な目的

ケース・マトリックスは，絶え間ない比較を促進するためのデータ整理法であり，データ分析の異なる段階で，異なる目的に向けて使うことができる。以下にケース・マトリックスの代表的な使い方をあげた。

1) 協力者の基本的な情報を整理する

協力者の性別，年齢，職業，対象とする体験とかかわる情報（たとえば，セラピストに対してのインタビューであれば臨床経験年数，理論アプローチなど）に関しての情報を整理してサンプルにサブグループがあるか，もしくは分析のときに役立つようなサンプルの傾向があるかどうか整理する。個人情報の管理に注意して，個人名・固有名詞など個人を特定する情報は出さずにある程度簡易化した情報を入れる（たとえば年齢は，全員に5歳ずつ足しておく）。この表を，論文の「方法」の協力者のセクションで提示することもある。エクセルやワードなどで作成すると，ソート機能を使うことによって，年齢順に並べ替えたり，リサーチクエスチョンと関連したある側面（年齢，うつの期間）にそって並べ替えることによってケース間の傾向を調べやすくなる。**表11-1**に，うつの主観的体験についてのデータを作り出し，例として挙げた。うつで休職していた期間で並べ替えることによって，うつの重篤度によって，きっかけや，休職期間が異なるのかということを見渡すことができる。

2) 領域とテーマを設定する

1人目のインタビューが終り，データをどこで区切ってよいか分からないとき，ケース・マトリックスを作り，領域の設定を行う。協力者の発話を段落ごと，またはページごとに要約し，それがどのようなテーマについてなのか，考えてみる。これはコード化と似た作業であるが，逐語ではなく，その要約を使うことによってテーマや領域を抜き出しやすくする。非構造化インタビューのデータを扱うとき，または半構造化インタビューを行ったが，その進行が計画通りに進まず協力者が次々と異なるテーマについて語ったり，出来事の詳細が語られ，情報の洪水状態にあるとき，このようなケース・マトリックスを作ってデータを扱いやすい量に減らして進めるとよい。要約が逐語データとしっかり対応しているのかチェックすることを忘れない。**表11-2**はうつの体験を時間軸にそってまとめたケース・マトリックスである。

協力者の体験を3つか4つぐらいの時期に分けて，それぞれの時期における特徴を要約してケース・マトリックスに入れて比較する。そしてある時期の出来事や体験の特徴が次の時期の出来事や体験の特徴とどのように関連しているのか検討する（たとえば，きっかけとなる出来

表11-1 ケース・マトリックスの例（うつの主観的体験 協力者の属性）

協力者	性別	年齢	休職(月)	重篤度	きっかけ	復職してから(月)
E	女	32	6	薬物治療	喪失（男女関係）	3
C	女	31	6	心理療法	喪失（家族の死）	10
F	男	38	7	薬物治療	事故	12
A	女	32	8	薬物治療	仕事・家族	6
G	男	33	20	薬物治療＋心理療法	家族	7
B	男	29	30	薬物治療＋心理療法	仕事	4
D	男	37	36	2カ月の入院	仕事・家族	6

表11-2 うつの体験——時間軸を領域としてとったケース・マトリックス例

	Aさん	Bさん	Cさん
うつになるまでの状況	仕事でハードな日が続く。仕事にはやりがいを感じていたが，同時にいつまでこのような忙しさが続くのかと心配もしていた。プライベートでは特に変わったことなし。友人と会う機会が減っていった。	外勤が多い仕事。2カ月ごとに出所先が変わる。変化は好きだった。プロジェクトが大きくなり，プレッシャーはあった。休みも確保できていた。彼女との結婚を真剣に考え始めていた。	転職を繰り返し，ベンチャー企業を渡り歩いた。自分にあった職場がなく，給与も転職ごとに下がっていった。キャリアがうまくいかないことを悩んでいた。
変調が起きてから	体調不良が続き，遅刻早退を繰り返す。疲れがとれない。表情が暗いと周囲の人から指摘される。	仕事で集中力がなく，簡単なミスを繰り返す。彼女とのけんかが増える。気持ちの安定が得られない。	仕事場でそわそわして気分が悪くなることが増えていく。ひどい肩こりに悩まされ，頭痛がする。
完全に不調に陥ってから	朝どうしても会社に行きたくなかった。2日間寝込んだあと上司に相談して休職。2カ月間クリニックに通う以外はほぼ寝て過ごした。	孤独で仕方がなかった。一人でいられない。一人暮らしを一時的にやめて，親と同居。	人に会うのがこわい。完全に自信を失ってしまった。外に出るのも怖く，買い物に行けない。テレビなどの声が気に障るため一人でじっとしていた。
回復プロセス	仕事を辞めたあと数カ月間アルバイトをする。体調に自信がついたあと契約社員をはじめる。	資格取得のため専門学校に通う。途中で挫折したが，生活にリズムができ，契約社員として職場復帰する。	部分的復帰。就職活動中。短期アルバイトを続けながら，家業の手伝いをする。

事によって体験の強さや質が変わってくるか）。時期の分け方は，研究のリサーチクエスチョンやインタビューが扱う時間的広がりの大きさにもよるが，はじめからあまり細かく区切ると比較が難しいので，まず3つか4つに分け，その後，必要に応じてより細かく切っていくと良いだろう。

"critical incidents（重要な出来事・事件）"を抜き出し，時間的枠組みにそって並べることも役立つ。"critical incidents"とは，協力者の体験に影響を与えるような出来事や変化である（Flamagan, 1959）。これは，協力者の体験の文脈を明らかにし，体験の構成部分と状況や文脈など体験の背景にある出来事を腑分けするために役立つ。表11-3は，うつのきっかけと関わる出来事と文脈をまとめたcritical incidents表である。表11-2と表11-3はかなり似た内容が提示されている。パターンを抜き出しやすいのは，情報がより整理され簡潔にまとめられている表11-3である。表11-2をまとめ，内容をしっかりと理解してから表11-3のような表を作ると良いだろう。

3）協力者と重要な他者の関係や見方の違いを整理する

研究によっては，家族，教員や上司，同僚や友人などとの対人関係や見方の違いについて明確にすることが重要である。たとえば，第4章

表11-3 ケース・マトリックスの例 (うつの主観的体験 うつになる前の様子)

協力者	仕事	プライベート	はじめの兆候
E	上司とのもめ事が絶えない	地方から都市への引っ越し・親の病気	身体的不調（朝起きられない・生理不順・疲れ）
K	失敗を責められる環境	突然の父の死	涙が止まらない・体に力が入らない・ぼーっとして頭が回らない
F	業績主義強い	別居・離婚	身体的不調（朝起きられない・生理不順・疲れ）
J	業績主義が強い・転職で悩む	不妊治療がうまくいかない・身体的・心理的に負担	けんか続き・いらいら・義理の親との衝突、夫との衝突
G	第一志望企業、入ったら全然イメージと違う	友人たちの成功をみているが自分だけ取り残される	酔って失言・二日酔いが続く・朝気分が悪い
I	期待が大きくつぶされそうだった	休みがとれない・プライベートなし	動悸・失敗の繰り返し・腹痛
D	中間管理職で部下とのあいだに軋轢	第三子の誕生と妻の育児疲れ・経済的な負担	パニック・物忘れ・失敗

で紹介した丸山さんのうつの夫をもつ妻の主観的体験では夫と妻の関係だけでなく，妻と子どもの関係，夫と子どもの関係，夫婦と実家の関係，友人との関係（夫がうつであることを開示するかしないかという点で），など様々な関係のあり方や見方の違いがある。鈴木さんの研究では，アトピー皮膚炎をもつ本人の主観的体験と母親の体験を比較した。このような関係性や見方の違いがリサーチクエスチョンと関連する場合，ケース・マトリックスに表して整理すると良い。見方のずれ，あつれき，関係の修復，などと関わる出来事を拾い上げることによって，協力者の体験の文脈についても理解できるだろう。

4）上位のカテゴリーすべてに関して，協力者一人ひとりからどのようなデータが出ているのかチェックする

ある程度分析が進んで上位カテゴリーが出そろったとき，協力者一人ひとりにそれらのカテゴリーがどのように表れているのか，チェックしてみる。表には，逐語を入れるスペースはないので，コードや下位カテゴリー，またはデータの要約を示して入れる。そうすることによって，多くの協力者から幅広い例が集まっているカテゴリー，数名の協力者に偏っているカテゴリーなどが判明し，カテゴリーがどのくらい濃密に記述されているのか，ということや，分析カテゴリーがどのような全体像を作っているのか，ということがつかみやすくなる。表11-4に，初回面接におけるクライエントの主観的体験のカテゴリーの頻出度を示した表を提示した。ここではエントリー欄にデータの出現のパターンをみるために「○」を入れたが，実際のデータや要約を入れることもある。

5）例外的に優れた（成功した）ケースと逆のケースを比較する

心理的な困難や問題だけでなく，ライフイベントを通過するとき，それがたとえ苦痛を引き起こしたとしても，最終的に本人にとっては，意義のある体験となり，それを思い出すことがただ苦しい気持ちだけでなく，それを克服した，そこから回復した，という安堵感や達成感を喚起するだろう。もう一方で，その体験を受け入れることが難しく，しっくりこないままになっており，「未完了の体験（unfinished business）」となることもある。たとえば，以下にあげた「心理療法の失敗」の体験でも，それが学習体験になり，臨床家として成長したという人もいれば，そのことについて思い出すとまだ恥ずかしいし，苛立ちや戸惑いを感じるという臨床家

表11-4 初回面接におけるクライエントの体験を示すカテゴリーとクライエントの対応表

カテゴリーと下位カテゴリー	各クライエントにおける出現度									
	cl.1	cl.2	cl.3	cl.4	cl.5	cl.6	cl.7	cl.8	cl.9	cl.10
心力回復の一歩										
話すことの治癒力	○		○	○	○	○			○	○
これまで相談がうまくいかなかった	○					○			○	○
マイペースで自分の視点話す	○		○		○	○			○	
話しやすい雰囲気があった	○			○	○	○			○	
話せたという達成感を覚える	○			○	○	○				
荷が下りた安堵感を得る	○					○				○
効力感が高まる	○		○		○				○	
希望の芽生え	○				○	○				○
方向性が定まった	○					○			○	
対処策を教えてもらった	○				○				○	
変わることへの意欲が現れる	○					○				○
自己再確認	○					○			○	
専門的情報をもらった	○									
受容的な言葉をもらった	○					○			○	
出会い				○	○					○
カウンセラーの誠実さを感じる				○	○					○
カウンセラーへの思いがわき起こる				○						○
保留										
これが私のセラピスト？			○	○			○	○		
想像との違いに唖然とする				○				○		
不信感が高まる			○							
いいきかせる			○					○		
不履行				○		○		○		
自分の役割は果たした				○				○		
とまどいを感じる				○		○		○		
裏切られた				○		○				
来談決定の保留				○				○		

＊最上位のカテゴリーは，最も左寄りになり，右に一こまずつずれるのは，右側のカテゴリーがそれより左のカテゴリーに属する下位カテゴリーであることを示す。

もいることが話しぶりなどからも想像できる。このように成功・解決・成長などに達した人たちとそうでない人たちを比較することによって，このような違いがどんなところで起こっているのか検討できる。たとえば，典型的であり代表的なケースと非典型的なケースを選び出し，体験の流れや概念の現れ方を比較する。このような比較を行うことによってより明確に違いが浮きあがるだろう。

4. ケース・マトリックスを使った比較の例——セラピストの失敗

筆者が行った治療的失敗の研究を例として使い，ケース・マトリックスからパターンを抜き出すやり方を解説する。この研究では，臨床家が心理療法において頻繁に出くわす困難や扱いにくい場面だけでなく，特に自分と合わない「ミスマッチ」のクライエントや，これまでに一番苦労したクライエントとの面接体験などについてインタビューを通して明らかにすることを目的とした（岩壁，2007）。これまで，臨床経験年数や失敗の種類などを分けたりしていろいろな角度からデータを集めている。データは，ケース・マトリックスを使って，パターンを見いだすプロセスを例解するために，本研究のデータを元に作った。まずは，個々の協力者の発言をみてみよう。

Th1（20代後半男性）
　私がよくやる間違いは、ポジティブなことに焦点を当て損なうことですね。たとえばよくあるのは、面接のはじめで、クライエントが「今週はこんなことがうまくいきました。だけどこういう失敗もありました」なんて報告するとき、必ずと言っていいほど失敗に関して質問したり詳しく話させたりするんですよ。おそらくクライエントが伝えたいのは「成功体験」のほうですが、やっぱり自分は問題解決を手伝うためにそこにいる、というセラピスト意識が頭にあるためか、問題のほうを聞いてしまうんですね。だから、クライエントがうれしいことを話したくてもそこは素通り。そして問題があったら、そこに目を向けてしまうんです。でもあとで気づくことがほとんどです。しばらくしてから、クライエントに「うまく言った面がありましたね。そちらのほうが大切だったですね」と伝えるんです。タイミングを逸して少しはずしていますけど、伝えないよりはいいなあって思っています。

Th2（30代前半男性）
　クライエントの問題に関する私自身の考えを伝えるときですが、結構言い間違いというか、うまく言葉になっていないことがあります。頭の中でたどり着いたアイディアは、かなりよく考えたので、たぶん、理にかなったものですが、実際にそれを言葉にして伝えてみるとクライエントは、「はあ？」という感じでぴんとこない。そこで、もう少し言葉を付け加えて詳しく説明すると、今度は、余計に混乱させてしまう。一度うまく伝わらないとどんどん訳が分からなくなってしまって、最終的に、「またそれがぴったり合う例が出てきたらまたお話しします」というように、お茶を濁して終りにしてしまいます。

Th3（30代女性）
　私が部屋に入るといきなり「ここの病院ではこんなに待たせるのが普通なんですか、患者なんていくら待たせてもかまわないっていうんでしょうか」ってにらみつけるんです。私は、「ボーダーの人かな」「どれくらい面接が続くのかな。続いても結構大変だ」って思いました。やはりこれだけ敵意が強いと一対一のセラピーは難しい。私が言ったことは、いつも悪い意味にとられてしまうから治療関係はいつも不安定でしょう。そういうケースって気が重いですし、はっきり言ってうまくいかないことが多いです。

Th4（30代女性）
　クライエントの旦那から頻繁に電話がかかってくるんです。今週はこういう様子だったとか、薬が効いているとか効いていないとか……。クライエントに電話のことを伝えると「心配してくれる」「それがふつう」ということで全くいやがったりしていません。しばらくすると「数回カウンセリングに通っても全く良くなっていないのでもう止めさせたい」って電話がかかってきたんです。私のところに来るまでにすでに3人か4人セラピストを変えていたので、それが解決にはならないっていうことを説明したのですが、聞く耳はもたず、一方的に決めてしまうんです。クライエントは、「夫がそう考えているので……」とそのことについて何も言おうともしません。このままだったら彼女の問題がそのまま続いていくでしょう。問題は、旦那さんですが……そしてそれに対して何も言えないというクライエントもやはり大きな問題をかかえているのでしょうね。

Th5（20代女性臨床家）
　私にとって強敵は、とてもきちっとした感じの中年男性です。カウンセリングで話すときも一見ていねいで外向きの「営業トーク」をする人ですね。ところが、口調や表現から私のことを軽くみていて、カウンセリングを真剣にとっていないと伝わってきます。目つきだったり、言葉の節々だったり、なんとなく見下しているんです。私が言ったことがそのままの意味にとられない。何かワンクッションあって、真剣にとってくれない。私が大学院に進んだのもそういう企業文化というか企業体質みたいなものが苦手だったからだと思います。年齢とか役職で人間関係が決められて一人の人間として接触できないような部分です。男性だからだめっていうわけでもサラリーマンだからダメってわけでもないんです。ただし、あの独特の感じがだめなんです。

表11-5 6人のセラピストのケース・マトリックス

	Th1	Th2	Th3	Th4	Th5	Th6
ストーリー	クライエントがポジティブな体験を報告してもネガティブなほうへ目を向けてしまう。あとで修正できるが、最も効果的なやり方ではない。	解釈を与えるときのタイミングが悪かったり、フレーズが分かりにくかったりするために、その効果を得られないどころかクライエントを混乱させる。	クライエントの敵意が強いために、治療関係を確立することが困難。面接は、クライエントが怒りを表す場所になってしまっている。	クライエントの家族から頻繁に電話がかかってきてクライエントとセラピストの関係に割り込んでくる。治療関係が常に脅かされている。	中年のサラリーマン風の男性で自分のことを軽蔑するような姿勢で臨んでくるクライエントを苦手として、嫌悪感や敵意を向けてしまう。	内省できず、表面的な解決のみを求めて、周囲の人たちに対して配慮がない若い女性クライエントに対して怒りを向けてしまう。
失敗の重さ	軽度（取り返しがつく）	軽度（取り返しがつくがクライエントは混乱する）	ドロップアウトは免れない	ドロップアウトは免れない	まずいプロセスが水面下で進行する	まずいプロセスが水面下で進行する
クライエントの関わり	特に重要ではない	特に重要ではない	大きい・変えることができない	大きい・ほとんどのセラピストにとって変えることができない	大きい・そのセラピストにとって特別な意味をもっている	大きい・そのセラピストにとって特別な意味をもっている
セラピストのスキル・訓練	影響あり・改善可能	影響あり・改善可能	影響あり・改善困難	影響あり・改善困難	セラピストの自己の影響・改善可能	セラピストの自己の影響・改善可能
クライエントの感情	関係ない	関係ない	敵意	敵意・過剰の関わり	軽蔑	他責
セラピストの感情	自己批判	自己批判・恥	混乱	混乱・プレッシャー	怒り・不安・混乱	怒り・嫌悪

Th6（30代男性臨床家）

自分と同年代の独身女性なんですが、まったく良くなろうとか努力しなければいけないって感じがありません。親の金を使い込んでしまったということを話すときに、罪悪感もないようです。仕事を探すことについても「若者の街に近いところ」だとか「……ヒルズだったら金持ちの男に出会える」とか、不純な動機ばっかり。聞いていてイライラして怒鳴りたくなりますよ。「この人のためになんで自分はこんなに努力しなければならないのだろうか」ってなんだか腹立たしくて仕方なくなりました……クライエントは問題の解決をすべて安易なことに求めて、自分を見つめることができない。私にとっては一番共感できないタイプの人です。

5. ケース・マトリックスを使う

これらの逐語をみていくとき、どのような要素に注目するとさらに分析が進むであろうか。そのためには「絶え間ない比較（constant comparison）」という作業が必要となる。ただし、2つのものを比較するのは比較的簡単であるが、数多くのものを比較するとなるとかなり大変である。というのも4つも5つものアイディアを頭の中に思い浮かべておくことはとても難しいからである（目をつぶって6人ぐらいの人の顔を同時に思い浮かべてみよう。おそらく2, 3人に焦点を合わせるとあとの人たちの顔はぼんやりするだろう）。そこでケース・マトリックスを使って整理してみよう。逐語をそのまま表にいれることもできるが、そうすると、詳細の情報に気をとられすぎてしまい、全体像をつかめなくなることが多い。ここでは、全体像をつかむことを目的としてそれぞれの発言の要約を入れて分析する。

まず、協力者の6つの話を要約する。行には

表11-6 治療的失敗のカテゴリーの定義とその特徴

	一時的失敗	状況による失敗	ミスマッチ
定義	知識やスキル，臨床経験が足りないために面接中に最も効果的な介入ができなかったり，それに気づけなかったりすることによって起こる失敗。	極端に困難なクライエントやセラピーの枠組みを維持することを困難にする状況のために起こる失敗。	クライエントの外見，社会的立場，心理的特徴によって，セラピストの個人的な心理葛藤が喚起され，セラピストが陰性感情をもちながら面接を継続することによって起こる失敗。
該当例	Th1, Th2	Th3, Th4	Th5, Th6
原因	スキル経験不足	困難なクライエントや場面	クライエントとセラピストの特徴のミスマッチ
セラピストの訓練	訓練やスキルの不足	スキルや経験レベルによって多少改善	セラピストの個人的成長や心理的葛藤と関係するが，スキルよりも気づきが関係している。
セラピストの感情	自分自身に対する苛立ち，自責。	クライエントの発言や行動によって苛立ちや怒りが喚起される。	コントロールできないような深い葛藤が喚起される。状況よりもセラピスト自身の葛藤と関係している。
クライエントの感情	明らかではない。	セラピストに対する敵意。	クライエントがもともともっていた感情が自由に表される。
起こりやすい結果	あとで間違いや失敗を取り返す機会を見つけることができる。	クライエントの一方的なドロップアウトに終わりやすい。	セラピーは続くが効果的でないプロセスに陥る。

比較するための軸を入れる（表11-5）。これは，データ収集の前に設定したリサーチクエスチョンとかかわる領域であったり，分析中に浮かび上がる軸である。はじめから6ケースを見渡すのは難しいので，まずはじめの2人の例を比較してみよう。この2人の失敗体験はどちらも面接中に起こり，あとで取り返しが利く比較的軽い失敗だった。どちらも技法的な問題であって，「タイミング」という表現が出てくる。そして，効果的なやり方での介入ができなかったことがここで問題となっている。クライエントのプロセスを最大限に促進できないこと，そしてセラピストがもっている知識とスキルを十分に出せていないことがこのような失敗の特徴である。

Th3とTh4では特徴が異なる。この2人のセラピストは，かなり難しいクライエントと遭遇し，はじめからうまく行かないことを予見していたように語っていた。一人は，「境界例のクライエント」であり，セラピーがはじまると同時に敵意を表し，セラピストとクライエントが安定した関係をもつことはできなかった。もう一人のクライエントの夫は，セラピストに電話をかけて治療関係のあいだに入り込んだ。クライエントは，夫のいいなりになっていたので，セラピストとクライエントの2人の関係は安定しなかった。もしかしたら，セラピストが難しいクライエントや治療プロセスを妨害する家族の扱い方について知っていれば，克服できた状況かもしれない。しかし，これらの状況では，どんなセラピストでも似たような困難を体験することが予想される。そして，その状況を大きく変えることは難しい。むしろ，このようなクライエントに出会ったことが問題であると考えているようである。

Th5とTh6では，クライエントの特徴や問題だけでなく，セラピスト自身の苦手意識も関わっている。Th5は，中年のサラリーマンの男性で，自分のことを見下すようなしぐさを見せるクライエントに対する苦手意識をもっている。もう一方，Th6は，周囲を責めたり，周囲の人に配慮せず，あまり自分自身を振り返ることができないクライエントに対して苦手意識をもっている。どちらもクライエントに対して苛立ちや敵意，嫌悪感を覚えている。この2人のクライエントは似ていないが，どちらもセラピストに苦手意識を引き起こす。2人のセラピ

ストは自分の苦手意識に気づいているが，それをスキルによって補ったりすることについてはふれていない。またさきほどの Th3 と Th4 のようにクライエントのみにその原因を見いだしているのではなく，自分とクライエントの「組み合わせ」が問題となっている。Th5 のセラピストは，もし中年でも女性のクライエントだったり，彼女が苦手とするサラリーマンのタイプでなければ，より適切な対応ができたかもしれない。同様に，Th6 のセラピストも，クライエントがもう少し内省的であったとしたら，またはもし両親に対して配慮があったとしたら，クライエントに対して肯定的な感情を抱くことができたかもしれない。ここの例では，失敗に結びついているわけではないがセラピストは内的にかなり葛藤を抱えてセラピーを続けることになりそうである。

さて，このようにデータをケース・マトリックスを使って比較すると事例間の共通性や違いが浮き彫りになる。軸として加えたのは，比較をする中で表れた領域である（**表 11-5**）。Th1 をみると経験不足またはスキル不足のために起こった失敗であり，セラピストは自分に対して苛立ちを表すがクライエントへの影響はそれほど大きくなく取り返しがつくような失敗であると分かる。Th2 の失敗に関わるのは，タイミングであるが，面接プロセスが阻害されたというよりも，効果的な介入をし損なったという性質が強い。その結果として，面接プロセスが多少滞るようであるが，そのあとに取り返すことができる程度の重さである。Th3 になると事情が異なる。失敗は，セラピストによって引き起こされたというよりも，もともと難しいクライエントであることが問題であり，困難は避けがたい。Th4 のケースは，モンスターペアレントならぬモンスターハズバンドであり，電話の対応に追われながらもそれが最終的に失敗に終っている。このようにみていくと，6つのケースは，3つのグループに分けられるだろう。ちょっとした失敗で取り返しがつく Th1 と Th2 の失敗と，周囲の状況から起こる Th3 と Th4，そしてセラピストとクライエントの組み合わせから起こる Th5 と Th6 の例である。

表 11-6 は，このような比較から得られた失敗のカテゴリーのケース・マトリックスである。カテゴリーは，それぞれ原因，セラピストの訓練，セラピストの感情，クライエントの感情，起こりやすい結果という軸によって区別された。このようなマトリックスに達するまでには，アンパッキングを含めたオープンコード化から焦点コード化も行っているので，表 11-5 から簡単に達したわけではない。しかし，表 11-5 を使うことによって比較が促進され，3つの失敗の形がかなり早い段階から明らかになっていった。

まとめ

質的データは膨大な量になるため，その全体を見渡すことが難しい。そして，文章のデータに表れる意味やニュアンスの世界にふれるとほんの少しのことでも非常に重要な体験の質であると思い込み，それらをすべて捉えようと努力して分析が進まなくなってしまう。1つのケースの重さがはっきりと感じられる質的研究では，どうしても個別性や固有性ということにこだわりすぎてしまう傾向にある。そのようなときデータを要約して，より大きな像をとらえるケース・マトリックスが役に立つ。コード化をするときに「毛穴」ではなく「顔」を見ることができるような距離を見つけることが大切であるということを前章で説明した。ここでも同じような「距離感」，つまりデータの全体像を見失わないようにすることが重要である。

第12章　カテゴリーを統合する

はじめに

　グラウンデッドセオリー法の理論構築は，直線的に理論が少しずつ積み上げられるというよりも，一度積み上げては崩したり，いろいろなやり方を試してみる試行錯誤のプロセスとなる。無駄が多いようにみえるがこのような組み替えによってそれまで見えてこなかった図柄やパターンがはっきりと見えるようになる。これは，実験的であり，クリエーティブな作業である。

　グラウンデッドセオリー法の解説書には，コードからどのようにしてカテゴリーを生成するのかということに関して比較的多く説明されている。しかし，カテゴリーをどのように組み合わせて，さらに上位のより抽象的なカテゴリーを生成するのか，そしてそれらのあいだにどのような関係を設定するのかということに関しての説明は，極めて少ない（Dey, 1999；Wasserman et al., 2009）。ここでは，いくつかの中心的な作業を，研究例を通して解説したい。

　　　キーワード　カテゴリーの階層化　カテゴリーの再構成　プロセス　段階モデル

1. カテゴリーの階層化

　グラウンデッドセオリーの分析が進むにつれてカテゴリーの階層が増えていく。はじめは，記述的コードやそれらをまとめるカテゴリーの2つの層ができることが多い。複数のカテゴリーをまとめる上位カテゴリーが次々と作られていき，最終的には上位のカテゴリーをすべて包括する中核カテゴリーが生成される（**図12-1**）。協力者数が10名程度のインタビューだと中核カテゴリーまで到達せず，その下の数個の概念が明確にされる段階でとどまることも多い。

　いくつの階層ができれば結果として安定しているという基準はない。カテゴリーが階層的になればなるほど上位のカテゴリーには，該当する例が増え，特徴がより明確にそして濃密に記述される。分析に着手した当初は，コードの付け方がしっくりこないため，それが分析に大きな影響を与えることを不安に思うことが多い。コード化の段階で起こる多少のズレは，上位のカテゴリーに行けばいくほど，吸収され問題にならなくなる。階層が高くなるほどカテゴリーの安定度も高まる。最も安定したカテゴリーは，すべてのカテゴリーを包括し，最も抽象度が高い中核カテゴリーである。ただし，中核カテゴリーは，ふつう研究のテーマ，またはリサーチクエスチョンに近いために，論文において詳細にわたり説明するのは，その下の階層にあるカ

表12-1 概念名と修正——慢性疾患をもつ人たちの主観的体験　（杉本さんの卒論研究）

はじめのカテゴリー名	暫定的定義	検討した点	最終的なカテゴリー名
感覚把握	慢性疾患はそれがある人にとって，具合の悪さや不調として現れる。協力者は，自身の感覚を総動員して自分に何が起こっているのか探索し，慢性疾患に対する手掛かりを見つけていくことを体験していた。	「自分（の中）で分かってる」と複数の協力者に語られていて，{感覚的に（自分で）分かる} としたが，ゼミで「探る」の語を教えて頂いて，ぴったりだと思った。	{感覚的に探る}
比較・参照	不調が断続的に続く中，どのような対応が必要で，体調を改善することは何か，具体的な行動が選ばれることとなる。協力者において，このような判断を経験的に身に付けていく体験があった。	「会得しながら？　あの体験しながら」という逐語のように，身に着けていく感じを入れたい。	{判断を体得する}
兼ね合い・期待値	協力者の日常においては，複数の健康問題や，健康とそれ以外の領域に属するものごとの兼ね合いが考慮される。そして，慢性疾患を含めた生活全体に均衡をとっていくことが体験された。	測ったり図ったりしている様子を表現したい。	{バランスを図る}
慣れ・同化	調子がいい時と悪い時に慣れ，またそのような不調に対応したり影響されたりすることを引き受けて，慢性疾患と付き合っていくことが体験されていた。	逐語に「付き合っていく」と多く語られていて，コードにもなっていた。	{付き合っていく}
制御困難	不調は時に突然増悪し，また予測のできない経過を辿る。協力者は，体調の制御が不可能であるという困難，また自身で説明ができないという困惑を体験していた。	捉えどころのなさ，理解できなさ，難しさ，迷惑・不安などを何て言おう？	{（未定）}

テゴリーである。

図12-1 のカテゴリーの構成をみると，アルファベットの階層にあるカテゴリーは，3つであり，特に A は，カテゴリーが4階層になっており，1〜4の側面が多くのデータに支えられた安定したカテゴリーとなっている。A と比べると B と C は，階層数が少ない。もし理論サンプリングを使ってさらにデータを集める場合，B と C についてもっと明らかにできるような協力者を対象とするのが良い。階層が多ければ必ずしもカテゴリーが安定しているわけではないが，1つの目安となる。

2. カテゴリー名を修正する

概念を生成する作業の1つは，現象をよりぴったりと表せる語へその概念名を変えていくことである。ここでは，ニュアンスをどのようにとらえるかということが重要なポイントとなる。たとえば，よく使われている「不登校」と「登

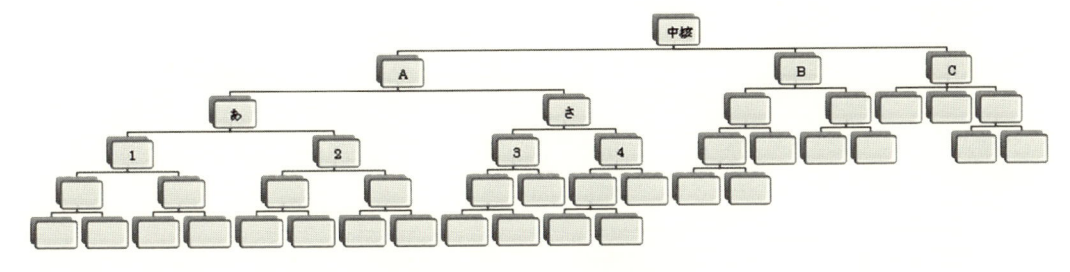

図 12-1　カテゴリーの階層化の例

校拒否」という2つの概念を例にあげよう。「不登校」は、なんらかの環境的要因や心理的要因のために登校しないか、したくてもできないことを指す。もう一方で、「登校拒否」というと、親や教師の働きかけに反発するなど、心理的な「拒絶」が強調される。このようなニュアンスの違いによって、現象の捉え方、そしてその問題に対する対処法に違いが出てくるだろう。

ここで、もう一度「慢性疾患をもつ人がどのようにして症状に対処するようになるのか」というプロセスについて研究した杉本さんの分析に戻ろう。杉本さんは、最終的に5つのカテゴリーを生成した（**表12-1**）。これらのカテゴリーは、協力者の体験をかなりよく表していたが、ぴったりこない点もあった。たとえば、「感覚把握」は感覚的に症状を把握することだろうと想像できるが、「比較・参照」と「兼ね合い・期待値」は、2つの名詞からできており、それがどのように組み合わされるのか、ということがわかりにくい。また、杉本さん自身も理解したニュアンスをうまくカテゴリーに反映できていないように感じていた。

杉本さんが概念名を修正する上でいくつかポイントになったことがある。まず1つは、名詞で表していた概念名を現在進行形の動詞をイメージして付け直して統一した点である。これによって、協力者が自分の症状に対処するという主体的なかかわりが見えやすくなった。また、行為の焦点も移った。たとえば、感覚把握という概念名だと「把握」して、行為が「完了する」ことが体験の中心にあるようだが、この段階の特徴は、把握しようと手がかりを必死になって「模索」していることであった。「探る」にするとちょっとした身体的変化にも注意を向けてそれから症状の悪化や発作などを感じ取ろうとする姿勢とその行為がもっとよく見えるようになった。

次に、概念がそれぞれからうまく区別できるかという点である。そのためには、それぞれが固有の意味をもっていること、そしてそれと似た概念とは明確に区別できて異なる心理プロセスを示していることが重要である。「感覚的に探る」は、きっかけをつくろうと模索している行為状態であるのに対して、「判断を体得する」は、きっかけをつかみ、症状が悪化する信号を整理し、医師による治療も見切りをつけていき、効果的なものとそうでないものなどを取捨選択する判断・評価を学習することを表している。このようにして近接する概念を比較し、それぞれの特徴を明確にすることによって、どの概念からも協力者の「動き」が見えてくるようになった。このようにして4つの概念は、慢性疾患の症状への対処法が発展して、それが生活の一部として同化されていき、症状と「つきあっていく」ようになるプロセスをよりうまく伝えるようになった。

最後の1つの概念だけ概念名が決まらなかった。「制御困難」とはじめに名づけられたこの概念は「協力者が症状を扱うときにまったく分からなくなってしまう」「何もできなくなってしまう」ことを指し、他の4つの段階のいつでも起こり、それが起こるといつも感覚的に探るという段階に戻ってもう一度やり直すことになるという性質をもっていた。どんなに症状の悪化を知らせる前兆の判断を体得して、バランスを図り、つきあっていくことを学んでも、必ず「制御不能」状態が訪れるのであった。これは、ゼミの話し合いの中で「ばば抜き」のジョーカーやすごろくの「振り出しへ戻る」と似ていると話し合った。カードをどんどんためていってもジョーカーを引くとすべてがパーになってしまう。このようなイメージをもちながら名前がつかなくてもしばらくそのままにしておき「仮」の概念名をつけておいた。この概念は最終的に「わからない」と名づけられ特別な位置におかれた。

表 12-2 嶋崎さんの「里子体験のカテゴリー表」

体験の領域	説明概念（カテゴリー）：定義の概略
里子であること	わからなさ：理解を越えた事実に触れる
	コントロール不能：自分の力の及ばない所で出来事が進行している
	自分だけ他者と違う：自分だけ辛い思いをしている
	他者の反応への懸念：開示をしたときの他者の反応が心配
	他者による解放：他者の傾聴，理解によって悩みが軽減される
	自己否定からの解放：自分に非があるわけじゃない
里親家庭の生活	ゆるぎない存在：何があっても自分を見放さないで見守る里親
	出会いの縁：血縁がなかったから出会えた縁，里親から広がる縁
	一人じゃない：自分のために何かをしてくれる人がいる
	コミュニティへの帰属感：あの地元でなければあの友だちはいない
	里親との生活を失う不安：施設に返される，実親が迎えに来る不安
実親をめぐって	顔の見えない実親：どんな人なのか，ちょっと会ってみたい
	グッド・マザーへの期待：「完全に悪い母」ではないという期待
	返答の得られない疑問：なぜ捨てたんだ，納得できない
	自分なりの折り合い：自分なりの結論を出して不時着させる
	否定的同一視：実親と同じ道は進まないと決意する
	2組の親体験：実親と里親との間で気持ちが行き来する
	母と過ごす乳幼児期の喪失：母に抱かれた赤ちゃん時代はなかった

3. カテゴリーの再構成

　最終的なカテゴリーの数についてであるが，3つから8つ程度のカテゴリーに絞り込むとそのモデルから得られる知見を使いやすい。また，カテゴリー間の関係についても分析しやすい。もう一方で，カテゴリー数が10を超えると，それらのあいだの関係を設定するのは煩雑である。また，論文の読者がそのカテゴリーのリストをみても，全体を理解するのは難しい。下位カテゴリーとのつながり，そしてカテゴリー間の関係を比較し，組み直することによって，よりデータにフィットしたカテゴリー構成となる。

　研究プロセスの章で紹介した嶋崎さんの作った15のカテゴリーは，分析の初期段階で「里子であること」「里親家庭の生活」「実親をめぐって」という3つの領域に「分類」された（表12-2）。ここで，「分類」と言ったのは，これらは，分析に先だって設定した枠であり，分析を通して生成されたまとまりがある概念にはなっておらず，カテゴリー間のつながりや関係については何も教えてくれなかった。たとえば，「自分なりの折り合い」と「自己否定からの解放」はかなり似ている心理プロセスのように見えるが，違う領域に入っている。しかも，それらと対になるような「わからなさ」「返答の得られない疑問」との関連性が見えてこない。自分が里子になったことが理解できない，という「理解できなさ」と親に「なぜ捨てたんだ」という「返答の得られない疑問」を問い続けることは，かなり似た心理プロセスである。このように，3つのテーマによる領域を作るまとめ方だと，体験がどのように作り出されているのかという体験のプロセスが分かりにくい。したがって，体験のテーマを羅列した一覧表のような印象を受ける。

　この点についてゼミで何度か話し合う機会があった。嶋崎さんが何人かの協力者の体験をストーリーにして語り直すのを聞いていると，協

力者の心の動きがもっとはっきり伝わり，何が中心的な心理プロセスであるのか，ということが見えてきた。それは，協力者は，実親から「投げ出され」，施設に入れられ，今度は里親の元で新たに自分の人生を作り，主体性を取り戻そうとするプロセスだった。協力者は，周囲の人との体験や実親について思いを巡らせ，この2つのあいだを行ったり来たりした。この動きを表す図の修正を繰り返したあと，最終的に**図12-2**のような心理的プロセスの「動き」を捉える図が完成した。ここでは，15のカテゴリーが6つにまとめられ，「主体感の喪失」と「主体感の取り戻し」という2つの中心的カテゴリーに，他者と2組の「親」との関係が寄与することを表すモデルが構成された。このモデルは，協力者が実親から離れ，里子として生活しはじめて現在に至る時間的経過を説明しない。それが，浮き彫りにするのは，里子という体験に作り出される「動き」である。

上位のカテゴリーを生成し，そして，カテゴリー間の関係を設定するためには，分析を通してつけてきたメモを読み直したり，論文を執筆して，結果をまとめる作業も役立つ。執筆作業は，理論のどんな部分が明確になっていないか，ギャップとなる部分を浮き彫りにしてくれる。また，ケースサマリー（ケースの概要）を書き，一人ひとりの体験の全体像をつかめるようにすることも役立つ。インタビューデータは量が多く断片的なときも多いため，約800字から1200字程度にまとめたケースサマリーを作成する。ケースサマリーは，一人ひとりの協力者にカテゴリーがどのように現れるのか確かめるためにも役立つ。ケースサマリーを作成するとき，キーワードをゴシック体にすることによってケースの特徴が頭に入りやすくなるように工夫する。

インデックスカードを使うとこのような組み替えの作業が楽になる。1つのカテゴリーを1枚のインデックスカードにはりつけ，それらを広いテーブルや床の上に並べてグループ分けし

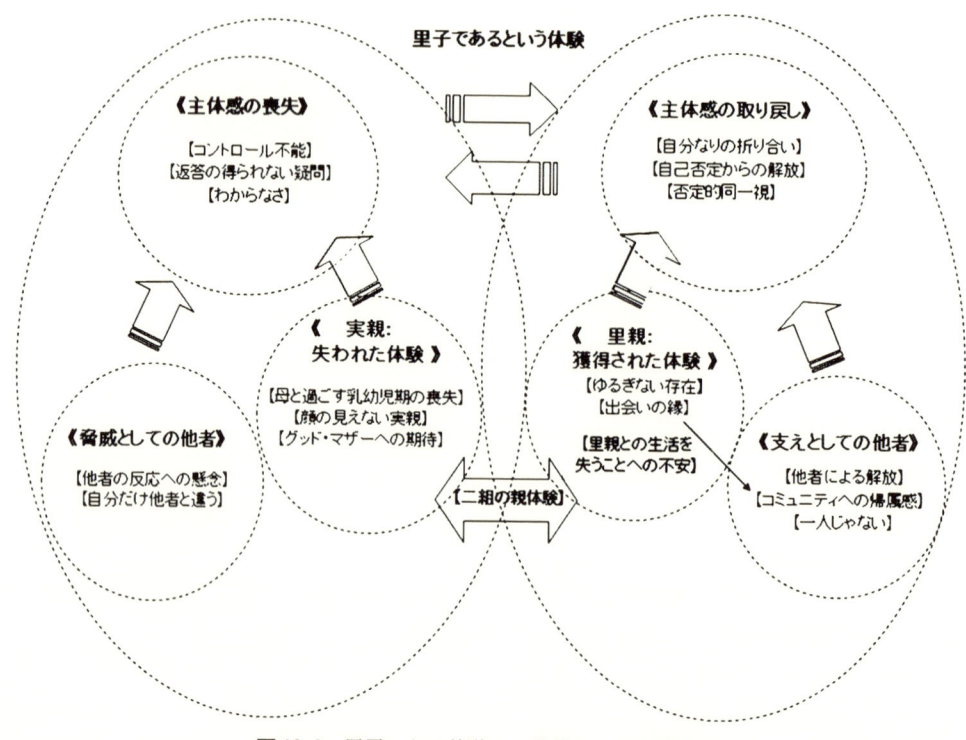

図12-2 里子である体験――嶋崎さんの修論研究

たりする。壁に下位カテゴリーと定義の書かれたインデックスカードを貼り付けて眺めている学生もいる。コンピュータのモニターを眺めているだけでなく、いろいろな方法を使ってカテゴリー同士をつきあわせると良い。

4. プロセスを段階として捉える

本章では、協力者の主観的体験プロセスを捉えることを目的としたグラウンデッドセオリー法の研究について解説してきた。体験プロセスについて扱うとき、主観的体験とは何か、プロセスとは何かという質問に答えなければならない。主観的体験とは、その個人の意識の中に直接的に見いだされる生き生きとした内容であり、感情、認知・思考、身体的変化、状況刺激の知覚、これらの変化、などの質である。その個人がどのように自分・他者・世界を捉えて感じ取り、その意味を導き出しているのかということと関わっている。もう一方、プロセスは、思考、感情、行動、相互作用（他者とのやりとり）が続いて起こるときの順序や流れであり、変化する状況に合わせて発展し、その性質を変えたり、変えなかったりする。

コラム 19

体験と経験

以前、心理療法の専門書を翻訳するとき、"experience" という1つの言葉を「体験」と訳すべきか、「経験」と訳すべきか迷うことがありました。英語では、日本語の「体験」と「経験」という非常に似ていながらいくらか意味が異なる語が区別されません。「体験」は、いきいきとなんらかの事柄を感覚や知覚から実感することを指し、印象が強い事柄に対して使われます。もう一方で、「経験」はより広くそのような体験から何か個人が得る知識や技術、または意味を指します。「体験学習」と言っても、「経験学習」とはあまり言わないでしょう。また、「経験を積む」と言っても、「体験を積む」と言わないように、この2つには重なる部分もありながら、重要な意味の違いもあります。ドイツ語では、"Erlebnis（生きられた体験）"は、"Erfahrung（人生経験）"というほぼ同じ区別がありますので、日本語は、こちらを反映しているのでしょう（Van Manen, 1990）。

「体験」と「経験」の区別は、それほど明確ではなく、この2つはかなり重なっている部分があります。実際に訳語も統一されていません。たとえば、クライエント中心療法、ゲシュタルト療法、フォーカシング、実存療法などは、自己決定や成長を重視するヒューマニスティック心理学の哲学に基づいた"experiential therapies"と呼ばれていますが、この訳語は、「体験療法」であったり「経験療法」となったりと訳者によって異なります。また、これらの文献の翻訳でも"experience"は、体験と経験という言葉があまり明確に区別されないまま使われているようです。たとえば、"emotional experience"という場合、「感情体験」または「感情経験」という両方の訳語が使われています。

皆さんの研究プロジェクトでも「経験」と「体験」のどちらを使うか、頭を悩ませることになるかもしれません。辞書の定義を借りながらも、ご自身の研究ではなぜ「体験」というほうが「経験」よりもうまくその現象を捉えるのか、ということについて簡単に説明を加えると良いでしょう。

状況によって変わっていくプロセスは，段階の形をとって表すことができる。たとえば，ある心身の病の闘病体験の質は，その病気や症状の悪化や改善などの変化にともなって変わっていく。もう一方で，長年変化しないプロセスは，それが一定の反応や主観的体験を作り出すような仕組みによって表すと良いだろう。以下にこのような2つのプロセスのとらえ方を解説する。

5. 変容段階について

主観的体験のプロセスをカテゴリーとしてまとめていくときに，その変化をいくつかの段階としてまとめることが適切な場合がある。そのとき，1つの段階を1つのカテゴリーとして，異なる段階の特徴を明らかにしていく。これは発達，変化などの「段階理論」のような形をとる。皆さんがよく知っているのはピアジェの認知発達の段階や精神分析の発達段階理論，キューブラー・ロスの死の受容の段階などであろう。これらの理論では，その段階の時間的な長さとその段階に特有な心理プロセスの特徴を明らかにしている。たとえば，エリクソンの発達モデルの第1段階にあたる乳幼児期は，生まれてから18カ月ぐらいまでの時期を指し，母子関係の中でアイコンタクトと身体的な接触を通して，母親が乳幼児に愛情を示し，乳幼児の欲求を満たすことがその中心的な心理プロセスである。そして，この段階の心理的課題は，世界が安全な場所であり，他者に対して信頼感をもち，未来に対して希望をもつようになることである。エリクソンは，アイデンティティの発達に8つの段階を設け，すべての段階の心理プロセスとその結果として達成される心理課題（信頼，自律など）とそれが失敗したために起こる心理葛藤（恥，不信感など）を明確にしている。ここでは，「うつ」になるプロセスについてのデータを使った例を1つ提示したい。**表12-3**には，木元さんと水上さんという2人が変調をきたしてから「うつ」になるまでの経緯についての語りを抜き出した。そして，「分析」のコラムには，この2人の体験の共通点を抜き出し，各段階にカテゴリー名をつけた。

それぞれの段階には，特徴的な出来事（ライフイベント，場面），身体の変調の体験の仕方と症状の扱い方（無視する，積極的に対処する），他者の関わり（内緒にして一人で対処する，周囲の人が気づく，医師の治療を求める）がある。はじめの「得体の知れない感覚に襲われる」段階では他者の関わりはなく，主に自分自身の中での葛藤が中心にある。のちの段階では，重要な他者（妻，彼女）や医師が加わり，展開される体験の質が変わってくる。身体の変調の体験の仕方と症状の扱い方も，段階ごとに発展がある。はじめは突然不思議な感覚に襲われ，それが自分の生活へと侵入してくる。一時的に薬で抑えるようになるが，最後には圧倒されてしまう。

このような時間的経過にともなう体験の質の変化を捉えるとき，ある一定の特徴を示す期間が，カテゴリーとなる。おおまかな段階が浮き彫りになったあと，上にあげたような軸を抜き出すことによってそれぞれの段階の特徴を明らかにしていく。その中で1つの段階が2つに分離されたり統合されたりする。

6. 段階モデルの工夫

段階モデルは，その体験の特徴を最も分かりやすく抜き出して，表や図にして表すとよい。進藤千沙さんは，思春期炎症性腸疾患（IBD）患者が治療過程において，どのような心理的葛藤をもち，それがどのように変容していくのか，患者本人と母親にインタビューした。その結果，両者の変容プロセスを，それぞれ5つの段階に表した。ここでは，患者本人の結果のみを提示した（**表12-4**）。この表には，カテゴリー名とその定義に加えて，各段階で顕著な心理的葛藤のテーマが提示されている。たとえば，「健康な自分 vs 病気の自分」の葛藤は，病気になっ

第12章 カテゴリーを統合する

表12-3 変容の段階のとらえ方——うつになるプロセスを例として

木元さん	水上さん	分析
そのころは、すべてがうまくいっていると思っていました。出来高制で給料がアップしたり、少しずつ交遊範囲が広まったり、新しい彼女ができたりして。ある日仕事でのことですが、突然めまいというか、息苦しくなったんです。立ちくらみみたいで、すっと意識が遠のきはじめて……なんとかその場は、切り抜けたんですが、何が起こったのかさっぱり分かりませんでした。	妻が妊娠して7、8カ月のころでしょうか。まあ、お腹も大きくなって家族になるって実感も沸いてきたころです。休みの日だったのですが、友人と会う約束をして街を歩いていました。なんだか体が急に重くなってきました。ビジネスホテルがあってすぐにチェックインしてそのままぐったりとベッドで数時間横になっていました。	この時期の2人の特徴は、どちらも大きなライフイベントがあり、変化を経験している。木元さんは、昇給や対人関係の広がり、水上さんは、夫婦から家族という変化のまっただ中にいた。そんなときに、突然からだが言うことをきかなくなった。木元さんも水上さんもパニック発作を体験していたようである。周囲の人は気づいていない。**「得体の知れない感覚に襲われる」**と名づける。
それから数週間は、そのことが気になりましたが、なかったことにして過ごしていましたね。考えないようにしていました。ところが似たような感覚がやってくるんです。それほど強くないけど心臓がどきどきして胸が苦しくなって目の前が白くなっていく。1週間に一度、ひどいときは1日に数回起こるようになりました。そうなると会社に行きたくなくなるんですよ。	それから2週間ぐらい経ったころでしょうか。そろそろその出来事も自分の中で軽くなってきたころだと思います。通勤電車に座っているときに急にからだが重くなってきたんですよ。して気分が悪くなって、電車の中のいろいろな臭いが鼻について仕方がない。はじめは朝の満員電車がいけないんだろうと思って通勤時間を変えたりしました。しばらくすると休みが増えましてね。	しばらく何事もなく、時間が過ぎたあと、2人ともその得体の知れない感覚に再度襲われるがただその感覚に耐えて、しのいでいる状態である。1回きりと思っていたあの出来事が毎日の世界に侵入して日常の一部となりつつある。そして、身体的に強い変調を引き起こすがまだ一人で耐える。**「症状が日々の生活を変容する」**とする。
彼女といるときに何度か起こったんですよ。2人きりでいればごまかしようがないですから、本当のことを話すと病院に行ったほうがいい。脳の病気かもしれないって。それで2人でドライブしているときに事故りそうになって。次の朝に彼女に連れられてクリニックに行きました。	妻には心配かけたくなかったので何も言わなかったんですが、私の険しい顔つきから変だって分かっていました。ネクタイをしめるのにとても時間がかかってため息を何度もついたりしていたから。「何も言ってくれないのがもっと不安」「早く治して」と泣かれてクリニックに行く覚悟を決めました。	ある出来事をきっかけとして、周囲の人たちが気づきはじめ、その異変に脅威を感じるようになる。日常生活の中で症状が頻繁に現れるようになる。一人で問題を隠していることができなくなり**「重要な他者と問題を共有する」**段階である。
医師からパニック発作について説明を受けました。「自分の問題がこんなによくある一般的なことなんだ」とほっとしました。薬ももらったので気分は楽でした。	クリニックで説明されて安定剤をもらったときはほっとしました。精神的な疲れかストレス、ということで次の日から薬を飲めばいいって。妻もほっとしました。	病名がついたことによって問題が何か分かって安堵感が生まれた。医者から診断を受け、問題に対する姿勢とその扱い方が変わった。**「問題をとらえる」**段階である。
頓服を飲む回数が増え、自分がすり減っていくような感覚がありました。かなり体調とストレス管理に気を遣っていましたが、どんどん休む日が多くなって、もうだめってことで休職しました。	ほっとしたのもつかの間、状態は悪くなっていくばかりでした。睡眠薬と抗鬱薬が追加され、医者も薬も変えたんですが、よくなるどころか、悪くなるばかり。ついに降参という感じでした。完全なうつの状態でした。	前段階の安堵感はつかの間に終り、期待を裏切るように、本当の「うつ」状態がはじまった。お手上げの状態であり**「底が抜ける」**段階である。

注）カテゴリー名は，ゴシック体にして表した。下線部は，特徴的な出来事，身体の変調の体験の仕方と症状の扱い方，他者の関わりという共通する次元に関する特徴である。

表 12-4　思春期 炎症性腸疾患（IBD）患者が治療過程における心理葛藤——進藤さんの修論

コア	カテゴリー	カテゴリーの定義	主な葛藤
自己ケアへの信頼を構築するプロセス	【1 食の喪失】	喪失体験の積み重ねにより病気が現実味を帯びたものとして実感される過程。	(1) 健康な自分 vs 病気の自分
	【2 食のコントロールをめぐる苦悩】	食事制限により，友人との付き合いにくさを感じたり，親への反発・治療への不満が表出する過程。	
	【3 食を通じたつながりの実感】	食を共にする家族や友人の思いやりに目を向ける余裕が生まれる過程。	(2) 欲求 vs 自覚に基づく制限 母親からの制限
	【4 食への主体性の高まり】	自ら積極的に食事療法に取り組み始めることで，気持ちのコントロールが可能となる過程。	
	【5 食に対する自己効力感の獲得】	自己ケアの成果を感じることで自信をつけ，冷静な判断のもとで先を見通す力が発揮される過程。	(3) 理想 vs 限界

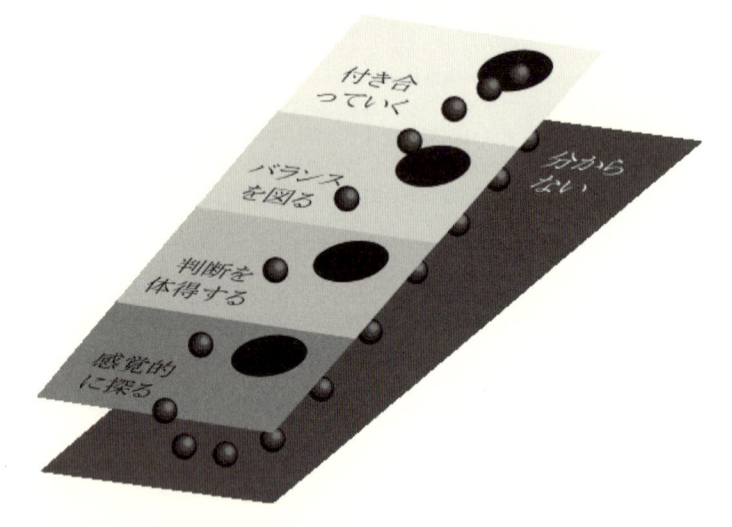

図 12-3　慢性疾患の症状とともに生きる（杉本さんの卒論）段階モデル

てしまったことで，"以前食べていた物が今は食べられない"，"健康が取り柄だった自分の価値が下がってしまった"など病気になる前の自分に執着し，現在を受け入れることができない状態である。次の「欲求 vs 制限」は，治療がはじまり，自分が好物としていたものが，症状を悪化させると知り，自己規制と欲求の板挟みになる葛藤を表す。このように段階の特徴を臨床的に有用な次元から描写することによって，その結果の意義がより明確になるだけでなく，全体像がつかみやすくなる。

段階を図にして表すことによってその特徴がうまく伝えられることもある。何度か例として扱ってきた杉本さんの慢性疾患をもつ人たちの症状への対処に関する研究では，慢性疾患のある人は，複数段階によるプロセスを経て症状と{付き合っていく}に至ったのが分かった。まず，自分の身体の感覚に注意を向け症状がどのようにして起こるのか感じ取ろうとする{感覚的に探る}。そして，症状の悪化に先立つ，様々な身体的変化や環境的要因に関するその人独自の理解を発展させていく{判断を体得する}。そのような判断をもとに生活の中で変化を起こし調整する{バランスを図る}と，調子が良いとき悪いときにも慣れて安定した生活を維持するようになる{付き合っていく}。ところが，これらの4つの段階に加えて，性質が異なる段階がもう1つあった。それは，{分からない}

という段階であった。協力者たちは，どんなに身体の変化に敏感に反応し大事をとっても，時に症状の憎悪が襲ってくるのだった。それは，4つのどの段階でも起こり，何年も慢性疾患と「付き合って」いても予想したり，抑えたりできなかった。そして，そのようなひどい憎悪が起こると，協力者たちは，健康状態が著しく悪化し，症状の原因が「分からなくなり」もう一度自分の身体的感覚を学ぶところに押し戻された。

すごろくの「振り出しに戻る」，またはババ抜きのジョーカーのような性質をもつ「分からない」というカテゴリーは，表の中にうまく収まらず異なるやり方でその性質を表すことが必要だった。そこで，図を立体的に表現することを考えた。図12-3は，どの段階にも症状のぶり返しである憎悪の落とし穴があり，そこに落ちると，はじめの段階へと戻ることをうまく表している。この図は，{感覚的に探る}から{付き合っていく}へ到達することによって症状の統制感が高まるが，慢性疾患であるがゆえにいつも症状が消えることなく，いつでも{分からない}という状態に落ちる危険が根底に潜んでいるという慢性疾患の症状と付き合うことのもう1つの重要な特徴も示している。

おわりに

本章では，理論をどのようにして修正していくのか，研究例を多く用いて説明した。ばらばらだったカテゴリーのあいだのつながりが明確になり，カテゴリーが統合されると現象についての理解が大きく進む。これらはグラウンデッドセオリーの分析を進めるなかでとてもエキサイティングな瞬間の1つである。カテゴリー間のつながりが明確になり，1つひとつの事例を分析で得られたカテゴリーからうまく説明できるとき，データ分析は終りに近づいている。次章では，質的研究の「質」を確保するための方法について解説する。

（執筆協力者　杉本あずさ：昭和大学病院神経内科）

第13章　質的研究の質について

はじめに

　質的研究は，様々な人の主観的な体験や行動を生きられるままの姿でとらえて，理解し，表すことを目的とする。グラウンデッドセオリー法では，さらに理解したことをカテゴリーとカテゴリー間の関係からなる「理論」として表すことが要求される。このような目的を達成するために研究者は，どのような基準に着目したらよいだろうか。本章では，質的研究の信憑性および妥当性の問題について解説し，読者が研究の「質」を判断するための基準に関する代表的な考え方を提示したい。

キーワード　質的研究の質　信憑性　主観性　妥当性

1. 量的研究と質的研究の「質」

　研究の質についての判断は，量的研究か質的研究にかかわらず，「真偽値判断」「応用性」「一貫性」という3つの基本的な軸がある。量的研究と質的研究では理想とされる研究のあり方が異なるため，この3つの軸にそって異なる「質」を示す基準が設けられている（**表13-1**）。質的研究は，研究の基本的な方向性を与える複数の異なる研究パラダイムの1つを基礎としてとる。また，質的研究は過去10数年において大きな発展を遂げ，多様化したため，単に「量的」か「質的」かという区別ではなく，研究の基礎となるパラダイムにそった質の基準が必要である。そこで，研究パラダイムとの関連性を示すPattonによる「質」と信憑性を評価する5つの基準群を**表13-2**に提示した（2002）。

　伝統的な科学研究の基準は，量的研究，およびポスト実証主義パラダイムに基づく質的研究に当てはまる。客観性を重視し，研究者の見方の偏りをできるかぎり最小限に抑えるために複数の評定者を用いたり，評定者間の合意率を計算し，結果がどれくらい「広く」応用できるかということが研究の価値を判断する大きな指標の1つとなっている。

　社会構成主義，構築主義の立場からの研究は，「構築主義・解釈主義」の基準が重要視される。私たちの社会的現実とは，人間が作り出すものであり，人がそれをどうやって作り出すのか，社会や政治的力がそれにどのように影響するのかということに注目する。この考え方では，客観性を確保することよりも，個々の協力者の主観性を捉え，その特殊性を十分に理解すること，そして研究者自身の主観性が理解にどのように影響を与えているのか検討することを重視する。研究の目的は「真実」を明らかにすることより

表 13-1　量的研究と質的研究の「質」の判断基準

	量的研究の基準	質的研究の基準
真偽値判断（Truth Values）	内的妥当性（Internal Validity）	信憑性（Credibility）
研究から得た知見はどの程度その現象を反映しているのか。	実験操作により，変数間の因果関係を抜き出せるようにする。従属変数（効果を示す変数）の変化が，独立変数（影響力をもつとされる介入，実験操作）によるものだと確立できるようにする。	研究者が自身の体験を記述し，それを解釈する。リサーチジャーナルをつけ，研究プロセスを記録する。協力者に結果が自分の体験を反映しているか尋ねる。
応用性（Applicability）	外的妥当性（External Validity）	転用可能性（Transferability）
研究から得た知見は，どの程度広く，応用できるのか。	偏りがない大きなサンプルをとることによって結果ができるだけ広く適用できるようにする。サンプルを無作為抽出するか，対象とするグループを反映したサンプリング法を系統的に使う。	研究のサンプルおよび状況と実際に結果が用いられる対象者と状況の適合性の判断。研究の状況が適切に，そして十分に描写されなければならない。
一貫性（Consistency）	信頼性（Reliability）	確実性（Dependability）
研究における記述と評定はどの程度一貫して行われたか。	評定・測定が安定している。尺度の評定が状況や時間，測定を行う者が変わっても一定している。	研究者の決断のプロセスを研究に関わっていない第三者である監査者によって正確であり，適切であることが確認される。

注）Guba & Lincoln (1989), Koch (2006), Rolfe (2006) を元に筆者が作成した。

も，現象の理解，そして研究者自身の理解とその限界について検討し，研究結果が，その問題についての活発な議論を促進することである。

　質的研究には，科学的研究と芸術の両方の性質があると指摘されはじめた。データ分析のプロセスにも，正確で厳密に分類することだけではなく，想像力を働かせて発見することから，読者の感情に訴えかけるような文章で研究結果を表現することに至るまで，読者と感性の面でつながることが要求される。芸術的・喚起的基準とは，協力者の生きられた体験の主題や内容を的確にまとめるというだけでなく，まさにその生きられた感じを読者にいかにうまく伝えるかということであり，「生きた」言葉を使って表現することと関わる。

　フェミニストパラダイムやポスト構築主義パラダイムと強く関係しているのは，重要な変化の基準である。研究が社会的な不公正を扱い，そしてそれらの問題を是正するために貢献することの重要性を強調する。研究と社会とのつながりを積極的に認める立場である。事後妥当性は，研究が意図する，または偶然起こる社会的影響にかかわる。研究から得られた知見が期待された社会的変化に役立つのか，またはそこから何らかの弊害が起こりうるのか，ということであり，研究の社会的な役割を強調する。

　最後に，プラグマティックな評価基準であり，結果が臨床実践にどのように活かされるのかという点と関連する。臨床心理学の研究は，有用性ということに最大の関心をもっている。有用性とは，研究知見が実用的な形で提示され，それを実践することが倫理的であり，実際の臨床現場に合わせて柔軟にその知見を使うことができるということも含まれる。

2. 量的研究と質的研究に共通する「質」のガイドライン

　エリオット（Elliott）らは，数年かけて心理療法研究の学会の質的研究者たちと研究の質の指標について検討を重ねた。様々な研究者によってあげられた 40 もの質に関する基準を整理し，質的研究と量的研究の両方に重要である 7 項目と質的研究のみに当てはまる 7 項目にまとめた（Elliott et al., 1999）。これらの項目について例とともに解説していきたい。

　量的研究と質的研究に共通して重要なガイド

表 13-2 質的研究の質と信憑性を判断するための基準の分類

伝統的な科学研究の基準
- 研究者の客観性（見方の偏りを最小限に抑える）
- データの妥当性
- フィールドワーク・観察の系統性と正確さ
- トライアンギュレーション（異なる方法およびデータ源から得られたデータの一貫性）
- コード化の信頼性
- 現実と研究知見の一致度
- 一般化可能性（外的妥当性）
- 因果関係に関する仮説を支持するエビデンスの強固さ
- 理論への貢献

構築主義の基準
- 主観性を認める（偏りを考慮に入れて検討する）
- 信憑性
- 真実性
- トライアンギュレーション（複数の異なる視点を捉え、それぞれの見方を尊重する）
- 内省性
- 実践性
- 特定性（異質なケースの特徴を十分に扱う）
- 高められ深められた理解
- 対話・話し合いへと貢献する

芸術的・喚起的基準
- 1つの世界の扉を読者に対して開く
- 創造性
- 美的資質
- 生き生きした解釈
- 生きられた体験に根づかせ、筆者の自己から流れる記述
- 読者を刺激する
- 読者の感情を喚起する
- 読者とつながり、読者の心を動かす
- それ独自の「声」を出す、表現的
- 「本当」「真実」「現実」だと感じさせる真実性

重要な変化の基準
- 批判的視点──社会的公正に関する意識を高める
- 社会における不平等の性質とその源泉を同定する
- 社会的に権力が弱い人たちの視点を表す
- 権力者たちがどうやって権力を行使し、権力から利権を得ているのかということを可視化する
- 権力が弱い人たちを尊重し、協力的にかかわる
- 関係する人たちが行動を起こす力を高める
- 変化を起こすために可能な方略を同定する
- 実践性
- 研究と研究者の歴史的文脈と背景にある価値観を明確に示す
- 研究の結果が事後的にもつ影響（事後妥当性）

プラグマティック（実用的・実際的）、功利主義的評価基準
- 有用性
- 実行可能性
- （目的や環境に対する）適切さ
- 正確さ（バランス）
- 系統的探求
- 評価者のコンピテンス
- 誠実さ・公正さ
- 人々の尊重
- プログラムの改善への貢献
- 公衆の福祉の責任（多様な利権と価値観を考慮する）

注）Patton (2002, p.544-5) を筆者が訳出して一部説明を加えた。

ライン（指針）としてエリオットらは、表 13-3 の7つをあげている。1つずつ簡単に説明を加えたい。両方の研究において重要なのは、自身の研究を先行研究の知見にどのように位置づけられるのか、明確にすることである。卒論や修論に取り組む学生は、自分自身の関心や問題意識に基づいてデータを集めるが、時にそれが心理学の分野においてどのような意味があり、それまでのどのような先行研究と結びついているのか、ということに関してあまり調べずに研究を進めてしまう。研究は、自分自身の時間や労力だけでなく、協力者の人たちの貴重な時間とリソースを提供してもらうことによって可能となる社会的活動である。そこで、研究から得られた知見が広く社会に役に立つか、または心理学の知見を積み上げるために有益であるとき、研究としての意義が出てくるのだ。また、研究の目的もはっきりしていることが必要である。「研究の目的は何か」「なぜその目的が大切なのか（先行研究やその分野の理論などとの関連から）」という2つの質問に対して明確な答えがすぐに出てくるというのが理想である。

2つ目は適切な方法が選ばれているか、という点である。質的研究、量的研究のどちらでもリサーチクエスチョンに答えるのに最も適切な方法を数多くある方法から選び、そして選んだ理由を具体的にあげられることが大切である。協力者の数（サンプル数）、性別、年齢、教育

歴などといった属性，尺度を使うのであれば似たような尺度がいくつもあるなか，なぜその尺度を選ぶのか，という点，インタビューを行うのであれば，半構造化インタビューにするのか，自由インタビューにするのか，というデータ収集の方法の選択，会話分析，グラウンデッドセオリー，現象学的分析など様々なデータ分析法を選んだ理由を述べる。

3つ目は，協力者への敬意である。協力者は，研究に参加することによって時に自己理解を深めたり，心理学の発展に貢献できることをうれしく思ってくれる場合もある。また，大学生が質問紙に答える場合，実際に心理学の知見がどのような研究によって作り出されるのか，その一部にふれることを楽しんでくれることもある。もう一方で，どんなに簡単な質問紙でも，それに答えるためには，自分について振り返り，時にはあまり考えたり目を向けたくないようなことについて答えなければいけない。質問紙の回答にかかる時間だけでなく，このような心理的関与をすることに対して敬意を示すことは倫理的姿勢でもある。その1つは，協力者の情報から最大限の知見を引きだそうと努めることである。自分の研究が「単純」であったり，「おもしろみ」に欠けるとこき下ろす学生は，そのような質問紙に回答してくれた協力者の努力を忘れている。インタビュー調査では，このような「尊重」がもっとはっきりと浮き上がる。まず，協力者は，自分の辛い過去やかなり個人的な体験について話すことになる。クライエントへのインタビューを続ける中で，クライエントの感じ方を常に尊重し，それを理解しようとする姿勢を忘れてはならない。インタビューに協力してくれる人たちに対してはデータ分析の段階においても配慮と尊重が必要である。データの取り扱いだけでなく，協力者の一言がはじめは意味が通じなくても，またはその意義が明確でなくとも，それをじっくり読み込むこもうとする姿勢は，敬意と関係している。

4つ目は方法を具体的に示すことである。方法の節は論文において学生が飛ばして読みたくなる部分である。しかし，いざ自分が研究を実施する立場になってみると，この節の具体的な記述を細かく読み解こうとする姿勢が起こってくる。研究の結果のみを知りたいという姿勢と，研究をどうやってやるのか知りたいという姿勢によってここまで読み方が大きく異なってくることはとても興味深い。方法の節は，読者がその記述から研究を再現できるように明確にしかも詳細に渡って記述されなければならない。また，使用する尺度の信頼度や妥当性についての情報も示すことによって次に提示する結果について評価できるようにする。方法についての記述は時にあまりにも簡潔に述べられているために必要な情報が欠け，特になぜその尺度を選んだのか，またはそのインタビュー方法を選んだのか，という理由や根拠が述べられていない。

5つ目は適切な「考察」である。結果のセクションではデータ分析からリサーチクエスチョンについて分かったことをできるだけ系統的に整理して簡潔に報告する。その結果が，「問題と目的」において論じたこれまでの先行研究の争点や臨床的な問題にどのような「含み」や知見を加えるのか，結果の意味と意義について検討することが「考察」の作業である。「考察」が適切であるというのは，結果の意義がリサーチクエスチョン，先行研究と関連づけられ論じられていること，筆者の「考察」が得られた結果と密接に結びつけられていること，結果の意義が客観的に評価されていること，研究の問題点がしっかり把握されていること，そして今後の研究の方向性や必要性について，論じられていること，臨床的な意義について検討されていることなどがあげられる。もう一方で，（よく見られる）あまりよくない考察の特徴は，結果の良い部分のみについて検討し，その問題点について客観的な検討をしていないこと，結果によって支持されないような「推測」が多く，主要な結果の意義があまりに拡大解釈されていること（特に臨床的意義について），などがあげ

表13-3 質的研究と量的研究アプローチの両方に共通するガイドライン

	ガイドライン	検討する具体的なポイント
1	科学研究の文脈と目的が，明確に打ち出されているか	・本研究と，重要な先行研究との関係が明確になっているか ・先行研究レビューは，理論やパラダイムなどに偏りがなく，幅広く適切な研究を拾い上げているか ・社会的に意義があるトピックを選んでいるか ・研究の目的が明確であるか
2	適切な方法が選択されているか	・数ある研究法からなぜその方法を選んだのか十分な説明があるか ・サンプルはどのようにして選んだのか十分な説明があるか ・なぜそのデータ収集の手法（尺度，インタビュー法）を選んだのか十分な説明があるか ・なぜそのデータ分析の手法（ナラティブ分析，会話分析）を選んだのか十分な説明があるか
3	協力者に十分な尊重と配慮がなされているか	・協力者から得たデータが個人のプライバシーや人格に関わる情報であるという重さを理解し，情報の管理を徹底しているか ・協力者のデータから最大限の情報を引き出そうと努めているか ・協力者が時間と労をとってくれたことに尊重の気持ちをもって研究作業を進めているか ・配慮と尊重をもって協力者と接したか
4	方法を具体的に示しているか	・方法のセクションは，明確にしかも詳細にわたって記述されているか ・方法のセクションに基づいてその研究プロセスが具体的に分かるか ・尺度の信頼性と妥当性の情報のように評価のための適切な情報が提示されているか
5	適切な考察がなされているか	・結果の意義が，リサーチクエスチョンや仮説との関連で論じられているか ・結果の意義は，客観的に評価されているか（過小評価，拡大解釈，過大評価されていないか） ・研究の問題点（理論的，方法的）が把握されているか ・今後の研究の方向性が示されているか ・結果の臨床的意義（訓練も含む）が十分に検討されているか
6	適切な表現を用いて論文が書かれているか	・一文が長すぎないか ・伝えようとしていることがうまく表現できているか ・簡潔な表現を使っているか ・適切な間隔で段落をとっているか
7	当該分野または社会に対して研究から得られた知見が貢献するか	・研究結果は，臨床心理学の理論，研究，実践，訓練にどのような貢献をするか ・それまであった理論的矛盾，方法的問題などを本研究がどのように解決したか，またはどんな問題点を発見したか ・実践に関する貢献はどんな臨床家が，どんな現場において，どのような対象者に対しての援助を行うのに役立つのか ・広く社会一般に対して本研究がもっている意義は何か ・具体的にどのような効用が（短期的・長期的に）期待されるのか

注）Elliott et al. (1999) を元に筆者が検討するポイントを加えた。

られる。

6つ目は，提示の仕方が明晰であることである。論文を執筆するとき，時に自分が伝えたいニュアンスを表現するために日常的にあまり使われないような言葉を使ったり，一文が必要以上に長くなったりすることがある。科学的論文の特徴は，できるだけ分かりやすく，そしてその意味が明確であるという点である。

7つ目は分野への貢献である。研究から得られた知見がその分野に役立つという点である。臨床心理学に関する分野では少なくとも理論，研究，実践，訓練という4つの領域における貢献が考えられる。質的研究は特に実践への貢献が期待されることが多い。

3. 質的研究の基準（表13-4）

1）自分の視点・見方を所有する

質的研究では，量的研究と比べて研究者個人の様々な判断が占める割合が大きくなる。たと

表 13-4 質的研究の質のガイドライン

	ガイドライン	検討する具体的なポイント
1	研究者は，自身の見方を所有しているか	・研究者が自身の理論的立場，価値観，興味関心，先入観，仮説，社会的役割，などで研究に関連する情報を読者に提示したか ・研究者は，これらがデータ収集と分析に与えた影響について検討したか ・研究者は，そのような立場の利点だけでなく，問題点を認識しているか
2	サンプルの位置づけが明確にされているか	・読者が研究結果の転用可能性を判断できるように，協力者の属性，研究と関わる重要な情報を提示したか ・協力者をどのような手段で集めたのかその手続きとプロセスを明示したか ・協力者との関係をどのように確立したのか，その関係の質を示す情報を提示したか
3	データ分析の結果は具体例に根づかされているか	・カテゴリーを説明する逐語データが十分に提示されているか ・逐語は適当な長さに切って取り出され，カテゴリーとの対応が読者に分かりやすい形で提示されているか ・引用文がどのようにそのカテゴリーと対応するのか，筆者による解説が加えられているか ・引用文がインタビューで語られた文脈から取り出されて異なる文脈で使われたり，間違ったやり方で解釈されていないか
4	信用性・信憑性を検討し，それらを示す情報が提示されているか	・コードの付け方，カテゴリー生成の仕方，カテゴリーの関係の設定の仕方，などデータ分析のプロセスを示す情報を提示したか ・データ分析のプロセスを明確に記述したか ・監査者によるチェック，トライアンギュレーション，異なる種類のデータ（観察データ，インタビューデータ），異なるデータ収集の手法（個人インタビュー，集団インタビュー），などを用いることによって信憑性を確保したか
5	データ分析の結果は，一貫性・統一性をもっているか	・複数のカテゴリーが，同程度の抽象度に到達したか ・それぞれのカテゴリーは，対象とする現象の幅を包括するか ・カテゴリーは，バラバラの概念のリストではなく，それらの関係が検討され明確にされたか ・中核カテゴリーが生成されたか
6	全般的・具体的な研究課題を達成したか	・リサーチクエスチョン，研究目的を達成したか ・リサーチクエスチョン，研究目的の一部ではなく，その全体を達成したか ・リサーチクエスチョン，研究目的のより具体的な焦点を検討したか
7	読者と共鳴するような表現で論文は執筆されているか	・論文は，協力者の生きられた体験のリアリティを伝える表現で書かれているか ・論文は，読者の感性へと働きかける表現を使って表されているか ・読者が直観的にその現象について理解できるような引用文が選ばれているか ・読者の誤解や過剰な思い入れを煽動するような表現は使われていないか

注）Elliott et al.（1999）を元に筆者が検討するポイントを加えた。

えば，データ収集のとき，質問紙をどんな人が配布するか，回収するかということによって回答の仕方が大きく影響を受けるとは考えられない。つまり，研究者の影響はあまりないだろう。これはデータ分析の段階においても変わらない。データ分析に使う統計法についての知識が同じであれば，大学院生が分析を行っても，一流の統計学者に頼んでもその結果は変わらない。しかし，質的研究ではインタビューのスキルが高いか低いかというだけでなく，インタビューアーが協力者ともつ関係の質に影響を与える様々な「個人的要因」が働いており，研究の意義を理解するためにはこれらの情報が提示されなければならない。そしてそれらの要因は単純に量で表すことが難しい。たとえば，研究者が協力者と同じ問題を経験したことがある場合や，家族や周囲の人に同じ問題を体験した人がいる場合である。このような身近な体験のおかげで研究者は，協力者と良い関係を作ることができ，より深いところまで情報を集めることが可能になるかもしれない。もう一方で，自分の体験に，協力者の体験をはめこんでしまうために，協力者の主観的要素が引き出せないことも起こってくる。自身の見方を所有するとは，研究者の理

論的立場，価値観，興味関心，仮説，社会的役割，など対象の理解だけでなく，その結果を伝えるときに影響があるかもしれない情報を提示して，読者がその意義や位置づけを判断できるようにすることである。北アメリカの心理学の専門誌に質的研究が発表されるとき，上にあげたような研究者の情報が提示されていることが多い。

良くない例——震災の被害者がどのようなプロセスを経てショックや喪失感から回復するのかという主観的プロセスについて半構造化インタビューをもとにした研究を行うとしよう。研究者は，自分自身がこの現象についてどのように関心をもちはじめたのか，そして震災に関しての知識や体験の有無，について記述しない場合はよくない例である。また論文を通して，見た目の客観性を高めるために，第一人称で研究者の印象や受け取り方で伝えないため，読者は研究者の理論的立場を知るために，想像に頼るしかない場合である。

良い例——研究者は，自身の理論的，方法論的立場を明確に示した（リジリアンスの視点から個人の回復に関心をもち，特に個人の主観的体験を重要だと考える）。また，本研究と関連するような個人的体験や訓練についても示した（研究者自身もある震災の被害を受けたことがあり，被害者に対して，クライエント中心療法的立場からの心理的援助を行ってきた）。また，「研究者は，自身がこの研究に着手するまえにトラウマからの回復に関してある理論家の考え方に影響され，個人がトラウマから成長できるということに特に注目していた」と出発点となる自身の見方を簡潔に示した。

2）サンプルを位置づける

量的研究は，できるだけ数多くのサンプルを集めることによって，そのサンプルから得られた情報が当該の集団に属する全ての人たちをよりよく反映するようにする。たとえば，日本の大学生の全体的傾向を知りたければ1つの大学から数百人のデータを集めるよりも，いくつも大学からより多くの学生に協力してもらえば，そのような全体的傾向はうまく捉えられるだろう。これは一般化可能性（generalizability）と呼ばれている。これに対して質的研究は，一般に多くの人に当てはまる法則やパターンを発見することよりも，ある特定の人たちの主観的体験を記述することを目的とする。つまり目的とするのは，特定の人たちの特徴とその状況をできるかぎり明確に記述し，その情報を提示することによって，読者がその結果がどのような状況において当てはまるのか，マッチングができるようにする。これを転用可能性（transferrability）と呼ぶ。

良くない例——研究者が，協力者の性別，年齢，文化的背景，社会経済的背景，また研究テーマと関わるような情報を提示しないときである。たとえば，心理療法をドロップアウトしたクライエントにインタビュー研究を行う場合に，クライエントがどのような心理療法を受けたのか（精神力動療法，認知行動療法など），セラピストの臨床経験はどのくらいなのか（訓練生，経験豊富なベテラン），長期・短期の別，過去の心理療法経験，扱っていた問題，などについての情報が欠けていれば心理療法のうまくいかない体験がどのような場合に当てはまるのかわからなくなってしまう。

良い例——研究者が，上にあげたような情報に加えて，心理療法が行われた設定（個人開業，病院，クリニック），料金など面接構造，などについての情報を提示することによって転用可能性は高まるだろう。

3）結果を例に根づかせる

質的データの分析の仕方は，研究者一人ひとりによって異なる。コードの付け方やカテゴリーの作り方，そしてカテゴリー間の関係の見つけ方なども様々なやり方がある。また，データ分

析によって得られたカテゴリーがどれくらいデータを反映しているのか，という点も読者がデータと照合できることが望ましい。また，このように実際のデータを見れば，他の理論概念と比較して研究者とは異なる説明の仕方が可能なのか，検討できる。

良くない例——研究者は，日本への留学生の抱える困難とその対処法について特にヨーロッパからの留学生に焦点を当ててインタビュー調査を行った。その結果を，5つのカテゴリーによって表したが，どのカテゴリーの説明も研究者による定義のみで，協力者の逐語の提示は少なく，提示されている場合も一行程度だけであり，それが述べられた文脈が示されていなかった。また，最終的に5つのカテゴリーは，パス図のように矢印でつなげられたが，それらの矢印がどのように導かれたのか説明がなく，そのようなつながりが引用文からは明らかになっていなかった。

良い例——しっかり例に結果を根づかせるように，研究者は，逐語とコード，そして下位カテゴリーから上位カテゴリーまでのつながりが分かるようにコード名などを含む逐語を提示する。そして，カテゴリー間のつながりを示すとき，いくつかの典型的な例をあげて，それらのカテゴリーの流れを説明する。

4）全般的・具体的な研究課題を達成する

質的研究でも大規模な研究であれば，ある現象を広く全般的に理解することが目的となる。その場合，幅広く協力者を集めたり，様々な状況の例を集めることが重要になる。そして，結果をどのような人たちや状況にまで広く当てはめることができるのか，その範囲を明確に示す。もう一方で，研究は，特定のケースや状況を理解することを目的にするかもしれない。その場合，その特定のケースを系統的に，そして包括的に記述して，読者が詳細を理解できるようにする。そのようなケースに焦点を当てた研究においても結果をどのようなケースや状況に当てはめることができると考えられるのか，その範囲を示す。

良くない例——研究者が，うつを患った人の体験の全般的なプロセスをモデル化することを目的としながら，比較的短期間で回復して復職した人のみに焦点を当てて，そのモデルを提示する場合。うつになって回復するまでにより長い時間がかかった人たち，そしてうつの再発を繰り返している人たちとの比較をせずに，その結果をうつを患った人たちの体験として提示している。

良い例——うつを患った人たちを早期改善群と，長期罹患群，そして再発群に分けて，それぞれのグループにおいて体験が異なるのか，調べた。まず，早期改善した協力者に対してインタビューを行い，カテゴリーを作っていった。次に，より期間が長い協力者に対してインタビューを行い，早期改善した人たちから得られたカテゴリーで彼らの体験が説明できるのか，どんな点が異なるのか，検討していった。最終的には，この3つのグループの体験がかなり異なり，3つのパス図が作られた。研究者は，本研究は，うつのみを患っている人に焦点を当てたため，身体的な疾患を併発している人たちに対して本研究の結果を当てはめるためにはさらなる検討が必要であると指摘した。

5）読者と共鳴する

質的研究の特徴は，文章表現を使って読者へと訴えかけることである。その特徴は，映画や音楽，ドキュメンタリーなどとも似ている。読者に最も伝わる生き生きとした表現や，意味やニュアンスを的確にしかも痛烈なやり方で捉えるメタファーを使うことによって，読者に語りかける。そして，それまであまりふれることがなかった人たちの体験を鮮明に映しだす。それは，協力者の体験を誇張することでも，劇化することでもない。その体験が起こる過程のリア

リティを伝えることであり，個人の体験へと近づけば近づくほどに現れる生き生きとした世界を伝える。

Morrow による信憑性の 4 つの側面

Morrow（2005）は，ポスト実証主義，構築主義，社会構成主義，ポストモダニズムなどの異なるパラダイムに共通する質的研究の重要な特徴をあげている。Elliott らは，質的研究を専門誌に投稿するときにその論文が「採択」されるための基準をあげたが，Morrow は，より広く，「データの信憑性」という視点から質的研究の「質」を確保するための 4 つの基準をあげている。それらは，(1)「社会的妥当性」，(2)「主観性と内省性」，(3)「データの適切さ」，(4) 解釈の適切さであり，Erickson（1986）のエビデンスの適切さの基準を発展させたものである。

(1)「社会的妥当性」とは，研究トピックと研究が，当該の専門職とより広い社会に対して重要であることを指す。臨床心理学の社会的妥当性とは，家庭，職場，学校などをはじめとした場で，心理的健康を促進，予防，改善し，人の発達を支えることである。

(2)「主観性と内省性」に関して，Morrow は，質的研究の本質が主観的であると述べている。それは，質的研究から得られる知見が主観的であるために見方が偏っているとか，信頼できないという意味ではない。まず，質的研究の多くは，協力者の主観性を理解することをめざす。そして，研究者の主観性はただ理解をゆがめる「偏り」だけでなく，協力者に接近するための「道具」でもある。量的研究も質的研究も，それぞれ研究者の見方の偏りを認め，それを扱うための方法がある。たとえば，量的研究でいう様々な信頼性の指標がそれにあたる。もう一方で，質的研究では，研究パラダイムによって主観性の扱いが異なる。ポスト実証主義のパラダイムに基づく研究では，信頼性の指標を示したり，複数の分析者の合意を取り入れるかもしれない。もう一方で，構築主義パラダイムでは，「括弧に入れる」ことを重視し，研究を通して内省メモをとり，分析の結果を見直すだろう。

(3) 異なるパラダイムに共通する信憑性の 3 つ目の基準は，「データの適切さ」であり，5 つの基準からなる。

①まずは，エビデンスの量の適切さであり，それは，情報に富んだケースが十分に確保されているかどうかということに関わる。合目的サンプリングや基準サンプリングを用いて，研究の対象となる体験をもっているだけでなく，それを言葉で表現することに長けている協力者が集められているのかということにかかわる。そして，最終的には，理論飽和に達するまでデータが集められているのかということも「量」の適切さの基準である。

②次に，エビデンスの種類に適切なばらつきをもたせているかという基準であり，これは，複数のデータ源（個人インタビュー，グループインタビュー，参与観察，日記など）からデータを得ることの重要性とかかわる。複数の種類のデータが同じ方向を示せば，それだけ研究知見が安定していることになる。また，異なる情報源から得たデータが矛盾していれば，もう 1 つの異なる情報源からデータを集めることによってその原因を説明する必要があるだろう。

③3 つ目は，エビデンスの解釈である。これは，適切な解釈をするために十分な下地ができているかということと関わる。それは，ⓐいくつかの異なる情報源（個人インタビュー，グループインタビュー，参与観察など）を相補的に使っているか，ⓑ研究の対象とする協力者およびその現象に十分に接触して，背景を理解しているのか，ということと関わる。

④4 つ目は，反証エビデンスの適切さであり，研究者が，自身の先入観や期待，そしてそれまでのデータ分析の結果を覆すようなデータを探

表 13-5 Morrow による質的研究に共通する質の基準

基準	具体的な検討点
社会的妥当性	・研究のトピックとリサーチクエスチョンは，当該分野において理論的にそして臨床的に重要な問題や課題を扱っているか。 ・研究が行われたのと似た状況において研究から得られた知見が使えるか，臨床家はその知見を使いやすいと思うか。 ・医療，教育，福祉をはじめとして様々な臨床現場において，研究から得た知見が役立つか。 ・家庭，職場，学校など幅広い生活の場において，研究から得た知見は心理的健康の促進に役立つだろうか。
主観性と内省性	・研究者が研究パラダイムに一致したやり方で自身の主観性を扱っているか。 ・研究者の主観を統制するだけでなく，それを「道具」として活用して協力者の体験を理解することに役立てているか（インタビュー，データ分析において）。
データの適切さ	・適切なサンプリング法を用いているか。 ・濃密な情報をもった協力者を選んでいるか。 ・理論的飽和に達するほどの十分なデータを集めているか。 ・カテゴリーの「幅」が明確になるように多様な場面，状況，協力者の属性などのバリエーションがあるデータを集めているか。 ・複数のデータ源（個人インタビュー，グループインタビュー，参与観察，日記など）からデータを得て，それらの一貫性を検討するトライアンギュレーションを実施したか。
解釈の適切さ	・いくつかの異なる情報源（個人インタビュー，グループインタビュー，参与観察など）を相補的に使っているか。 ・研究の対象とする協力者およびその現象に十分に接触して，背景を理解しているか。 ・反証のエビデンス（負のケース分析）をあげ，自身の期待や先入観に偏りがあるか検討し，自説を覆す情報を積極的に求めているか。

注）Morrow（2005）を参考に筆者が作成した。

してくまなく調べているのかということに関わる。

⑤最後に，一致しないケース分析の適切さである。研究者は，例外的なケースを見つけて，それが全体的傾向とどのように異なっているのか，比較して，その現象の複雑さを理解しようと試みているかどうか，ということにかかわる。この反証のための2つの基準は，研究者が知らず知らずのうちに自分の意見が正しいということを証明するデータを求めてしまう自己肯定バイアスをチェックするために役立つ（Morrow, 2005）。

（4）研究パラダイムに関わらず共通する4つ目の信憑性の基準は，「解釈の適切さ」である。質的データを適切に解釈するためには，データと親密になり，それに深く入り込むことが必要である。そして，解釈の適切さは，データ収集，データ分析，解釈，結果をまとめて執筆する，という作業を繰り返すことによっても，高められる。解釈の適切さの指標の1つは，このような分析を進める中で1つの理論的枠組みが表れ，その中にすべての結果が包括されるかどうかということである。これは，グラウンデッドセオリー法では，中核カテゴリーが定まることであり，個々のカテゴリーの特徴だけでなく，それらが，どのようにつながっているのか，カテゴリー間の関係が明らかにされることである。カテゴリー間の関係は，図式化され，そのエッセンスが表され，それに基づいて1つひとつのケースが説明されるようになる。そして，その結果を報告する論文では，研究者の解釈の適切さを読者が判断できるように協力者の引用文を十分に提示する。

4. グラウンデッドセオリー法の研究の質について

Chiobitti と Piran（2003）は，グラウンデッ

ドセオリー法に基づく研究の質の基準をあげている（**表13-6**）。本書でも説明したとおりこれまで異なるグラウンデッドセオリー法のバージョンがあり，それぞれいくらか強調される点が異なっている。そこで，ChiobittiとPiran（2003）は，Beck（1993）がすべての質的研究に共通するとした確からしさ（rigour）の要素である「信憑性（credibility）」，「監査性（auditability）」，「適合性（fittingness）」という3つからグラウンデッドセオリー法に基づく研究で注意を向けるべき質を確保する方法を紹介している。

1）信憑性（credibility）

Beck（1993）は，信憑性を「現象の描写・記述がどのくらい鮮明であり，実際の現象に忠実であるか」ということにかかわるとしている。一般的に質的研究において，信憑性は，研究者による体験の描写を読んで，あたかも自分自身の体験であると読者や協力者が感じられるときに達成され，知見の信用性（trustworthiness）と関連している。信憑性を高める方法は4つある。

まず，研究の進む方向を決めるとき，研究者の仮説や計画のみに基づくのではなく，協力者から得られた情報を取り入れる。インタビューガイドは，協力者との接触を重ねるごとに手を加える。たとえば，インタビューにおいて数名の協力者によって語られた内容やテーマを基にその後のインタビューでより詳しい情報を集めるための質問を加え，また，何人かの協力者の反応から「関連性が低い」と思われた質問をインタビューから削除する。

次に，生成した理論概念を協力者がその現象に対して与える意味とすり合わせることである。これは，2つの水準がある。①インタビューに続き，コード化を行い，その結果を基にインタビューガイドを修正することである。②コードおよびカテゴリーの意味が協力者の体験の意味に合っているかどうか，協力者に直接尋ね，確かめることである。そして，カテゴリーを生成するときに常にデータとの関連性を維持することである。

3つ目は，協力者が語った言葉をカテゴリー名として採用することである。ただし，協力者が使った一単語をその文脈から切り離して使うことは，逆に誤解を生むことに注意しなければならない。

最後に，研究者が研究対象となる現象に関する研究者の個人的視点と理解を明確に表すことである。そのためには，3つの方法がある。①インタビュー中に感じたこと，印象に残ったことなどをコメントとして残すことである。②研究を通してメモをとり，研究プロセスの記録をとることである。③先行文献をどのように使ったのか，ということを報告することである。

研究計画を立てるだけでなく，時にコード名やカテゴリー名をつけるためにも先行研究を参考にすることがある。グラウンデッドセオリー法を用いた研究では，先行研究から導かれた仮説を検証するのではなく，データから理論を導く。しかし，どのような概念がそれまで使われてきたか，知っておくことによって，理解が深まることも多い。

2）監査性（auditability）

監査性とは，研究に関与していない第三者である研究者が，研究を実施した研究者の方法と結果の解釈を追っていけるかということと関係している。監査者が，先行研究からリサーチクエスチョンを立てる段階から，データ収集と分析のすべての段階で様々な決断の必要性と適切さを理解できるとき，監査性が確立される。監査性は，データ分析における研究者の思考プロセスを具体的に報告することによって示される。たとえば，逐語データをコード化するうえでChiobittiとPiran（2003）は，①データには何が表れているか，②データに見られる行為は，何を表しているか，③概念コードは，協力者の使う言葉か，④コード・行為が使われるのはど

表13-6 グラウンデッドセオリー法研究における厳密さの基準とそれを高める作業

厳密さの基準		研究実践でできる作業	具体例
信憑性	1	協力者が研究のプロセスを導くようにする。	・協力者から得たデータをもとに,リサーチクエスチョンやインタビューのやり方を調整する。 ・協力者に次のインタビュー候補者を紹介してもらうことによって協力者が適切だと思う人物からデータを集める雪だるま式サンプリングを取り入れる。
	2	生成した理論概念を協力者がその現象に対して与える意味と照らし合わせる。	・インタビューで得られたコードやカテゴリーをもとにインタビューの質問を修正する。 ・生成されたコードやカテゴリーが適切であるか,協力者本人に確かめる。
	3	協力者が実際に使った言葉を理論に反映させる。	・コードやカテゴリー名に,協力者が使った言葉を反映させる。 ・協力者がその言葉を使う様々な状況や文脈を明らかにする。
	4	研究対象となる現象に関する研究者の個人的視点と洞察を以下の方法によってはっきり言い表す。 ①インタビューの感想をまとめる。 ②ログ,研究日誌をつける。 ③先行研究の使い方を明示する。	・インタビュー後のデータシートを作成し,インタビューの状況,主なテーマ,協力者の印象,リサーチクエスチョンと関わる主な内容,次回へ向けての課題などを書き出す。 ・研究を通して「メモ」をつけ,研究者の様々な判断やデータ分析のやり方の方向変換などを詳しく記録する。 ・研究に関連する文献を読んだとき,印象を受けたことなどをメモとして残し,それがデータ分析にどのような影響をもったのか検討する。
監査性	5	研究者の思考プロセスに使った基準を具体的に示す。	・データ分析においてどのような判断からコード化を行うのか,その認知操作を明確に示す。 ・コードからカテゴリーを生成するプロセスを実際の例をあげて解説する。
	6	協力者がどのように選ばれたのかそのプロセスと理由を具体的に示す。	・どのようなサンプリング法を用いて研究を進めたか示す。 ・どのような特徴をもった協力者を選んだのかその根拠を示す。
適合性	7	サンプル,研究の状況,生成される理論の水準という点から研究が包括する範囲の境界を示す。	・協力者の属性(年齢,性別,教育歴,就業状態,文化・民族背景・社会経済階級,関連するデータ)を提示する。 ・読者が,データを集めた状況を視覚的にイメージできるようにできるだけ多くの適切な情報を提示する。
	8	生成された理論のカテゴリー1つずつが,先行研究とどのように関連しているのか記述する。	・生成されたカテゴリーに似た理論概念を探し,それらとの異同を論文において検討する。 ・それぞれの利点や欠点などを文脈を合わせて検討する。

注) Chiobitti, R. F., & Piran, N. (2003). Rigour and grounded theory research. Journal of Advanced Nursing, 44, 427-435. の p.430 の表1を筆者が訳出した。

んな文脈か,⑤コードは他のコードと関係しているか,⑥そのコードは包括する範囲がより広い他のコードによってまとめられるか,⑦それらのコードは同じようなパターンを示すのか,という質問を念頭においたと報告している。また,協力者がどのような理由から研究への参加を要請されたのか,人数の設定,サンプリングの手法の進展,理論飽和,ということを報告することも監査性を高める。

3) 適合性（fittingness）

最後に適合性は,「研究から生成された作業仮説,命題は,それらが生成された文脈を超えてどの程度応用できるか」ということを反映する。適合性を高める方法の1つは,サンプル,研究の状況,生成される理論の水準という点から研究が包括する範囲の境界を示すことである。もう1つは,生成された理論のカテゴリー1つずつが,先行研究とどのように関連しているの

か記述することである。それぞれのカテゴリーと似た理論概念を比較し，カテゴリーの性質を明らかにすることによって，そのカテゴリーの転用可能性が示される。

まとめ

本章では，質的研究の「質」を示す基準に関するいくつかの枠組みを解説した。質的研究は，異なる研究パラダイムに基づいており，進化しつつあるため，研究に合わせて，これらの中から最も適切な評価基準を選択することが重要である。研究者は，研究計画の段階から論文執筆，そして研究から得られた知見を実際の臨床活動に応用する場面においても，「質」の評価を継続的に行う。

メイキング・オブ・質的研究

里子であるという体験

嶋崎　惠子

1. テーマとの出会い

　学部の学生だったころ，被虐待児のセラピーに関心がありました。でも，まだ臨床の現場に出ているわけではなく，その関心をどう卒業論文のテーマに結びつけてよいのか全く見当もつきませんでした。そのとき，偶然，手に取ったのが自宅に配られた自治体の広報誌に載っていた「里親体験発表会」の案内でした。里親の中には虐待を受けた子どもを引き取っている人もいると聞いたことがありましたので，ひょっとしたら自分のテーマに関連があるかもしれないと会場に足を運んでみました。それがひとつのきっかけになりました。「体験発表会」では，里親たちの体験の内容だけでなく，熱く語る「語りそのもの」に強く引きつけられるものがあり，その後も何度か聴講に行きました。発表会は，個別のインタビューではなく誰でも聴きに行けるもので，こちらも構えずに自由に話を聞くことができましたから，テーマの構想を練るにはちょうど良い機会になったように思います。この出会いがきっかけとなって卒業論文では，「里親が子どもを受け入れていくプロセス」をテーマにインタビューをし，グラウンデッドセオリー・アプローチ修正版で分析をしました。

　里親の体験について分析を進めていくうちに「もう一人の当事者である子どもたちの話を聞きたい」という思いが募ってきました。里親の体験というのは，学術的な研究はともかく，ノンフィクションの読み物になったり，テレビドラマ等で紹介されたりはしていたのですが，里親養育制度のサービスを受ける当事者である「子どもの声」というのは，なかなか聞こえてきません。この制度を子どもたちのためにより良いものにするためには，その部分を聞いていく必要があるのではないかと思われました。そこで，修士論文では，子どもの体験にターゲットを定めました。子どもは「里子であること」をどのように体験するのか，体験の質を探索的に明らかにしていくことを目的にしました。

2. 協力者探し

　辛い体験をしてきたと想定される子ども自身に話を聞くことは，かなりの倫理的な配慮が必要とされます。親権者の了承など手続き上も困難が予想されましたので，まだ社会的養護のもとにある18歳未満の子どもではなく，かつて里親家庭で暮らしたことのあるOB・OGに話を聞くことにしました。しかし，ここで困ったのが協力者探しです。里親の場合は，里親会というものが組織化されており，その他にセルフヘルプ的な団体もありますから，うまくキーパーソンを見つければ，そこから雪だるま式にインタビューへの協力者を募っていくことは，それほど難しくありませんでした。でも里子OBの場合は，取りまとめの組織もなく，どこに誰がいるのか摑みようがありません。手がかりとしては，里親さんを通じての協力者探しでした。それでも，「うちの子（里子）は，まだ体験を語れるような状況ではない」とか「今，失業中なのでインタビューを受ける心の余裕はないだろう」というような理由で仲立ちを断わられることもしばしばありました。この方法は協力者選びに里親のチェックが入るという意味で，倫理的には安心な部分もある一方で，インタビューへの協力について当事者の意思を直接研究者である自分で確認できないもどかしさを感じました。また，分析結果にバイアスがかかってしま

> **コメント**
>
> 自治体の広報には，非営利団体の福祉活動などの情報が掲載されています。嶋崎さんは，里親の体験発表会で語りに心を動かされました。そして，語りそのものを研究にしていくことを考え卒業論文ではグラウンデッドセオリー法で里親の語りについて研究しました。修士論文では子ども側の体験に焦点を当てたいと思うようになったのです。ここで最も興味がありながら，大きな難関でもあるのは，里子本人から話を聞くことです。
>
> グラウンデッドセオリー法に基づいた研究を行うとき，研究者は，ふつう「里子の主観的体験を明らかにする」「里子は，施設へと入り，そして里子としてある家族に迎えられ，なじんでいく，一連の出来事をどのように体験しているのだろうか」というような広いリサーチクエスチョンを立てます。そして，先行文献のレビューを行うことは研究者が，データに理論概念を押しつけることになるためによくないとされています。しかし，近年では，先行研究のレビューをしないで研究をはじめることが現実的ではないこと，そしてその分野においてどのような知見が欠如しているのか同定し，研究の意義を判断するためにも，レビューが必要であると論じられています (Chiovitti & Piran, 2003; Coyne & Cowley, 2006; Cutcliffe, 2000)。嶋崎さんも文献のレビューから里子の体験に焦点を当てた学術的研究がほとんどないことから主観的体験に焦点を当てた質的研究を実施することの意義を確認しました。

う可能性も当然，考慮しなければなりません。

3. インタビューの実施からテープ起こしまで

結果としてインタビューができたのは7名でした。その7名の中でも，インタビュー前日や当日のキャンセル，連絡のないまま待ち合わせ場所に本人が現れないなどを何度か経験しました。風邪で体調が悪くなった，仕事の残業で抜けられない，約束をうっかり忘れていたなどと本人から告げられる理由はさまざまでしたが，里親へのインタビューのときには全く経験しなかったことでした。携帯電話でいつでも連絡が取れるという世代の違いもあると思いますが，彼らの置かれている社会的状況，インタビューへの抵抗感などの表れかもしれないとも理解しました。

インタビューを行うにあたっては，話し手の心理的負担に配慮し，里子というテーマに焦点化した質問を繰り返すことは避けるようにしました。話し手が自分のペースで自由にはなせるように，ライフストーリーを聞きながら可能な範囲で質問をしていくという方法をとりました。ですが，この方法ですと，話題が多岐にわたってしまうため，1回のインタビューでこちらの関心テーマについて掘り下げて聞きこむことが困難でしたので，1回2時間程度のインタビューを一人3回実施することを目標にしました。結果的には，3回インタビューできたのは4名で，あとの3名は日程の調整がつかなかったりして2回でした。それでも，2回目のインタビューでは，1回目についてのフィードバックや質問をすることができましたので，とても有益でした。

インタビューは本人の了解を得て，すべて録音をしましたが，インタビュー終了後に，記録のメモも作成しました。事前に読んでいた社会学のフィールドワークの本から学んだ鉄則は，「インタビューを終えたあとは，誰とも言葉を交わさないうちに喫茶店に駆け込んで，相手の服装や雰囲気，語られたことに対する自分の印象など気づいたことを何でもメモしておく」と

コメント

　嶋崎さんの研究では，協力者探しが大きな局面となりました。里子本人は，自分の今の親が里親であることを秘密にしているだけでなく，そのことに関してもまだ強い心理的葛藤をもっているかもしれません。それに加えて里子になる以前にそれまでの親や家族と別れて施設に入るという経験があることから，心の痛手を負っていることも想像できます。

　そのような様々な感情の中でも予想されるのは，恥の感情です。感情理論を中心に据えた心理療法理論を発展させたグリーンバーグは，異なる恥について理論化していますが，ここでは，中核的恥（core shame）という恥が関係していることが考えられます（Greenberg, 2002）。中核的恥とは，性的虐待を受けたり，個人の自己価値が繰り返し否定され，侮辱的な体験を繰り返し受けるとき，自分自身が根本的に弱い，愛されない，無価値であると感じるような否定的な自己感です。中核的恥の感情が強いとき，自己開示することは脅威となり，二次的被害にもなりかねません。当然，インタビューアーからの思いやり，暖かさ，共感を受けることによって，そのような感情が和らいだり，インタビューが肯定的な体験となることも考えられます。

　また，里子が未成年であれば，本人が調査協力に合意するだけでなく，里親の合意も必要になります。実際に，この点はいく層の問題を引き起こすかもしれないので特に注意が必要でした。たとえば，里子と里親が，あまり仲が良くなかったり，未解決の問題などが多かったら（一般的な家族でも親との未解決の葛藤は多くあります），親は自分の子どもが何を話したか知りたくなってしまう。里親が研究者に「うちの子どもが何を話したのか，インタビューのテープを聴かせてください」とか求めてくる状況や里子に対してそのような気持ちをぶつけてくることが起こらないように注意しなければなりません。

　さてここで1つの基準として18歳以上の里子経験者を対象にすることが大きな対応策になるだろうと考えました。多感な思春期は，「第二次反抗期」と呼ばれるくらい親との関係の中で自立とかかわるいろいろなドラマが展開されます。そのような時期を過ぎてある程度気持ちの安定が見られ始める青年期前期に焦点を当てることによって様々な倫理的問題を未然に防ぐことができるだろうと考えました。

　もう1つは，とても慎重に一人ひとりにアプローチし，協力者がいつでも研究参加を取りやめることができるように，またそうしたいという意志を伝えやすいような状況においてインタビューを進めるということでした。また，インタビューの最中に困難なトピックについて焦点付けするのではなく，協力者が話しやすいこと，話せることの領域にとどまり，焦点付けや方向付けは，できるかぎり本人と確認しながら進めていくことにしました。

　このような状況の中で数多くのサンプルを集めることはかなり難しいですし，集まった協力者もなんらかの系統的な特徴をもっているためにサンプルに偏りができてしまうことも考えられます。たとえば，里親が協力依頼に合意して，インタビューをもちかけられた里子はもともと里親といい関係を維持しているため，全体でみると里親との良好な関係をもてた人ばかりになってしまうかもしれない。または，里親に対して否定的な発言するのを控える人もいるかもしれません。このような偏りが起こるかどうか実際に協力者と接触しなければ分かりません。この研究ではあまり多くの協力者が集まりそうもないので一人ひとりの個人的背景に関してできるだけ詳しい情報を集めて，何か系統的な特徴があるのか全体傾向を捉えるとともに，一人ひとりの語りの流れを捉えるように工夫することにしました。

> **コメント**
>
> 嶋崎さんの研究では，なかなか話しにくいトピックを扱ったために，協力者のドロップアウトが起こりやすかったようです。また，人数が少なく，プライベートな内容に十分に入っていく時間をかけるために3回のインタビューを設定しました。嶋崎さんは，インタビューの終了直後にできるだけすばやく自分が受けた印象をメモとして残しています。そして逐語起こしの作業もすべて自分で行い，録音されたインタビューが逐語上にいきいきと再現されるように注意を払いました。このような作業によって，データにはインタビューの状況や文脈に関する情報が盛り込まれ，協力者の言葉の意味の解釈がしやすくなったはずです。

いうものでした。これはできる限り私も実践するようにしました。テープに録音してあるとは言っても，その場に居合わせて聞き手となった自分自身の感じ方も分析の手がかりにしたかったからです。また，テープ起こしを第三者に手伝ってもらうという話も聞きますが，私は，すべて自分でテープ起こしをする方法を選びました。気の遠くなるような作業時間の中で，インタビューを再体験するというか，その人の声の調子，沈黙，表情が蘇えり，トランスクリプトからはわからない，発見をすることがあるからです。そのとき湧いてきたアイデアもトランスクリプトの横にメモしておいて，概念化のときの，重要な手がかりになることもありました。

4. 孤独な分析プロセスを支えてくれたもの

気の遠くなるテープ起こしの作業となかなか結果の見えない分析プロセスの中で自分がまったく前に進んでいないという気持ちになることがしばしばありました。私の場合，そのプロセスを支えてくれたのは，分析日記をつけることでした。日記と言っても，大それたものではありません。「〇月〇日，〇〇分のテープを〇時間かけて起こした」と1行メモしたり，湧いてきた疑問を羅列してそこに日付を残しておいたりするだけでも，ああこの日はこんなことをしていた，考えていたんだと少しは前進している気持ちになれますし，立ち戻って考えることもできるからです。ゼミのあった日は，指導教員や出席者のコメントもメモをしておきます。困っていること，愚痴も書きました。「コードはいっぱいできたが，そこからどういう基準で取捨選択し，概念化するものと，しないものを分けていくかわからなくなってしまった！　問題意識，分析テーマを再確認しよう」などと，ひとりごとのように書いているうちに，考えが整理されることもありました。

グラウンデッドセオリー・アプローチは，既存の理論にとらわれずに，データに基づいて（グラウンデッド）仮説を見出していく方法ですが，だからと言って何も考えずに，コード化をしていれば自然に仮説がまとまってくるかというと決してそうではありません。自分の軸足がグラグラしていると，コードの数だけが増えていき，いつまでもまとめることができません。取りあえずの軸足，データに対する自分なりの切り口，関心の方向性，『〇〇はどのように△△するのか』というような疑問文スタイルの分析テーマを設定することが有効だと思います。もちろんそのテーマ設定は絶対的なものではなく，分析の進展によって変化していくという前提です。そして，コード化から概念生成を経て出てきた仮説も常に新しい仮説に代替される可能性があるという「不確実さ」に耐え続けることも必要だと思います。

> **コメント**
>
> 「不確実さ」に耐え続けるというコメントは，グラウンデッドセオリー法の分析を進める中でとても重要な点です。しばらくデータ分析を続けても，全体の図柄を想像することもできない巨大なパズルを作っているようで，方向性がつかめず，分析が進展する感覚ももてずに，くじけそうになったりすることもあります。そのような中でも少し距離をおいて自分の作業をながめ，どんなことができたのか，どんな疑問が起こったのか，研究日誌に書いておくことが役立ちます。執筆して自分の考えや思いを書き出し，それを振り返ることは，データ分析の重要な一部です。特にゼミでの話し合いやフィードバックの内容は忘れやすいのでログ・日誌につけておくとよいでしょう。

5. 実際の分析プロセス

私の場合，前述のように卒業論文では，データを切片化しない修正版グラウンデッドセオリー・アプローチ（木下 2003）によって分析を行いました。その後，「微妙な心理的プロセスを扱う研究では，プロトコルを切片化して分析する意義がある」という指摘を指導教員から受けたことから，修士論文では，切片化する分析方法を試みることにしました。

しかし，実際に試みてみると，今回のインタビューのやり方がひとつのテーマに焦点化したものではなく，ライフストーリーを聞くというスタイルだったために，切片化をしてひとつひとつにコードをつけていくと，コードの種類ばかりが増えて混沌とするばかりで，収集がつかなくなってしまいました。そこで，再び，切片化しない方法に立ち戻り，修士論文でも修正版グラウンデッドセオリー・アプローチによって分析を進めることにしました。

この方法では，単語や文節ごとにコードをつけていくのではなく，時にはプロトコル（逐語録）の数行分に対して，その意味や現象を説明する概念（説明概念）の生成を試みます。手順の概要は以下のとおりです。

①分析テーマに照らし，逐語録の関連箇所に着目し，それを1つの具体例とし，かつ他の類似の具体例も説明できると考えられる「説明概念」を生成する。
②説明概念を生成する際に，分析ワークシートを作成し，概念名，定義，最初の具体例などを記入する。
③データ分析を進める中で，新たな概念を生成し，個別の概念ごとに分析ワークシートを作成する。
④同時並行で，他の具体例をデータから探し，ワークシートの具体例の欄に追加記入していく。具体例が豊富に出てこなければ，その概念は有効ではないと判断する。
⑤生成した概念の完成度は類似例の確認だけでなく，対極例についての比較の観点からデータをみていくことにより，解釈が恣意的に偏る危険を防ぐ。その結果もワークシートのメモ欄に記入していく。対極例の有無の観点からも見ていくことにより恣意的な解釈をふせぐ。
⑥生成した概念と他の概念との関係を個々の概念ごとに検討し，関係図にしていく。
⑦複数の概念からなる「カテゴリー」を生成し，カテゴリー相互の関係から分析結果をまとめる。その概要を簡潔に文章化し（ストーリーラインの作成），さらに結果の関係図を作成する。

(木下 2003)

1) 説明概念の生成

分析の最初のステップは，説明概念の生成することですが，すぐに概念を生成しようとあせらず，その前の段階として，語り手が体験したことの意味や語りの流れを考えながら，何度も何度もプロトコル全体を読み返すことが役に立ったように思います。プロトコルのすべての部分について，説明概念を生成するわけではありません。分析者がその時点で設定している分析の切り口（テーマ）に関わる部分や，語り手によって繰り返される言い回し，何かひっかかりを感じるキーワードなどに，アンダーラインを引き，後からも注目できるようにしました。プロトコルの右側に欄を設け，コードや概念化のアイデ

> **コメント**
>
> 　嶋崎さんは，分析で試行錯誤を重ねながら，最終的に修正版グラウンデッドセオリー法を使うことにしました。多くの学生にとってこのアプローチは自分が質的研究と想像していたデータの見方とうまくフィットしている感じがあり使いやすいようです。分析のプロセスは，決して直線的に進んでいくわけでも，ある正しい手順に従えば，答えが出るわけでもありません。むしろ，何度も異なるやり方を試してもうまくいかず行き詰まっているときに起こる発見から分析が急激に進むこともあります。
>
> 　またデータ分析は，語られている体験を感じ取り，一つひとつの言葉を味わい，それが何を意味するのか考え，ぴったりとそれを表現するコードを当て，概念を生成するプロセスです。ある決められたやり方に基づいてデータを仕分けしていく「データ処理」ではないということを忘れないことも大切です。
>
> 　嶋崎さんが修士課程に在籍していたのは，2004〜2006年でした。当時は，切片化をしたあとの分析のやりにくさに困る学生が多くいました。そこで，いろいろな単位の設定の仕方やデータの仕分けを試しました。ゼミ生と分析の工夫を進める中で，領域の設定やアンパッキングという考え方を具体的に発展させました。これらによって，初期の分析の「やりにくさ」が軽減されるようでした。修正版グラウンデッドセオリー法は，特に初期分析のつまづきを減らし，概念を自然な形で導くことを手助けする方法です。初期の分析では，データに合った意味単位の設定の仕方を見つけることも大きな課題の1つです。

ア，疑問点などもどんどん思いつくままに走り書きしていきました。以下は，逐語録とメモ欄の一例です。

＜逐語録とメモ欄の一例＞

逐語録	コード，メモ
A：（施設から里親家庭に委託されるときについての話）「いいですか？」っていうか，結果報告みたいな感じ。だからもう，「いついつに，もうあなたは，Fさんの子どもになるけど，なるよ」っていう話なんです。「なるけどいいですか？」じゃなくて，「なるよ」っていう，もうだから，なんて言うの，私からしてみれば，考えてたんですけど，私に意見を聞かないで，結局，大人たちで決めてたんです。だから，たとえば，ねえ，うちの両親が，いや，要するに早く言うと，私を選んだわけじゃないですか，施設にいる多くの子どもたちの中から，「この子がいい」って言うわけです。……「じゃあこの子でいい，この子だったら私たちは育てられるから，じゃあ，この子にします」っていう，そういう話があるわけなんです。私の知らないところで，大人たちの。で，それで，ほら，施設の先生とか，児相の先生とかで，もう話をしてて，「じゃあ，この子にします」って言うわけなんです。だから，私が選択したわけでもないし，意見を聞かれたわけでもないから……	結果報告みたいな感じ 私に意見を聞かない大人たちで決めた 里親の方が私を選んだ 私が知らないところでの話 私が選択したわけではない 意見を聞かれたわけではない →【させられ感】【無力感】【自分の力ではどうしようもない】【コントロール不能】【決定権のなさ】

　上記のプロトコルからは，＜自分の力ではどうしようもない＞という里子の体験が浮かびあがってきて，この部分からまず一つ目の説明概念の生成を検討しました。その結果，協力者7名のうち，6名によって類似の体験が語られていることが見出されたので，最終的にこの体験を説明概念【コントロール不能】と命名しました。具体例は11例あり，以下は，その分析ワークシートの一部抜粋（11例の具体例のうち，4

例のみ抜粋）です。

<分析ワークシートの一例>

概念名	コントロール不能
定義	自分の力の及ばないところで（大人の都合で），自分の人生を左右する出来事が進行し，物事が決められていく感じ。
具体例 【コード】	【受け入れるしかない】 （里親宅に来て暮らし始めたとき）無理やり，これがもう，あなたの家よ，みたいな言われても，納得，納得ではないけど，そんなにすぐには思わないじゃないですか。だから，いきなりね，ここはあなたの家だからって言われても，ああそうなのって言うしか，できないじゃないですか。だから，ホントにここは私の家なの？って気になっちゃうぐらいの感じでしたね，最初，そんな気持ち。（Bさん） 【自分ではどうしようもない現実】 （里親家庭から施設に預けられて，いつ帰れるかわからない状況の中で）うん，そう。もう最後あたりは，諦めですよね……自分ではどうしようもない現実。自分が帰りたいから帰れるわけではなく，自分が帰りたくないから帰れないわけでもなく，それは，もう子どもたちみんなそうですよね。（Cさん） 【自分の意思に無関係】 （里子であることを友だちに打ち明けたら）「なんで？」って聞かれたことはありますね。「なんでそうなってるの？」って。「それは，俺はわからないよって。別に俺が，生まれたときに行きたくて乳児院に行ったわけじゃないから。」（Dさん） 【本当にその人が実母かどうか確かめられない】 会ったところで，「この人がお母さんよ」って言われたところで，「ホント？」っていう方がたぶん，デカイなあと思って……同じ名前の別の人を連れてこられても，「この人がお母さんよ」って言われたら，「ああそうですか」って，なっちゃうじゃないですか。（Gさん）

2）上位概念（カテゴリー）の生成

上記のようなプロセスを経て，説明概念がいくつか生成されてきたところで，今度は，より上位の概念を生成するために，個々の概念の間の関係を検討していきました。

まず，エクセルの表に，プロトコルの抜粋とそれに対応してつけたコード，説明概念のアイデアなどを入力した後，体験の領域別，ライフストーリーの局面別などでソート，並べ替えをしてみて，何らかの共通性や体験の枠組みが見えてこないかを検討しました。この方法は，コードがついたプロトコルのすべての部分を網羅することができ，しかも分類作業はパソコンがしてくれるのでとても効率的でした。ですが，私の場合，そこから上位の（さらに抽象度の高い）概念を生成するにあたっては，この方法はあまり役には立ちませんでした。なぜなら，コードがついたプロトコルをすべて網羅するためにデータの量が膨大になってしまい，結局収集がつかなくなってしまったのです。

コメント

「すぐに概念を生成しようとあせらず，その前の段階として，語り手が体験したことの意味や語りの流れを考えながら，何度も何度もプロトコル全体を読み返すことが役に立ったように思います。」という嶋崎さんの感想は，質的分析の一側面をとても如実に表しています。分析というとすぐにその成果を「コード」「カテゴリー」として出したい気持ちに駆られますが，そのような気持ちが協力者の語りの理解を深めることを邪魔することがあります。協力者の語った内容をそれが語られた文脈も含めてより広い視点から見つめるとき，その意味がつかみやすくなります。

また，ここではじめ「自分の力ではどうしようもない」という一人称のコードを仮に付けておき，最終的に「コントロール不能」とつけているのも分析の発展がうかがえます。「自分の力ではどうしようもない」という一言は，本人の主観的な体験がよく見えるコードです。このようにニュアンスを汲むコードをつけることによって，カテゴリー名をつけるためのてがかりが増えます。

> **コメント**
>
> このカテゴリーのリストからより統合された上位カテゴリーの生成の作業は，第12章に解説しましたのでここでは繰り返しません。パソコンでソートにかけたり，インデックスカードを使ってパズルのように並べ替えたりと様々な道具を使ってカテゴリーがどのようにまとめられるのか試しています。この作業を行うとき，ケースサマリーを作っておくと良いでしょう。1つのケースの流れにそってインデックスカードを並べることで，ケースとカテゴリーがどのように対応しているのかみやすくなります。主体感の喪失と主体感の取り戻し，という2つのカテゴリーがゼミで発表されたとき，参加者はかなりストンと落ちる感覚を体験しました。協力者の体験を説明するカテゴリーですが，私たち自身が理解されたような錯覚がありました。それだけ，参加者もゼミを通して「里子の主観的体験」へと入り込んでいたのかもしれません。このような感覚は，質的研究の「質」の基準の中でも，Patton（2002）の芸術的・喚起的基準が満たされていることを示しています。

＜領域別の説明概念一覧＞

体験の領域	説明概念（カテゴリー）：定義の概略
里子であること	わからなさ：理解を越えた事実に触れる コントロール不能：自分の力の及ばない所で出来事が進行している 自分だけ他者と違う：自分だけ辛い思いをしている 他者の反応への懸念：開示をしたときの他者の反応が心配 他者による解放：他者の傾聴，理解によって悩みが軽減される 自己否定からの解放：自分に非があるわけじゃない
里親家庭の生活	ゆるぎない存在：何があっても自分を見放さないで見守る里親 出会いの縁：血縁がなかったから出会えた縁，里親から広がる縁 1人じゃない：自分のために何かをしてくれる人がいる コミュニティへの帰属感：あの地元でなければあの友だちはいない 里親との生活を失う不安：施設に返される，実親が迎えに来る不安
実親をめぐって	顔の見えない実親：どんな人なのか，ちょっと会ってみたい グッド・マザーへの期待：「完全に悪い母」ではないという期待 返答の得られない疑問：なぜ捨てたんだ，納得できない 自分なりの折り合い：自分なりの結論を出して不時着させる 否定的同一視：実親と同じ道は進まないと決意する 2組の親体験：実親と里親との間で気持ちが行き来する 母と過ごす乳幼児期の喪失：母に抱かれた赤ちゃん時代はなかった

たとえば，体験の領域ごとに説明概念を整理したら，左の一覧のようになりましたが，これでは単なる分類をしたに過ぎず，これ以上概念を発展させることが難しかったのです。

そこで，名刺大ぐらいの糊付きメモ用紙（ポストイット）に，これまでに生成した説明概念や，気になる言い回し，キーワード，切り口など，とにかく思い浮かんだことを何でもメモし，大きな紙に貼り付けて，パズルのように並べ変えながら，相互の関係を検討するというやり方を試みました。これが結果的にはいろいろなモデルの可能性を考えてみるのに一番良い方法でした。いろいろ切り口を変えてみると，関係がないように見えていた説明概念同士がひとつのグループにまとまり，より上位の概念（カテゴリー）が生成されたり，対峙する概念が見出されたりしました。たとえば，【コントロール不能】，【わからなさ】，【返答の得られない疑問】という説明概念から，主体感の喪失というカテゴリーを生成しました。そうすると，他方で，主体感の喪失とは対峙するような説明概念がいくつか見出され，【自分なりの折り合い】，【自己否定からの解放】，【否定的同一視】の3つから，主体感の取り戻しというカテゴリーを生成しました。

> **コメント**
>
> さきほどのカテゴリー表から，概念図①への発展は一目瞭然です。分析結果が統合され分かりやすい形で提示されています。今度は，さらにデータと図の整合性を高め，協力者の体験を表していくかということで，ちょっとしつこいようですが，さらに図を修正するようにお願いしました。図もカテゴリー名と同じように何度も修正しながらデータにフィットさせ，そして読者に伝わりやすいものへと高めていきます。概念図①から概念図②への発展により周囲の人との関係がどのように個人の主体性を高めたり，それを弱めたりという動きがとても見えるようになりました。
>
> このような図について考えるときに，筆者は，心理学の文献に見られる様々な図表を集めてゼミ生に配り，図の授業をしました。図の説明は読まずに図だけを眺め，そこから読み取れること，などをディスカッションしました。すると概念を表す楕円の空間的な配置から，何気なくつけられた矢印まで，それらが伝えることが見えてくるようになりました。このような作業は，概念を異なる表象を使って表すための良い練習となったと思います。

3）結果の概念図の作成

グラウンデッドセオリー・アプローチでは，分析の最終目標として，説明概念やカテゴリー間の関係を表した図を作成することがあります。上記のメモ用紙を貼り付ける方式で，この作業も同時に進行させることができました。

その結果，上記で行った領域別の分類とは異なる右のようなモデル図が一案として浮かびあがってきました（概念図①）。このモデルでは，里子の体験を，「自己についての体験」，「親についての体験」，「他者についての体験」という3つの側面からとらえ，それぞれ側面においてに，対極的な体験の間で里子が揺れ動いているというイメージです。

自分では，なんとかすっきりと整理できたようにと思ったのですが，このモデルを研究室のゼミで提示したところ，「図中に矢印が引かれているということは，その矢印の方向に動かす条件（要因）は何なのか，その矢印もデータによって支えられ，その力動が図中に盛り込まれる必要がある」との指摘を指導教員から受けました。

そこで，再度，カテゴリー間の関係を検討し，ライフストーリーの流れから体験のプロセスとして捉えなおして図を再構成しました。それが，概念図②です。図中の矢印のような流れが想定されました。

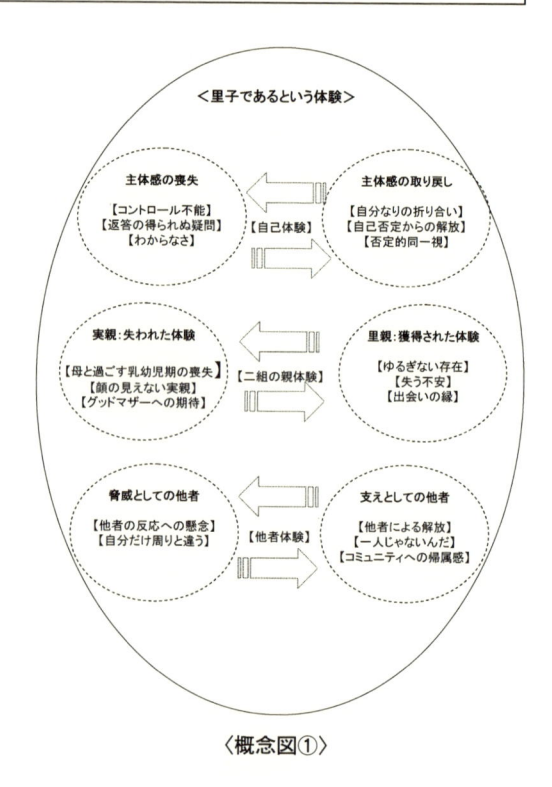

この図の流れ（矢印の意味）を説明すると以下のようなストーリーラインになります。実親と別れて一緒に暮らすことができないために里子となった子どもは，実親を《失われた体験》

里子であるという体験　187

〈概念図②〉

《主体感の喪失》
【コントロール不能】
【返答の得られない疑問】
【わからなさ】

《主体感の取り戻し》
【自分なりの折り合い】
【自己否定からの解放】
【否定的同一視】

《脅威としての他者》
【他者の反応への懸念】
【自分だけ他者と違う】

《実親：失われた体験》
【母と過ごす乳幼児期の喪失】
【顔の見えない実親】
【グッド・マザーへの期待】

《里親：獲得された体験》
【ゆるぎない存在】
【出会いの縁】
【里親との生活を失うことへの不安】

《支えとしての他者》
【他者による解放】
【コミュニティへの帰属感】
【一人じゃない】

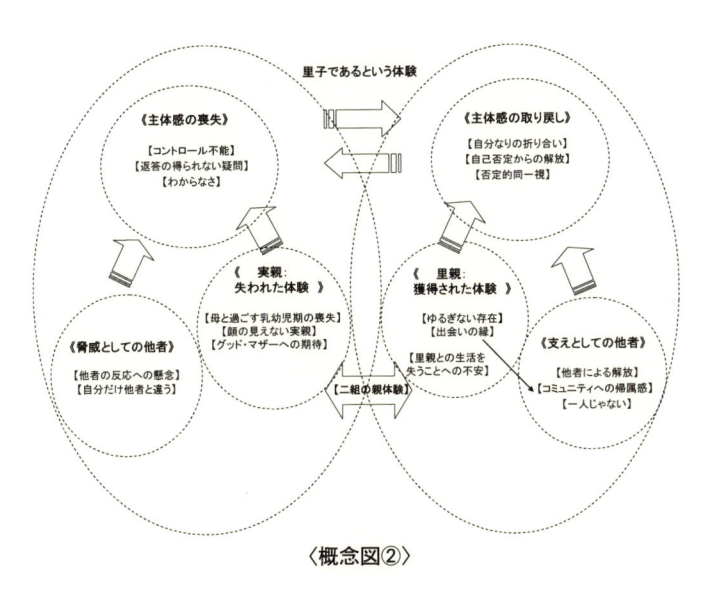

〈二組の親体験〉

として体験し，里子であるがゆえに他者を《脅威として》を体験しなければならないこともありました。それらの体験は《主体感の喪失》につながり，里子であるという体験のネガティブな側面の中心を占めていました。

これに対して，里親を自分にとって【ゆるぎない存在】として体験し，里親家庭での生活を基盤にした【出会いの縁】によって様々な他者とのつながりながら，《支えとしての他者》を体験することができると，里子は疎外感を軽減させ，自己肯定感を高め，《主体感を取り戻す》ことができていました。

このように里子であるという体験は，里親家庭に適応することによって，《主体感の喪失》から《主体感の取り戻し》へ向かう流れがある

ものの，他方，環境の変化や新たなライフイベントによって，《主体感の喪失》と《主体感の取り戻し》の間を双方向に揺れ動く体験であると捉えることができました。

以上は，7名へのインタビューの語りから得られた「里子であるという体験」をめぐるひとつの分析結果です。分析の飽和状態に達したわけではないので，さらにインタビュー協力者の数を増やすことができれば，さらにモデルを精緻化することができるかもしれません。

6. 最後に

量的研究ならば，コンピュータのプログラムにデータを入力して，クリックすれば，とりあえずはひとつの回答が得られます。もし，その結果がおもわしくなければ設定を変えてみて再クリックすれば，瞬時にして次の回答が得られます。でも，質的研究では，そのすべてを自分の手と頭でやらなければなりません。いろいろな切り口，まとめ方を変えてみて，検討を繰り返します。データの料理の仕方をあれこれ変えてみて，収まり具合の良い結果を，当面の結論とするという点では，量的研究と基本的には同じなのだと思います。でも，その繰り返しを，自分の頭でやらなければならないというのが根気のいる作業です。かと言って，毎日データと

コメント

「すべてを自分の手と頭でやらなければなりません」「検討を繰り返します」「その繰り返しを，自分の頭でやらなければならないというのが根気のいる作業です」「少しデータから距離を置いて眺めてみたときだったかもしれません」という嶋崎さんの言葉を聞いていると質的研究は本当に思い通りにいかないような印象を受けるかもしれません。ただ，筆者はその中に実験室で新たな化合物を作ろうとする化学者や複雑な数式の解法を求める数学者の姿，そして一人のクライエントと接している臨床家の姿を見ます。いずれも，様々なやり方を試して，発見と理解へと向かっています。

向き合ってコツコツと作業さえすれば成果が得られるとは限らないという点もつらいところです。その点で，自分の考えた説明概念やモデルの案をゼミなどで提示し，第三者からもらうコメントや疑問は，とても貴重なものでした。結びつくとは思わなかった2つのプロトコルが，新しい上位概念の下でまとまるという飛躍があり得るのも，少しデータから距離を置いて眺めてみたときだったかもしれません。

（所属　NPO法人「里親子支援のアン基金プロジェクト」）

初心者臨床家の職業的成長について

―― 心理的葛藤に関する質的分析

川島　由布

1. テーマとの出会い，そしてテーマを絞るまで

　社会人として働くうちに少しずつ勤労者のモチベーションや精神的健康に関心を持ち始めた私は，ゆくゆくは産業領域でメンタルヘルスに従事したいという思いで大学院進学を決めました。当時は心理学の理論に関する知識も乏しく，修士論文も協力してくれる企業を見つけて質問紙とインタビュー調査を実施し，働く人のメンタルヘルス向上に何かしら提言できるものを書けたらいいな，と非常に漠然としか考えていませんでした。

　大学院に入学してみると，調査に協力してくれる企業を探すことは非常に困難であること，またメンタルヘルスというテーマは倫理的配慮という点において非常にセンシティブで，産業医の伝もない一学生が企業に入っていくという大きな壁にぶつかりました。

　また楽観視していた卒業後の進路も不確かで，実際に大学院の授業が始まり，先輩の情報や自分でも産業領域の情報を集めていくうちに，臨床家としてのキャリアに対する不安がとても大きくなりました。ちょうどその頃，研修医として激務をこなしていた友人から「研修医のメンタルヘルスについて研究して」と冗談交じりに言われたことがヒントになり，臨床心理士を対象に研究ができないだろうかと考えるようになりました。また同じ頃，指導教員の研究テーマ「初回面接におけるクライエントの体験――初回面接過程の特徴の質的研究」に出会いました。この2つがきっかけになり，臨床心理士の職業的成長を研究テーマに決めました。

　大きなテーマは決めたものの，それを絞りこ

> **コメント**
>
> 産業における臨床活動およびカウンセリングなどに関心をもつ人が増えていますが，個人のプライバシー保護のために外部の人が入り込んで研究を行うことが非常に難しい状況にあります。そのような中で川島さんが職業的発展とストレスというキーワードを元にいろいろと情報収集していました。その中で文献を読むだけでなく，実際に知り合いに話を聞いたりしてテーマについて考える「プロセス」にかなり長い間関わっていました。

んでいく作業には苦労しました。対象者の絞込みや職業的成長という概念の定義づけが最初の山だったと思います。国内の先行研究はほとんどないため，いずれも欧米の文献を参考にしましたが，対象者に関しては教育制度や継続訓練など欧米の理論やモデルをそのまま当てはめることはできませんでした。

　そこで，わが国において一番困難が多く，社会的にも不安定だと思われるかけだしの頃に焦点をあてることにしました。また資格の取得が臨床家のアイデンティティの確立に大きく寄与し，職業的成長にも影響するだろうという自分なりの仮説もあったので，修士課程修了から資格取得（臨床経験5年以下）までの臨床家を初心者臨床家と定義し，調査対象にすることにしました。当初は自分の関心のある産業領域の臨床家を対象にしたいと思いましたが，「臨床家の職業的成長」といった場合には，活動領域で分ける意義があまりないと思われたこと，むしろ学校，医療，産業など全ての領域に共通して

> **コメント**
>
> 　心理療法・カウンセリングではセラピストの理論や研究の知識だけでなく、クライエントと信頼と尊重に基づいた感情的なつながりをつくることがきわめて重要であることが数多くの効果研究から明らかになっています。そのような治療関係を作るための能力は、臨床経験だけでなく、セラピストの一人の人間としての性質にも関わっています。そのために、一人の専門家としてのアイデンティティの形成というのは非常に重要な課題です。ところが臨床家の職業的成長に関する研究は日本にはほとんどありませんでした（川島さんが修士課程に入学したのは、平成 16 年です）。そのころ、臨床心理学専攻の大学院が次々と創設され、若手の臨床家が急激に増え始めました。ところが、彼らが大学院修了後、どのようにして臨床家として活動し、どんなことに悩んだり、どんなことから成長するのかということに関しての系統的な研究がほとんどありませんでした。
>
> 　海外には臨床家の成長段階に関する大規模なインタビュー調査がありました（Skovholt & Ronnestand, 1990）。彼らは、臨床心理学の勉強をはじめたばかりの大学院生から、臨床経験 35 年以上のベテランまで合計 80 人の臨床家に対してインタビューを実施し、臨床家の職業的発達を 8 段階に分けて説明しました。アメリカでは、心理療法・カウンセリングがより一般的に広まっており、医療・福祉・教育をはじめ様々な分野でセラピストが活躍してているだけでなく、かなり高い社会的地位が確立されています。アメリカと比べて、臨床心理士の社会的認知度が低く、制度がまだ整っていない日本では当然臨床心理士の成長プロセスも違うでしょう。特に、常勤の仕事もまだ少なく、非常勤の仕事をかけもち生計を立てなければならない若手臨床家に焦点を当てることによって、大学院修了後の職業的適応に関する訓練・教育に有益な示唆が得られるのではないかと考えました。ここで川島さんがもともともっていた「職業」や「仕事」に関する関心と臨床心理学の分野において必要とされるような研究テーマがうまく融合されました。

みられる職業的成長を明らかにする方が良いと思われたことから、活動領域は絞らないことにしました。また本研究の臨床的意義として大学院における専門教育の支援拡充の提言につながれば、という期待もあったので、活動領域を超えて共通してみられる心理的葛藤や課題を明らかにすることを目的にしました。

　研究方法については、初心者臨床家が大学院時代、就職活動期、修士卒業から資格取得まで、資格取得後の各段階で一様に経験する心理的葛藤や課題をインタビューによって生の声から明らかにしたいと思ったので、理論や仮説生成に適したグランデットセオリー法（Strauss & Corbin, 1990）を用いることに決めました。

2. 参加者（研究協力者）探し

　本研究の協力者は大学院の先生、友人、知人を頼って探しました。臨床心理士は大学院修了と同時に臨床心理士試験の受験資格が付与される一種指定校と修了後 1 年の臨床経験を経て受験資格が得られる二種指定校があります。参加者の出身指定校別の割合や男女比、経験年数の偏りを防ぐため、周囲の協力なしには参加者集めはできなかったと思います。

　具体的な手続きとしては、研究の趣旨を電話または電子メールにて説明し、理解を示して下さった方に研究の協力を依頼しました。インタビュー調査を全て録音し、逐語に起こす作業を

表1 参加者リスト（修士修了後の経験年数，性別，臨床心理士資格の有無，活動領域）

参加者 (仮名，敬称略)	面接回数	性別	年齢	出身大学院	卒業年度	経験年月*	資格*	ケース数（学生）	ケース数（職場）*	職場
和田	2	F	26	一種	2004	9カ月	無	3	n/a	学生相談
余田	2	F	37	一種	2004	9カ月	有	3	2	学校，福祉
湯田	2	F	29	一種	2004	11カ月	無	5	4	クリニック
谷田	2	F	30	移行措置	2001	4年	有	1	n/a	クリニック，適応指導教室
持田	2	M	30	二種	2005	2カ月	無	3	4	病院
三田	2	M	30	移行措置	2002	3年	有	0	100	学校
町田	2	M	27	二種	2003	2年	有	10	6	児童擁護施設，学校
本田	2	F	25	二種	2005	3カ月	無	2	7	クリニック
布田	2	F	25	二種	2005	3カ月	無	0	7	児童養護施設
平田	2	M	29	移行措置	2002	3年	有	0	4	病院，学生相談
羽田	2	F	29	二種	2001	5年	有	5	30	児童相談所，学校，クリニック
野田	2	F	25	二種	2005	4カ月	無	10	13	クリニック
根田	2	F	26	一種	2003	2年	有	1	n/a	学校，教育センター
新田	2	M	39	一種	2003	2年	有	3	20	クリニック
名田	1	M	25	一種	2004	1年	有	4	n/a	鑑別所
戸田	2	M	28	一種	2004	1年	有	8	23	病院
津田	1	F	46	移行措置	2000	5年	有	3	15	教育センター

注：*は第1回インタビュー時。職場ケース数のn/aケース数の把握ができていないもの。

伴うので，情報の取り扱いについてもきちんと説明する必要がありました。研究者の自己紹介及び研究の趣旨を記した「研究協力のご依頼」インタビューや情報の取り扱いについて記した「調査目的及び情報の取り扱いについて」，参加者の意志を確認する「調査参加承諾書」が参加者探しの三点セットでした。

実際に研究に参加して下さったのは 17 名（男性 7 名，女性 10 名，平均年齢 29.8 歳，平均臨床経験年数 1.73 年，SD＝1.52）の方でした。内訳については表1のとおりです。

3．インタビューの実施からテープ起こしまで

1）1回目インタビュー

一人 2 時間程度の一対一の半構造化面接を参加者の都合と話しやすさを考慮して，大学院の教室または参加者の職場，喫茶店等で実施しました。初対面なので，駅の改札口で待ち合わせ，インタビュー場所まで少し雑談しながら歩くなど，少しでも参加者の緊張が和らぐよう努めました。インタビューは，事前にインタビューの進め方や質問をまとめた「インタビュー進行表」を見ながら進めました。まず上述の 3 点セットをもう一度一緒に見ながら説明し，途中で気分を害したり，参加を取りやめたいと思った場合はそれも可能であることも伝えました。また参加者の質問や心配な点も聞くようにし，少しでも不安が軽減するよう配慮しました。インタビュー

コメント

17 名というのは，かなり多い人数です。しかも，対象者は，臨床家で自身の体験を言葉でうまく表現できる人たちでした。しかも 2 回のインタビューを行っていることから，かなり質の高いインタビューデータになったことが想像されます。

> **コメント**
>
> 川島さんは，協力者とのはじめの接触からすでに研究がスタートしており，協力者は，川島さんの研究に対しての良い・悪い印象を持ち始めるということをしっかりと理解して，とても配慮がある接触をしていました。インタビューの質問だけに注意を向けるのではなく，電話での接触，そして駅などで待ち合わせしてインタビュー場所に向かうまでのあいだの会話まで，協力者との関係を築くための大切な機会だと考えているところがとても特徴的でした。また，インタビュー後に感想を聞き，次のインタビューのための参考にするだけでなく，不快感があったときにそれを伝える機会を作ったのも川島さんの配慮の表れの一つでした。

に入る準備ができたことを確認してから録音を開始し，録音終了後は，気分を害するようなことはなかったか，話してみてどうだったか等簡単な感想を聞き，少しでも気分の良い状態で帰れるように意識しました。

インタビュー進行表やインタビューの質問は指導教員および同じ研究室の学生の意見を参考にしながら作成しました。インタビューの質問は参加者の緊張をほぐし，話しやすい雰囲気作りを主な目的としたウォームアップクエスチョンと実際のリサーチクエスチョンの2種類を用意しました。

前者は「職場までの通勤経路」，「職場での業務内容」，「大学時代の実習」などかなり形式的で参加者が答えやすい質問で，10個程準備しました。ウォームアップクエスチョンを聞いた後で，リサーチクエスチョンについて，自由に語ってもらうというのがインタビューの大きな流れでしたが，参加者の語りの流れを止めないよう，進行に柔軟性を持たせることも意識しました。

リサーチクエスチョンは心理的葛藤や課題が出やすいと思われる概念的枠組みを考慮して設定しました。職業的成長を構成すると思われる概念と，想定される職業的成長の段階から6つの領域を設定しました。6領域とは，①過去（臨床心理士を志すきっかけ，大学院時代，就職活動期，資格取得までの期間で最も印象的だったこと，大変だったこと），②現在の仕事（就職の経緯から，最も印象的な面接場面のエピソード，満足感を感じる時），③臨床心理士資格にまつわること（自分にとっての資格の意味，資格取得による影響・変化），④訓練（臨床家として向上するために取り組んでいること），⑤個人的特性（臨床家としての適性や，技術的なこと以外での自分の課題），⑥将来像（将来の理想像，将来に対する期待や不安）です。

実際の質問の仕方についてもいろいろ検討しました。たとえば，職場における心理的葛藤を引き出す質問は「これまで働いてきた中で最も印象的だった経験・エピソードについてお話ください」としました。「日々の仕事の不安や葛藤はどのようなことですか」という直接的な聞

> **コメント**
>
> 同じ内容について質問するにしても具体的なエピソードについて語ってもらうことによって，焦点を自分から外側の出来事へ移すとかなり話しやすくなるようです。川島さんは，質問のフレーズによっても話しやすさだけでなく，プレッシャーや圧迫感も異なっているということに気づき，語りやすさについてかなり細かに検討したようです。このようなインタビュープロセスの細部に対する注目によって，当然インタビューの質は高まりますし，カウンセリングの勉強も活かされていくでしょう。

き方も可能ですが，それだとネガティブな印象を与えかねないこと，また印象的エピソードを聞く方が現場での生き生きとした体験が語られ，心理的葛藤も出やすいのではないかなど，指導教員や同じ研究室のゼミ生にも意見をいただきながら決定しました。

逐語作成はインタビュー終了ごとに行いました。個人が特定されるような情報はすべて消去し，個人情報に対して十分な倫理的配慮をするよう注意しました。また声の抑揚，沈黙や笑いなどの非言語的側面に関する情報も組み込んで逐語化しました。最初の数回のインタビューでは，インタビューの質問項目の見直しも含め，スーパービジョンやゼミでご指導いただきました。逐語を起こす作業はインタビューの何倍も時間がかかるので，大変な作業ではありましたが，何よりも臨床の勉強になると感じました。参加者のキーワードをうまく深められなかったり，逆に話しの流れを止めてしまったり，「もっとこういう聞き方をすれば良かった」と反省することも多くありました。次のインタビューの教訓にもなったので，インタビュー終了ごとに逐語を起こすことは非常に役立ったと思います。またインタビュー終了ごとに自分なりの感想も簡単にまとめるようにしましたが，これは分析の過程や2回目のインタビューの時に役に立ちました。

2）2回目インタビュー

2回目のインタビューは1回目のインタビューの分析結果の精度を高めることを目的に，フィードバック・インタビューも兼ねて行いました。仕事を掛け持ちして忙しい参加者も多く，2回目は6名が電話によるインタビューで，2名は都合があわず，インタビューができませんでした。インタビューはこれまでの分析結果を紙面にまとめそれを提示しながら（電話インタビューの場合は事前に電子メールで分析結果を送付しました），1回目のインタビューで聞き足りなかった箇所や，ある人には見られなかったが他の参加者の多くが語っていたことについて聞いたり，分析結果に対する意見をいただく形式にしました。

2回目のインタビューは一人ひとりの体験過程の理解を深めることができただけでなく，分析結果の妥当性を高めることができました。分析結果に対する建設的な意見を述べてくださる人が多く，彼らが研究の貴重な協力者であることを再認識しました。特に負のケース分析の妥当性を確認する上では非常に良かったと思います。分析結果について指導教員や研究室のゼミ生にも何度も検討していただく場を作っていただきましたが，フィードバック・インタビューで体験過程にぐんとより迫ることができたように思い，トライアンギュレーション（Triangulation）は本当に大切なんだなと身をもって経験しました。

※トライアンギュレーション：質的研究で分析の妥当性を得るため，異なる種類の手続きで得られたデータをつき合せて分析の精度を高めること。

> **コメント**
>
> 川島さんは，インタビューの逐語を起こす作業を毎回のインタビュー後に行い，データの「質」を維持する努力をしていました。また最初の数回のインタビューは特に細かく指導を受けている点も重要です。インタビューの質問項目の見直し，データ分析に取りかかることという作業に加えて，インタビューを行うことに関する不安や心配なども高い時です。教員やTA，研究室の先輩から指導や助言を受ける時間をとっておくのも，研究の一部と考えるとよいでしょう。

> **コメント**
>
> 　第2回目のインタビューに臨む川島さんの大きなためらいは、「初心者臨床家の多くは非常勤の仕事をかけもちして、土曜日も仕事をしている方も多い。その上、週末はセミナーやワークショップに出て、あまり休みもとれないような過酷なスケジュールで仕事をしているのに、私の研究のために二度も話してもらうのは申し訳ない」ということでした。また、協力者の方々が分析結果を見て「全然分かっていない」「ニュアンス」が捉えられていないなど、不満や難しい注文が出てきたらどうしよう」という気持ちもあったでしょう。第1回目のインタビューでかなりたくさん話してくれたので、もう一度話してもらってもその内容がより深まるとも期待していなかったのもあるかもしれません。しかし、ここに書かれているように、第2回目のインタビューからかなり多くが得られました。分析の方針が間違っていなかったことが確認できた、第1回目のインタビューの結果をまとめて伝えることによって、それと関わる新たなエピソードなどが語られた、ほかの協力者のインタビューの分析から分かったことを大まかに伝えることによって、生成された概念についてさらに詳しい情報が集められた、そして最後に、協力者にとってもこの研究への参加が何らかの形で役に立っていると知り、自分自身の研究の意義を実感できた、というような様々な成果がありました。
>
> 　ここには明確にそのプロセスと発展について示されていませんが、2回目のインタビューは実質的に「理論サンプリング」となりました。一般的に理論サンプリングというとすべての協力者に対して同じようにインタビューを繰り返すことを目的としているわけではなく、特により明確化したい概念や概念間の関係について鍵となる情報を与えてくれるような協力者に焦点づけられたインタビューを行うことを指します。ここでは、このような理論サンプリングと、分析結果が協力者が意図したことをしっかりと反映しているか確かめる信憑性のチェックとが重なっています。このように理論サンプリングのインタビューがほかの機能を備えることも実際には珍しくありません。分析結果のある側面を明らかにするためには、そこまで分かってきたことを協力者に話して似たようなエピソードや体験を挙げてもらったりすることもあります。

4. 実際の分析プロセス

1）コード化からカテゴリー（説明概念）の生成まで

　グランデッドセオリー法はデータ収集とデータ分析が相互に影響し合う形で進行しますが、大まかな流れとしてデータ収集、データの逐語化、コード化、カテゴリーの生成、中核カテゴリーの生成という一連の過程があります。

　データ収集、データの逐語化に関してはすでに述べたので、ここではコード化以降の話をしたいと思います。コード化の前にまず分析に用いるデータと臨床家の職業的成長と直接関係のない（分析に用いない）データを同定し、分類しました。分析に用いるデータは逐語を何度も読み返して一文また一回の発言ごとに意味の単位を設定し、その内容を要約したコードをつけました。最初のうちは一文の中でも細かくコードづけをしていましたが、一文の中でも複数の感情が混じっていて、それを細かく分けることは体験を理解するのに適当でないと判断し、より大きな意味の単位でコード化をしました。またデータを読み込みながら自分の感じたことや疑問に思った点、コードにはうまく収まりきらない体験の抽象的な意味もメモを取りながら記

> **コメント**
>
> 　研究を進める中でゼミのメンバーが，お互いにアドバイスを与え合い「共同研究者」的な役割を担うようになっていったようです。また，ゼミのメンバーで，教員抜きのサブゼミを開いたり，とかなり分析の作業に熱心に取り組んでいました（研究が時間内に終るのか心配で，本人たちは焦って必死になっていたということでした）。川島さんをはじめ，ゼミのメンバーは，いくつかの重要な作業を行っているようでした。1つは，一人でデータを読み直してコード化やカテゴリー化を行う作業です。2つ目は，そのトランスクリプトとその結果をゼミのメンバーが分かるように説明するという作業です。自分が考えていることをほかのメンバーが理解できるように整理して言葉にすることによって，それまでぼんやりとしていたことが明確になっていくからです。最後に，ほかの人の視点にふれることです。ゼミのメンバーは，研究者自身よりも詳しくデータについて知らないわけですが，だからこそ見てくることも多くあります。このような作業を重ねていくうちに，それまで自分では自信がもてなかった見方などにより確固たる根拠が見つかったりします。

録するようにしました。

＜逐語録とメモ欄の一例＞

逐語録	コード，メモ
ああ，もう悪いことしちゃったなというのが先で，自分の実力とか，まあ自分の実力もああ，だめなんだなと思ったやつなんですけど。予診の，これは仕事に入ってからなんですけど，仕事に入ってからですといろいろ周りの目が気になっていて，ドクターからですとか事務の方からいろいろな指示が出てくるんですね。早めにさくっとあげて下さいと言われると，ああさくっとね，とか思って10分かそれくらいでさくっとやってみようと思ってその予診に入ったんですね。それで今日はさくっとやってみようと思って入って，そしたらその患者さんが予診なので，初めて来られるので，自分の病気の今までの経過を書いてきて下さったんですね。それがすごいたくさん書かれているもので，それを読むだけでも時間がかかってしまって，ああ，もうこれ読んでいる時間ないなーって思って，「書いて下さいましたけれども（以下省略）」	【実力不足，だめだと思った経験】 【周囲のいいところを見せたい／指示通りに動きたい／自分自身にかけてしまうプレッシャー】 【指示通りに動けない焦り】

　作成したコードは逐語とセットにしてコード一覧表を作成し，似たようなテーマをもつコードを集めて，コード間の比較を繰り返しながら類似するコードを包含するようなカテゴリーを生成しました。たとえば，参加者の「スーパーバイザーはやっぱり頼りになるし」という発言を意味の単位の発言とし，［信頼感］というコードを与えました。そして「いてくれるだけで安心」［安心感］，「フォローしてもらえた」［心強さ］など似た意味合いを持つ発言と合わせて《心強い後ろ盾としてのスーパーバイザー》というカテゴリー名をつけました。

　この作業で最も支えになったのが，スーパーバイザーや研究室の学生の助言でした。そういった意味で分析過程は一人でやっているという気があまりしませんでした。一人でデータと格闘しては意見をいただき，違う視点でデータと向き合うことができました。研究チームによって分析の精度を上げているといっても過言ではないくらい，教員や研究室の学生は力強い存在でした。カテゴリーの命名も他者のアドバイスが貴重なヒントになることもありました。

　カテゴリー生成までのプロセスは以下のようにエクセルファイルで管理し，ソート・並べ替えをして，整理していきました。ここで「区分」とは学生，有資格などの時間軸，「領域」はあらかじめ設定した「分析領域」です。

<カテゴリー，コードの整理例>

区分	領域	上位カテゴリー	カテゴリー	コード	逐語	ID	メモ
学生	対SV	初めての専門家体験	心強い後ろ盾としてのSV	安心感			

　上の例のような項目で分析をすすめていく中で，「区分」や「領域」が少しずつ変わっていきました。「区分」は時間軸なので比較的早い段階で決まりましたが，最初に定めた4段階（学生時代，就職までの不安定期，資格取得まで，資格取得後）から，3段階（学生時代，資格取得前，資格取得後）にまとめました。その理由として資格の取得が臨床家のアイデンティティの葛藤に大きく影響しており，心理的葛藤という点からは，就職までの不安定期と資格取得までを厳密に分けられないし，分ける必要もないと判断したからです。

　「区分」に比べ「分析領域」は非常に苦労しました。今思えば自分自身の軸がきちんとしていなかったからこそ，大変だったのだろうと思いますが，分析領域を細かく厳密に分けようとしすぎたり，領域を完全に取り払って新しい領域でソートしなおしたりして，混乱してしまいました。具体的には，もともとはアイデンティティ，訓練，個人的特性，過去，現在の仕事，将来の6領域を設定しましたが，分析を進めていくうちに初心者臨床家の成長にとってスーパーバイザーの役割が非常に大きいことが明らかになり，心理的葛藤のテーマをスーパーバイザーやスーパービジョンに対する葛藤，自分自身に対する葛藤，他者（クライエントや同僚）に対する葛藤に分けられるのではないかと考え，この3領域とアイデンティティを加えた4領域に分け直しました。また先行研究のモデルにどれくらい当てはまるのかと欧米のモデルの分析領域を採用してみるなど，コードに戻って何度も分析し直しました。最終的に表3の概念図のようにアイデンティティ，スーパービジョン，コンピタンスの3領域に大きく分けましたが，その方向性を決定したのは，2回目インタビューの参加者の意見が大きかったです。

<カテゴリーのまとめの一例>

カテゴリー名	【初めての専門家体験】
定義	強い不安と困惑がある一方で，スーパーバイザーの支えも感じながら面接に臨む体験
下位カテゴリー	心強い後ろ盾としてのスーパーバイザー（15），初期の面接での困惑・不安（15），あまり育たなかった専門家意識（10），罪悪感（9），スーパーバイザーの言葉を鵜呑み（9），適性に対する不安（6），現場に出た時の不安（5）
具体例	初期の面接での困惑・不安：最初にもったケースは本当にドキドキで，持ったことがないわけじゃない，ケースって。で，初めてもって，（中略）実際クライエントさんを目の前にしてどう受け答えしたらいいかと（本に）書いていない，書いてあるのかもしれないけど（笑），だってクライエントさんは，特別な存在で，みんな一人ひとり違うから，どういうふうに接したらいいかとか，どういう言葉を発したらいいかとか，こう言われた時にどういうふうに言ったらいいかというのを迷いながら，迷いながらやって。

コメント

　コード化とカテゴリー化の作業と並行して進めた区分や領域を設定する作業もかなりの苦心と工夫がありました。もともとデータを4（時期）X6（分析テーマの領域）で区切り扱いやすい大きさにデータを分け，そしてその領域ごとにデータの分析を試みました。ところが，分析を楽にする目的で導入した[領域]が川島さんの協力者の体験と合っていなかったのです。そこで，データ分析は，この領域をもう一度設定し直すことからスタートしました。この領域の設定でも，川島さんは協力者の声を参考にしてできるだけ彼らの体験を反映させようとしています。

2）上位概念（カテゴリー）の生成

生成したカテゴリーをグループ化し，次により抽象的な意味をもつ上位カテゴリーを生成しました。上述のように分析軸が確定するまで時間がかかったこともあり，個々のカテゴリー間の関係を考える中で，再び逐語・コードレベルに戻ったり，上位カテゴリーの生成に行き着くまでとても時間がかかってしまい理論的飽和に達する難しさを痛感しました。

上位カテゴリーの生成において意識したのは体験のニュアンスをいかに表すかということでした。この点においては日本語力が問われるような気がしました。最後の方は言葉遊びになっているようなところもあり，同じ研究室の仲間や友人に意見をもらって，ニュアンスが伝わるように，分かりやすくなるように工夫しました。

3）結果の概念図の作成

グランデッドセオリー法の最終目標はカテゴリー間の関係を図式化することにありますが，全体を見失わないためにも，分析の中間段階でその時点で図式化を試みたり，全体像をとらえる作業も並行して行いました。また典型例となりうる参加者のデータに関してはひととおり分析し，図式化してみました。最初の頃は一生懸命パス図を作成してようと悪戦苦闘したのですが，双方向の矢印ばかりのパス図ができあがってしまい，本研究はパス図による図式化は適さないことが分かりました。結果的に先行研究のような段階モデルをつくりましたが，図式化の際は，第三者にとってわかりやすい枠組みをつくること，研究の教訓をいかに導いて図式化するかということを念頭におきました。以下に示す**表2**および**表3**が結果概念図です。

結果概念図の一段階前のものを**表4**に示しました。領域が最終的に確定していなかったのと，カテゴリーの名前も変わっていますが，表4においてはスーパーバイザーの役割が学習，面接，成長の全ての分析領域にまたがっていました。分析過程でスーパービジョンの役割は臨床家の

表2　結果の全体図

学生時代	修士修了〜資格取得前	資格取得後
【旅支度に追われる不安】	【放り出された戸惑い】	【定まらない自信の中での前進】
【受身的にこなした専門教育】 ・課題に追われる大変さ（17） ・実習に対する物足りなさ（8） ・授業に対する物足りなさ（5） ・混乱したケースカンファレンス（5） ・スーパーバイザーに対する期待のずれ（4）	【不安定さの中で彷徨う】 ・職場での戸惑い（13） ・専門性に対する不安（9） ・自分を見失う（8） ・所属を失った焦り・不安（8） ・不安定さゆえの過剰なプレッシャー（7）	【職業意識の高まりと新たな探索】 ・資格取得による一時的な精神的安定（10） ・責任感の増加に伴う緊張感（10） ・臨床家としてどうあるべきかの探索（6） ・いい臨床家になれるかという不安（6）
【初めての専門家体験】 ・心強い後ろ盾としてのスーパーバイザー（15） ・初期の面接での困惑・不安（15） ・あまり育たなかった専門家意識（10） ・罪悪感（9） ・スーパーバイザーの言葉を鵜呑み（9） ・適性に対する不安（6） ・現場に出た時の不安（5）	【専門家としての土台が揺らぐ】 ・責任感の増加に伴う不安と罪悪感（17） ・当惑と強まる不安（16） ・蓄積してきたはずの知識を問い直す（13） ・高い学習意欲と余裕のなさの葛藤（11） ・必死の詰め込み学習（8） ・スーパービジョンを受けていない不安（8） ・自己の未熟さ（7） ・スーパーバイザーがそばにいない心細さ（7） ・灯台としてのスーパーバイザー（7）	【専門家としての定まらない自信】 ・経験による視点の広がり（9） ・人間的成長（8） ・見通しのつかなさ（7） ・知識の反芻・発展（7） ・スーパーバイザーを決める葛藤（6） ・育ててもらっているという感覚（4） ・積極的に介入できない（3） ・向上心と余裕のなさの衝突（3）
【経験による成長】 ・経験による成長（13）		

{　}最上位にあるカテゴリー，【　】はその下位カテゴリー。
（　）内の数字は人数を示す。2人以下しか当てはまらないカテゴリーは削除した。

表3 領域別にみた心理的葛藤

	時期及び葛藤のテーマ	学生時代 旅支度に追われる不安	修士修了から資格取得前 放り出された戸惑い	資格取得後 定まらない自信の中での前進
	中心的課題	学生としての課題をこなす	進路を決定する，自己を問う	専門家として機能する
アイデンティティ	職業的自己	あまり育たなかった専門家意識(10) 現場に出た時の不安(5)	職場での戸惑い(13) 専門性に対する不安(9) 所属を失った焦り，不安(8) 不安定さゆえの過剰なプレッシャー(7)	資格取得による精神的安定(10) 責任感の増加に伴う緊張感(10) 臨床家としてどうあるべきかの探索(6) いい臨床家になれるかという不安(6)
	個人的自己	適性に対する不安(6)	自分を見失う(8) 自己の未熟さ(7)	人間的成長(8)
対SV*	成長を促すSV	心強い後ろ盾としてのスーパーバイザー(15) スーパーバイザーの言葉を鵜呑みにする(9)	灯台としてのスーパーバイザー(7)	育ててもらっているという感覚(4)
	不安要因	スーパーバイザーに対する期待のずれ(4)	スーパービジョンを受けていない不安(8) スーパーバイザーがそばにいない不安(7)	スーパーバイザーを決める葛藤(6)
コンピテンス	面接での不安	初期の面接での困惑・不安(15) 罪悪感(9)	責任感の増加に伴う不安と罪悪感(17) 当惑と強まる不安(16)	経験による視点の広がり(9) 見通しのつかなさ(7) 積極的に介入できない(3)
	学習・訓練における葛藤	課題に追われる大変さ(17) 実習に対する物足りなさ(8) 授業に対する物足りなさ(5) 混乱したケースカンファレンス(5)	蓄積してきたはずの知識を問い直す(13) 高い学習意欲と余裕のなさの葛藤(11) 必死の詰め込み学習(8)	知識の反芻・発展(7) 向上心と余裕のなさの衝突(3)
全ての時期に共通する成長のテーマ			経験による成長(13)	

*SVはスーパーバイザーの略。

表4 最終結果の一段階前の領域別にみた心理的葛藤の結果表

中心課題	学生時代 学生としての課題をこなす	修士修了～資格取得まで 進路を決定する，自己を問う	資格取得後 専門家として機能する
葛藤のテーマ	【将来に対する漠然とした不安】	【混乱状態の中での自信喪失】	【定まらない自信の中での前進】
アイデンティ	《守られている中での不安》 ・心強い後ろ盾としてのスーパーバイザー(15) ・あまり育たなかった専門家意識(10) ・将来に対する不安(6)	《不安定さの中で自分を見失う》 ・所属を失った焦り・不安(8) ・進路への迷い(8) ・自己効力感の低下(7) ・不安定さゆえのプレッシャー(7) ・将来に対する不安(7) ・職場での戸惑い(13)	《資格取得による職業意識の高まり》 ・資格取得による精神的安定(10) ・責任感の増加(10) ・臨床家としてどうあるべきかの探索(6) ・将来に対する不安(5)
学習	《専門教育に対する物足りなさ》 ・課題に追われて大変(17) ・授業に対する物足りなさ(7) ・混乱したケースカンファ(5) ・スーパーバイザーに対する期待のずれ(4)	《専門家としての土台が揺らぐ思い》 ・高い学習意欲と余裕のなさの衝突(11) ・既存の知識を問い直す(12) ・必死の詰め込み学習(8) ・スーパーバイズをめぐる葛藤(10) ・人間的未熟さと葛藤(7)	《専門家として成長する努力》 ・向上心と余裕のなさの衝突(3) ・これまでの知識の反芻・発展(6) ・スーパーバイズをめぐる葛藤(6)
面接	《面接での不安》 ・過度の緊張(14) ・困惑(11) ・罪悪感(7) ・スーパーバイザーの言葉を鵜呑み(9)	《強まる不安の中での面接》 ・過度の緊張 ・当惑(16) ・責任感の増加に伴う不安(14) ・心強い後ろ盾を失った不安(12)	《定まらない自信の中での面接》 ・積極的に介入できない(2) ・当惑(7)
成長		《多少の安心材料》 ・心の支えとしてのスーパーバイザー(7) ・経験による慣れ(9)	《経験による成長の自覚》 ・心の支えとしてのスーパーバイザー(7) ・経験による多少の余裕(9) ・経験による視点の広がり(8)
時期で区切れない		経験による成長，公私の切り替えの難しさ，将来に対する不安，余裕のなさとの葛藤	
	過度の緊張からの脱出 →	過度の緊張からの脱出 →	

> **コメント**
>
> 川島さんは，いくつも表や図を作り，それらがデータとフィットしているのか，検討しました。その作業は骨の折れる作業でしたが，おかげでそれぞれの段階の特徴などがより明確に定義されただけでなく，「職業的アイデンティティ」「対スーパーバイザー」「コンピテンス」というこの時期の体験の領域が浮き上がってきました。臨床家としての力をつけ，職業的アイデンティティを確立しようと模索する中で一対一で密接にかかわる一人のスーパーバイザーの影響はとても大きいことが伝わってきました。そして，スーパービジョンを受けていない協力者からは，「スーパービジョンを受けていないことの不安」が語られていました。表2と3の前に作られた表4と比べると分析の進展が垣間見られます。表4では，学習，面接，などある特定の場面別に体験カテゴリーが分けられています。もう一方で，表2と3では場面にかかわらず共通する心理プロセスを中心にカテゴリーが再編成されています。

成長に中心的な役割を果たしていることが明らかになったので，1つの分析領域として独立させ，スーパービジョンの役割以外の学習と面接をコンピテンスという概念にまとめ，最終的に表2のようになりました。

最後に

分析過程において理論的飽和に達したと胸を張っていえないところが残念であり，気の遠くなるような苦しい作業でしたが，参加者をはじめ，指導教員，研究室の学生など本当に大勢の人に支えられ，心強い面もありました。支えてくださった人はみな研究の真の協力者であると認識しています。積極的な意見交換により客観

> **コメント**
>
> 研究を進める中で川島さんは，研究協力者とのつながりを実感し，そしてゼミのメンバーとも協力関係を強めていきました。臨床家の初期の成長でスーパービジョンの重要な役割を示す貴重な研究となりました。データ分析の中で「リサーチクエスチョン」と「目的」に立ち戻ることの重要性は，とても重要なアドバイスです。

性を失わないように内省することもできましたし，挫折せずに最後まで頑張れたのも支えがあったからこそだと思っています。そして本研究をとおしていちばん学んだことは，体験を語ることそして体験を聞くことの重みだったと思います。本研究の協力者は同じ分野の先輩ということもあり，修士論文の大変さに共感してくださり，体験を聞く側としては非常に恵まれていたとは思いますが，体験や心理的葛藤を一学生に語る場面に立ち会い，倫理的配慮はいくらしすぎてもしすぎることはない，とその大切さを痛感しました。協力者は最後まで研究のいちばんの心の支えでもありました。

分析過程において最も大切なことは自分の軸をしっかり持つということだと思います。私は分析領域について非常にぶれてしまったところもありますし，概念図も表ではなく，図をかかなければいけないとどこかで途中から思い込んでしまっていたところもありました。その反省からも，常に自分の研究の問題と目的に立ち戻り，研究の結果がそれをある程度達成するように，自分の軸を常に確認し，軌道修正していくこともとても大切だと思います。分析に夢中になりすぎて，気がつくとテーマが広がってしまっていたり，軸がぶれてしまうこともあるからです。

（所属　東京都職員共済組合事業部）

職場ストレスによるバーンアウトから回復までの心理的変化の過程
―― グラウンデッドセオリーによる探索的分析

市村眞喜子

1. 研究テーマの選択と研究プロセス設計

　研究テーマの選択に，私自身がどうして大学院進学をしたのかという背景が非常に大きな影響を与えています。数年間の企業での就業経験を通じて，働く人がどうやったらもっといきいきと仕事ができるようになるのか，職場において精神的健康を損なってしまった人達にどうして周囲の同僚や上司が気づかなかったのか，周囲はどう対応したらよかったのか，またそのような問題をどうしたら減らすことができるのか，ということに次第に興味を持つようになっていたからです。そして，将来自分は心理専門家として企業におけるメンタルヘルスに携わっていきたいと強く思うようになり，大学院への進学を決意しました。自分のなかに将来の目標に対する熱い思いはありましたが，実際進学して自分の研究テーマとして何を選ぶのかについてはあまりに漠然としていて，具体性に欠けるものであったと思います。進学後に感じた，自分の前に立ちはだかる大きな壁の1つは，研究テーマの選択でした。

　進学前は心理学についての専門的な知識はほとんどないに等しく，研究についても「働く女性のメンタルヘルス」や「ストレスコーピング」，「過労とうつ」など興味のあるキーワードがバラバラと出てきているだけの状態で，実際の研究計画には程遠いものでした。そのような状況のなか，まずは自分の興味のあるテーマやキーワードに関連する先行研究のレビューや関連図書をあたっていきながら，核にしたいと思う概念は何か再選定していく作業を行いました。大学院同期が次々と研究テーマを決めて，実際の調査についても大きなデザインを描いている姿を横目に，なかなか決められずにもがいていた時期は非常に孤独で苦しいものでした。少しずつ興味のあるキーワードが「過労」「職場のう

コメント

　市村さんは，職場でのメンタルヘルスについて関心をもっていましたが，具体的に研究として何がしたいのかということに関してはあまりはっきりしませんでした。このようなときに役に立つのは，自分自身へのインタビューを実施することです。それは，自分自身がインタビューに答えているかのように関心を持つ体験について書き出してみることです。自由記述のインタビューを自分自身に対して行い，どのようなテーマや課題点などがあるのか整理してみることです。このように，自分自身に対して「予備調査」を行うことによって，テーマを絞ったり，どんな文献に当たったらよいのかなどということが見えてきます。

　研究に関しての問題意識がはじめから明確であったり，研究テーマとしての「焦点」をもっていることはまれです。この段階において自分自身の関心を否定することなく，それを発展させ，さらに様々な文献に当たります。また教員や大学院の先輩をはじめいろいろな人から話を聞いてみます。これらの作業を進める中でログをとり自分自身が考えたことを振り返る時間をもつと良いでしょう。

つ」「バーンアウト」に移りつつあったある日のゼミで，指導教員から質的研究の紹介があった時にふと，職場での様々なストレスで働くことができなくなるという経験はその人達にとってどのようなものなのか，働くことができなくなるまでの過程だけでなく再び働くことができるようになるまでの体験過程を知りたいと思いました。そして，これによって働く人の心理的サポートをする援助者や働く人を抱える企業にとっても何か役に立つような提言ができるのではないか，という考えに至り，職場ストレスによるバーンアウトを研究テーマの軸に据えることにしました。

職場ストレスにより一時的に職場から離れていた人が，再び社会に戻るようになるまでに，どのような心理的変化の過程を経ているのかを明らかにすることを研究の目的として，具体的な研究プロセス設計に入っていきました。バーンアウトという概念はヒューマンサービス職においてよく用いられるものとして有名ですが，最近では Sonnentag ら（1994）によって，システムエンジニアなど IT プロフェッショナルにおけるバーンアウトについての研究もあり，バーンアウトはヒューマンサービス職以外の職種においても用いられるようになっていることから，バーンアウトを特に人との直接的な関わり合いの中で生じるストレス反応としてではなく，それ以外の職業領域でも起こり得る過酷なストレス状況により引き起こされる身体の疲労感や認知的脆弱さも含むストレス反応である，という Leiter と Schaufeli（1996）の定義を用いることにしました。

研究の協力者の設定については，まず対象年齢として，ある程度仕事自体に慣れ，より責任

コメント

市村さんは，日本にはまだ少ない「キャリアカウンセリング」や産業精神保健などの専門誌に掲載されている論文を読み始めました。すると臨床心理学の視点から職場の問題を扱った論文は比較的少ないことに気づきました。ストレスコーピングに関する質問紙調査が多く見つかりましたが，それらは心理的な問題がどのように起こるのかというプロセス自体についてはあまり教えてくれないことに気づきました。特に人が仕事で悩みを抱えてそこから調子を崩し，休職に至る，というようなプロセスはなかなか見えてきません。そこで数多くの人たちに対して質問紙を使ってデータを集めるよりも実際にコーピングがうまくいかなくなった人たちに焦点を当て，その人たちがどのようなプロセスを経て心理的な適応を失い，とり戻すのか調べてみたらどうかと考えるようになりました。

その中でバーンアウトという概念に出くわしました。臨床心理士をはじめ，看護師，社会福祉士などの対人援助職の人たちがストレスが高い状況で長時間働いたり，休みをとれず長期的に援助活動に携わることによって，感情的に疲弊して，仕事に対する満足感ややる気が低下してしまうことを指します。バーンアウトという概念を使うことは，病理的な「うつ」やより外的な「ストレス」という見方よりも個人の心理的プロセスに適合していると考えました。また，インタビューをしていくときに，「うつ」体験，「休職」体験そのままよりも抵抗なく入れるだろうとも考えました。このようにいくつかの心理学の概念を見直して最終的に質的研究に適した概念を選ぶことができました。このように関連する視点と概念を比較していくことは研究のテーマを早く決めたいという焦りが強い中でかなり大変なことでした。もう一方で，このような検討を時間をかけてやったおかげで，研究の全体を見渡すことができる概念が見つかりました。

ある職務に携わったり，会社の中での自分の地位など今後のキャリアについて意識を高くする時期にあるだけでなく，近年自殺率の伸び率の高さや精神障害等の労災認定件数率の高さなどの動向（2004年版産業人メンタルヘルス白書（下））においても注目されている30代と，会社という新しい世界に飛び込んだばかりで精神的な不安定さの増加が指摘されつつある20代（2004年版産業人メンタルヘルス白書（下））という年齢層に焦点を当てることとしました。職種に関しては，これまで数多くの研究がなされてきているヒューマンサービス職ではなく，それ以外の職種の実態を明らかにしてみたいと思い，ヒューマンサービス職以外に設定しました。

2. 協力者をどう集めるか

インタビュー調査に取り組もうと思った時に非常に苦労したのは，どうやって協力者を集めるかということでした。非常に個人的な体験について話を聞くため，まったく見ず知らずの方に幅広くお願いするのではなく，まず自分が働いていた時の知り合いや友人に対して，研究の対象となるような体験をしたことがある，または体験をした人を知っているかどうかを聞いてみるところから始めました。対象になりえるかもしれないというお返事をいただいた方には，研究に関してできるだけ時間をとっていねいに説明をしたり，疑問点をなるべく解消できるようにするところに力を注ぎました。これから貴重な体験をお話いただくに際して少しでも話しやすい関係性を築くことが重要であると考えていたからです。

インタビューをお願いする際の具体的な手順は，研究の対象に当てはまる可能性がありかつ協力の意志を示してくださった方に，研究についての目的や方法，結果のまとめ方，データの取り扱い方などについての説明資料をメールでお送りしました。先に口頭で簡単に研究の目的

> **コメント**
>
> 市村さんは，協力者との接触に際してとても慎重で配慮があるアプローチをとりました。インタビューを実施する前に，研究についてじっくり説明する時間をとり，研究参加についての「疑問」と「不安」を扱えるようにしました。このような下準備は，研究者側の誠意を見せることにもなりますし，早い段階で相手が断る機会を与えることにもなります。

などについてはお話していましたが，書面で確認していただいて，協力できないと思われた場合にはそう言えるように，またこれから関わる研究調査について疑問や不安な点を極力減らせるように心がけました。事前に研究内容やデータの取り扱いなどについてご理解いただいたうえで，インタビューの実施日程を調整していきました。実際は当然のことながら，友人や知人の紹介などでコンタクトを取らせていただいた方のなかで，自分が体験したことについてあまりふれたくないとおっしゃる方や録音されることへの抵抗を示される方もいらっしゃいました。私は，できる限りご理解いただけるような説明に努めたつもりでしたが，ご協力いただけなかったケースも5，6ケース程はあったかと思います。その場合も，納得いただけなかった点については，どう説明すればもっとわかりやすくなるのかをその都度考えるようにし，改善に努めました。個人的な体験に迫るインタビュー調査を実施する場合には，研究に対する十分な理解と同意が何よりも重要で，それが実際のインタビューの内容にも大きく影響を与えてくると思います。このプロセスを研究の中でも重要な部分と位置づけて，十分な時間を確保しておくことが研究実施スケジュールを立てるうえで重要であると実感しました。

実際にインタビュー調査への参加を了承した方は，計14名（年齢：20代後半〜30代全般，

表1 協力者データ一覧

No.	年齢	性別	業種または職種	勤続年数	No.	年齢	性別	業種または職種	勤続年数
1	28 (27)	男性	SE	5 (4)	8	33 (31)	男性	経営コンサルティング	9 (7)
2	28 (27)	男性	設備	5 (4)	9	26 (20)	男性	テレマーケティング	9 (3)
3	30 (26)	女性	広告	6 (4)	10	28 (26)	女性	SE	6 (4)
4	29 (26)	男性	テレマーケティング	7 (4)	11	27 (22)	女性	SE	2 (1.5)
5	27 (26)	男性	出版	4 (3)	12	27 (25)	女性	SE	6 (4)
6	32 (26)	女性	半導体	9 (3)	13	28 (26)	男性	広告	6 (4)
7	38 (36)	男性	マスコミ	8 (8)	14	28 (23)	女性	化学分析	3 (1)

※年齢：インタビュー時
（　）：バーンアウトに陥った当時の年齢
※（　）：バーンアウトに陥った当時の勤続年数
※退職後の無職の時期を除いた年数

平均年齢：29.2歳，性別：女性 6名，男性 8名）でした。協力者の詳細については，表1のとおりです。

3．インタビューの実際

インタビュー方法は一対一の半構造化面接で，基本的に協力者1人から2回ずつ話を聞くことにしました。1回目はバーンアウトの体験について時間の流れに沿った形で，陥る前から現在に至るまでを自由に語ってもらうことを目的として実施しました。2回目は，1回目の語りに対する筆者の理解を確認してもらうことと，筆者からの追加の質問に答えてもらうこと，そして分析結果についてのフィードバックをもらうことを目的としました。所要時間は，1回目が平均約2時間程度，2回目は平均約1時間強程度で，2回目のインタビューについては日程調整のつかなかった協力者の方とは対面ではなく電話インタビューとしました。

インタビューを設定する時に頭を悩ませたのは，インタビューを実施する場所でした。インタビューにご協力くださった方々のほとんどが平日にお仕事に従事されていた方だったので，なるべく近場で，かつご自身の体験についてじっくりと語れるような空間で実施できることがベストだと思っていました。実際は協力者の方の希望のエリアに出向いてそこで何とかお話を聞くことができそうな場所を探す形で実施しました。話しやすい雰囲気で静かで，周りとも適度に距離があって，というインタビューに最適な場所を準備することが非常に難しく，駅に少し早めに行って周辺のリサーチをすることが，できる精一杯な状況でした。

インタビューは，事前に作成したインタビュー進行のためのガイドを手元に置きながら行いました。このガイドは，インタビューの流れやどのような質問をしていくかを研究室の学生とロールプレイのような形をとったり，指導教員や研究室の学生とのディスカッションを通じて，できるだけ協力者の語りを引き出すことができるように試行錯誤しながら作成したものです。インタビュー実施ごとに質問内容や順番についても精査し修正を加えました。

インタビュー進行のためのガイドで設定した1回目のインタビューの大きな流れは，まず研究の目的や意義などの説明を協力依頼時に使用した資料を用いながら再度行うところからスタートしました。録音によって話すことに支障が出ないように，録音前にていねいにデータの取り扱いや保存方法についてや，録音の取りやめなどはいつでも可能であることも併せて説明し，質疑応答の時間を設けた上で研究参加とインタビュー内容の録音に関しての承諾書に署名をしていただきました。

次に，インタビュー全体の流れについて，時

間や進め方の説明を行いました。聞きたい項目はこちらでいくつか設定しましたが，基本的に話したいことや話しやすいところから自由に話してもらって構わないということを伝えたうえで，インタビューを開始しました。

インタビューの導入として，心身ともに疲弊してしまっていた時期を思い出してもらうきっかけ作りのためとどのくらい思い出しやすい状態であるのか見当をつけるために，精神的にも身体的にもいちばん辛かった時期を思い出しながら，その時の自分ならどのようにつけるだろうか想像してもらい2つの質問紙（ベック抑うつ尺度，日本語版バーンアウト尺度　久保，1998）に回答していただきました。回答後，そのときの状況を思い出すことなどやりにくさの有無や感想を聞きながら，協力者が話しやすい雰囲気を作ることを心がけました。

そしてバーンアウトに陥った体験をした当時の感覚に少しずつ戻っていくことを促す目的とした10のウォームアップクエスチョンを始めました。具体的には，朝起きてから会社へ行くまでの経路，通勤にかかった時間，当時いた会社の概要（従業員数，男女比など），忙しかったときの平均労働時間や残業時間，配属部署や異動の有無，従業員のメンタルヘルスに対する活動サービスの有無など比較的答えやすい質問です。

ウォームアップクエスチョンの後は，バーンアウトに陥る前の状況から時間経過にそって話を聞いていくことでその時の体験をより喚起しやすくなると考えました。そこで，バーンアウトに陥る前の状況から時間の流れに沿って，まずは『いちばん辛かった時期はどんな仕事をしていた時だったのか』や『そのときに周囲にいた人達はどのような人達だったのか』などの質問から始めました。体験を通じての心理的変化の過程についてより深い語りを引き出すために，話の途中でそのときにどのようなことを考えたのか，どのような気持ちだったのかについての質問を適宜入れました。そして，バーンアウトに陥る前，陥った時，休職や退職などの決断に至るまで・決断した時，休職または退職直後について，社会復帰に至るまで，そして今日に至るまで，という時系列で聞いていきました。

インタビュー終了後には，事前に作成したフェイスシートに記入してもらい，話をした感想などについてお話をする時間を設けました。話したことによって辛い体験を思い出し，気分が悪くなったりしていないかを確認したり，インタビューの進め方などについてもフィードバックをいただいたりし，できるだけ参加して良かったと感じていただけるように心がけました。実施後にはメールで再度お礼とフォローをし，2回目のインタビューでの話しやすい状況作りに気を配りました。

2回目のインタビューは，1回目の語りに対する筆者の理解を確認してもらうこと，筆者からの追加の質問に答えてもらうこと，そして分析結果についてのフィードバックをもらう目的で実施しました。実施前に各協力者から語られた体験から，筆者が捉えた心理的変化の過程について，筆者の言葉で文章にまとめ，2回目のインタビューでその内容を確認してもらい，修正が必要なところやさらに補足が必要な部分について指摘を受けました。

次に，分析作業を通じて筆者が疑問に思ったところやさらに詳しく聞きたいところについて，協力者に語ってもらったり，さらに作成した2回目のインタビュー実施時点での分析結果資料を説明し，それについて協力者からフィードバックをいただきました。2回目のインタビューでは1回目よりも和らいだ雰囲気の中で，こちらが受け取った内容などについて，ざっくばらんにご本人からフィードバックがいただける非常に有意義なものでした。1回目で語られたことをご自身で振り返って意味づけをされる方や，分析途中の結果についても率直なご意見やアイディアを出してくださる方もいらして，研究というのはデータを提供してくださった協力者の方々とともに作りあげていくものだと身をもっ

て体験できた貴重な機会でした。このプロセスがあったからこそ，この後に待ち受けていた分析から結果をまとめ上げる作業の中で，できる限りデータを分析に反映させたいという思いを持ち続けることができました。

4. 分析プロセスでの格闘

1) 逐語化からコード化，下位カテゴリー生成まで

データの分析方法としては，グラウンデッドセオリー（Strauss & Corbin, 1990）を用いました。グラウンデッドセオリーは，収集したデータからその文脈に基づいた新しい理論を発展させることを目的としており，理論と研究を分離しないという考え方に基づく質的研究法です（Willig, 2001）。すでに存在する他の領域における同様の研究から導きだされた理論に当てはめて，その個人の体験や心理的変化を理解するのではなく，対象者の主観の世界に限りなく接近できることが本研究の目的に最適であると考えたためです。

データ分析は，収集したデータの逐語化，コード化，下位カテゴリー化，カテゴリーの生成，中核カテゴリーの抽出という流れで行いました。

収集したデータの逐語化では，インタビュー実施時にICレコーダに録音した内容を，全て逐語として文字データに起こしました。逐語化の際には，個人情報は削除したり別の記号に置き換えるなどして内容に大きな影響を与えない範囲で修正を加えるなどの配慮をしました。また，声の調子や早さ，話す間合いや沈黙などの非言語的な部分についても，記号などを用いて表しました。逐語を起こしながらインタビュー時の印象や疑問に思った点や気づいた点などについても，メモとして書き残したり，質問の仕方や語りの流れを振り返って気になった部分などを，インタビューの進め方を改善するための課題としてピックアップしました。これらの作業は，臨床に通じるところが多くあったと思い

> **コメント**
>
> 市村さんは，2回目のインタビューを実施することで，協力者と研究を一緒に作るという感覚をもちました。そして協力者から分析結果についてのフィードバックを得ることで自分の分析の方向性に自信をもつことができました。もし，2回目のインタビューを実施していなかったら，「本当に自分の理解はこれでいいのかなあ」という疑問をぬぐうことが難しくなります。

ます。ていねいに逐語を起こしていく作業は時間も労力もかかりますが，話の促し方や聞き方など一つひとつを細かく見ていくことができるという意味では，とてもいい勉強になり非常に面白みが感じられた部分でもありました。

逐語化の後は，分析の単位を作るために意味のまとまりに区切る作業，続いてコード化を行います。この作業の際はできる限り想像力を働かせながら，端的にうまく表現する言葉，つまりコードをつけることが重要となってきます。最初はできる限り細かく，データ一文につき1つのコードを付けようと試みましたが，語られた体験の中で協力者が感じていた心理的な側面について，そのニュアンスを捉えるためにはあまりにも細かすぎる単位でした。そこで，3文から5文程度のまとまりで，協力者の心理的な側面を端的に表すようなコードを付けるようにしました。また，コードは1つだけではなく，なるべく複数付けるようにし，できる限りデータから微妙なニュアンスを捉えるように心がけました。たとえば，バーンアウトに陥っている時期の様子について協力者が語った，「（仕事を）休むきっかけは自分ではなかなか作れないですからね。そこに至るまでにズーッと連続した時間で過ごしているわけで，なにかやっぱりきっかけって日々のその，グルグル回っている生活の中だと，どっかこう節目がないといけなくて。でも節目ってやっぱりないんですよね。ひたす

ら同じところでグルグル回ってるから,自分が今何周したのかとか,グルグル回って,向こう側にいるのかこっち側にいるのかすら,よくわかってない状態」,という4文を1つのまとまりと捉えて,〔自己感の喪失〕,〔アリ地獄の中で必死にもがいているような感じ〕,〔自分がどうなっているのか,まったくわからない混乱した状態〕という3つのコードを付けてみました。微妙なニュアンスを捉えようとした際に,自分の日本語力の乏しさを痛感させられました。どういう表現がいちばん語り手のニュアンスを汲み取るのか頭を悩ませている時と,この作業においては国語辞典が思っても見なかった程頻繁に登場し,活躍しました。

　分析のための最小単位作りの後は,カテゴリー化という,区切られたコードの2つ以上の間に,その共通点などを比較しながら,複数のコードを包括するまとまりを作りあげる作業に入ります。同じようなコードがつけられた箇所を何度も読み返しながら,それらを包括するような1段階抽象度を上げたカテゴリー名をつけていく作業です。たとえば,バーンアウトに陥っている時期において,複数の協力者の語りから得た,徐々にそれまでは当たり前のようにできていた仕事が手につかなくなってしまった様子を表すコードとして,〔自分自身を見失った感じ〕,〔なす術がない〕,〔途方にくれた感じ〕,〔何も手につかないような感じ〕,〔自己感の喪失〕,〔アリ地獄の中で必死にもがいているような感じ〕,〔自分がどうなっているのかまったくわからない混乱した状態〕などを付けてみました。これらを,協力者がバーンアウトに陥っている時に,わけも分からなくなってしまうような非常に混乱した心理状態にあることを表していると捉えて,全てを包括するカテゴリーとして《パニック状態》というものを作成しました。作成したカテゴリーについては2週間に1回くらいのペースで,ゼミにおいて指導教員や研究室の学生に捉え方の偏りなどがないかどうか確認してもらったり,より的確なカテゴリー名のアイディアや意見をもらったりしながら,独りよがりな分析にならないように留意しました。質的研究に興味のある学生や他の研究室の学生など色々な人達に見てもらうことで,新しい視点を得ることができ,自分で説明をしていく中で思考が整理されたり新たな発見があったりと,この過程は自分にとって宝探しのような楽しみのある作業でした。

2) 上位カテゴリーの生成から結果のまとめまで

　上位カテゴリーの生成とは,このような過程を経て作り出されてきた下位カテゴリーを比較し,カテゴリー間のさらなる共通点や関係性などを探索しながら,カテゴリー間での階層が存在するかどうかを検討する作業のことです。上位カテゴリーとして発見されたものは,はじめのカテゴリーよりさらに抽象度が増したものとなっていきます。たとえば,バーンアウトに陥っている時期の様子について,《パニック状態》と《押し寄せる不安と焦りの波》というカテゴリーから,【コントロールの喪失】という下位カテゴリーを生成しました。この作業はエクセルで表2を作成して,新たに生成したカテゴリー間でも階層的な関係性があるかさらに探っていき,もう1段階上位のカテゴリーの生成を試みました。たとえば,同じ時期について,同様にして得られた【崩れそうな自分との戦い】や【自信喪失】,【自己否定】と【コントロールの喪失】という4つの下位カテゴリーから,さらにこれらを包括する上位カテゴリーとして<u>孤独の中のもがき</u>を生成しました。

　その後にさらに全てを1つに包括するような中核となるカテゴリーが得られるように,上位カテゴリー間の比較・検討を行う作業を行いますが,今回は得られた上位カテゴリーから,バーンアウトから回復までの心理的変化の過程を捉えることができるような,全てを包括する1つの中核カテゴリーの生成には至りませんでした。

　このような結果を導くなかで,インタビュー

> **コメント**
>
> 　市村さんが生成したカテゴリー名は，協力者たちのバーンアウト体験の主観的感覚をうまく捉えようとする努力が表れていました。〔アリ地獄の中で必死にもがいているような感じ〕や〔自分がどうなっているのかまったくわからない混乱した状態〕などは，協力者が体験した「自分自身でなくなる感じ」をいきいきと表していました。逐語を読み，そしてこれらのカテゴリー名をみると，主観的体験がしっかりと捉えられていることがよく伝わってきました。

の語りから得られた心理的な変化の過程をより分かりやすく視覚的に表現するために，図式化を試みました。この部分は自分の研究にとっての最大の山場であったと思います。ここで，最終的な結果図にたどり着くまでの変遷を示してみたいと思います。

　まずは，1回目のインタビューを終えて，2回目のインタビューで理解の確認や分析過程のフィードバックを行うための情報の整理の意味を含めて作図しました。バーンアウトに陥る前から社会復帰するまでの心理的変化の過程には，こういう状態を表す段階がいくつか存在しているのだろうと想定して，その変化を心理的要素，身体的要素，対人要素，環境的（外的）要素の4つの軸から捉えてみたらどうなるであろうかと，試作的に作成してみたものが図1です。

　2回目インタビュー時に，協力者の方々から「このような一直線な進み方ではなかった」「もっと行ったり来たりする感じ」などのフィードバックをいただきました。指導教員や研究室の学生からは，詳しい説明がないとどのようにこの図を読み解いていいのかが分かりにくいと指摘いただき，自分としても図にするからには見て分かりやすいものであることは必須だと別の表現の仕方を考えることにしました。

　最初の試作図が表に近いようにも感じていたので，次はもう少し図的なものにしようという思いが強くなりすぎたのか，2つ目の試作図は結果としてより複雑なものになってしまいました（図2）。自分としては，体験過程のなかでバーンアウトに陥る前から陥ってしまった時の過程のなかでは，自分がどんどん周囲の人から孤立していってしまう感じ，ある程度表し，大きな円を個人として，それが時間の経過とともに小さくなっていくことで表現しました。また回復の過程においては，少しずつ新しい自分として復帰していく過程を円の形を変えて，それが少しずつ大きくなりしっかりしていく変化を点線から実線で表現しました。

　この図に対して協力者の方を含め指導教員や研究室の学生からは，余計分かりにくくなったとの指摘を受け，最初はかなり落胆しました。自分としてはかなり時間をかけて考えた案だったこともあって，図式化することは無理なのかなと諦めかけましたが，意見交換をしていく中で自分がインタビューから得た全ての情報を網羅している図を考えようとしていたことに気づきました。とにかく図を作ることに捉えられていたようなところがあったように思われ，ここで本当に自分が明らかにしようとしていることは何なのか，情報として得られた事柄の中から結果としてまとめるためによりシンプルにエッセンスを抽出していくことを意識するようになりました。この図は最終的な図としては使えるものにはなりませんでしたが，平行して行っていたカテゴリー階層表の整理においても結果をどうまとめるのかを考えるうえでは大切なプロセスの1つでした。

　そして，さらなる試行錯誤の結果として図3にたどり着きました。心理的な変化に影響を与える様々な要因を取り込もうとしていましたが，カテゴリー階層表を作成していく過程で整理さ

表2 カテゴリー階層表

段階	上位カテゴリー	下位カテゴリー	カテゴリー
1	周囲との間で生じる不協和音 （周囲と自分のアンバランスさ・不均衡） （周囲との間で強まっていく不協和音）	強い緊張感	居心地の悪い感じ・殺伐とした感じ プレッシャー，不安，圧し掛かる激務
		仕事への高い動機	期待，ためされている感じ
		募っていく周囲への不信感	上司・周囲に対する不満・憤り 理不尽さに対する不服　やりきれなさ
2	葛藤からの必死の奮起	人の中にいて感じていく孤独感	助けがない孤立感　1人で挑む解決
		振り絞る仕事への意欲	落胆　強い焦燥感　仕事に刻する強い義務感
		崩れ始める仕事生活	発せられた体からの警告 仕事・職場に対する嫌悪感・拒絶感
3	孤独の中でのもがき 暗闇の孤独な足掻き 外との行き来がなくなる・自分の殻に入ってしまう	コントロールの喪失	パニック状態　押し寄せる不安と焦りの波
		崩れそうな自分との戦い	怯え・恐怖　孤軍奮闘の状態
		自信喪失	自責の念　無力感　罪悪感
		自己否定	だめな自分　存在意義への疑問・否定
4	尽き果てた（失われた）意欲・意志／激闘の末の卒倒	諦め	（我慢の）限界を超えた感じ　無気力 虚しさ　自己嫌悪
		一時的な安堵感	やっと休めるという安心感 元に戻れるという期待・喜び 周囲の理解のありがたさ 肩の荷力が降りた感じ
		虚脱感	（下位カテゴリなし）
5	焦りと模索の一進一退	早期復活の呪縛	休むことで感じるプレッシャー リスタートへの焦り・不安 周囲に付する申し訳なさ・罪悪感
		ありのままの自分の受け入れ	自分自身の客観視 今回の体験の振り返り これまでの人生の振り返り 自分自身での原因探索
6	主体性／コントロールの取り戻し	孤独からの脱却	周囲のサポートへの気づき 周囲に受け入れられた感じ
		自己感覚の回復	ほどけていく緊張 湧き上がる意欲・意志
		志向の回復	仕事のスタンスの問い直し
		自分自身の再確認	仕事観の問い直し　仕事についての振り返り
7	不安の渦から積み重ねていく自信	復帰をめぐる不安	仕事がきちんとできるのかという不安 同じことが繰り返されることへの不安 周囲の反応に対する不安 不安との葛藤　将来に対する不安
		復帰への緊迫感	プレッシャー　申し訳なさ
		復帰を後押しする支え	段階的な復帰の安心感 職場での人的サポートの安心感／ありがたさ 仕事面での配慮
		徐々に回復してしく自信	充実感　前に進んでいる実感 仕事を楽しめる嬉しさ・喜び
8	より強固になった自分と価値観 （実感する大きな成長／前進）	体験の肯定的受け入れ	より深まった自己理解，自分に必要だった体験
		自分の中で感じる変化	価値観の変化・再確認，更なる人間関係の重要視

れた心理的変化の情報のみで作成することにしました。

バーンアウトから回復までを，陥る前の時期，陥っている時期，陥った時期，回復の時期の4つに分けて，それぞれの段階における特徴を抽出された上位カテゴリーと下位カテゴリーで説明しました。バーンアウトに陥る過程の部分では，インタビューで多く語られた「もがけばもがくほどはまってしまうようなネガティブなスパイラル」というニュアンスをあっという間に坂道を加速して転がり落ちてしまうような図で表現してみました。

そして，陥った後の回復の時期では，順調に1つずつハードルをクリアしていく回復ではなく，常に復帰への焦りや不安などが渦巻く不安定な中で一進一退を繰り返し，少しずつ自信を回復していくという感じを，1つの段階をグルグルと回りながら全体の流れとしては，少しずつに上っているという形で表しました。また，個々人で回復にかかった期間には違いは見られましたが，バーンアウトに陥って行く過程よりも回復の過程には，より長い期間がかかるということがインタビューで明らかになり，ここは回復の過程の部分を陥る前から陥った時までの幅よりも長くして，1つの図に取り込んでいきました。

最後に

修士論文で初めて取り組んだ質的研究は，思っていた以上に辛く苦しい作業でしたが，周囲の力強いサポートのおかげで修士論文を書きあげるまでのいくつもの山を乗り越えることができました。時間的な制限のあるなかで理論的飽和に到達していると言い切れない状況で常に手探りでデータと格闘していたわけですが，最後まで奮闘することができたのは，研究のテーマが自分で本当にこれを明らかにしてみたいと思うものであったことが理由としてあると思います。気の遠くなるような地道な作業のなかで時に思うように進まなかったり，この先どうしていったらいいのか途方に暮れるようなこともありま

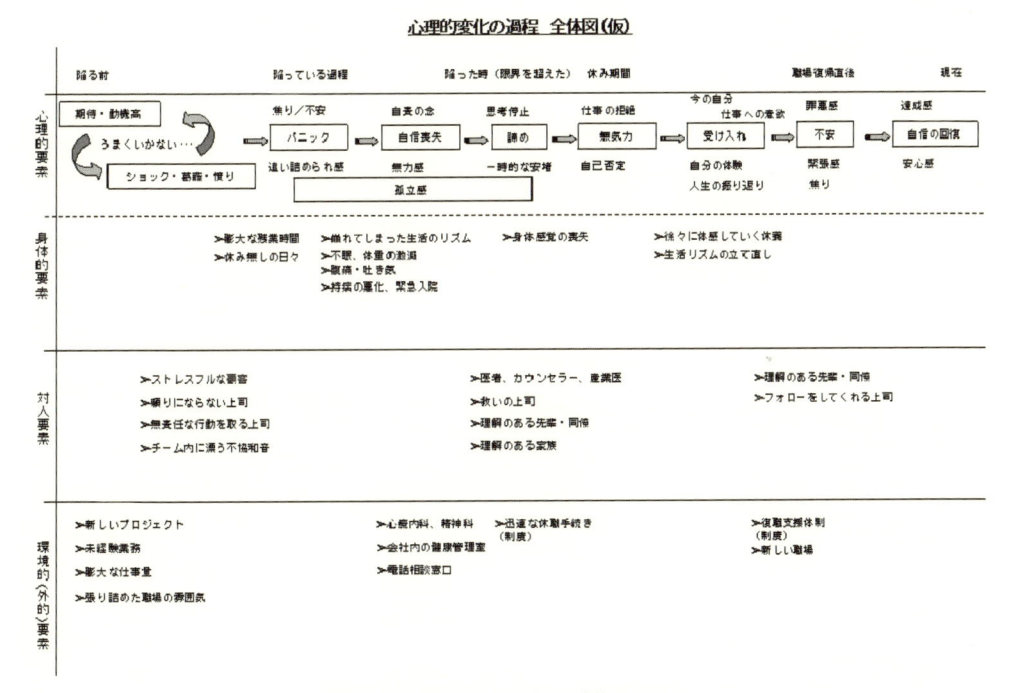

図1　心理的変化の過程　試作図その1

したが，今自分がやろうとしていることはこういう目的があったんだと時折思い返すことで頑張ることができました。常に自分が今明らかにしようとしていることは何かに立ち返ることは分析作業の過程でも非常に大切であると思います。質的研究では1つひとつのストーリーにどっぷりとはまって，その体験に近づこうとする作業が多くあります。時にはまり過ぎて本来の目的などを見失い迷走しても，そこから救い上げてくれるのは研究のテーマ・目的を意識することであると思います。

また，苦しい道のりを最後まで歩いてこられたのは，協力者をはじめ指導教員や研究室の学生多くの方の支えがあったからです。協力者の方々は，自分の苦しかった時のお話を研究の役に立つならと快くお話してくださっただけではなく，分析過程においても率直なご意見やアイディアまで出してくださいました。このやり取

心理的変化の過程　全体図（1）

心理的変化の過程　全体図（2）

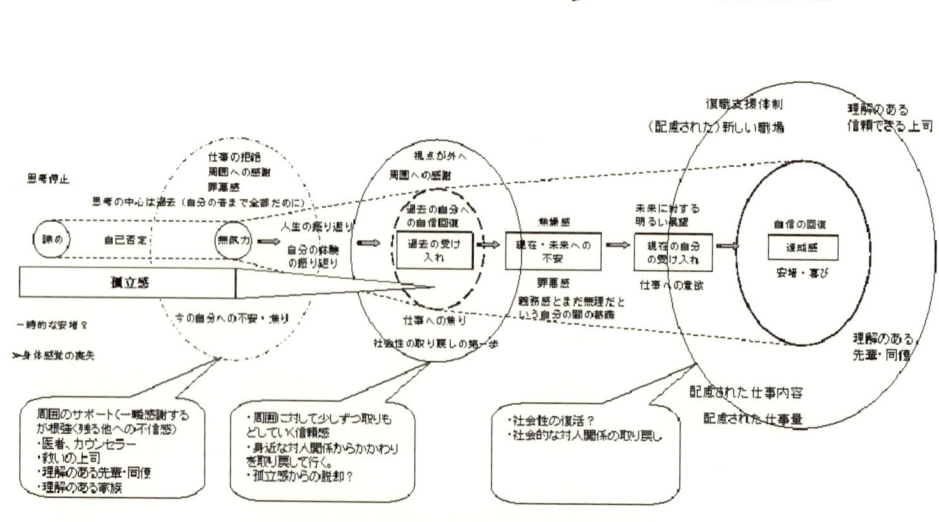

図2　心理的変化の過程　試作図その2

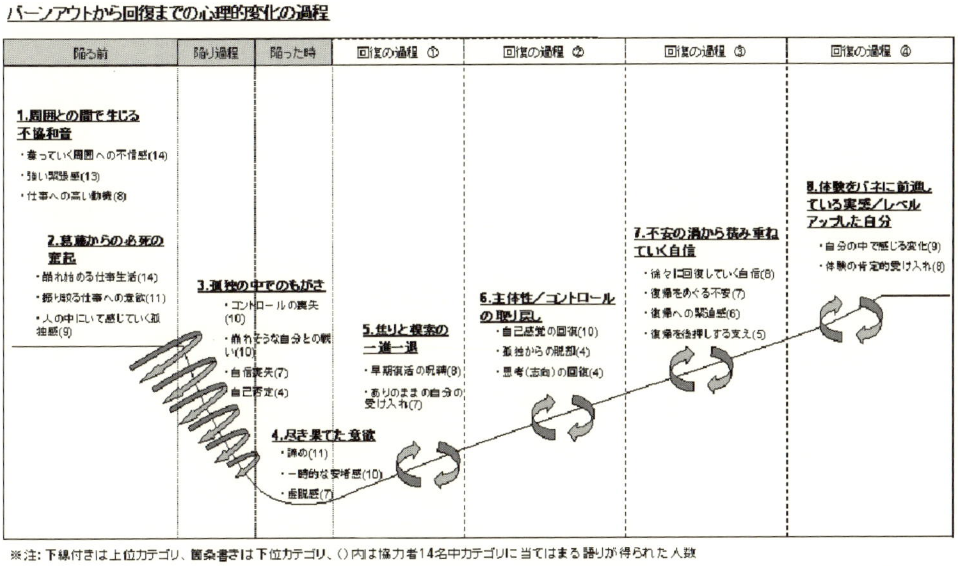

図3 心理的変化の過程　最終版

コメント

　市村さんは，非常に興味深い図を作りました。それだけにゼミ生からの関心が集まり，細部に関する質問が集中しました。その中で図が表現できること，そして意図に反して起こしかねない誤解などについて考えるとても良い機会が作られました。最終的にたどり着いた図は，前の図と比べてカテゴリーにより密着し，そしてケースの流れもうまく反映していました。また，それ以前の図と比べてシンプルであり，図を見ただけでも，バーンアウトのプロセスがうまく伝わってきました。

りのなかで研究は調査者だけのものではなく，協力者と共同で作りあげていくものなんだという意識を強くもつことができました。1つひとつの貴重な語りを無駄にはしたくないという気持ちも大きな支えでした。

　指導教員や研究室の学生は，インタビュー実施前から分析過程まで研究の全体を通じて行ってきたゼミにおいて，様々な局面で新しい視点に気づかせてくれたり，素朴な疑問を投げかけてくれたところで，常に刺激をもらえました。色々な形でサポートしてくださった方々と一緒にこの研究を作りあげたように感じています。

　質的研究を行うにあたりインタビュー調査を実施してみて，協力者から個人の体験を聞くこととの重みと体験を語ることの難しさを強く感じました。人生のなかで特に辛かった時期の話をしていただくのは，相手の方にとって少なからず負担になりますし，初対面に近いような形で会った人に込み入った話をすることは誰もが抵抗を示すことです。聞く立場としては協力者に対して最大限の配慮をしてしすぎることはないと思います。聞く側の姿勢が，非常に限られた時間の中で体験を語っていただくためには大きなポイントになると感じました。この調査の経験は，その後の私の臨床活動に非常に役に立っています。

（所属　いわたにクリニック）

アトピー性皮膚炎治療を巡る親子の意識

鈴木恵美子

1. テーマの決定

　私は幼い頃から軽度のアトピー性皮膚炎を有しており，また身近にアトピー疾患をもつ人もいたことから，アトピー患者の苦しみや患者の家族の悩みは常に身近なものでした。卒業論文のテーマを選択するに当たり，「アトピー性皮膚炎患児の母親が疾病を受容する過程」と題し，アトピーの発症から受容に至るまでの過程について患児の母親へのインタビューを行ったのは，私にとってアトピーがライフワークであったからと言えるかもしれません。

　母親の体験した過程についてインタビューを行い，分析を進めていくなかで気にかかったのが，患児のために治療を行っているはずの母親達が，患児が幼いことにより生じる母と子の治療態度の不一致や子どもの意識の低さに苛立ちを感じていたということです。アトピーは幼少期に発症することが多く，さらに食事療法や環境の整備など家族の協力なしには成しえない治療法が多いために治療は親子が共同で行っている場合がほとんどです。このような共同治療を行うなかで，母親が感じていた苛立ちを患者本人はどのように捉えられているのだろうか，共同治療という共通の出来事を親子はそれぞれにどのように見つめており，それに対する思いはどれほど一致しているのだろうかという疑問が湧きました。患者と母親が個々に体験したアトピーについては，それぞれ多くの手記が出版されており，その心理状態についても多くの学術的な研究がなされています。また，アトピー患者の親子関係についての研究も，看護学の分野などで研究はなされていますが，それは他者が

> **コメント**
>
> 　鈴木さんは，卒業論文に続いて修士論文においても「アトピー性皮膚炎」の体験について扱うことにしました。このように卒業論文研究から修士論文研究へと同じテーマを発展させて研究を進めると，卒業論文研究を実施する中で起こった疑問点などを扱えるので研究者としても自分の発展と成長をみることができるでしょう。
>
> 　「アトピー性皮膚炎」の治療を巡る体験は，質的研究にとてもぴったりのトピックのように思いました。アトピーは，患者本人の身体・アイデンティティ・自己イメージに関わるだけでなく，親子関係の様々な願い，愛情，責任，などとそこに加わる葛藤や関係の深まりが展開されます。多くの人々は，自分（多くは子ども）に合った治療法や医者を求め，いろいろな情報を集めたり，多大な時間と労力をつぎ込みます。アトピーには，決定的な治療法がなく，新しい治療，革新的な治療などの噂が飛び交います。そのなかで親子がどのようにして自分たちの対処の仕方を見つけ，そしてそこから親子の絆を強めていくのかということはとても興味深いプロセスです。自分の皮膚を通してそのような様々な語りが展開される本人はどう，アトピーを体験しているのか，ということに私自身とても関心をもちました。そこで，鈴木さんは他の研究室所属でしたが，私のゼミにも継続的に参加されていたので，今回寄稿していただきました。

客観的に評価したものであり，親子の生の声を基にしたものではありません。アトピー患者の家族にストレス構造が観察されるということが先行研究でも指摘されているなかで，共同で行う治療を親子がそれぞれどのように捉えているのかを本人へのインタビューを通して探っていくことに意味があると考え，修士論文では共同での治療が親子関係に与える影響について探索的に明らかにすることを目的としました。

2. 協力者探し

アトピーの症状は多様であり，その重症度や生活への影響の程度も人それぞれです。対象者をある程度統制するために，修士論文におけるアトピーの定義を，医師によりアトピーの診断を受けたことがあり，最重症時には生活への支障を感じていたこととしました。また，知り合いの薬剤師さんから「現在もアトピーの問題の真っ只中にいる人は，とてもインタビューなど受けられるような心理状態にはないと思う」というアドバイスを頂いたことから，母子ともにすでにアトピーとの付き合い方を確立し，疾病を受容している方に協力をお願いしました。さらに「患者本人」は体験をストーリーとして語ることのできる年齢に達しており，かつ幼少期・学童期・思春期の体験から遠ざかりすぎていないと考えられる18歳から25歳程度の方にお願いすることにし，体験を共有しているということが研究のテーマであったため「母親」は対象となる患者自身のお母様方にお願いすることにしました。以上のような条件で協力者を探した

> **コメント**
>
> インタビューを実施するうえで，インタビューイーが見せるかもしれない強い感情に対処できる十分なスキルがあるかどうか判断し，無理をしないことはとても適切な倫理的判断です。たとえば，ある心身の問題を体験した人たちに話を聞くとき，そのような問題の治療に当たる医師や看護師に話を聞き，インタビューではどんなことに留意するのか，十分下地を積んでから，本人インタビューをするほうが良いでしょう。このような予備調査は，解説書からでは理解できない「実情」について知るとても良い機会となります。いきなり本人と接触するよりも，問題を起こしにくいだけでなく，このような下地を作ることによって本人からもより適切な情報を集めることができるでしょう。
>
> この研究は，母親と娘の2人に対してインタビューをするという興味深い試みです。ただし，インタビューの依頼，その実施，データの扱い方に配慮が必要になります。母親と娘がそれぞれインタビューで話したことを相手に伝えるのか，という点です。2人から得た情報は，相手に伝えませんが，「お母さんはなんて言ってましたか」またはもっと直接的に「娘がなんて言ったか教えてください」などという要求も出てくるかもしれません。また，インタビューで話したことをきっかけに母親と娘のあいだに起こるかもしれない衝突に関しても注意することが必要です。インタビューは，母と娘を近づけるきっかけになる可能性もあります。いずれにしても，研究協力によって問題が起こらないように，はじめのインタビューでは，インタビュー後の変化などについても確認しながら研究を進めると良いでしょう。
>
> 次に，結果の提示の仕方です。母親と娘の結果を一人ずつ提示したら，そのつながりがよく分かるかもしれません。しかし，その結果を母と娘が手にしたら，相手がどんなことを話していたのか，分かってしまいます。そのため，鈴木さんは，ペアの照合を結果に提示しませんでした。

のですが，それはなかなか容易なことではありませんでした。アトピー患児をもつ母親同士の連携は強く，母親だけを対象としてインタビューを行った卒業論文では，先にインタビューを終えた協力者からの紹介という形で次々に協力者を得ていくことができました。しかし修士論文での親と子両方へのインタビューを，まず母親に依頼すると，「自分は構わないが，子どもは将来もずっと抱えていかなければならない問題だから……」「今はまだ，子どもがアトピーを完全に受け入れられているとは思えないから」等の理由で断られることがしばしばありました。慢性疾患であるアトピーは症状の再発・悪化がいつ起こるかわからないという面があり，お母様方の不安は当然のことであると感じたと同時に，今後インタビューを行っていく上での心構えを再構築するという意味で重要な出来事でもあったといえます。結局方針を変更し，知人のつてなどを頼って，まず患者さん御本人に依頼し，患者さんを通してお母様方にもお願いするという形で協力者を得ることができましたが，その際に母親が感じていたような不安を口にされる方はいらっしゃらず，親子それぞれのアトピーの捉え方の差異についての研究を行う中では印象に残る出来事でもありました。

3. インタビューと逐語録の作成

親子関係に焦点を当てた研究を行ってはいましたが，実際にインタビューをとるにあたってはアトピーにまつわるエピソードやライフストーリー全般について質問していきました。それは親と子をべつべつに分けて，親子関係だけに焦点を当ててインタビューを行うことが不必要な緊張や憶測を呼び，後々の親子の関係にまで影響を与えかねないという倫理的配慮からでした。結果としては一見親子関係とは関連の低いように見える患者の学校生活や一人暮らし開始後の生活，母親が自身の所属するグループ内で体験したことなどを母子双方がどのように感じてお

> **コメント**
> たしかに逐語作成は膨大な時間と体力を必要とします。1回通して逐語を起こすのはなかなか大変ですので休憩をはさみ，軽いストレッチでもしながら，取り組むのがよいでしょう。また逐語作成は，事務的な作業ではなく，協力者に近づき，分析のアイディアを得るための重要なステップとして自分の中に位置づけると良いでしょう。実際に，逐語作成の作業を進める中でカテゴリーに関するいろいろなアイディアが生まれてくることがよくあります。

り，それがさらに母子関係にどのように影響しているかという流れのようなものが観察でき，意味のあるものになりました。

インタビュー内容は許可を得て録音し，逐語録を作成します。私の研究では，最終的に患者7名，母親7名の計14名の方にインタビューを行いました。一人当たり1～2時間程度のインタビューを逐語化する作業は膨大な時間を要し，インタビューと逐語化に研究に要する時間の大部分を費やしたと言っても過言ではないと思います。一見単調な作業に思われるデータの逐語化ですが，注意深く行うことでインタビュー場面では聞き逃していた些細な言葉使いや間の取り方，表現方法の意味の深さに気づかされることが多く，メモとして残したこれらの発見は後の分析に大きな影響を与えることになりました。

4. 沸き上がる仮説との葛藤

分析を行う際，私は卒業論文，修士論文ともに逐語データを意味のあるまとまりごとに切片化し，その意味を説明する概念としてラベル名をつけていくという手法を採るグラウンデッドセオリー・アプローチを用いました。手順は以下に示すとおりです。

> ①逐語記録を作成する。
> ②再三の録音データの聞きなおしと逐語データの読み直しを行い，全体的な内容を把握するとともに留意事項のメモを作成する。
> ③逐語記録を体験の意味が分からなくならないようにある程度のまとまりを持ったまま断片化しラベルをつける。似ているコードを集めてコード群を作成し，内容の細かい分類を行った。
> ④それぞれのコード間，または協力者間での比較を行い，新たに抽象的なラベルをつけたカテゴリーを作成する。生成されたカテゴリー同士を比較し，カテゴリー間の類似性や相違性を発見していく作業を繰り返し，カテゴリーの修正を行う。
> ⑤カテゴリー間の比較を続け，全てのカテゴリーを包括する，核となるカテゴリーを生成する。
> ⑥プロセスを視覚的に読み取りやすくするため，カテゴリーに基づいた図や表を作成し，考察につなげる。

　コンピュータを用いてデータを数的に処理する量的な研究と異なり，質的な研究では一つひとつのデータを自分の判断で処理し，分析していきます。本来であれば客観的に行うべきであるデータの分析ですが，逐語データの切り取り方やラベルの名づけ方によって，データの持つ意味は大きく変わってしまい，私自身の主観の影響の大きさを感じました。

　探索的に研究を行うことを目的としながらも，最初に「親子の治療に対する意識にはズレがあるのではないか」という疑問を抱いたことから研究を始めた私は，「ズレがある」という仮説に引き摺られ，無意識のうちに仮説通りに見える部分を偏重し，データを切り出しラベルづけしてしまいがちになっていたように思います。また，1人のインタビュー結果を分析するごとに頭の中で次々と生じる仮説が次の協力者のインタビューや分析に与えてしまう影響にも悩まされました。たとえば，1人目のインタビューで周囲から口うるさく干渉された経験が不快なものとして語られた場合，周囲からの干渉＝不快という仮説が私の中で出来上がってしまいます。そのため2人目以降のインタビューで周囲の協力に対する感謝が述べられたとしても，その中にほんの少しでも不快感情が含まれていれば，ついついそこに注目しすぎてしまうのです。このような影響は後に私が1人で分析作業を行う段階において表れるとともに，それ以前のインタビュー場面においても協力者が仮説に近い内容を発言するように無意識のうちに誘導してしまうことに現れる傾向があったので，自分の仮説に引き摺られないインタビューを行うのに苦労しました。

　データの飽和を目指すということが，一歩間違うと結果を恣意的に操作することに繋がってしまうと感じ，その点は強く意識しました。浮かんできた仮説は全て貴重なアイディアとして忘れないようにノートに書きとめておきますが，新たなインタビューに挑む際には前回のインタビューで生じた仮説に拘り過ぎないよう意識し，また私から発せられる質問内容や表情などが，

コメント

　鈴木さんは，研究者の内省性（refexivity）（第10章）にとても細やかな注意を向けています。一方では，インタビューにおいて起こる仮説とかかわるような語りに注意を向け，もう一方では，そのような仮説が，インタビューイーの語りを制限したり，インタビューの方向性を定めてしまわないかということに注意しています。このようなバランスに常に注意を向けることは，内省性の実践の1つです。

　鈴木さんが「少なくとも2，3時間の休憩を挟んで頭を切り替えた後に」次のデータに向かうというのは，それだけその協力者の世界へと没頭していたことを示しているでしょう。そのことは，次の協力者の分析へと入るまえに「まず分析対象の逐語録を何度も読み返した」ということからも分かります。ここから，データを処理するというよりも，協力者の世界へと入り，理解しようとする姿勢が感じ取れます。

表1 母親インタビューの分析シートの一例

上位カテゴリー名	カテゴリー名	コード	ラベル名
先が見えない生活への不安	治療への不安	それは普通に売ってるステロイドを使うんだけど、それに特殊な操作をしてステロイドの効果はますます増えて、副作用は逆に減らす。そういった操作をしているそうなんですよ。焙煎か何かやっていて、という触れ込みなんですけどね。一応そういう触れ込みだけど、本当にそうなのかどうかはちょっとよくわからないところがあるんですけど。副作用とか心配ですよね。	病院への不信感
	将来の悪化への不安	そのH県の病院に行き始めて、先もこんなね、先行きの予測も立ってくると色んなそういう先のことも心配になってきてね。	予測が立つことにより生じる不安
	患児の将来への不安	その時その時痒いって言うのを何とかしてあげたいっていうのもあるんですけど、先々どうなるんだろうって、これからまだまだ受験もあるし、その後、就職とか結婚とかもできるのかしらとか。	待ち受けるライフイベントへの不安
	患児の性格面への影響への不安	もうその後いろんなことに対して臆病になっちゃって、チャレンジもそういう人とのつながりの面でね、自分をさらけ出すようなことが出来なくなっちゃうんじゃないのかなと思うと、これからそういう点について、どういうことが起きるかなとね。	アトピーが患児の精神面に与える影響への懸念

協力者の方への, 仮説に沿った発言をするように促すメッセージとならないように, できる限り細かな質問は避け, 協力者が自由に発言できるような雰囲気を作るように心掛けました。分析の段階においても, 自分が今どのような仮説を抱いているのかを把握し, 意識しておくことで, 無意識のうちにデータを操作してしまうことが多少避けられたように思います。また, 1人分のデータの分析を終えたらすぐに2人目のデータの分析に取り掛かるのではなく, 少なくとも2, 3時間の休憩を挟んで頭を切り替えた後に, まず分析対象の逐語録を何度も読み返してから分析を行ったことも, 仮説に引き摺られないための有効な手段であったと考えられます。

5. カテゴリーの生成

コード化の作業の後, 似ているコードを集めてコード群を作成し, そこに含まれる全てのコードの意味を説明できるようなカテゴリー名をつけます。1つひとつのコードを何度も見直し, 全体の意味を統括できるような名前をつけるのですが, 適切な名前をつけることは非常に難しい作業でした。含まれる全てのコードの意味を包括しながらも, 意味をきちんと伝えられるような具体的なカテゴリー名を付けるということは表現のセンスと語彙能力が求められる作業でした。表1に示すのはカテゴリー作成に使用した分析シートの一例です。

分析シートの作成の過程では, まずコードにラベル名をつけ, 似たラベルを集めてカテゴリーとしてまとめ, さらに似たカテゴリーごとに上位のカテゴリーにまとめます。しかし, カテゴリーに名前をつける際, それが上位のものになればなるほど, 包括する意味が増していき, 表現が難しくなっていくのです。例として挙げている分析シートに見られるように, 抽出された「治療への不安」「将来の悪化への不安」「患児の将来への不安」「患児の性格面への影響への不安」という4つのカテゴリーにはそれぞれに共通する部分があると考えられたため, 1つの上位カテゴリーにまとめることにしました。上位カテゴリーの名前を考える段階で, 最初は4つの下位カテゴリーの意味を取りこぼさないことに重点を置き, 単に「不安」と名づけましたが, 指導を頂いた先生からは「名前が抽象的過ぎて意味が伝わらない。これではカテゴリー名とは言えない」というご指摘を受けました。

「不安」という言葉だけでは具体性がまったくなく，アトピーの子どもをもつ母親の具体的な心理状態や，他との差異がまったく表されておらず，それでは研究の目的も果たせなくなってしまうのです。結局「不安」→「アトピーに起因する不安」→「アトピーが患児に与える影響への不安」という変遷を経て，最終的に「先が見えない生活への不安」というカテゴリー名に決定しました。しかし最終決定したこの名前も，やはり抽象的であり含まれている意味を十分に表現できていないうえに，全ての意味を包括できていないという点では満足のいくものではありませんでした。カテゴリー名をつける過程では，常にこのような問題に悩まされ続けました。集めたコードを何度も読み返しながら，様々な辞書をひき，適した言葉を捜し続けましたが，とても困難な作業であり，質的研究を行ううえでのセンスとボキャブラリーの必要性を強く感じました。

結局最終的には，母親のカテゴリーとしては，『治療の努力』『アトピーに関する自責の念』『先が見えない不安』『母親のものとしてのアトピー』『周囲からの支え』『患児への信頼の増加』『注目しないことの大切さの気づき』『アトピーとの距離の広がり』の8つを作り出しました。また，患者本人のカテゴリーとして『母のものとしてのアトピー』『異質であることへの拒否』『置かれている状況への怒り』『アトピーによる負担感』『自分のものとしてのアトピー』『異質であることの許容』『アトピーの存在感の薄れ』の7つを作り出しました。さらにそれらをまとめる「上位カテゴリー」と，全体を統括できるような「中核カテゴリー」を作り出しました。様々なカテゴリーを含む上位カテゴリーや，患者の体験の全体的な意味を一言で説明できるような中核カテゴリーの名前をつけることは，下

コメント

コード名やカテゴリー名をつけるのは，データを要約して分類の名札をつけるという簡単な作業ではなく，かなりクリエーティブな思考が必要です。それは，論文の正確な要約（アブストラクト）を書くことよりも詩や俳句をつくるような表現に近いかもしれません。特に，主観的体験のニュアンスを表現したいときは，後者の性質が強くなります。詩や俳句というだけで気が重い読者は，「ドラマの主題」「映画の主題」というように考えてみるとよいかもしれません。アンパッキングで説明したように「文字」だけにとらわれずに，「文字」から場面を想像してコードやカテゴリーをつけるとよりイメージがうまく利用できるでしょう。

ここでは，「不安」というカテゴリー名について鈴木さんが頭を悩ませたことが書かれています。「アトピーに起因する不安」というと「不安」の原因が分かります。しかし，協力者はアトピーに悩んでいるために，原因が指定されても体験の質については何も分かっていません。「アトピーが患児に与える影響への不安」というのもより具体的ですが，その不安の原因についてであり，不安の質は分かりません。これはカテゴリーを作ることの難しさの1つで何を伝えたいのか，ということとも関係しています。

もし，不安の源泉を同定し，それをより分けることが研究の焦点であれば，このようなカテゴリー名は適切です。ただし，不安の性質や特徴について知りたいのであれば，「アトピーが患児に与える影響への不安」は母親を焦燥感が襲うのか，自分が母親であるのにそれを止められないふがいない気持ちや無力感であるのか，それとも，娘に何が起こるのか分からないでいる混乱した気持ちなのか，もう少し踏み込めるとよいでしょう。

表2 患者本人のカテゴリー概要表

中核カテゴリー	上位カテゴリー	下位カテゴリー		最下位カテゴリー	例	数
		カテゴリー名	定義			
主体性獲得のプロセス	コントロール不全期	母のものとしてのアトピー	アトピー発症・重症化が幼児期・学童期であることによる母親主導のアトピー治療、それに伴うアトピーは母親の問題であるという認識。その結果として生じる、不本意な治療の押し付けや、母からの注目・干渉によるストレス。	親主導の治療への不満	【で、お母さんとかは、よく分かってなくても、自分がこうだと思ったのとか、「絶対にこうしろ、これでまちがいないんだから」って言ってくるのがすごいあったから。何かにつけて。】	16
				親の干渉	【「掻くな」って言われても、別に掻きたくて掻いてるわけじゃないし。親は掻きまくってるのに。そんなこと分かってるけど、掻かずにはいられないのに】	10
		異質であることへの拒否	同質であることを要求される生活において、アトピーを有するがゆえに周囲と異なってしまう容姿や生活形態に関するジレンマ。及び周囲からの偏見や理解されないことによる苦痛。	他者にどう見られるかという不安	【色々あるから分からないけど、肌が汚いから着たい服が着れないとか肌を見られたくないんだよね。汚いから。今はそこまでじゃないんだけど】	40
				周囲と異なることの辛さ	【入院して、部活をしばらく休まなきゃいけなかったときに、中学校で部活が絶対だったのね。だからすごい気になった。どう思われるんだろうって。】	26
		アトピーによる負担感	痒み・痛みなどの症状が与える負担感及び治療が与える負担。内容としては1次的なものが多く単純なものだがストレスとしてまず第1に挙げられるもの。	症状の辛さ	【すっごい痒いときなんかは夜に目が覚めちゃう。私の場合は大体手から始まって、全身に回っていくんだけど、本当に寝れない。掻くとだんだん広がっていくから掻かなくて。】	34
				生活への影響による負担	【ここがぽんぽんに腫れちゃって。どうにもこうにもこんな手じゃ、ペンも持てなくなっちゃってさ。】	23
		置かれている状況への怒り	周囲の無理解、アトピーの理不尽な発症、アトピーの負担など置かれている状況全てに対する怒りと、自分自身への同情。	周囲の理解のなさへの怒り	【友達はみんなそんなこと普通言わないんだけど、1回だけ言われたことあって、それはちょっとむかついた。普通気を使って言わないでしょ、それは。と思ってるんだけど】	31
				自分への同情	【蓋を開けたりするのもすごい大変。痛くて持てないんだけど、やらなきゃいけなくて、自分がかわいそうだと思うこともある。】	3
	コントロール可能期	自分のものとなるアトピー	あらゆる面で自らの生活を自分で支配することの可能化や、患児自身の成長や母から患児への信頼の増加によるアトピー治療の主導権の移行(母→子)。	自分でケアする姿勢	【顔には出ないけど、たまにまぶたの上とかが赤くなることはあって、赤くなりそうになると何が悪かったのかを考える。だってそうしないとどんどん悪くなるから。】⑥	55
				役割の移行	【だから、だんだん高校くらいになってくると、内科検診やっても平気かみたいなのも自分で書いて出してたし】	3
		異質であることの許容	周囲から受け入れられる体験の繰り返しによる、患児自身が思っているほど周囲は自分のアトピーに注目しておらず、また拒絶もしていないということへの気づき。	アトピーに注目されない体験	【症状の重さは以前とあまり変わらないんだけど、家ではあんまり目立ってないです】	23
				アトピーを理解される体験	【むしろ、他の子なんかは全然気にしないっていうか、むしろそんな話出ないくらいで。めっちゃ理解してくれてたから。中学も高校も良かった。】	23
		アトピーの存在感の希薄化	症状の改善や対処法の確立、環境の整備及び患者自身の内面的変化によるアトピーへの注目の減少と、それに伴うアトピーとの共生の受け入れ	症状の改善	【そういうのに比べたら、今はそこまでは酷くないと思うんですよ。】⑦	13
				アトピーの受け入れ	【あんまりアトピーに関しては、これは一生のものだ。】⑦	19

位カテゴリー以上に困難なことであり，所属研究室のゼミなどで多くの人からも意見を頂き，それらを参考にしながらなんとか作り上げていきました。また，作り出したカテゴリーは表にまとめ，定義なども書き込んでいき，一目でカテゴリーの概要を摑めるようにしました。**表2**に示すのは患者のカテゴリー表です。

6. 概念図の作成

カテゴリーを作り出した後には，カテゴリー間の関係を示すような図を描きます。私の研究では，患者と母親の両方にインタビューを行っていたので，まずは患者の疾病受容のプロセス

と母親の疾病受容のプロセスの図をべつべつに作り，それぞれの流れが分かるようにしました。概念図の作成の作業では，まずは手書きで試案となる図を何度も作り，最終的には図表作成ソフトで描きあげます。試案の段階では，関係のありそうなカテゴリー同士を思いつくままに線で結び，どのような関係があるのかを書き込んでいきましたが，全てのカテゴリー間になんらかの関係が見出せるため，それらを全て含めようとすると線が増えるばかりで非常に見づらい図になってしまいました。一目で関係が摑めるような図にするためにはできるだけわかりやすく，簡潔な図にする必要があると感じ，共通するつながりは1つにまとめる，カテゴリーを示す図を置く位置を工夫するなどして，図を何度も改変していきました。手書きで描いて何とかまとまったものを，最終的には図表作成ソフトで見やすくまとめる作業を行いましたが，コンピュータを用いて図を描くことは手書きで描くよりもさらに自由度が下がります。カテゴリー間のつながりを示す線や矢印を引くために，カテゴリーを示す図のサイズなどを変更して仕上げていきましたが，仕上がった図を教員に見ていただくと，「同じレベルのカテゴリーを示す図は同じ大きさでなければ，見る人の混乱を招く」「矢印の方向は時系列に合わせなければ分かりにくい」等の指摘を受けました。様々な問題点を再度検討し，図を描き上げていきました。

母親と患者のそれぞれのプロセスの概念図を描き上げた後，患者のカテゴリーと母親のカテゴリーとの関連も検討し，両者をまとめた1つの図を作りました。これは，アト

コメント

このようにカテゴリーを表にすると，全体の構成がよく見えるようになります。カテゴリーと具体例の比較が促進されます。該当例をみるとそれぞれのカテゴリーが多くの例で支えられているのが分かります。

ピーが親子関係に与える影響を知るということを目的として研究を始めた私の最終的な目標でもあります。作った図は以下に示す図1と図2です。

図1は患者と母親の体験の前半部分を示しています。図の流れを示すストーリーは以下のとおりです。乳幼児期の発症や，母親中心のケア方法の指導などアトピーのもつ特性により，母親は『治療の努力』に奔走し，『自責の念』に駆られます。それに対する患者は，発症当初は年齢的に幼いことにより特に意識することもなくアトピーの問題を母親に任せる状態が続きます。しかし患者が成長するにつれて，そのような状況は患者の『コントロールの不全状態』を引き起こし，『置かれている状況への怒り』や

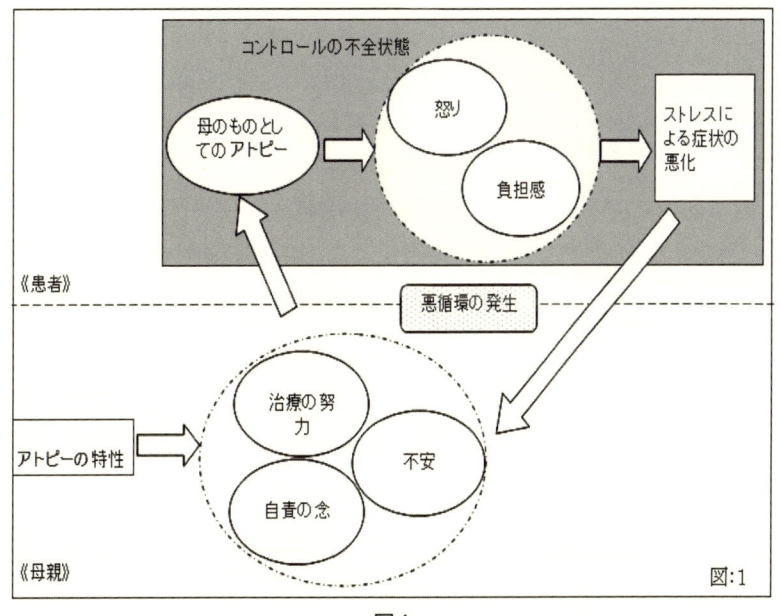

図1

『アトピーの負担感』等のネガティブ感情が生じ、そこから発生したストレスはアトピーの悪化へとつながり、母親の『先が見えないことへの不安』や『治療の努力』を強めていきます。このような悪循環の中で、親子はそれぞれに不適応な状況に陥り、親子間の葛藤状態をも引き起こす可能性が生じていくのです。

次に示す図2では体験の後半のストーリーが示されています。成長に伴って患者に『自分のものとしてのアトピー』という意識が生じ、ケアに取り組む態度にも変化が生じると、母親の患児への信頼が増加し、母親が患者にアトピーのケアの役割を託すようになります。患者の自主的なアトピーケアの結果として症状の改善が起こると、母親は『注目しすぎないことの大切さ』に気づき、さらなる役割の移行が起こり、次第にケアの主体は母親から患者へと移っていくようになります。このような流れのなかで、患者はアトピーの症状そのものの改善や主体性の獲得によりストレスが減少し、また母親の側も症状の改善や、状況の変化により安心感が増し、両者の精神的な余裕は増加していくという流れが推察されました。このようにしてみると、「アトピー治療における親子の共同作業」は単に治療や生活面などの実質的なケアに留まらず、役割の移行や精神的安定の獲得、疾病の受容といった精神的な面においても行われているということができます。また、私が最初にリサーチクエスチョンとして持っていた、「親子の考え方にズレがあるのではないか」という疑問に関しては、共同作業を行ううえでの意見の食い違いという意味でのズレはあっても、最初に想定していたような深刻な対立構造という構図は本研究においては観察されませんでした。多くの患者や母親が、体験してきた葛藤に意味づけをし、アトピーは自らを成長させ、親子を結びつけた重要な要因であったと捉えていることからも、そのことは推察されました。

以上に述べたことが、患者と母親のインタビューを統合して得られた1つの考察です。本研究では患者と母親各7名ずつという少人数のインタビューの分析であったため、データの飽和には至らず、また患者の性別や症状の重さにおいても厳しい統制をすることがむずかしかったために得られたカテゴリーも安定したものとは言いがたいものになってしまいました。今後統制を加えたサンプル内で、さらに多くのインタビューを行っていけば、より研究を深めていけると考えられます。

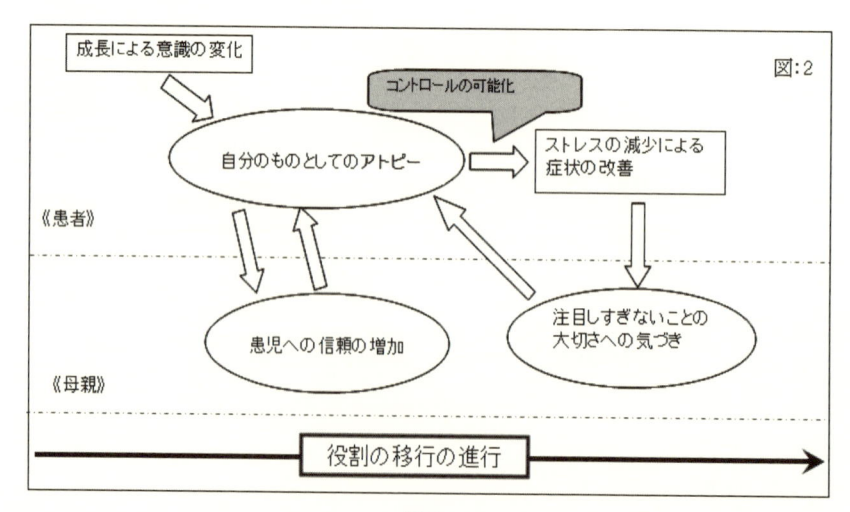

図2

> **コメント**
>
> 鈴木さんは，2つの図を繰り返し修正しました。1人の体験プロセスだけでも図式化するのは容易ではありませんが，2人のプロセスとそのかかわりを表すのはかなりの努力を必要としました。最終的に，2つの時期に図を分けることによって，それぞれの特徴を明確化することに成功しています。楕円や長方形の大きさや形は，同じ水準のカテゴリーであれば，同じ大きさにするのがよいでしょう。大きさは重要性を表現していたり，形の違いや役割や機能の違いともとられることがあります。論文では，図を提示するだけでなく，図がどのように結果を示しているのか，協力者の語りの例を提示して図の説明すると分かりやすいでしょう。このような図はただの「図」ではなく，グラウンデッドセオリー（理論）そのものです。

7. 質的研究を行って

修士論文の構想を練り始めてから完成に至るまでの1年半以上の期間は，本当に多くのことに悩んだ期間でした。インタビューをとらせていただき，ライフストーリーを聞かせていただくという行為は，一つ間違えば協力者の方の心のなかに踏み込みすぎて傷つけてしまう可能性があると感じ，不安を感じ緊張しながらの調査となりました。また，データをコンピュータに打ち込めば数字という客観的でわかりやすい指標で結果が出る量的研究と異なり，自分の頭の中でこつこつとまとめて結果を導き出していく質的研究では，どうしても分析を行う私自身の主観が混ざってしまい，結果が不安定になるのではないかという不安も覚えました。しかしそれでも，対象となる方の生の声を聴き，背景にある状況や感情についての情報も得ながらデータを集めていくことや，分析のためにデータを何度も読み直しインタビュー内容に寄り添うことは，研究として非常に有意義であるとともに，心理臨床家となるための心掛けを再認識する体験にもなり，質的な手法を用いて臨床心理学の研究を行うということは非常に意義深いものであると感じました。

> **コメント**
>
> 鈴木さんは，アトピーに関して個人体験を元に関心をもったということでした。修士課程に在籍中，こつこつと研究を続け，母親と娘の気持ちの変化とその関連に関して細かに考察しています。1人の内的な体験を表すことだけでもかなりの作業ですが，2人の体験，そしてその関わりを検討するのは，とても根気がいる作業であったと思います。また，研究を通して，自分自身の理解を振り返り，それが，インタビューや分析にどのように影響をしているのか常に見直してきたことも，鈴木さんの研究の「信憑性」を高めました。
>
> アトピーは，子どもの肌の上に展開されますが，決定的な治療法がないため，様々な期待や不安，親の役割観や子どもの自己像などが投影されます。決定的な治療がないだけに，様々なクリームや石けんなどのスキンケア商品が開発されています。その多くは，医薬部外品医療として医療とビジネスの中間に位置するために，人々の身体へもつ様々な感情が展開されやすいでしょう。今後，このような研究が継続されるのであれば，本人や家族の体験だけでなく，このようなアトピーをとりまく社会的な側面にも焦点を当てると，個人の体験の意味もさらに明確になってくるでしょう。

参考文献

Atkinson, J. & Heritage, J. (1984) *Structures of social action: Studies in conversation analysis.* Cambridge, England: Cambridge University Press.

American Psychological Association. (2002) Ethical principles of psychologists and code of conduct. *American Psychologist,* 57, 1060–1073.

Anderson, W. T. (Ed.). (1995) *The truth about the truth: De-confusing and reconstructing the postmodern world.* New York: Tarcher/Putnam.

Angus, L. E. (Ed), & McLeod, J. (Ed) (2004) Angus, Lynne E.; McLeod, John *The handbook of narrative and psychotherapy: Practice, theory, and research.* Thousand Oaks, CA, US, Sage Publications, Inc.

Antonuccio, D.O., Danton, W.O., & McClanahan, T.M. (2003) Psychology in the prescription era: Building a firewall between marketing and science. *American Psychologist,* 58, 1028–1043.

Arnkoff, D. B., Glass, C. R., Elkin, I. Levy, J. A, & Gershefski, J. J., Quantitative and Qualitative Research can Complement Each Other: Reply to Rennie. *Psychotherapy Research,* 6, 269–276.

Atkinson, P.A. and Silverman, D. (1997) 'Kundera's Immortality: The Interview Society and the Invention of the Self', *Qualitative Inquiry* 3, 304–25.

Atkinson, R. and Flint, J. (2001) 'Accessing Hidden and Hard-to-Reach Populations: Snowball Research Strategies', *Social Research Update 33.* Guildford: University of Surrey. http://www.soc.surrey.ac.uk/sru/SRU33.html

Auerbach, C. F., & Silverstein, L. B. (2003) *Qualitative data: An intro- duction to coding and analysis.* New York: New York University Press.

Baker, C., Pistrang, N., & Elliott, R. (1994) *Research methods in clinical and counselling psychology.* New York, NY: Wiley.

Baker, C., Wuest, J., Stern, P.N. (1992) Method slurring: the grounded theory/phenomenology example. *Journal of Advanced Nursing* 17, 1355–1360.

Barlow, D. H., Nock, M. K., Hersen, M. (2008) (Eds.). *Single case experimental designs: Strategies for studying behavior change (3rd. Ed.)* . Boston: Allyn & Bacon

Barrett-Lennard, G. (1981) The Empathy cycle: Refinement of a nuclear concept. *Journal of Counseling Psychology,* 28, 91–100.

Barrett-Lennard, G. (1993) The phases and focus of empathy. *British Journal of Medical Psychology,* 66, 3–14.

Beale, B., Cole, R., Hillege, S., McMaster, R., & Nagy, S. (2004) Impact of in-depth interviews on the interviewer: Roller coaster ride. *Nursing and Health Sciences,* 6, 141–147.

Beck, C. T. (1993) Qualitative research: The evaluation of its credibility, fittingness, and auditability. *Western Journal of Nursing Research,* 15, 263–266.

Beck, K. A. (2005) Ethnographic Decision Tree Modeling: A Research Method for Counseling Psychology. *Journal of Counseling Psychology,* 52, 243–249.

Birch, M., & Miller, T. (2000) Inviting intimacy: The interview as therapeutic opportunity. *International Journal of Social Research Methodology,* 3, 189–202.

Bohart, A. C., & Greenberg, L. S. (Eds.) *Empathy Reconsidered: new directions in psychotherapy* (pp. 3–31). Washington: American Psychological Association.

Bohart, A., O'Hara, M., & Leitner, L. M. (1998) Empirically Violated Treatments: Disenfranchisement of Humanistic and Other Psychotherapies. *Psychotherapy Research,* 8, 141–157.

Borgen, F. H. (1992) Expanding scientific paradigms in counseling psychology. In S. D. Brown & R. W. Lent (Eds.), *Handbook of counseling psychology* (pp. 111-139). New York: John Wiley & Sons.

Bower, G.H. (2003) Mood and memory. *American Psychologist,* 36, 129-148.

Bromley, D. B. (1986) *The case study method in psychology and related disciplines.* Chichester: John Wiley.

Brown, L. S., & Ballou, M. (Eds.) (1992) *Personality and psychopathology: Feminist reappraisals.* New York: Guilford Press.

Bryant, A., & Charmaz, K. (2006) *The Sage handbook of grounded theory.* Thousand Oaks, CA: Sage.

Campbell, C., & Gordon, M. (2003) Acknowledging the inevitable: Understanding multiple relationships in rural practice. *Professional Psychology: Research and Practice,* 34, 430-434.

Charmaz, K. (1992) *Good Days, Bad Days: The Self in Chronic Illness and Time.* New Brunswick, NJ: Rutgers University Press.

Charmaz, K. (2006) *Constructing Grounded Theory: A Practical Guide Through Qualitative Analysis.* London: Sage.

Chenitz, W.C., Swanson, J.M. (eds.). (1986) *From Practice to Grounded Theory: Qualitative Research in Nursing.* Menlo Park, CA: Addison-Wesley Publishing.

Chiovitti, R.F., Piran, N. (2003) Rigour and grounded theory research. *Journal of Advanced Nursing* 44, 427-435.

Thiele, C., Laireiter, A., & Baumann, U. (2002) Diaries in clinical psychology and psychotherapy: a selective review. *Clinical Psychology & Psychotherapy,* 9, 1-37.

Cohen, M. Z., kahn, D. L., Steeves, R. H. (2000) *Hermeneutic phenomenological research: A practical guide for nurse researchers.* Thousand Oaks, CA, US, Sage.

Coyne, I. (1997) Sampling in qualitative research. Purposeful and theoretical sampling; merging or clearboundaries? *Journal of Advanced Nursing* 26, 623-630.

Coyne, I., & Cowley, S. (2006) Using grounded theory to research parent participation. *Journal of Research in Nursing,* 11, 501-515.

Creswell, J. (1998) *Qualitative inquiry and research design: Choosing among five traditions.* Thousand Oaks, CA: Sage.

Creswell, J. (2002) *Research design: Qualitative, quantitative, and mixed methods approaches.* Thousand Oaks, CA: Sage.

Cushman, P. (1995) *Constructing the self, constructingAmerica: A cultural history of psychotherapy.* Reading, MA: Addison-Wesley.

Cutcliffe, J.R. (2000) Methodological issues in grounded theory. *Journal of Advanced Nursing* 31, 1476-1484.

deMayo, R. A. (2002) Academic interests and experiences of doctoral students in clinical psychology: Implications for prescription privilege training. *Professional Psychology: Research and Practice,* 33, 499-501

Denzin, N. K., & Lincoln, Y. S. (Eds.). (1994) *Handbook of qualitative research* (1st ed.).Thousand Oaks, CA: Sage.

Denzin, N. K., & Lincoln, Y. S. (Eds.). (2000) *Handbook of qualitative research* (2nd ed.). Thousand Oaks, CA: Sage.

Denzin, N., & Lincoln, Y. (2005) *Handbook of qualitative research* (3rd ed.). Thousand Oaks, CA: Sage.

Derenne, J. L., & Beresin, E. V. (2006) Body image, media, and eating disorders. *Academic Psychiatry,* 30, 257-261.

Dey, I. (1999) *Grounding grounded theory: Guidelines for qualitative inquiry.* New York: Academic Press.

Dickson-Swift V, James EL, Kippen S.,et al (2006) Blurring boundaries in qualitative health research on sensitive topics. *Qualitative Health Research.* 16, 853-871.

Ditrano, C. J., & Silverstein, L. B. (2006) Listening to parents' voices: Participatory action research in the schools. *Professional Psychology: Research and Practice,* 37, 359-366.

Draucker, C. B., Marsolf, D. S., Ross, R., Rusk, T. B. (2007) Theoretical sampling and category deveopment in grounded theory. *Qualitative Health Research,* 17, 1137-1149.

Drury, V., Francis, K., & Chapman, Y. (2007) Taming the rescuer: The therapeutic nature of qualitative research interviews. *International Journal of Nursing Practice,* 13, 383-384.

Eagle, M., & Wolitzky, D. L. (1997) Empathy: A psychoanalytic perspective. In A. C. Bohart, A. C. & L. S. Greenberg (Eds), *Empathy reconsidered: New directions in psychotherapy.* (pp. 217-244). Washington, DC, US: American Psychological Association.

Ekman, P. (2007) *Emotions revealed: Recognizing faces and feelings to improve communication and emotional life.* New York: Owl Books.

Elliott, R. (1998) Editor's Introduction: A Guide to the Empirically Supported Treatments Controversy

Psychotherapy Research, 8, 115–125.

Elliott, J. (2005) *Using narrative in social research: Qualitative and quantitative approaches.* Thousand Oaks: Sage.

Elliott, R., Shapiro, D. A., Firth-Cozens, J., Stiles, W. B., Hardy, G. E., Llewelyn, S. P., Margison, F. R. (1994) Comprehensive process analysis of insight events in cognitive-behavioral and psychodynamic-interpersonal psychotherapies. *Journal of Counseling Psychology,* 41, 449–463.

Enns, C. Z. (2004) *Feminist theories and feminist psychotherapies: Origins, themes, and diversity* (2nd ed.). Binghamton, NY: Haworth Press.

Essig, T. S., & Russell, R. L. (1990) Analyzing subjectivity in therapeutic discourse: Rogers, Perls, Ellis, and Gloria revisited. *Psychotherapy: Theory, Research, Practice, Training,* 27, 271–281.

Farber, B. A. (1989) Psychological-mindedness: Can there be too much of a good thing? *Psychotherapy: Theory, Research, Practice, Training,* 26, 210–217.

Fassinger, R. E. (2005) Paradigms, praxis, problems, and promise: Grounded theory in counseling psychology research. *Journal of Counseling Psychology,* 52, 156–166.

Fireman, G. D. (2002) Approaching accountability in psychotherapy. *Journal of Constructivist Psychology,* 15, 219–231.

Fishman, D.B. (1999) *The case for pragmatic psychology.* New York: NYU Press.

Fishman, D.B. (2001) From single case to database: A new method for enhancing psychotherapy, forensic, and other psychological practice. *Applied & Preventive Psychology,* 10, 275–304.

Flanagan, J. C. (1954) The critical incident technique. *Psychological Bulletin,* 51, 327–359.

Flyvbjerg, B. (2006) Five misunderstandings about case-study research. *Qualitative Inquiry,* 12, 219–244.

Foucault, M. (1977) *Discipline and Punish*, Tavistock, London.

Gergen, K. (1985) The social constructionist movement in modern psychology. *American Psychologist.* 40, 266–275.

Gershefski, J. J., Arnkoff, D. B., Glass, C. R., & Elkin, I. (1996) Clients' perceptions of treatment for depression: I. Helpful aspects. *Psychotherapy Research,* 6, 245–259.

Giorgi, A. (1970) *Psychology as a human science.* New York: Harpar and Row.

Glaser B. Srauss A. (1967) *The Discovery of Grounded Theory.* Aldine Publishing Co, Chicago.

Glaser B.G. (1978) *Theoretical Sensitivity.* Sociology Press, Mill Valley, California.

Glaser, B.G., Strauss, A.L. (1967) *The Discovery of Grounded Theory: Strategies for Qualitative Research.* New York: Aldine DeGruyter.

Gottlieb, M. C., & Lasser, J. (2001) Cometing values: A respectful critique of narrative research. *Ethics & Behavior,* 11, 191–194.

Greenberg, L. S. (1986) Research strategies. In L. S. Greenberg & W. M. Pinsof (Eds.), *The psychotherapeutic process: A research handbook* (pp.707–734). New York: Guilford Press.

Greenberg, L. (1999) Ideal psychotherapy research: A study of significant change processes. *Journal of Clinical Psychology,* 55, 1467–1480.

Greenberg, L. S. (2007) A guide to conducting a task analysis of psychotherapeutic change, *Psychotherapy,* 17, 15–30.

Guba, E. G. (1981) Criteria for assessing the trustworthiness of naturalistic inquiries. *Educational Resources Information Center Annual Review Paper,* 29, 75–91.

Guba E. G., Lincoln, Y. S. (1989) Fourth Generation Evaluation. Sage Publications, Newbury Park CA.

Guba, E. G., & Lincoln, Y. S. (1994) Competing paradigms in qualitative research. In N. K. Denzin & Y. S. Lincoln (Eds.), *The handbook of qualitative research* (pp. 105–117). Thousand Oaks, CA: Sage.

Hale, E. D., & Kitas, G. D. (2007) Qualitative methodologies I: Asking research questions with reflexive insight. *Musculoskeletal Care,* 5, 139–147.

Hall, W. A. & Callery, P. (2001) Enhancing the Rigor of Grounded Theory: Incorporating Reflexivity and Relationality. *Qualitative Health Research,* 11, 257–272.

Haverkamp, B. E. (2005) Ethical Perspectives on Qualitative Research in Applied Psychology. *Journal of Counseling Psychology,* 52, 146–155.

Hayes, S. C., Barlow, D. H., & Nelson-Gray, R. O. (1999) *The scientist practitioner: Research and accountability in the age of managed care.* Boston: Allyn & Bacon.

Hayes, J. A., McCracken,J. E., McClanahan, M. K., Hill, C. E., Harp, J. S., & Carozzoni, P. (1998) Therapist perspectives on countertransference: Qualitative data in search of a theory. *Journal of Counseling Psychology,* 45, 468-482.

Hein, S. F., & Austin, W. J. (2001) Empirical and hermeneutic approaches to phenomenological research in psychology: A comparison. *Psychological Methods,* 6, 3-17.

Helms, J. E. (1990) *Black and White racial identity: Theory, research, and practice.* New York: Greenwood Press.

Heppner, P. P., Kivlighan, D. M., & Wampold, B. E. (1999) *Research design in counseling* (2nd. Ed.). Belmont, CA: Wadsworth.

Hill, C. E. (1989) *Therapist techniques and client outcomes: Eight cases of brief psychotherapy.* Thousand Oaks, CA: Sage.

Hill, C. E. (2004) Helping skills: Facilitating exploration, insight, and action. (2nd. Ed.). Washington, DC: American Psychological Association.

Hill, C. E., Thames, T. B., & Rardin, D. R. (1979) Comparison of Rogers, Perls, and Ellis on the Hill Counselor Verbal Response Category System. *Journal of Counseling Psychology,* 26, 198-203.

Hill, C., E., Thompson, B. J., & Williams, E. N. (1997) A guide to conducting consensual qualitative research. *The Counseling Psychologist,* 25, 517-572.

Hoffman, I. Z. (1992) Some practical implications of a social-constructivist view of the psychoanalytic situation. *Psychoanalytic Dialogues,* 2, 287-304.

Hoshmand, L. T. (1989) Alternate research paradigms: A review and teaching proposal. The Counseling Psychologist, 17, 3-79.

Hoshmand, L. T. (1991) Clinical inquiry as scientific training. *Counseling Psychologist,* 19, 431-453.

Hoshmand, L. T. (1994) Orientation to inquiry in a reflective professional psychology. Albany, New York: State University of New York Press.

Hoshmand, L. T., & Martin, J. (Eds.), (1995) Research as Praxis: Lessons from programmatic research in therapeutic psychology. New York: Teachers College Press.

Hoshmand, L. T. & Polkinghorne, D. E. (1992) Redefining the science-practice relationship and professional training. American Psychologist, 47, 55-66.

岩壁茂（2004）クライエントの初回面接の体験――札幌学院大学心理臨床センターにおける実践的研究の取り組み．札幌学院大学心理臨床センター紀要，4，p.1-16.

岩壁茂（2005）事例のメタ分析　日本家族心理学会（編）家族心理学年報　家族間暴力のカウンセリング，23巻（pp.154-169）金子書房．

岩壁茂（2007）：心理療法・失敗例の臨床研究――その予防と治療関係の立て直し方　金剛出版．

岩壁茂（2008）プロセス研究の方法　新曜社．

Iwakabe, S., & Gazzola, N. (2009) From Single Case Studies to Practice-Based Knowledge:Aggregating and Synthesizing Case Studies. Psychotherapy Research, 4 & 5, 601-611.

Janesick, V. J. (2001) Intuition and Creativity: A Pas de Deux for Qualitative Researchers. Intuition and Creativity: A Pas de Deux for Qualitative Researchers. *Qualitative Inquiry,* 7, 531-540.

金沢吉展・岩壁茂（2006）心理臨床家の職業的発達に関する調査から：(1) 臨床家としての自己評価に影響を与える要因について．日本心理臨床学会大会論文集．

Kaplan, E. A. (1997) MTV, adolescence, and Madonna: A discourse analysis. In Kirschner, Sam (Ed) ; Kirschner, Diana Adile (Ed), *Perspectives on psychology and the media.* (pp. 95-118). Washington, DC, US: American Psychological Association.

Kidd, S. A., & Kral, M. J. (2005) Practicing Participatory Action Research. *Journal of Counseling Psychology,* 52, 187-195.

Kiesler, D. J. (1966) Some myths of psychotherapy research and the search for a paradigm. *Psychological Bulletin,* 65, 110-136.

Kiesler, D. J., & Goldston, C. S. (1988) "Client-therapist complementarity: An analysis of the Gloria films": Correction. *Journal of Counseling Psychology,* 35, 384.

木下康仁（2003）グラウンデッド・セオリー・アプローチの実践――質的研究への誘い　弘文堂．

Koch, T. (2006) Establishing rigour in qualitative research: The decision trail. *Journal of Advanced Nursing,* 19, 976-986.

Knox, S., DuBois, R., Smith, J., Hess, S. A., & Hill, C. E. (2009) Clients' experiences giving gifts to therapists.

Psychotherapy: Theory, Research, Practice, Training, 46, 350–361.

Knox, S., & Burkard, A. W. (2009) Qualitative research interviews. Psychotherapy Research, 419, 566–575.

Kozart, M. F. (1996) A sociological perspective on the therapeutic alliance: Ethnomethodology and conversation analysis. *Psychotherapy: Theory, Research, Practice, Training*, 33, 361–371.

Kuhn, T.S. (1962) The Structure of Scientific Revolutions. Chicago, IL: University of Chicago Press.

Kvale, S. (1996) *InterViews: An introduction to qualitative research interviewing*. Thousand Oaks, CA: Sage.

Kvale, S., & Brinkmann, S. (2008) *InterViews: An introduction to qualitative research interviewing*. Thousand Oaks, CA: Sage.

Labott, S., Elliott, R., & Eason, P. (1992) "If you love someone, you don't hurt them": A comprehensive process analysis of a weeping event in psychotherapy. *Psychiatry*, 55, 49–62.

Lather, P. (1991) *Getting smart: Feminist research and pedagogy within the postmodern*. New York: Routledge.

LeCompte, M. D., and Preissle, J. (2003) Ethnography and Qualitative Design in Educational Research. New York: Academic Press.

Levy, J. A,, Glass, C. R., Arnkoff, D. B., Gershefski, J. J., & Elkin, I. (1996) Clients' perceptions of treatment for depression: 11. Problematic or hindering aspects. *Psychotherapy Research*, 6, 261–274.

Lewis B. (1995) Psychotherapeutic discourse analysis. *American Journal of Psychotherapy*, 49, 371–384.

Lincoln, Y. S., & Guba, E. G. (1985) *Naturalistic inquiry*. Beverly Hills, CA: Sage.

Lofland, John & Lofland, Lyn H. 2006 (4th edition). *Analyzing Social Settings: A Guide to Qualitative Observation and Analysis*. Belmont, California: Wadsworth.Lambert & Ogles, 2004

Lofland, J., Snow, D., Anderson, L., & Lofland, L.H. (2006) *Analyzing Social Settings:A Guide to Qualitative Observation and Analysis*. Canada: Thomson Wadsworth.

Loftus, E. (1993) Psychologists in the Eyewitness World. American Psychologist, 48 (5), 550–552.

Mackrill, T. (2007, June) *How clients make therapy work by triangulating knowledge*. Paper presented at the annual international meeting of the Society for Psychotherapy Research, Madison, Wisconsin.

Mackrill, T. (2008) Solicited diary studies of psychotherapy in qualitative research-pros and cons. *European Journal of Psychotherapy & Counselling*, 10, 5–18.

Madill, A., & Gough, B. (2008) Qualitative research and its place in psychological science. *Psychological Methods*, 13, 254–271.

Mahoney, M. J. (1991) *Human Change Processes: The Scientific Foundations of Psychotherapy*. New York, Basic Books.

Maple, M., & Edwards, H. (2010) In V. Minichiello, & J. A. Kottler (Eds.), *Qualitative Journeys: Student and mentor experiences with research* (pp.33–48). Thousand Oaks, CA: Sage.

Martin, J., & Thompson, J. (1997) Between scientism and relativism: Phenomenology, hermeneutics, and the new realism in psychology. *Theory and Psychology*, 7, 629–652.

May, K. A. (1991) Interview techniques in qualitative research: Concerns and challenges. In J. M. Morse (Ed.), *Qualitative nursing research: A contemporary dialogue* (Rev. ed.) (pp.188–201). Thousand Oaks, CA: Sage.

May, K. A. (1996) Diffusion, dilution, or distillation? The case of grounded theory method. *Qualitative Health Research*, 6, 309–311.

McCallum, M., & Piper, W. E. (1990) The Psychological Mindedness Assessment Procedure. *Psychological Assessment: A Journal of Consulting and Clinical Psychology*, 2, 412–418.

McCann, P. D., & Minichiello, V. (2010) In V. Minichiello, & J. A. Kottler (Eds.), *Qualitative Journeys: Student and mentor experiences with research* (pp.219–238). Thousand Oaks, CA: Sage.

McGaugh, J. L. (2003) Memory and emotion: *The making of lasting memories (Maps of the mind)* . New York: Columbia University Press.

McLeod, J. (1999) *Qualitative research in counseling and psychotherapy*. London: Sage.

McNamee, S. & Gergen, K. J. (Eds). (1992) *Therapy as social construction*. Thousand Oaks, CA, US, Sage Publications, Inc.

Mercier, M. A., & Johnson, M. (1984) Representational system predicate use and convergence in counseling: Gloria revisited. *Journal of Counseling Psychology*, 31, 161–169.

Messer, S. B., & Warren, C. S. (1995) *Models of brief psychodynamic therapy: A comparative approach*. New York, NY, US, Guilford Press.

Messer, S. B., Sass, L. A., & Woolfolk, R. L. (Eds.). (1988) Hermeneutics and psychological theory: Interpretive perspectives on personality, psychotherapy, and psychopathology. New Brunswick, NJ: Rutgers University Press.
日本心理療法研究所(2004)アメリカ心理学会心理療法ビデオシリーズ――行動の健康および健康カウンセリング アメリカ心理学会 日本心理療法研究所.
Miles, M., & Huberman, M. (1994) Qualitative data analysis: A sourcebook of new methods (2nd ed.) . Newbury Park, CA: Sage.
Miller, R.B. (2004) Facing human suffering: Psychology and psychotherapy as moral engagement. Washington, DC: American Psychological Association.
Minichiello, V., & Kottler, J. A. (Eds.) (2010) Qualitative Journeys: Student and mentor experiences with research . Thousand Oaks, CA: Sage.
Mishler, E. G. (1986) Research interviewing: Context and narrative. Cambridge, MA: Harvard University Press.
Morrow, S. L. (2005) Quality and trustworthiness in qualitative research in counseling psychology. Journal of Counseling Psychology, 52, 250-260.
Morrow, S. L. (2007) Qualitative Research in Counseling Psychology: Conceptual Foundations. The Counseling Psychologist, 35, 209-235.
Morse J.M. (1991) Strategies for sampling, Qualitative Nursing Research: A Contemporary Dialogue (Morse J.M.), Sage, Newbury Park, California, pp. 127-145.
Morse J.M. (2009) Determining sample size. Qualitative Health Research, 10, 3-5.
Neill, S. J. (2007) Grounded theory sampling:'whole' family research. Journal of Research in Nursing, 12, 435-443.
Neimeyer, R. A. (Ed), & Mahoney, M. J. (Ed) (1995) Constructivism in psychotherapy. Washington, DC, US, American Psychological Association.
Noonan, B. M., Gallor, S. M., Hensler-McGinnis, N. F., Fassinger, R. E., Wang, S., & Goodman, J. (2004). Challenge and Success: A Qualitative Study of the Career Development of Highly Achieving Women With Physical and Sensory Disabilities. Journal of Counseling Psychology, 51, 68-80.
Nyklíček, I., & Denollet, J. (2009) Development and evaluation of the Balanced Index of Psychological Mindedness (BIPM) Psychological Assessment, 21, 32-44.
Ong, W. J. (1982) Orality and literacy: The technologizing of the word. London: Methuen.
Parker, I. (Eds.). (1999) Deconstructing psychotherapy. Thousand Oaks, CA: Sage.
Parker, I., Georgaca, E., Harper, D., McLaughlin, T., & Stowell-Smith, M. (1995) Deconstructing psychopathology. Thousand Oaks, CA: Sage.
Patton M.Q. (1990) Qualitative Evaluation and Research Methods. (2nd ed.). Thousand Oaks, CA: Sage.
Patton, M.Q. (2002) Qualitative Research and Evaluation Methods. (3rd. Ed.) . Thousand Oaks, CA: Sage.
Patton, M. J. (1982) A methodological preface to research on counseling. Counseling Psychologist, 10, 23-26..
Paul, G. L. (1967) Strategy of outcome research in psychotherapy. Journal of Consulting Psychology, 31, 109-118.
Pederson, P. B., & Ivey, A. Culture-Centered Counseling and Interviewing Skills: A Practical Guide. Santa Barbara, CA: Praeger Publishing.
Phelan, J. E. (2009) Exploring the use of touch in the psychotherapeutic setting: A phenomenological review. Psychotherapy: Theory, Research, Practice, Training, 46, 97-111.
Polkinghorne, D. E. (1994) Reaction to special section on qualitative research in counseling process and outcome. Journal of Counseling Psychology, 41, 510-512.
Polkinghorne, D. E. (2005) Language and meaning: Data collection in qualitative research. Journal of Counseling Psychology, 52, 137-145.
Ponterotto, J. G. (2002) Qualitative research methods: The fifth force in psychology. The Counseling Psychologist, 30, 394-406.
Ponterotto, J. G. (2005) Qualitative research in counseling psychology: A primer on research paradigms and philosophy of science. Journal of Counseling Psychology, 52, 126-136.
Pope, K. S., & Vasquez, M. J. T. (1998) Ethics in psychotherapy and counseling. San Francisco, CA: Jossey-Bass.
Pope-Davis, D. B., Liu, W. M., Toporek, R. L., & Brittan-Powell, C. S. (2001) What's missing from multicultural competency research: Review, introspection, and recommendations. Cultural Diversity and Ethnic Minority Psychology, 7, 121-138
Potter, J. (2003) Discourse analysis and discursive psychology. In Camic, Paul M. (Ed); Rhodes, Jean E. (Ed);

Yardley, Lucy (Ed), *Qualitative research in psychology: Expanding perspectives in methodology and design.* (pp. 73-94). Washington, DC, US: American Psychological Association.

Psychotherapy Research. (2009) *Special Issue: Quantitative and qualitative methods for psychotherapy research.*

Ragin, C. (1987) *The comparative method: Moving beyond qualitative and quantitative strategies.* Berkley, CA: University of California Press.

Ragin, C.C., & Becker, H. S. (1992) (Eds.). *What is a case? Exploring the foundations of social inquiry.* New York: Cambridge University Press.

Raubolt, R. (Ed.). (2006) *Power games: Influence, persuasion, and indocrination in psychotherapy training.* New York: Other Press.

Regmi, K., & Kottler, J. A. (2010) An epidemiologist learns grounded theory. In V. Minichiello, & J. A. Kottler (Eds.), *Qualitative Journeys: Student and mentor experiences with research* (pp.71-88). Thousand Oaks, CA: Sage.Rennie, D. L. (1994) Clients' accounts of resistance in counselling: A qualitative analysis. *Canadian Journal of Counselling, 28,* 43-57.

Rennie, D. L. (1994a) Storytelling in psychotherapy: The client's subjective experience. *Psychotherapy: Theory, Research, Practice, Training, 31,* 234-243.

Rennie, D. L. (1994b) Clients' deference in psychotherapy. *Journal of Counseling Psychology, 41,* 427-437.

Rennie, D. L. (1995) Strategic choices in a qualitative approach to psychotherapy process research. In L. T. Hoshmand & J. Martin (Eds), *Research as praxis: Lessons from programmatic research in therapeutic psychology* (pp. 198-220). New York: Teachers College Press.

Rennie, D. L. (1996) Commentary on"Clients' perception of treatment for depression: I and II."*Psychotherapy Research, 6,* 275-280.

Rennie, D. L., Phillips, J. R., & Quartaro, G. K. (1988) Grounded theory: A promising approach to conceptualization in psychology? *Canadian Psychology, 29,* 139-150.

Rhodes, R. H., Hill, C. E., Thompson, B. J., & Elliott, R. (1994) Client retrospective recall of resolved and unresolved misunderstanding events. *Journal of Counseling Psychology, 41,* 473-483.

Rice, L. N., & Greenberg, L. (Eds.). (1984) *Patterns of change: Intensive analysis of psychotherapy process.* New York: Guilford Press.

Richert, A. J. (2006) Narrative psychology and psychotherapy integration. *Journal of Psychotherapy Integration,* 16, 84-110.

Riger, S. (1992) Epistemological debates, feminist voices: Science, social values, and the study of women. *American Psychologist, 47,* 730-740.

Rinella, V. J., & Gerstein, A. I. (1994) The development of dual relationships: Power and professional responsibility. International *Journal of Law and Psychiatry,* 17, 225-237.

Rolfe, G. Validaity, trustworthiness and rigour: Quality and the idea of qualitative research. *Journal of Advanced Nursing* 53, 304-310

Rychlak, J. F. (2003) *The human image in postmodern America.* Washington, DC: American Psychological Association.

Said, E. W. (1980) *Orientalism.* New York; Vintage Book.

Sandelowski M. (1993) Rigor or rigor mortis: the problem of rigor in qualitative research revisited. Advances in Nursing Science 16, 1-8.

Sandelowski, M. (1995) Focus on qualitative research: Sample size in qualitative research. *Research in Nursing and Health,* 18, 179-183.

Sandelowski, M. (2004) Finding the findings in qualitative studies. Journal of Nursing Scholarship, 34, 213-219.

佐藤郁哉（2008）質的データ分析法――原理・方法・実践　新曜社.

Scholz, R. W., & Tietje, O. (2002) *Embedded case study methods: Integrating quantitative and qualitative knowledge.* Thousand Oaks: Sage.

Sciarra, D. (1999) The role of the qualitative researcher. In M. Kopala & L. A. Suzuki (Eds.), *Using qualitative methods in psychology* (pp. 37-48). Thousand Oaks, CA: Sage.

Scott, S. (2003) *Towards a sociology of shyness.* Unpublished PhD thesis, Cardiff University.

Scott, S. (2004a) 'The Shell, the Stranger and the Competent Other: Towards a Sociology of Shyness'. *Sociology,* 38, 121-37.

Scott, S. (2004b) Researching shyness: a contradiction in terms? *Qualitative Research,* 4, 91–105.
Seidman, I. E. (1991) *Interviewing as qualitative research: A guide for researchers in education and the social sciences.* New York: Teachers College Press.
Spong, S. (2009) Discourse analysis: Rich pickings for counsellors and therapists. Counselling & *Psychotherapy Research,* 19, 280–286.
Sherwood, G. (1999) Meta-synthesis: Merging qualitative studies to develop nursing knowledge. *International Journal for Human Caring,* 3, 37–42.
Shuy, R. W. (2003) In-person versus telephone interviewing. In J. A. Holstein & J. F. Gubrium (Eds), *Inside interviewing: New lenses, new concerns* (pp. 175–193). Thousand Oaks: Sage. Silverman, 1997
Silverstein, L. B., Auerbach, C. F., & Levant, R. F. (2006). Using qualitative research to strengthen clinical practice. *Professional Psychology: Research and Practice,* 37, 351–358.
Smith, J. A. (2004) Reflecting on the development of interpretative phenomenological analysis and its contribution to qualitative research in psychology. *Qualitative research in Psychology,* 1, 39–54.
Spradley, J. (1979) *The ethnographic interview.* New York: Holt, Rhinehart & Winston.
Spradley, J. (1980) *Participant observation.* New York: Holt, Rhinehart & Winston.
Stake, R. E. (1995) *The art of case study research.* Thousand Oaks, CA: Sage.
Stake, R. E. (2005) *Multiple case study analysis.* New York: Guilford.
Stiles, W. B. (2003) When is a case study scientific research? *Psychotherapy Bulletin,* 38, 6–11.
Stiles, W. B. (2007) Theory-building case studies of counselling and psychotherapy. *Counselling and Psychotherapy Research,* 7, 122–127.
Starks, H., & Trinidad, S. B. (2007) Choose Your Method: A Comparison of Phenomenology, Discourse Analysis, and Grounded Theory. *Qualitative Health Resesearch,* 17, 1372–1381.
Strauss, A. (1987) *Qualitative research for social scientists.* Cambridge: Cambridge University Press.
Strauss A. Corbin J. (1990) *Basics of Qualitative Research: Grounded Theory, Procedures and Techniques.* Thousand Oaks, CA: Sage.
Strauss A. Corbin J. (1999) *Basics of Qualitative Research: Grounded Theory, Procedures and Techniques.* (2nd. Ed.). Thousand Oaks, CA: Sage.
Sue, S. (1999) Science, ethnicity, and bias: Where have we gone wrong?. *American Psychologist,* 54, 1070–1077.
Suzuki, L. A., Ahluwalia, M. K., Mattis, J. S., & Quizon, C. A. (2005) Ethnography in Counseling Psychology Research: Possibilities for Application. *Journal of Counseling Psychology,* 52, 206–214.
Ten Have, Paul (1999) *Doing Conversation Analysis. A Practical Guide.* Thousand Oaks: Sage.
Thorne, S., Jensen, L., Kearney, M. H., Noblit, G., & Sandelowski, M. (2004) Qualitative metasynthesis: Reflections on methodological orientation and ideological agenda. *Qualitative Health Research,* 14, 1342–1365.
Timulak, L. (2007) Identifying core categories of client-identified impact of helpful events in psychotherapy: A qualitative meta-analysis. *Psychotherapy Research,* 17, 305–314.
徳田治子（2007）半構造化インタビュー　やまだようこ（編）質的心理学の方法──語りをきく　p.100-113　新曜社.
Toukmanian, S. G. (Ed), & Rennie, D. L. (Eds). (1992) *Psychotherapy process research: Paradigmatic and narrative approaches.* Thousand Oaks, CA: Sage.
van Manen, M. (1990) *Researching lived experience: Human science for an action sensitive pedagogy.* Ontario, Canada: University of Western Ontario.
Wasserman, J. A., Clair, J. M. Wilson, K. (2009) Problematics of grounded theory: Innovations for developing an increasingly rigorous qualitative method. *Qualitative Research,* 9, 355–381.
Watkins, C. E. (1983) Counseling psychology versus clinical psychology: Further explorations on a theme or once more around the"identity"maypole with gusto. *Counseling Psychologist,* 11, 76–92.
Watson, J. B. (1929) *Psychology; from the standpoint of a behaviorist (3d ed., rev.)* . Oxford, England, Lippincott.
Watson, C. (2006) Unreliable narrator? 'Inconsistency' (and some inconstancy) in interviews. *Qualitative Research,* 6, 367–384.
Watson, J. C., Goldman, R. H., Greenberg, L. S. (2007) *Case studies in emotion-focused treatment of depression: A comparison of good and poor outcome.* Washington, DC: American Psychological Association.
Wertz, F. J. (2005) Phenomenological Research Methods for Counseling Psychology. *Journal of Counseling Psychology,* 52, 167–177.

Willig, C. (2001) *Introducing qualitative research in psychology: Adventures in theory and method.* London: Open University Press.

Wolcott, H. F. (1992) Posturing in qualitative inquiry. In M. D. Le Compte, W. L. Millroy, & J. Preissle (Eds.), *The handbook of qualitative research in education* (pp. 3–52). New York: Academic Press. Worthen, V., & McNeill, B. W. (1996) A phenomenological investigation of "good" supervision events. *Journal of Counseling Psychology,* 43, 25–34.

Yin, R. (2003) *Case study research: Design and methods* (3rd ed.). Thousand Oaks, CA: Sage.

人名索引

Atkinson, R.　*70*
Auerbach, C. F.　*79*
Barrett-Lennard, G.　*126*
Beck, C. T.　*174*
Charmaz, K.　ii, *37, 78, 128, 132*
Chiobitti, R.　*174, 175*
Corbin, J.　ii, *37, 126, 127*
Creswell, J.　*34, 38, 40*
Cushman, P.　*21*
Denzin, N. K.　*8, 18, 38*
Draucker, C. B.　*72, 73*
Edwards, H.　*38*
Ekman, P.　*102*
Elliott, R.　*6, 165, 166, 168, 169, 172*
Ellis, A.　*39*
Erickson, E. H.　*160, 172*
Fassinger, R. E.　*98*
Flint, J.　*70*
Foucault, M.　*27*
Gadamer, H-G　*41*
Glaser, B. G.　ii, *32, 33, 37, 69, 72, 74*
Greenberg, L. S.　*5*
Guba, E. G.　*23, 74, 165*
Heidegger, M.　*41*
Heppner, P. P.　*13*
Hill, C. E.　*104*
Husserl, E. G. A.　*41*
川喜田二郎　*44*
Kiesler, D. J.　*4*
木下康仁　ii, *37, 182*
Koch, T.　*165*
Kubler-Ross, E.　*160*
Kuhn, T. S.　*23*
Kvale, S.　*30, 104, 105*
Leiter, K.　*201*
Lincoln, Y. S.　*8, 18, 23, 38, 74, 165*

Mackrill. T.　*84*
Maple, M.　*38*
McCann, P. D.　*43*
McLeod, J.　*20*
Merleau-Ponty, M.　*41*
Morrow, S. L.　*172, 173*
Morse, J. M.　*66, 69*
Neils, S. J.　*69*
Ong, W. J.　*120*
Patton, M. Q.　*30, 71, 164, 166*
Perls, F.　*2, 39*
Piaget, J.　*160*
Piran, N.　*174, 175*
Polkinghorne, D. E.　*18*
Ponterotto, J. G.　*23*
Regmi, M. C.　*45*
Rennie, D. L.　*6, 40, 108*
Rogers, C.　*2, 39*
Rolfe, G.　*165*
佐藤郁哉　*60*
Schaufeli, W. B.　*201*
Sciarra, D.　*30*
Scott, S.　*77*
Seidman, I.E.　*86, 87*
Shuy, R. W.　*82*
Silverstein, L. B.　*79*
Skinner, J. S.　*24*
Sonnentag, S.　*201*
Starks, H.　*40*
Strauss, A.　ii, *32, 33, 37, 72, 126, 127*
Sullivan, H. S.　*4*
Trinidad, S. B.　*40*
van Manen, M.　*130*
Watson, J. B.　*24*
Wolcott, H. F.　*38*

事項索引

あ行

アンパッキング　132, 135, 138
言い換え　108
イーミックアプローチ　29
生きられた体験　17, 130
意味
　──構築　25
　──の世界　4
　──の単位　55, 131
　体験の──　19
一行ごとのコード化　133
一事例実験　39
一貫性　164
一致しないケース分析　173
一般的なパターン　144
因果関係　20
インタビュー
　──に参加する動機　87
　──のタイミング　9
　──番組　78
　──訓練法　98
　──ガイドの作成　51
　初期の──　52
　対面式の──　82
　電話──　82
　2回目──　207
　半構造化──　51
インタビューアー自身の先入観や盲点　91
インフォーマント　66
インフォームドコンセント　118
エスノグラフィー　18, 32
エティックアプローチ　29
演繹法　29
エンパワーメント　6, 117

か行

解釈学　39
　──的現象学アプローチ　39
概念名　156
科学
　──主義　25
　──的方法　13
　実証主義──　7
　自然科学の方法　32
仮説形成法　29
仮説的推測　29
課題分析　5
価値論　23
括弧に入れる　39
カテゴリー
　──の数　157
　──名　217
　上位──　197, 206
　中核──　154
間主観性　30
感情　35
観入　126
帰納法　29
　──的アプローチ　29
記述的　35
客観性　4, 13
共感のコミュニケーション　126
共鳴　126
協力者
　──探し　50, 180
　──に対する事前説明　51
　──の選定と倫理的配慮　50
　──への敬意　167
　──を傷つけないこと　85
木を見て森を見ず　144
均質的な群　14
近代主義　27
傾聴　101
ケースサマリー　158
ケースマトリックス　57
研究計画　48
　実現可能な──　47
研究者
　──としての成長と発展　2
　探険者・──　42
研究承諾書　93

研究デザイン　67
　研究の道具　53
　現象学的アプローチ　18
　　反省的——　41
　権力　26
　構築主義　80
　合議制質的研究法　7, 25
　コード
　　記述的——　35
　　——ブック　134
　コード化　54, 132, 194
　　イン・ビボ・——　133
　　単語ごとの——　133
　　出来事ごとの——　133
　　理論——　58
　個性記述的　29

さ行

　作文　77
　サンプリング
　　合目的——　36, 65, 69
　　純金——　5
　　便宜——　68
　　雪だるま式——　69
　　理論——　65, 72
　　代表性　65
　　無作為化　64
　サンプルの「質」　65
　自己肯定的体験　109
　自動的なデータ処理　125
　質的研究の面白さ　61
　質的研究の目的　20
　質問紙　17
　質問
　　——の言い回し　91
　　限定化——　104
　　導入——　104
　　フォローアップ——　104
　　ウォームアップクエスチョン　192, 204
　支配的な語り　27
　自由記述　84
　社会構成主義　7
　　——的グラウンデッドセオリー法　37
　尺度　3, 17

　主観性と内省性　172
　主観的体験　159
　守秘義務　16
　修正版グラウンデッドセオリー・アプローチ
　　　37, 182
　象徴相互作用論　33
　初回面接　8
　植民地主義　42
　初対面　102
　事例　39
　　——のメタ分析法　39
　事例研究　12
　　系統的——　39
　　臨床——　39
　新薬の効果研究　23
　心理療法における「失敗場面」91
　心理療法の効果　10
　数値化　15
　性愛転移　116
　政治的　26
　積極的な関心　101
　切片化　182
　説明責任　15
　先行研究　47
　先行文献のレビュー　48
　ソーシャルネットワークグループ　83
　存在論　23, 28

た行

　対人的接触　17
　対人プロセス想起法　6
　絶え間ない比較　134, 151
　多重関係　118
　旅と旅行　1
　段階理論　160
　単純化　13
　逐語化　119, 120
　チャット形式　77
　データ
　　——収集とデータ分析のスキル　49
　　——処理　54
　　——の保管　122
　　非構造化インタビューの——　146
　適切な「考察」　167

適切な環境　111
統制　13
トライアンギュレーション　193
トランスクリプト作成用のコード表　122

な行

内省性　26
内臓的感覚　126
ナラティブセラピー　7
認識論　23

は行

バーンアウト　201
波長あわせ　126
発見　35
発話順番　43
話し言葉と書き言葉　120
反射　108
反人間主義　27
反省的な研究　21
非言語的なやりとり　43
評価基準
　一般化可能性　170
　エビデンスの解釈　172
　エビデンスの種類　172
　芸術的・喚起的基準　165
　「構築主義・解釈主義」の基準　164
　社会的妥当性　172
　重要な変化の基準　165
　真偽値判断　164
　信憑性　174
　信用性　174
　確からしさ　174
　データの冗長性・余剰性　30
　データの適切さ　172
　転用可能性　170
　反証エビデンスの適切さ　172
　一人の体験の固有性　144
　プラグマティックな評価基準　165
　エビデンスの量　172
　応用性　164
　監査　25
　監査性　174
普遍性　13

負のケース分析　61, 193
ブリコルール　8
プロセス研究　3
分析的　35
文脈化
　再――　60
　脱――　60
平均的傾向　20
包括的プロセス分析法　6
法則定立的　29
方法論　23, 28

ま行

未完了の体験　148
ミクロ分析　135
メタ総合　5
メモ　55
モデル図　186
森を見て木を見ず　145
問題意識　47

や行

予測　13
予備調査　18, 48, 200, 213

ら行

リサーチクエスチョン　47, 48, 132, 192
領域　91, 195
理論
　――化　128
　――構築　19
　――的感受性　30, 126
　――的飽和　30, 73
臨床家の職業的成長　189
臨床心理士の訓練　16
臨床面接　53
倫理的配慮　9, 189, 214
ログ・日記　84

Critical Incident Technique法　7
critical incidents（重要な出来事・事件）　147
one-shot study　5

著者紹介
岩壁　茂（いわかべ　しげる）
1968年　横浜に生まれる
1991年　早稲田大学政治経済学部卒業
2001年　カナダMcGill大学大学院カウンセリング心理学専攻博士課程修了
　　　　心理学博士（Ph.D.）
2000年　札幌学院大学人文学部専任講師
2004年3月よりお茶の水女子大学大学院人間文化研究科助教授
現　職　お茶の水女子大学大学院人間文化創成科学研究科准教授
著訳書　「プロセス研究の方法（2008）」（新曜社），「心理療法・失敗例の臨床研究
　　　　――その予防と治療関係の立て直し方（2007）」（金剛出版）
　　　　レスリー・S. グリーンバーグ，ロバート エリオット，ローラ・N. ライス
　　　　（著）「感情に働きかける面接技法：心理療法の統合的アプローチ」訳（誠
　　　　信書房）他

　専門分野は，心理療法のプロセス研究で，「人はどのように変わるのか」という変容プロセスに関する研究とプロセス研究に基づいた臨床指導を行っている。研究テーマは，セラピストの困難，心理療法における感情の変化，心理療法統合，臨床家の職業的成長と訓練である。

はじめて学ぶ臨床心理学の質的研究

ISBN978-4-7533-1009-8

著者
岩壁　茂

第1刷　2010年10月16日
第6刷　2022年4月9日

印刷　㈱新協／製本　㈱若林製本工場
発行所　㈱岩崎学術出版社　〒101-0062　東京都千代田区神田駿河台3-6-1
発行者　杉田啓三
電話　03-5577-6817　FAX　03-5577-6837
2010ⓒ　岩崎学術出版社
乱丁・落丁本はおとりかえいたします。検印省略

●ロジャーズ主要著作集＝全3巻

C.R.ロジャーズ 著　末武康弘・保坂亨・諸富祥彦　共訳

1巻　カウンセリングと心理療法 ―実践のための新しい概念―

第一部概説　一章カウンセリングの場　二章カウンセリングと心理療法における新旧の見解　第二部カウンセラーが直面する初期の問題　三章カウンセリングはどのようなとき必要となるか？　四章カウンセリング関係の創出　五章指示的アプローチと非指示的アプローチ　第三部カウンセリングの過程　六章感情の解放　七章自己洞察の成就　八章終結の段階　九章実践上の諸問題　第四部ハーバート・ブライアンのケース

本体7,000円＋税

2巻　クライアント中心療法

第一部クライアント中心療法の現在　一章クライアント中心療法の発展的特質　二章カウンセラーの態度とオリエンテーション　三章クライアントにより体験される心理療法の関係　四章心理療法の過程　五章他の見地より提起される三つの質問――転移・診断・適用　第二部クライアント中心療法の応用　六章学生中心の授業　七章カウンセラーおよび心理療法家の訓練　第三部心理学理論に向けて　八章人格と行動についての理論

本体6,300円＋税

3巻　ロジャーズが語る自己実現の道

第一部自分を語る　第二部どうすれば私は援助的でありうるか　第三部人が"ひと"になっていくプロセス　第四部人間の哲学　第五部事実をつかむ――心理療法におけるリサーチの位置　第六部さまざまな領域への示唆　第七部行動科学と人間

本体6,200円＋税

■関連既刊

改訂　ロジャーズを読む

久能徹・末武康弘・保坂亨・諸富祥彦　著

クライアント中心療法の創始者を主体的に読み直す

●Ａ5判縦組224頁並製　本体3,400円＋税